MEMOIRE pour servir d'Instruction aux Commis à la Recette du Prest & Droit Annuel, pour l'année 1724.

PREMIEREMENT.

LES Commis à la Recette du Prest & droit Annuel, chacun dans leur Generalité, feront l'ouverture de leur Bureau le premier Novembre 1723. jusques & compris le dernier Decembre ensuivant, conformément à l'Arrest du Conseil du 20. Septembre 1723. pendant lequel temps, ils y seront tous les jours fort assidus, depuis les sept heures du matin jusques à six heures du soir.

II.

ILS feront apposer les affiches qui leur auront esté envoyées, aux lieux accoustumez; comme aux portes des Bureaux des Finances, Sieges Presidiaux, Bailliages, Elections, Greniers à Sel, & autres endroits & places publiques; Et en envoyeront és Villes & Bourgs dependans de leurs Generalitez, afin que les Officiers soient avertis de l'ouverture du Bureau de ladite Recette.

III.

ILS recevront au payement du second tiers du Prest & du droit Annuel, les Officiers dependans de leur Generalité, de quelque nature qu'ils soient, qui y ont satisfait pour l'année 1723. qui seront tenus de leur justifier à cet effet de leurs Quittances.

IV.

LES Officiers qui ont obmis d'entrer à l'Annuel

pour l'année 1723. y ſeront receûs ſuivant ledit Arreſt du 20. Septembre 1723. en payant le tiers du Preſt & l'Annuel obmis, ce que le Commis comprendra dans une meſme Quittance où il énoncera la ſomme entiere qu'il partagera ainſi qu'il enſuit. PAR EXEMPLE 300. livres, ſçavoir 150. livres pour l'année 1723. obmiſe, & 150. livres à laquelle &c. Et à l'égard du Preſt mettra la ſomme totale, comme 1000. livres, & remplira dans le blanc de la Quittance, à laquelle monte le premier & ſecond tiers du cinquiéme ou ſixiéme denier &c.

V.

Obſerveront de recevoir les Officiers en la maniere qui enſuit, SÇAVOIR ceux des Bailliages, Senêchauſſées, Juſtices Royales, Eaux & Foreſts, Elections & Greniers à Sel, qui ſe trouveront évaluez ſur le pied du ſoixantiéme denier de leur évalution pour l'Annuel, & ſur le pied du tiers du cinquiéme denier pour chacun Preſt, lequel cinquiéme denier en entier, fait douze fois l'Annuel, & le tiers quatre fois.

VI.

A l'égard des Officiers des Preſidiaux, ils les recevront au payement du Preſt & Annuel de leurs Offices ſur le pied de la moitié de l'évaluation d'iceux, en quelque temps qu'elle ait eſté faite, ſoit en 1605. augmentée du quart en 1638. ou depuis, conformément à l'article IV. de l'Arreſt du 20. Septembre 1723. Et au Preſt, au ſixiéme denier qui eſtoit cy-devant en entier dix fois l'Annuel, & par conſequent pour la preſente ouverture cinq fois ſeulement, dont ils prendront le tiers pour chacun Preſt; Et ils y recevront les obmiſſionnaires qui n'avoient pas payé pour 1723. avec la meſme grace de la remiſe de moitié.

VII.

Pour ce qui eſt des Offices cy-devant Domaniaux, auſquels l'heredité a depuis eſté attribuée, les hereditaires, ou en ſurvivance, qui ne ſe trouveront point évaluez; ils les recevront au payement du droit Annuel de leurs Offices, ſur le pied de ſoixantiéme denier du tiers de leur Finance principale, & autres par eux payées pour tenir lieu & augmentation de Finance tant aux Offices dont ils ſont pourveûs, que de ceux qui y ſont réünis; Et du Preſt à proportion ſur le pied du cinquiéme denier ou ſixiéme denier, ſi ce ſont Offices de Preſidiaux, lequel tiers de la Finance leur tiendra lieu d'évaluation, à l'effet de quoy leſdits Officiers ſeront tenus de repreſenter leurs Quittances de Finance, Proviſions & autres Pieces concernant la proprieté de leurs Offices.

VIII.

Comme il y a pluſieurs Officiers, comme Receveurs des Conſignations, Commiſſaires aux ſaiſies Réelles, Greffiers, Procureurs, Notaires, Huiſſiers & Sergens qui pretendent eſtre du Corps des Preſidiaux, parce qu'ils y ſont reçeûs & immatriculez; ils leur feront entendre qu'ils n'en ſont que membres & non du Corps, & par conſequent qu'ils doivent le Preſt au cinquiéme, les Corps des Preſidiaux n'eſtant compoſez que des Preſidens, Lieutenans generaux, Civils, Criminels, Lieutenans particuliers, Conſeillers, Commiſſaires Enqueſteurs, Examinateurs, Procureurs, Avocats du Roy, Baillifs d'Epée, Chevaliers d'Honneur, qui doivent payer le Preſt au ſixiéme & à moitié comme il eſt dit cy-deſſus, les Subſtituts eſtant meſme ſujets à l'Annuel en entier, & au Preſt au cinquiéme.

IX.

Se trouvant pluſieurs Offices Domaniaux cy-devant, de la Finance deſquels il eſt difficile de juſtifier, & qu'il eſt porté par la Declaration du 9. Aouſt 1722. qu'en ce cas ils ſeront évaluez, ſuivant les Rolles qui en ſeront arreſtez au Conſeil; ſi aucuns des pourveûs de ceux qui ſe trouvent dans cette eſpece ſe preſentent au Bureau, les Commis auront ſoin d'en dreſſer des Memoires, & de les addreſſer au Bureau des Revenus Caſuels, pour eſtre en conſequence ſtatué ſur l'évaluation d'iceux, & en attendant ſe feront repreſenter les derniers Contracts de vente, ſur le tiers deſquels ils les recevront au payement du Preſt & Annuel, afin de ne les pas mettre en riſque.

X.

Ils ne recevront point au payement du droit Annuel, les Officiers dependans des Pays d'Artois, Flandre & Alſace, en eſtant diſpenſez par la Declaration du 9. Aouſt 1722.

XI.

Ils recevront au Preſt ſeulement, les Officiers des Domaines engagez, l'Annuel en appartenant à l'Engagiſte.

XII.

Ils n'admettront point au payement du droit Annuel les Preſidens & Conſeillers des Cours ſuperieures, les Preſidens, Maiſtres, Correcteurs & Auditeurs des Chambres des Comptes, les Avocats & Procureurs generaux, & Greffiers en Chef d'icelles Cours & Chambres, leſquels en ſont diſpenſez

& confirmez par la Declaration du 9. Aoust 1722. dans la survivance attribuée à leurs Offices par l'Edit du mois de Decembre 1709.

XIII.

COMME il y a plusieurs Offices anciennement Casuels de leur nature, qui ne se trouvent point évaluez; les pourveûs d'iceux seront reçeûs au payement du droit Annuel par proportion de pareils Offices évaluez, ou en cas qu'ils ayent des Quittances d'Annuel, sur le pied d'icelles depuis vingt années, que les Commis se feront representer ainsi qu'il est ordonné par l'Arrest du 29. Aoust 1683. ce qui ne se doit entendre, que des Offices non évaluez, parce qu'en cas qu'ils le soient, les Quittances au dessous de l'évaluation, de quelque temps qu'elles puissent estre, ne doivent avoir lieu, à moins qu'il ne soit justifié par un Rolle en bonne forme de la moderation de l'évaluation.

XIV.

LA plusspart des Procureurs, Notaires, Huissiers & Sergens ne se trouvant pas évaluez à cause de l'heredité qui leur estoit attribuée, qui se trouve presentement revoquée, seront reçeûs au payement du Prest & droit Annuel, en cas qu'ils ne soient point évaluez; SÇAVOIR les Notaires & Procureurs dans les bonnes Villes sur le pied de 533. liv. 6. sols 8. den. d'évaluation; de 400. liv. dans les petites Villes; de 300. liv. dans les Bourgs & Villages; Et pour les Sergens residens dans iceux, de 266. liv. 13. sols 4. den.

XV.

ILS recevront les Presidens, Tresoriers de France, Procureurs, Avocats du Roy, Greffiers en Chef, & autres Officiers estant du corps des Bureaux des

Finances, ſans Preſt, ainſi qu'il eſt porté par l'article V. de l'Arreſt du 20. Septembre 1723.

XVI.

OBSERVERONT de ne point recevoir l'Annuel pour les Officiers decedez, en cas que leurs veuves, heritiers ou creanciers le vouluſſent payer, ou fiſſent faire des ſommations à cet effet, non plus que pour les porteurs de Quittances ſur leſquelles il n'a point eſté expedié de Proviſions; parce qu'il n'y a que les Officiers vivans & actuellement pourveûs, qui puiſſent eſtre reçeûs au payement du Preſt & du droit Annuel pour la conſervation de leurs Offices.

XVII.

S'IL ſe preſente en perſonne en leur Bureau quelque Officier d'une autre Generalité pour y payer le Preſt & le droit Annuel, on ne fera aucune difficulté de l'y recevoir.

XVIII.

TOUT Officier eſt tenu de payer en perſonne, ou par Procureur fondé de procuration ſpeciale dattée dans le temps de l'ouverture de l'Annuel.

XIX.

ILS recevront les blancs de Quittances pour les Gages des Officiers des Mareſchauſſées, pour comptant de leur Preſt & Annuel, & juſques à la concurrence deſdits droits, & les leur feront endoſſer de leurs veritables noms & ſurnoms; la pluſpart des blancs fournis pour l'année precedente, ayant eſté renvoyez ſur les lieux pour eſtre reformez, à cauſe qu'ils n'avoient eſté remplis que du ſurnom de Seigneurie & non du veritable nom de famille.

XX.

LES Commis delivreront les Quittances ſans eſtre

controllées, & laisseront le soin du Controlle aux Officiers: Et s'il arrive qu'ils soient obligez d'en reprendre quelques-unes, pour y augmenter ou diminuer selon leurs titres & qualitez ou autres raisons, ils ne les reprendront point, en cas qu'elles soient controllées, qu'elles n'ayent esté préalablement déchargées du Controlle, & qu'il n'ait esté fait mention par le Commis au Controlle au bas de l'enregistrement d'iceluy de ladite décharge, de la raison pour laquelle elle aura esté faite, qui sera dattée & signée dudit Commis; auquel cas celuy à la Recette pourra expedier une nouvelle Quittance sous les titres requis, la porter de nouveau sur son Registre, & rayer l'ampliation de celle qui aura esté precedemment expediée, en faisant une mention sommaire en marge de la raison pour laquelle elle aura esté rayée & déchargée du Controlle.

XXI.

LES Commis donneront avis de l'estat de leurs Recettes tous les huit jours, en attendant les ordres qui leur seront envoyez pour la remise des deniers d'icelles.

XXII.

S'IL arrive quelque difficulté qui n'ait pas esté prevûë, les Commis en donneront avis, & cependant ils recevront & chargeront leurs Registres d'ampliations, en sorte que les Officiers ne demeurent point en suspens, & ne courent aucun risque de leurs Offices, sauf à y estre pourveû en connoissance de cause l'année suivante.

XXIII.

ET comme il pourroit arriver que quelques Officiers prevenus de leurs pretentions, qui par la suite ſe pourroient trouver mal fondées, ſe porteroient à faire ſignifier des Actes contenant icelles; les Commis les recevront ſans y faire aucune réponſe verbale ni par écrit, & les envoyeront inceſſamment au Bureau de Paris, pour y eſtre pourvû.

XXIV.

Les Commis, chacun en leur Generalité, feront des Bordereaux exacts & bien calculez du montant de leurs Recettes, leſquels ils preſenteront le lendemain matin du jour de la cloſture du Bureau, avec leurs Regiſtres à M.rs les Treſoriers de France, pour eſtre par eux arreſtez en la maniere accouſtumée.

XXV.

Il eſt à remarquer qu'il y a une faute dans le corps des Quittances & des Ampliations d'icelles, en ce qu'il y eſt mentionné pendant l'année 1723. les Commis, tant à la Recette, qu'au Controlle, auront ſoin de rayer le mot 1723. & de mettre 1724.

Aprés que leurs Regiſtres auront eſté arreſtez, ils les renvoyeront à leurs cautions à Paris, & y joindront ceux du Controlle, avec les Bordereaux de leurs Recettes & dépenſes, Pieces juſtificatives d'icelles, le reſtant des blancs de Quittance de Preſt & Annuel qui n'auront pas ſervi, enſemble toutes les autres Pieces neceſſaires pour dreſſer leurs comptes, afin qu'il puiſſe eſtre inceſſamment procedé à la reddition d'iceux.

Droit annuel

MEMOIRE pour servir d'Instruction aux Commis à la Recette du Prest & Droit Annuel, pour l'année 1726.

BIBLIOTHEQUE IMPERIALE IMPR.

PREMIEREMENT.

LES Commis à la Recette du Prest & droit Annuel, chacun dans leur Generalité, feront l'ouverture de leur Bureau le premier Novembre 1725. jusques & compris le dernier Decembre ensuivant, conformément à l'Arrest du Conseil du 12. Aoust 1725. pendant lequel temps ils y seront tous les jours fort assidus, depuis les sept heures du matin jusques à six heures du soir.

II.

ILS feront apposer les affiches qui leur auront esté envoyées, aux lieux accoûtumez; comme aux portes des Bureaux des Finances, Sieges Presidiaux, Bailliages, Elections, Greniers à Sel, & autres endroits & places publiques; Et en envoyeront és Villes & Bourgs dépendans de leurs Generalitez, afin que les Officiers soient avertis de l'ouverture du Bureau de ladite Recette.

III.

ILS recevront au payement du droit Annuel, les Officiers dépendans de leur Generalité, de quelque nature qu'ils soient, qui y ont satisfait pour l'année 1725. qui seront tenus de leur justifier à cet effet de leurs Quittances, sans payer aucun Prest.

IV.

LES Officiers qui ont obmis d'entrer à l'Annuel pour l'année 1725. y seront reçûs suivant ledit Arrest du 12. Aoust 1725. en payant le tiers du Prest & l'Annuel obmis, avec le courant; Et à l'égard de ceux qui n'y sont point entrez pendant l'ouverture du present bail, en payant toutes les années d'Annuel obmises qui sont au nombre de quatre, & deux tiers de Prest seulement, Sa Majesté leur faisant remise d'un tiers, ainsi qu'il est porté par l'Article II. dudit Arrest.

V.

A l'égard des Officiers des Presidiaux, ils les recevront au payement du Prest & Annuel de leurs Offices sur le pied de la moitié de l'évaluation d'iceux, en quelque temps qu'elle ait esté faite, soit en 1605. augmentée du quart en 1638. ou depuis, conformément à l'Article IV. de l'Arrest du 20. Septembre 1723. Et au Prest au sixiéme denier qui estoit cy-devant en entier dix fois l'Annuel, qui en se partageant par tiers est trois fois l'Annuel, & un tiers dudit Annuel, par exemple un Annuel de 100. liv. fait pour un tiers de Prest au sixiéme 333. liv. 6. s. 8. d. Et ils y recevront les obmissionnaires avec la mesme grace de la remise de moitié, aux conditions portées par l'Article cy-dessus, sans que neantmoins ceux qui pourroient avoir payé sur un pied plus fort en puissent pretendre aucune repetition, ainsi qu'il est porté par les Articles III. & V. de l'Arrest du 25. Juillet 1724. & l'Article III. de celuy du 12. Aoust 1725.

VI.

Ils recevront pareillement les Officiers des Senêchaussées Bailliages, Sieges Royaux & autres Jurisdictions Royales, inferieures ordinaires, au payement de l'annuel de leurs Offices sur le pied de la moitié de l'Evaluation d'iceux, ainsi que ceux des Presidiaux & du Prest, à proportion au dixiéme qui est douze fois l'Annuel, suivant l'Article IV. de l'Arrest du 12. Aoust 1725.

VII.

Pour ce qui est des Offices cy-devant Domaniaux, ausquels l'heredité a depuis esté attribuée, & les hereditaires, ou en survivance, qui ne se trouveront point évaluez; ils les recevront au payement du droit Annuel de leurs Offices, sur le pied du soixantiéme denier du tiers de leur Finance principale, & autres par eux payées pour tenir lieu & augmentation de Finance tant aux Offices dont ils sont pourvûs, que de ceux qui sont réünis; Et du Prest à proportion sur le pied du cinquiéme denier, ou sixiéme si ce sont Offices de Presidiaux; lequel tiers de la Finance leur tiendra lieu d'évaluation, à l'effet de quoy lesdits Officiers seront tenus de representer leurs Quittances de Finance, Provisions & autres Pieces concernant la proprieté de leurs Offices.

VIII.

COMME il y a plusieurs Officiers, comme Receveurs des Consignations, Commissaires aux Saisies Réelles, Greffiers, Procureurs, Notaires, Huissiers & Sergens qui prétendent estre du Corps des Presidiaux, parce qu'ils y sont reçûs & immatriculez; ils leurs feront entendre qu'ils n'en sont que membres & non du Corps, & par consequent qu'ils doivent le Prest au cinquiéme, les Corps des Presidiaux n'estant composez que des Presidens, Lieutenans generaux, Civils & Criminels, Lieutenans particuliers, Conseillers, Commissaires-Enquesteurs, Examinateurs, Avocats & Procureurs du Roy, Baillifs d'Epée, Chevaliers d'Honneur, qui doivent payer le Prest au sixiéme & à moitié comme il est dit cy-dessus, les Substituts estant mesme sujets à l'Annuel en entier, & au Prest au cinquiéme.

IX.

SE trouvant plusieurs Offices cy-devant Domaniaux, de la Finance desquels il est difficile de justifier, & qu'il est porté par la Declaration du 9. Aoust 1722. qu'en ce cas ils seront évaluez, suivant les Rolles qui en seront arrestez au Conseil; si aucuns des pourvûs de ceux qui se trouvent dans cette espece, se presentent au Bureau, les Commis auront soin d'en dresser des Memoires, & de les addresser au Bureau des Revenus Casuels, pour estre en consequence statué sur l'évaluation d'iceux; Et en attendant se feront representer les derniers Contracts de vente, sur le tiers desquels ils les recevront au payement du Prest & Annuel, afin de ne les pas mettre en risque.

X.

ILS ne recevront point au payement du droit Annuel, les Officiers dépendans des Pays d'Artois, Flandre & Alsace, en estant dispensez par la Declaration du 9. Aoust 1722.

XI.

ILS recevront au Prest seulement, les Officiers des Domaines engagez, l'Annuel en appartenant à l'Engagiste.

XII.

ILS n'admettront point au payement du droit Annuel les Presidens & Conseillers des Cours superieures, les Presidens, Maistres, Correcteurs & Auditeurs des Chambres des Comptes, les Avocats & Procureurs generaux & Greffiers en Chef d'icelles Cours & Chambres, lesquels en sont dispensez, & confirmez par la Declaration du 9. Aoust 1722. dans la survivance attribuée à leurs Offices par l'Edit du mois de Decembre 1709.

XIII.

COMME il y a plusieurs Offices anciennement casuels de leur nature, qui ne se trouvent point évaluez; les pourvûs d'iceux seront reçûs au payement du droit Annuel par proportion de pareils Offices évaluez, ou en cas qu'ils ayent des Quittances d'Annuel, sur le pied d'icelles depuis vingt années, que les Commis se feront representer ainsi qu'il est ordonné par l'Arrest du 29. Aoust 1683. ce qui ne se doit entendre que des Offices non évaluez, parce qu'en cas qu'ils le soient, les Quittances au-dessous de l'évaluation, de quelque temps qu'elles puissent estre, ne doivent avoir lieu à moins qu'il ne soit justifié par un Rolle en bonne forme, de la moderation de l'évaluation.

XIV.

LA plupart des Procureurs, Notaires, Huissiers & Sergens ne se trouvant pas évaluez à cause de l'heredité qui leur estoit attribuée, qui se trouve presentement revoquée, ils seront reçûs au payement du Prest & droit Annuel, en cas qu'ils ne ſoient point évaluez, SÇAVOIR les Notaires & Procureurs dans les bonnes Villes ſur le pied de 533. livres 6. ſols 8. deniers d'évaluation; de 400. livres dans les petites Villes; de 300. livres dans les Bourgs & Villages; Et pour les Sergens reſidens dans iceux, de 266. livres 13. ſols 4. deniers.

XV.

ILS recevront les Preſidens, Treſoriers de France, Procureurs, Avocats du Roy, Greffiers en Chef, & autres Officiers eſtant du corps des Bureaux des Finances, ſans Preſt, ainſi qu'il eſt porté par l'Article V. de l'Arreſt du 20. Septembre 1723. & IV. de celuy du 25. Juillet 1724.

XVI.

OBSERVERONT de ne point recevoir l'Annuel pour les Officiers decedez, en cas que leurs veuves, heritiers ou creanciers le vouluſſent payer, ou fiſſent faire des ſommations à cet effet, non plus que pour les porteurs de Quittances ſur leſquelles il n'a point eſté expedié de Proviſions; parce qu'il n'y a que les Officiers vivans & actuellement pourvûs, qui puiſſent eſtre reçûs au payement du Preſt & du droit Annuel pour la conſervation de leurs Offices.

XVII.

S'IL ſe preſente en perſonne en leur Bureau quelque Officier d'une autre Generalité pour y payer le Preſt & droit Annuel, on ne fera aucune difficulté de l'y recevoir.

XVIII.

TOUT Officier eſt tenu de payer en perſonne, ou par Procureur fondé de procuration ſpeciale, datée dans le temps de l'ouverture de l'Annuel.

XIX.

ILS recevront les blancs de Quittances pour les Gages des Officiers des Mareſchauſſées, pour comptant de leur Preſt & Annuel, & juſques à la concurrence deſdits droits, dont ceux qui les ont payé leur repreſenteront les Quittances, & les leur feront endoſſer de leurs veritables noms

& furnoms; la pluſpart des blancs fournis pour les années precedentes ayant eſté renvoyez ſur les lieux pour eſtre reformez, à cauſe qu'ils n'avoient eſté remplis que du ſurnom de Seigneurie & non du veritable nom de famille.

XX.

LES Commis delivreront les Quittances ſans eſtre controllées, & laiſſeront le ſoin du Controlle aux Officiers: Et s'il arrive qu'ils ſoient obligez d'en reprendre quelques-unes, pour y augmenter ou diminuer ſelon leurs titres & qualitez, ou autres raiſons, ils ne les reprendront point, en cas qu'elles ſoient controllées, qu'elles n'ayent eſté préalablement déchargées du Controlle, & qu'il n'ait eſté fait mention par les Commis au Controlle au bas de l'enregiſtrement d'iceluy, de ladite décharge, de la raiſon pour laquelle elle aura eſté faite, qui ſera datée & ſignée dudit Commis; auquel cas celuy à la Recette pourra expedier une nouvelle Quittance ſous les titres requis, la porter de nouveau ſur ſon Regiſtre, & rayer l'ampliation de celle qui aura eſté precedemment expediée; en faiſant une mention ſommaire en marge, de la raiſon pour laquelle elle aura eſté rayée & déchargée du Controlle.

XXI.

LES Commis donneront avis de l'eſtat de leurs Recettes tous les huit jours, en attendant les ordres qui leur ſeront envoyez pour la remiſe des Deniers d'icelles.

XXII.

S'IL arrive quelque difficulté qui n'ait pas eſté prevûë, les Commis en donneront avis, & cependant ils recevront & chargeront leurs Regiſtres d'ampliations, en ſorte que les Officiers ne demeurent point en ſuſpens, & ne courent aucun riſque de leurs Offices, ſauf à y eſtre pourvû en connoiſſance de cauſe l'année ſuivante.

XXIII.

ET comme il pourroit arriver que quelques Officiers prevenus de leurs pretentions, qui par la ſuite ſe pourroient trouver mal fondées, se porteroient à faire signifier des Actes contenant icelles; les Commis les recevront sans y faire aucune responce verbale ni par écrit, & les envoyeront incessamment au Bureau de Paris, pour y estre pourvû.

XXIV.

LES Commis, chacun en leur Generalité, feront des Bordereaux exacts & bien calculez du montant de leurs Recettes, lesquels ils presenteront le lendemain matin du jour de la closture du Bureau, avec leurs Registres, à Messieurs les Tresoriers de France, pour estre par eux arrestez en la maniere accoûtumée.

XXV.

APRÉS que leurs Registres auront esté arrestez, ils les renvoyeront à leurs cautions à Paris, & y joindront ceux du Controlle, avec les Bordereaux de leurs Recettes & dépenses, Pieces justificatives d'icelles, le restant des blancs de Quittances de Prest & Annuel qui n'auront pas servi, ensemble toutes les autres Pieces necessaires pour dresser leurs comptes, afin qu'il puisse estre incessamment procedé à la reddition d'iceux.

XXVI.

QUOYQUE les Offices Municipaux créez par l'Edit du mois d'Aoust 1722. ayent esté supprimez par celuy du mois de Juillet 1724. comme il s'en trouve quelques-uns qui ont esté exceptez de cette suppression dans quelques endroits du Royaume, en cas que les Titulaires d'iceux se presentent pour estre admis à l'Annuel, ils y seront reçûs sur le pied fixé par l'Arrest du 6. Octobre 1722. qui est le 60.e du neufviéme de leur Finance principale, & sans payer aucun Prest, en ayant esté dispensez par ledit Arrest.

MEMOIRE pour servir d'Instruction aux Commis à la Recette du Prest & Droit Annuel, pour l'année 1727.

PREMIEREMENT.

LES Commis à la Recette du Prest & Droit Annuel, chacun dans leur Generalité, feront l'ouverture de leur Bureau le premier Novembre 1726. jusques & compris le dernier Decembre ensuivant, conformément à l'Arrest du Conseil du 20. Aoust 1726. pendant lequel temps ils y seront tous les jours fort assidus, depuis les sept heures du matin jusques à six heures du soir.

II.

ILS feront apposer les Affiches qui leur auront esté envoyées, aux lieux accoûtumez, comme aux portes des Bureaux des Finances, Sieges Presidiaux, Bailliages, Elections, Greniers à Sel, & autres endroits & places publiques; Et en envoyeront ès Villes & Bourgs dépendans de leurs Generalitez, afin que les Officiers soient avertis de l'ouverture du Bureau de ladite Recette.

III.

ILS recevront au payement du Droit Annuel, les Officiers dépendans de leur Generalité, de quelque nature qu'ils soient, qui y ont satisfait pour l'année 1726. qui seront tenus de leur justifier à cet effet de leurs Quittances, sans payer aucun Prest.

IV.

LES Officiers qui ont obmis d'entrer à l'Annuel pour l'année 1726. y seront reçûs suivant ledit Arrest du 20. Aoust 1726. en payant l'Annuel seulement pour 1727. Ceux qui ont obmis quelques années, en payant les obmises, la

BIBLIOTHEQUE ROYALE I

courante 1727. & ce qui peut eſtre dû du Preſt; Et à l'égard de ceux qui n'y ſont point entrez pendant l'ouverture du preſent Bail, en payant toutes les années d'Annuel obmiſes qui ſont au nombre de cinq, & deux tiers de Preſt ſeulement, Sa Majeſté leur faiſant remiſe d'un tiers, ainſi qu'il eſt porté par les Articles II. des Arreſts des 12. Aouſt 1725. & 20. Aouſt 1726.

V.

A l'égard des Officiers des Preſidiaux, ils les recevront au payement du Preſt & Annuel de leurs Offices ſur le pied de la moitié de l'évaluation d'iceux, en quelque temps qu'elle ait eſté faite, ſoit en 1605. augmentée du quart en 1638. ou depuis, conformément à l'Article IV. de l'Arreſt du 20. Aouſt 1726. Et au Preſt au ſixiéme denier qui eſtoit cy-devant en entier dix fois l'Annuel, qui en ſe partageant par tiers eſt trois fois l'Annuel, & un tiers dudit Annuel, par exemple un Annuel de 100. liv. fait pour un tiers de Preſt au ſixiéme 333. liv. 6. ſ. 8. d. Et ils y recevront les obmiſſionnaires avec la même grace de la remiſe de moitié, aux conditions portées par l'Article cy-deſſus, ſans que néantmoins ceux qui pourroient avoir payé ſur un pied plus fort, en puiſſent prétendre aucune repetition, ainſi qu'il eſt porté par les Articles III. & V. de l'Arreſt du 25. Juillet 1724. l'Article III. de celuy du 12. Aouſt 1725. & IV. de celuy du 20. Aouſt 1726.

VI.

Ils recevront pareillement les Officiers des Senêchauſſées, Bailliages, Sieges Royaux & autres Juriſdictions Royales, inferieures ordinaires, au payement de l'Annuel de leurs Offices ſur le pied de la moitié de l'évaluation d'iceux, ainſi que ceux des Preſidiaux & du Preſt, à proportion au dixiéme qui eſt douze fois l'Annuel, ſuivant l'Article V. de l'Arreſt du 20. Aouſt. 1726.

VII.

POUR ce qui est des Offices cy-devant Domaniaux, ausquels l'heredité a depuis esté attribuée, & les hereditaires, ou en survivance, qui ne se trouveront point évaluez; ils les recevront au payement du Droit Annuel de leurs Offices, sur le pied du soixantiéme denier du tiers de leur Finance principale, & autres par eux payées pour tenir lieu & augmentation de Finance tant aux Offices dont ils sont pourvûs, que de ceux qui y sont réünis; Et du Prest à proportion sur le pied du cinquiéme denier, ou sixiéme si ce sont Offices de Presidiaux; lequel tiers de la Finance leur tiendra lieu d'évaluation, à l'effet de quoy lesdits Officiers seront tenus de representer leurs Quittances de Finance, Provisions & autres Pieces concernant la proprieté de leurs Offices.

VIII.

COMME il y a plusieurs Officiers, comme Receveurs des Consignations, Commissaires aux Saisies Réelles, Greffiers, Procureurs, Notaires, Huissiers & Sergens, qui prétendent estre du Corps des Presidiaux parce qu'ils y sont reçûs & immatriculez; ils leurs feront entendre qu'ils n'en sont que membres & non du Corps, & par consequent qu'ils doivent le Prest au cinquiéme & l'Annuel au total, sans remise de moitié, les Corps des Presidiaux n'estant composez que des Presidens, Lieutenans Generaux, Civils & Criminels, Lieutenans particuliers, Conseillers, Commissaires-Enquesteurs, Examinateurs, Avocats & Procureurs du Roy, Baillifs d'Epée, Chevaliers d'Honneur, qui doivent payer le Prest au sixiéme & à moitié, comme il est dit cy-dessus, les Substituts estant même sujets à l'Annuel en entier, & au Prest au cinquiéme, à moins qu'ils n'en ayent esté dispensez par des Arrests particuliers.

IX.

SE trouvant plusieurs Offices cy-devant Domaniaux, de

la Finance desquels il est difficile de justifier, & qu'il est porté par la Declaration du 9. Aoust 1722. qu'en ce cas ils seront évaluez suivant les Rolles qui en seront arrestez au Conseil; si aucuns des pourvûs de ceux qui se trouvent dans cette espece, se presentent au Bureau, les Commis auront soin d'en dresser des Memoires, & de les addresser au Bureau des Revenus Casuels, pour estre en consequence statué sur l'évaluation d'iceux; Et en attendant se feront representer les derniers Contracts de vente, sur le tiers desquels ils les recevront au payement du Prest & Annuel, afin de ne les pas mettre en risque.

X.

Ils ne recevront point au payement du Droit Annuel, les Officiers dépendans des Pays d'Artois, Flandre & Alsace, en estant dispensez par la Declaration du 9. Aoust 1722.

XI.

Ils recevront au Prest seulement, les Officiers des Domaines engagez, l'Annuel en appartenant à l'Engagiste.

XII.

Ils n'admettront point au payement du Droit Annuel les Presidens & Conseillers des Cours Superieures, les Presidens, Maistres, Correcteurs & Auditeurs des Chambres des Comptes, les Avocats & Procureurs Generaux & Greffiers en Chef d'icelles Cours & Chambres, lesquels en sont dispensez, & confirmez par la Declaration du 9. Aoust 1722. dans la survivance attribuée à leurs Offices par l'Edit du mois de Decembre 1709.

XIII.

Comme il y a plusieurs Offices anciennement casuels de leur nature, qui ne se trouvent point évaluez; les pourvûs d'iceux seront reçûs au payement du Droit Annuel par proportion de pareils Offices évaluez, ou en cas qu'ils ayent des Quittances d'Annuel, sur le pied d'icelles depuis vingt années, que les Commis se feront representer ainsi qu'il est ordonné par l'Arrest du 29. Aoust 1683. ce qui ne se doit entendre que des Offices non évaluez, parce qu'en cas qu'ils le soient, les Quittances au-dessous de l'évaluation, de quelque temps qu'elles puissent estre, ne doivent avoir lieu à moins qu'il ne soit justifié par un Rolle en bonne forme, de la moderation de l'évaluation.

XIV.

LA plusspart des Procureurs, Notaires, Huissiers & Sergens ne se trouvant pas évaluez à cause de l'heredité qui leur estoit attribuée, qui se trouve presentement revoquée, ils seront reçûs au payement du Prest & Droit Annuel, en cas qu'ils ne soient point évaluez, SÇAVOIR les Notaires & Procureurs dans les bonnes Villes sur le pied de 533. liv. 6. s. 8. d. d'évaluation; de 400. liv. dans les petites Villes; de 300. liv. dans les Bourgs & Villages; & pour les Sergens residans dans iceux, de 266. liv. 13. s. 4. d.

XV.

ILS recevront les Presidens, Tresoriers de France, Procureurs, Avocats du Roy, Greffiers en Chef, & autres Officiers estant du Corps des Bureaux des Finances, sans Prest, ainsi qu'il est porté par l'Article V. de l'Arrest du 20. Septembre 1723. & IV. de celuy du 25. Juillet 1724. & ce en payant les années obmises & la courante, en cas qu'ils ayent negligé d'y satisfaire.

XVI.

OBSERVERONT de ne point recevoir l'Annuel pour les Officiers decedez, en cas que leurs veuves, heritiers ou creanciers les voulussent payer, ou fissent faire des sommations à cet effet, non plus que pour les porteurs de Quittances sur lesquelles il n'a point esté expedié de Provisions; parce qu'il n'y a que les Officiers vivans & actuellement pourvûs, qui puissent estre reçûs au payement du Prest & du Droit Annuel pour la conservation de leurs Offices.

XVII.

S'IL ſe preſente en perſonne en leur Bureau quelque Officier d'une autre Generalité pour y payer le Preſt & Droit Annuel, on ne fera aucune difficulté de l'y recevoir.

XVIII.

TOUT Officier eſt tenu de payer en perſonne, ou par Procureur fondé de procuration ſpeciale, datée dans le temps de l'ouverture de l'Annuel.

XIX.

ILS recevront les blancs de Quittances des Gages des Officiers des Mareſchauſſées, pour comptant de leur Preſt & Annuel, & juſques à la concurrence deſdits Droits, dont ceux qui les ont payé leur repreſenteront les Quittances, & les leur feront endoſſer de leurs veritables noms & ſurnoms; la pluſpart des blancs fournis pour les années precedentes ayant eſté renvoyez ſur les lieux pour eſtre reformez, à cauſe qu'ils n'avoient eſté remplis que du ſurnom de Seigneurie, & non du veritable nom de famille.

XX.

LES Commis remettront les Quittances à celuy qui eſt commis au Controlle pour les controller: Et s'il arrive que quelques Officiers ſoient obligez d'en reprendre quelques-unes, pour y augmenter ou diminuer ſelon leurs titres & qualitez, ou autres raiſons, ils ne les reprendront point, en cas qu'elles ſoient controllées, qu'elles n'ayent eſté préalablement déchargées du Controlle, & qu'il n'ait eſté fait mention par les Commis au Controlle, au bas de l'enregiſtrement d'iceluy, de ladite décharge, de la raiſon pour laquelle elle aura eſté faite, qui ſera datée & ſignée dudit Commis; auquel cas celuy à la Recette pourra expedier une nouvelle Quittance ſous les titres requis, la porter de nouveau ſur ſon Regiſtre, & rayer l'ampliation de celle qui aura eſté precedemment expediée; en faiſant une mention ſommaire en marge, de la raiſon pour laquelle elle aura eſté rayée & déchargée du Controlle.

XXI.

LES Commis donneront avis de l'estat de leurs Recettes tous les huit jours, en attendant les ordres qui leur seront envoyez pour la remise des Deniers d'icelles.

XXII.

S'IL arrive quelque difficulté qui n'ait pas esté prevûë, les Commis en donneront avis, & cependant ils recevront & chargeront leurs Registres d'ampliations, en sorte que les Officiers ne demeurent point en suspens, & ne courent aucun risque de leurs Offices, sauf à y estre pourvû en connoissance de cause l'année suivante.

XXIII.

ET comme il pourroit arriver que quelques Officiers prevenus de leurs pretentions, qui par la suite se pourroient trouver mal fondées, se porteroient à faire signifier des Actes contenant icelles; les Commis les recevront sans y faire aucune réponse verbale ni par écrit, & les envoyeront incessamment au Bureau de Paris, pour y estre pourvû.

XXIV.

LES Commis, chacun en leur Generalité, feront des Bordereaux exacts & bien calculez du montant de leurs Recettes, lesquels ils presenteront le lendemain matin du jour de la closture du Bureau, avec leurs Registres, à Messieurs les Tresoriers de France, pour estre par eux arrestez en la maniere accoûtumée.

XXV.

APRÉS que leurs Registres auront esté arrestez, ils les renvoyeront à leurs Cautions à Paris, & y joindront ceux du Controlle, avec les Bordereaux de leurs Recettes & dépenses, Pieces justificatives d'icelles, le restant des blancs de Quittances de Prest & Annuel qui n'auront pas servi, ensemble toutes les autres Pieces necessaires pour dresser leurs comptes, afin qu'il puisse estre incessamment procedé à la reddition d'iceux.

XXVI.

QUOYQUE les Offices Municipaux créez par l'Edit du mois d'Aoust 1722. ayent esté supprimez par celuy du mois de Juillet 1724. comme il s'en trouve quelques-uns qui ont esté exceptez de cette suppression dans quelques endroits du Royaume, notamment dans le Pays de Languedoc, en cas que les Titulaires d'iceux se presentent pour estre admis à l'Annuel, ils y seront reçûs sur le pied fixé par l'Arrest du 6. Octobre 1722. qui est le soixantiéme du neufviéme de leur Finance principale, & sans payer aucun Prest, en ayant esté dispensez par ledit Arrest.

XXVII.

A l'égard des Officiers des Elections, Greniers à Sel, Eaux & Forests, Mareschaussées, Amirautez de Bretagne, & autres Jurisdictions extraordinaires; ils les recevront au payement du Droit Annuel sur le pied du soixantiéme denier de l'évaluation entiere de leurs Offices pour ceux qui sont évaluez, ou sur le pied du tiers de leur Finance s'ils ne le sont point, & en cas qu'ils ne justifient point de leur Finance, sur le pied du tiers du prix des Contracts de vente, ainsi qu'il est porté par la Declaration du 9. Aoust 1722. & Arrest du 20. Aoust 1726. l'intention de Sa Majesté estant, que la reduction de l'Annuel à moitié n'ait lieu que pour les Officiers des Jurisdictions ordinaires, ainsi qu'il est expliqué cy-dessus.

MEMOIRE pour servir d'Instruction aux Commis à la Recette du Prest & Droit Annuel, pour l'année 1727.

PREMIEREMENT.

BIBLIOTHEQUE IMPERIALE

LES Commis à la Recette du Prest & Droit Annuel, chacun dans leur Generalité, feront l'ouverture de leur Bureau le premier Novembre 1726. jusques & compris le dernier Decembre ensuivant, conformément à l'Arrest du Conseil du 20. Aoust 1726. pendant lequel temps ils y seront tous les jours fort assidus, depuis les sept heures du matin jusques à six heures du soir.

II.

ILS feront apposer les Affiches qui leur auront esté envoyées, aux lieux accoûtumez, comme aux portes des Bureaux des Finances, Sieges Presidiaux, Bailliages, Elections, Greniers à Sel, & autres endroits & places publiques; Et en envoyeront ès Villes & Bourgs dépendans de leurs Generalitez, afin que les Officiers soient avertis de l'ouverture du Bureau de ladite Recette.

III.

ILS recevront au payement du Droit Annuel, les Officiers dépendans de leur Generalité, de quelque nature qu'ils soient, qui y ont satisfait pour l'année 1726. qui seront tenus de leur justifier à cet effet de leurs Quittances, sans payer aucun Prest.

IV.

LES Officiers qui ont obmis d'entrer à l'Annuel pour l'année 1726. y seront reçûs suivant ledit Arrest du 20. Aoust 1726. en payant l'Annuel seulement pour 1727. Ceux qui ont obmis quelques années, en payant les obmises, la courante 1727. & ce qui peut estre dû du Prest; Et à l'égard de ceux qui n'y sont point entrez pendant l'ouverture du present Bail, en payant toutes les années d'Annuel obmises qui sont au nombre de cinq, & deux tiers de Prest seulement, Sa Majesté leur faisant remise d'un tiers, ainsi qu'il est porté par les Articles II. des Arrests des 12. Aoust 1725. & 20. Aoust 1726.

V.

A l'égard des Officiers des Presidiaux, ils les recevront au payement du Prest & Annuel de leurs Offices sur le pied de la moitié de l'évaluation d'iceux, en quelque temps qu'elle ait esté faite, soit en 1605. augmentée du quart en 1638 ou depuis, conformément à l'Article IV. de l'Arrest du 20. Aoust 1726. Et au Prest au sixiéme denier qui estoit cy-devant en entier dix fois l'Annuel, qui en se partageant par tiers est trois fois l'Annuel, & un tiers dudit Annuel, par exemple un Annuel de 100. liv. fait pour un tiers de Prest au sixiéme 333. liv. 6. s. 8. d. Et ils y recevront les obmissionnaires avec la même grace de la remise de moitié, aux conditions portées par l'Article cy-dessus, sans que néantmoins ceux qui pourroient avoir payé sur un pied plus fort, en puissent prétendre aucune repetition, ainsi qu'il est porté par les Articles III. & V. de l'Arrest du 25. Juillet 1724. l'Article III. de celuy du 12. Aoust 1725. & IV. de celuy du 20. Aoust 1726.

VI.

ILS recevront pareillement les Officiers des Senêchaussées, Bailliages, Sieges Royaux & autres Jurisdictions Royales, inferieures ordinaires, au payement de l'Annuel de leurs Offices sur le pied de la moitié de l'évaluation d'iceux, ainsi que ceux des Presidiaux & du Prest, à proportion au dixiéme qui est douze fois l'Annuel, suivant l'Article V. de l'Arrest du 20. Aoust. 1726.

VII.

POUR ce qui eſt des Offices cy-devant Domaniaux, auſquels l'heredité a depuis eſté attribuée, & les hereditaires, ou en ſurvivance, qui ne ſe trouveront point évaluez; ils les recevront au payement du Droit Annuel de leurs Offices, ſur le pied du ſoixantiéme denier du tiers de leur Finance principale, & autres par eux payées pour tenir lieu & augmentation de Finance tant aux Offices dont ils ſont pourvûs, que de ceux qui y ſont réünis; Et du Preſt à proportion ſur le pied du cinquiéme denier, ou ſixiéme ſi ce ſont Offices de Preſidiaux; lequel tiers de la Finance leur tiendra lieu d'évaluation, à l'effet de quoy leſdits Officiers ſeront tenus de repreſenter leurs Quittances de Finance, Proviſions & autres Pieces concernant la proprieté de leurs Offices.

VIII.

COMME il y a pluſieurs Officiers, comme Receveurs des Conſignations, Commiſſaires aux Saiſies Réelles, Greffiers, Procureurs, Notaires, Huiſſiers & Sergens, qui prétendent eſtre du Corps des Preſidiaux parce qu'ils y ſont reçûs & immatriculez; ils leurs feront entendre qu'ils n'en ſont que membres & non du Corps, & par conſequent qu'ils doivent le Preſt au cinquiéme & l'Annuel au total, ſans remiſe de moitié, les Corps des Preſidiaux n'eſtant compoſez que des Preſidens, Lieutenans Generaux, Civils & Criminels, Lieutenans particuliers, Conſeillers, Commiſſaires-Enqueſteurs, Examinateurs, Avocats & Procureurs du Roy, Baillifs d'Epée, Chevaliers d'Honneur, qui doivent payer le Preſt au ſixiéme & à moitié, comme il eſt dit cy deſſus, les Subſtituts eſtant même ſujets à l'Annuel en entier, & au Preſt au cinquiéme, à moins qu'ils n'en ayent eſté diſpenſez par des Arreſts particuliers.

IX.

SE trouvant pluſieurs Offices cy-devant Domaniaux, de

la Finance desquels il est difficile de justifier, & qu'il est porté par la Declaration du 9. Aoust 1722. qu'en ce cas ils seront évaluez suivant les Rolles qui en seront arrestez au Conseil; si aucuns des pourvûs de ceux qui se trouvent dans cette espece, se presentent au Bureau, les Commis auront soin d'en dresser des Memoires, & de les addresser au Bureau des Revenus Casuels, pour estre en consequence statué sur l'évaluation d'iceux; Et en attendant se feront representer les derniers Contracts de vente, sur le tiers desquels ils les recevront au payement du Prest & Annuel, afin de ne les pas mettre en risque.

X.

Ils ne recevront point au payement du Droit Annuel, les Officiers dépendans des Pays d'Artois, Flandre & Alsace, en estant dispensez par la Declaration du 9. Aoust 1722.

XI.

Ils recevront au Prest seulement, les Officiers des Domaines engagez, l'Annuel en appartenant à l'Engagiste.

XII.

Ils n'admettront point au payement du Droit Annuel les Presidens & Conseillers des Cours Superieures, les Presidens, Maistres, Correcteurs & Auditeurs des Chambres des Comptes, les Avocats & Procureurs Generaux & Greffiers en Chef d'icelles Cours & Chambres, lesquels en sont dispensez, & confirmez par la Declaration du 9. Aoust 1722. dans la survivance attribuée à leurs Offices par l'Edit du mois de Decembre 1709.

XIII.

Comme il y a plusieurs Offices anciennement casuels de leur nature, qui ne se trouvent point évaluez; les pourvûs d'iceux seront reçûs au payement du Droit Annuel par proportion de pareils Offices évaluez, ou en cas qu'ils ayent des Quittances d'Annuel, sur le pied d'icelles depuis vingt années, que les Commis se feront representer ainsi qu'il est ordonné par l'Arrest du 29. Aoust 1683. ce qui ne se doit entendre que des Offices non évaluez, parce qu'en cas qu'ils le soient, les Quittances au-dessous de l'évaluation, de quelque temps qu'elles puissent estre, ne doivent avoir lieu à moins qu'il ne soit justifié par un Rolle en bonne forme, de la moderation de l'évaluation.

XIV.

La plupart des Procureurs, Notaires, Huissiers & Sergens ne se trouvant pas évaluez à cause de l'heredité qui leur estoit attribuée, qui se trouve presentement revoquée, ils seront reçûs au payement du Prest & Droit Annuel, en cas qu'ils ne soient point évaluez, Sçavoir les Notaires & Procureurs dans les bonnes Villes sur le pied de 533. liv. 6. s. 8. d. d'évaluation; de 400. liv. dans les petites Villes; de 300. liv. dans les Bourgs & Villages; & pour les Sergens residans dans iceux, de 266. liv. 13. s. 4. d.

XV.

Ils recevront les Presidens, Tresoriers de France, Procureurs, Avocats du Roy, Greffiers en Chef, & autres Officiers estant du Corps des Bureaux des Finances, sans Prest, ainsi qu'il est porté par l'Article V. de l'Arrest du 20. Septembre 1723. & IV. de celuy du 25. Juillet 1724. & ce en payant les années obmises & la courante, en cas qu'ils ayent negligé d'y satisfaire.

XVI.

Observeront de ne point recevoir l'Annuel pour les Officiers decedez, en cas que leurs veuves, heritiers ou creanciers les voulussent payer, ou fissent faire des sommations à cet effet, non plus que pour les porteurs de Quittances sur lesquelles il n'a point esté expedié de Provisions; parce qu'il n'y a que les Officiers vivans & actuellement pourvûs, qui puissent estre reçûs au payement du Prest & du Droit Annuel pour la conservation de leurs Offices.

XVII.

S'IL se presente en personne en leur Bureau quelque Officier d'une autre Generalité pour y payer le Prest & Droit Annuel, on ne fera aucune difficulté de l'y recevoir.

XVIII.

TOUT Officier est tenu de payer en personne, ou par Procureur fondé de procuration speciale, datée dans le temps de l'ouverture de l'Annuel.

XIX.

ILS recevront les blancs de Quittances des Gages des Officiers des Marceschaussées, pour comptant de leur Prest & Annuel, & jusques à la concurrence desdits Droits, dont ceux qui les ont payé leur representeront les Quittances, & les leur feront endosser de leurs veritables noms & surnoms; la plusspart des blancs fournis pour les années precedentes ayant esté renvoyez sur les lieux pour estre reformez, à cause qu'ils n'avoient esté remplis que du surnom de Seigneurie, & non du veritable nom de famille.

XX.

LES Commis remettront les Quittances à celuy qui est commis au Controlle pour les controller: Et s'il arrive que quelques Officiers soient obligez d'en reprendre quelques-unes, pour y augmenter ou diminuer selon leurs titres & qualitez, ou autres raisons, ils ne les reprendront point, en cas qu'elles soient controllées, qu'elles n'ayent esté préalablement déchargées du Controlle, & qu'il n'ait esté fait mention par les Commis au Controlle, au bas de l'enregistrement d'iceluy, de ladite décharge, de la raison pour laquelle elle aura esté faite, qui sera datée & signée dudit Commis; auquel cas celuy à la Recette pourra expedier une nouvelle Quittance sous les titres requis, la porter de nouveau sur son Registre, & rayer l'ampliation de celle qui aura esté precedemment expediée; en faisant une mention sommaire en marge, de la raison pour laquelle elle aura esté rayée & déchargée du Controlle.

XXI.

Les Commis donneront avis de l'eſtat de leurs Recettes tous les huit jours, en attendant les ordres qui leur ſeront envoyez pour la remiſe des Deniers d'icelles.

XXII.

S'il arrive quelque difficulté qui n'ait pas eſté prevûë, les Commis en donneront avis, & cependant ils recevront & chargeront leurs Regiſtres d'ampliations, en ſorte que les Officiers ne demeurent point en ſuſpens, & ne courent aucun riſque de leurs Offices, ſauf à y eſtre pourvû en connoiſſance de cauſe l'année ſuivante.

XXIII.

Et comme il pourroit arriver que quelques Officiers prevenus de leurs pretentions, qui par la ſuite ſe pourroient trouver mal fondées, ſe porteroient à faire ſignifier des Actes contenant icelles; les Commis les recevront ſans y faire aucune réponſe verbale ni par écrit, & les envoyeront inceſſamment au Bureau de Paris, pour y eſtre pourvû.

XXIV.

Les Commis, chacun en leur Generalité, feront des Bordereaux exacts & bien calculez du montant de leurs Recettes, leſquels ils preſenteront le lendemain matin du jour de la cloſture du Bureau, avec leurs Regiſtres, à Meſſieurs les Treſoriers de France, pour eſtre par eux arreſtez en la maniere accoûtumée.

XXV.

Aprés que leurs Regiſtres auront eſté arreſtez, ils les renvoyeront à leurs Cautions à Paris, & y joindront ceux du Controlle, avec les Bordereaux de leurs Recettes & dépenſes, Pieces juſtificatives d'icelles, le reſtant des blancs de Quittances de Preſt & Annuel qui n'auront pas ſervi, enſemble toutes les autres Pieces neceſſaires pour dreſſer leurs comptes, afin qu'il puiſſe eſtre inceſſamment procedé à la reddition d'iceux.

XXVI.

QUOYQUE les Offices Municipaux créez par l'Edit du mois d'Aoust 1722. ayent esté supprimez par celuy du mois de Juillet 1724. comme il s'en trouve quelques-uns qui ont esté exceptez de cette suppression dans quelques endroits du Royaume, notamment dans le Pays de Languedoc, en cas que les Titulaires d'iceux se presentent pour estre admis à l'Annuel, ils y seront reçûs sur le pied fixé par l'Arrest du 6. Octobre 1722. qui est le soixantiéme du neufviéme de leur Finance principale, & sans payer aucun Prest, en ayant esté dispensez par ledit Arrest.

XXVII.

A l'égard des Officiers des Elections, Greniers à Sel, Eaux & Forests, Mareschaussées, Amirautez de Bretagne, & autres Jurisdictions extraordinaires ; ils les recevront au payement du Droit Annuel sur le pied du soixantiéme denier de l'évaluation entiere de leurs Offices pour ceux qui sont évaluez, ou sur le pied du tiers de leur Finance s'ils ne le sont point, & en cas qu'ils ne justifient point de leur Finance, sur le pied du tiers du prix des Contracts de vente, ainsi qu'il est porté par la Declaration du 9. Aoust 1722. & Arrest du 20. Aoust 1726. l'intention de Sa Majesté estant, que la reduction de l'Annuel à moitié n'ait lieu que pour les Officiers des Jurisdictions ordinaires, ainsi qu'il est expliqué cy-dessus.

MEMOIRE pour servir d'Instruction aux Commis à la Recette du Prest & Droit Annuel, pour l'année 1729.

BIBLIOTHÈQUE IMPÉRIALE

PREMIEREMENT.

LEs Commis à la Recette du Prest & Droit Annuel, chacun dans leur Generalité, feront l'ouverture de leur Bureau le premier Novembre 1728. jusques & compris le dernier Decembre ensuivant, conformement à l'Arrest du Conseil du 3. Aoust 1728. pendant lequel temps ils y seront tous les jours fort assidus, depuis les sept heures du matin jusqu'à six heures du soir.

I I.

ILs feront apposer les Affiches qui leur auront esté envoyées, aux lieux accoûtumez, comme aux Portes des Bureaux des Finances, Sieges Presidiaux, Bailliages, Elections, Greniers à Sel, & autres endroits & Places publiques; Et en envoyeront ès Villes & Bourgs dépendans de leurs Generalitez, afin que les Officiers soient avertis de l'ouverture du Bureau de ladite Recette.

I I I.

ILs recevront au payement du Droit Annuel, les Officiers dépendans de leur Generalité, de quelque nature qu'ils soient, qui y ont satisfait pour l'année 1728. qui seront tenus de leur justifier à cet effet de leurs Quittances, sans payer aucun Prest.

I V.

LEs Officiers qui sont entrez à l'Annuel pour l'année 1728. y seront reçûs en payant l'Annuel seulement pour 1729. Ceux qui ont obmis quelques années, en payant les obmises, la courante 1729. & ce qui peut estre dû du Prest; Et à l'égard de ceux qui n'y sont point entrez pendant l'ouverture du present Bail, en payant toutes les années d'Annuel obmises qui sont au nombre de sept, & un tiers de Prest seulement, Sa Majesté leur faisant remise des deux autres tiers ainsi qu'il est porté par l'Article II. de l'Arrest du 3. Aoust 1728.

V.

A l'égard des Officiers des Presidiaux, ils les recevront au payement du Prest & Annuel de leurs Offices, sur le pied de la moitié de l'évaluation d'iceux, en quelque temps qu'elle ait esté faite, soit en 1605. augmentée du quart en 1638 ou depuis, conformement à l'Article III. de l'Arrest du 3. Aoust 1728. Et au Prest au sixieme denier qui estoit cy-devant en entier dix fois l'Annuel, qui en se partageant par tiers est trois fois l'Annuel, & un tiers dudit Annuel; par exemple, un Annuel de cent livres fait pour un tiers de Prest au sixieme Trois cens trente-trois livres six sols huit deniers. Et ils y recevront les obmissionnaires avec la même grace de la remise de moitié, aux conditions portées par l'Article cy-dessus, sans que néantmoins ceux qui pourroient avoir payé sur un pied plus fort, en puissent pretendre aucune repetition, ainsi qu'il est porté par les Articles III. & V. de l'Arrest du 25. Juillet 1724. l'Article III. de celuy du 12. Aoust 1725. IV. de celuy du 20. Aoust 1726. & III. de celuy du 3. Aoust 1728.

V I.

Ils recevront pareillement les Officiers des Seneschaussées, Bailliages, Sieges Royaux & autres Jurisdictions Royales, inferieures ordinaires, au payement de l'Annuel de leurs Offices sur le pied de la moitié de l'évaluation d'iceux, ainsi que ceux des Presidiaux & du Prest, à proportion au cinquieme denier qui est en entier douze fois l'Annuel, suivant l'Article V. de l'Arrest du 20. Aoust 1726. & IV. de celuy du 3. Aoust 1728.

V I I.

Pour ce qui est des Offices cy-devant Domaniaux, ausquels l'heredité a depuis esté attribuée, & les hereditaires, ou en survivance, qui ne se trouveront point évaluez, ils les recevront au payement du Droit Annuel de leurs Offices, ſur le pied du ſoixantieme denier du tiers de leur Finance principale, & autres par eux payées pour tenir lieu & augmentation de Finance, tant aux Offices dont ils ſont pourvûs, que de ceux qui y ſont réünis ; ou de leurs Contracts d'acquiſitions en cas qu'ils ne puiſſent juſtifier de leurs Finances; Et du Preſt à proportion ſur le pied du cinquieme denier, ou ſixieme ſi ce ſont Offices de Preſidiaux ; lequel tiers de la Finance leur tiendra lieu d'évaluation ; à l'effet de quoy leſdits Officiers ſeront tenus de repreſenter leurs Quittances de Finance, Proviſions & autres Pieces concernant la proprieté de leurs Offices.

VIII.

COMME il y a pluſieurs Officiers, comme Receveurs des Conſignations, Commiſſaires aux Saiſies Réelles, Greffiers, Procureurs, Notaires, Huiſſiers & Sergens, qui pretendent eſtre du Corps des Preſidiaux, parce qu'ils y ſont reçûs & immatriculez, ils leur feront entendre qu'ils n'en ſont que membres & non du Corps, & par conſequent qu'ils doivent le Preſt au cinquieme & l'Annuel au total, ſans remiſe de moitié : les Corps des Preſidiaux n'eſtant compoſez que des Preſidens, Lieutenans generaux, Civils & Criminels, Lieutenans particuliers, Conſeillers, Commiſſaires - Enqueſteurs, Examinateurs, Avocats & Procureurs du Roy, Baillifs d'Epée, Chevaliers d'Honneur, qui doivent payer le Preſt au ſixieme & à moitié, comme il eſt dit cy-deſſus, les Subſtituts eſtant même ſujets à l'Annuel en entier, & au Preſt au cinquieme, à moins qu'ils n'en ayent eſté diſpenſez par des Arreſts particuliers.

IX.

SE trouvant pluſieurs Offices cy-devant Domaniaux, de la Finance deſquels il eſt difficile de juſtifier, & qu'il eſt porté par la Declaration du 9. Aouſt 1722. qu'en ce cas ils ſeront évaluez ſuivant les Rolles qui en ſeront arreſtez au Conſeil ; ſi aucuns des pourvûs de ceux qui ſe trouvent dans cette eſpece, ſe preſentent au Bureau, les Commis auront ſoin d'en dreſſer des Memoires, & de les adreſſer au Bureau des Revenus Caſuels, pour eſtre en conſequence ſtatué ſur l'évaluation d'iceux ; Et en attendant ſe feront repreſenter les derniers Contracts de vente, ſur le tiers deſquels ils les recevront au payement du Preſt & Annuel, afin de ne les pas mettre en riſque.

X.

ILS ne recevront point au payement du Droit Annuel, les Officiers dépendans des Pays d'Artois, Flandre, Haynault, & Alſace, en eſtant diſpenſez par la Declaration du 9. Aouſt 1722.

X I.

ILS recevront au Preſt ſeulement, les Officiers des Domaines engagez dont le Preſt appartient au Roy, l'Annuel en appartenant à l'Engagiſte, dont quelques-uns ont auſſi le Preſt ; ce qu'en ce cas ils ſeront tenus de juſtifier.

X I I.

ILS n'admettront point au payement du Droit Annuel les Preſidens & Conſeillers des Cours ſuperieures, les Preſidens, Maiſtres, Correcteurs & Auditeurs des Chambres des Comptes, les Avocats & Procureurs generaux & Greffiers en Chef d'icelles, Cours & Chambres, leſquels en ſont diſpenſez, & confirmez par la Declaration du 9. Aouſt 1722. dans la ſurvivance attribuée à leurs Offices par l'Edit du mois de Decembre 1709.

X I I I.

COMME il y a pluſieurs Offices anciennement caſuels de leur nature, qui ne ſe trouvent point évaluez ; les pourvûs d'iceux ſeront reçûs au payement du Droit Annuel, par proportion de pareils Offices évaluez, ou en cas qu'ils ayent des Quittances d'Annuel, ſur le pied d'icelles depuis vingt années, que les Commis ſe feront repreſenter, ainſi qu'il eſt ordonné par l'Arreſt du 29. Aouſt 1682. ce qui ne ſe doit entendre que des Offices non évaluez, parce qu'en cas qu'ils se soient, les Quittances au-dessous de l'évaluation, de quelque temps qu'elles puissent estre, ne doivent avoir lieu à moins qu'il ne soit justifié par un Rolle en bonne forme, de la moderation de l'évaluation.

XIV.

LA pluspart des Offices de Procureurs, Notaires, Huissiers & Sergens ne se trouvant pas évaluez à cause de l'heredité qui leur estoit attribuée, qui se trouve presentement revoquée, ils seront reçûs au payement du Prest & Droit Annuel, en cas qu'ils ne soient point évaluez ; SÇAVOIR les Notaires & Procureurs dans les bonnes Villes sur le pied de Cinq cens trente-trois livres six sols huit deniers d'évaluation, faisant huit livres dix-sept sols neuf deniers d'Annuel; de Quatre cens livres dans les petites Villes, faisant six livres treize sols quatre deniers d'Annuel ; de Trois cens livres dans les Bourgs & Villages, faisant cinq livres d'Annuel ; Et pour les Sergens residens dans iceux, de Deux cens soixante-six livres treize sols quatre deniers, faisant quatre livres huit sols dix deniers d'Annuel.

XV.

ILS recevront les Presidens, Tresoriers de France, Procureurs, Avocats du Roy, Greffiers en Chef, & autres Officiers estant du Corps des Bureaux des Finances, sans Prest, ainsi qu'il est porté par l'Article V. de l'Arrest du 20. Septembre 1723. & IV. de celuy du 25. Juillet 1724. & ce en payant les années obmises & la courante, en cas qu'ils ayent negligé d'y satisfaire.

XVI.

OBSERVERONT de ne point recevoir l'Annuel pour les Officiers decedez, en cas que leurs veuves, heritiers ou creanciers le voulussent payer, ou fissent faire des sommations à cet effet, non plus que pour les porteurs de Quittances sur lesquelles il n'a point esté expedié de Provisions ; parce qu'il n'y a que les Officiers vivans & actuellement pourvûs, qui puissent estre reçûs au payement du Prest & du Droit Annuel, pour la conservation de leurs Offices.

XVII.

S'IL se presente en personne en leur Bureau quelque Officier d'une autre Generalité pour y payer le Prest & Droit Annuel, on ne fera aucune difficulté de l'y recevoir.

XVIII.

TOUT Officier est tenu de payer en personne, ou par Procureur fondé de procuration speciale, datée dans le temps de l'ouverture de l'Annuel, afin de justifier qu'il est vivant, ainsi qu'il est porté par l'Article XVI. cy-dessus.

XIX.

ILS recevront les Blancs de Quittances des Gages des Officiers des Mareschaussées, pour comptant de leur Prest & Annuel, & jusqu'à la concurrence desdits Droits, (dont ceux qui les ont payez leur representeront les Quittances) & leur feront endosser lesdits Blancs de leurs veritables noms & surnoms; la plûpart de ceux fournis pour les années precedentes ayant esté renvoyez sur les lieux pour estre reformez, à cause qu'ils n'avoient esté remplis que du surnom de Seigneurie, & non du veritable nom, & surnom de famille.

XX.

A l'égard des Officiers nouvellement pourvûs pendant la presente année 1728. qui se presenteront pour payer l'Annuel, dans les deux mois de leurs Provisions, si ces deux mois échoient, ou sont échûs dans le courant de ladite année, ils leur feront payer deux Annuels, sçavoir un pour l'année 1728. obmise & l'autre pour l'année 1729. avec un tiers de Prest, s'ils sont pourvûs sur une resignation au quart denier, ou d'un Office levé vacant; & deux Annuels seulement, s'ils sont pourvûs sur resignations, ou nominations au huitieme denier.

XXI.

LES Commis remettront les Quittances à celuy qui est commis au Controlle pour les controller: Et s'il arrive que quelques Officiers soient obligez d'en reprendre quelques-unes, pour y augmenter ou diminuer selon leurs titres & qualitez, ou autres raisons, ils ne les reprendront point, en cas qu'elles soient controllées, qu'elles n'ayent esté préalablement déchargées du Controlle, & qu'il n'ait esté fait mention par les Commis au Controlle, au bas de l'enregistrement d'iceluy, de ladite décharge, de la raison pour laquelle elle aura esté faite, qui sera datée & signée dudit Commis ; auquel cas celuy à la Recette pourra expedier une nouvelle Quittance sous les titres requis, la porter de nouveau sur son Registre, & rayer l'ampliation de celle qui aura esté precedemment expediée ; en faisant une mention sommaire en marge, de la raison pour laquelle elle aura esté rayée & déchargée du Controlle.

XXII.

Les Commis donneront avis de l'estat de leurs Recettes tous les huit jours, en attendant les ordres qui leur seront envoyez pour la remise des Deniers d'icelles.

XXIII.

S'il arrive quelque difficulté qui n'ait pas esté prévûë, les Commis en donneront avis, & cependant ils recevront & chargeront leurs Registres d'ampliations, en sorte que les Officiers ne demeurent point en suspens, & ne courent aucun risque de leurs Offices, sauf à y estre pourvû en connoissance de cause l'année suivante.

XXIV.

Et comme il pourroit arriver que quelques Officiers prevenus de leurs pretentions, qui par la suite se pourroient trouver mal fondées, se porteroient à faire signifier des Actes contenant icelles ; les Commis les recevront sans y faire aucune réponse verbale ni par écrit, & les envoyeront incessamment au Bureau de Paris, pour y estre pourvû.

XXV.

Les Commis, chacun en leur Generalité, feront des Bordereaux exacts & bien calculez du montant de leur Recette, lesquels ils presenteront le lendemain matin du jour de la closture du Bureau, avec leurs Registres, à Messieurs les Tresoriers de France, pour estre par eux arrestez en la maniere accoûtumée.

XXVI.

Aprés que leurs Registres auront esté arrestez, ils les renvoyeront à leurs Cautions à Paris, & y joindront ceux du Controlle, avec les Bordereaux de leurs Recettes & dépenses, Pieces justificatives d'icelles, le restant des Blancs de Quittances de Prest & Annuel qui n'auront pas servi, ensemble toutes les autres Pieces necessaires pour dresser leurs comptes, afin qu'il puisse estre incessamment procedé à la reddition d'iceux.

XXVII.

Quoyque les Offices Municipaux créez par l'Edit du mois d'Aoust 1722. ayent esté supprimez par celuy du mois de Juillet 1724. comme il s'en trouve quelques-uns qui ont esté exceptez de cette suppression dans quelques endroits du Royaume, notamment dans le Pays de Languedoc, en cas qüe les Titulaires d'iceux se presentent pour estre admis à l'Annuel, ils y seront reçûs sur le pied fixé par l'Arrest du 6. Octobre 1722. qui est le soixantieme du neufvieme de leur Finance principale, & sans payer aucun Prest, en ayant esté dispensez par ledit Arrest.

XXVIII.

A l'égard des Officiers des Elections, Greniers à Sel, Eaux & Forests, Mareschaussées, Amirautez de Bretagne, & autres Jurisdictions extraordinaires, ils les recevront au payement du Droit Annuel sur le pied du soixantieme denier de l'évaluation entiere de leurs Offices pour ceux qui sont évaluez, ou sur le pied du soixantieme du tiers de leur Finance s'ils ne le sont point, & en cas qu'ils ne justifient point de leur Finance, sur le pied du soixantieme du tiers du prix des Contracts de vente, ainsi qu'il est porté par la Declaration du 9. Aoust 1722. & Arrest du 20. Aoust 1726. l'intention de Sa Majesté estant que la reduction de l'Annuel à moitié, n'ait lieu que pour les Officiers des Jurisdictions ordinaires, ainsi qu'il est expliqué cy-dessus.

Droit annuel.

MEMOIRE pour servir d'Instruction aux Commis à la Recette du Prest & Droit Annuel, pour l'année 1730.

PREMIEREMENT.

LES Commis à la Recette du Prest & Droit Annuel, chacun dans leur Generalité, feront l'ouverture de leur Bureau le premier Novembre 1729. jusques & compris le dernier Decembre ensuivant, conformement à l'Arrest du Conseil du 2. Aoust 1729. pendant lequel temps ils y seront tous les jours fort assidus, depuis les sept heures du matin jusqu'à six heures du soir.

II.

ILS feront apposer les Affiches & Arrests en placards qui leur auront esté envoyez, aux lieux accoûtumez, comme aux Portes des Bureaux des Finances, Sieges Presidiaux, Bailliages, Elections, Greniers à Sel, & autres endroits & Places publiques; Et en envoyeront ès Villes & Bourgs dépendans de leurs Generalitez, afin que les Officiers soient avertis de l'ouverture du Bureau de ladite Recette.

III.

ILS recevront au payement du Droit Annuel, les Officiers dépendans de leur Generalité, de quelque nature qu'ils soient, qui y ont satisfait pour l'année 1729. qui seront tenus de leur justifier à cet effet de leurs Quittances, sans payer aucun Prest.

IV.

LES Officiers qui sont entrez à l'Annuel pour l'année 1729. y seront reçûs en payant l'Annuel seulement pour 1730. Ceux qui ont obmis quelques années, en payant les obmises, la courante 1730. & ce qui peut estre dû du Prest; Et à l'égard de ceux qui n'y sont point entrez pendant l'ouverture du present

Bail, en payant toutes les années d'Annuel obmises qui sont au nombre de huit, & un tiers de Prest seulement, Sa Majesté leur faisant remise des deux autres tiers ainsi qu'il est porté par l'Article II. de l'Arrest du 3. Aoust 1728.

V.

A l'égard des Officiers des Presidiaux, ils les recevront au payement du Prest & Annuel de leurs Offices, sur le pied de la moitié de l'évaluation d'iceux, en quelque temps qu'elle ait esté faite, soit en 1605. augmentée du quart en 1638. ou depuis, conformement à l'Article III. de l'Arrest du 3. Aoust 1728. Et au Prest au sixieme denier qui estoit cy-devant en entier dix fois l'Annuel, qui en se partageant par tiers est trois fois l'Annuel, & un tiers dudit Annuel; par exemple, un Annuel de cent livres fait pour un tiers de Prest au sixieme Trois cens trente-trois livres six sols huit deniers. Et ils y recevront les obmissionnaires avec la même grace de la remise de moitié, aux conditions portées par l'Article cy-dessus, sans que néantmoins ceux qui pourroient avoir payé sur un pied plus fort, en puissent pretendre aucune repetition, ainsi qu'il est porté par les Articles III. & V. de l'Arrest du 25. Juillet 1724. l'Article III. de celuy du 12. Aoust 1725. IV. de celuy du 20. Aoust 1726. & III. de celuy du 3. Aoust 1728.

VI.

Ils recevront pareillement les Officiers des Seneschaussées, Bailliages, Sieges Royaux & autres Jurisdictions Royales, inferieures ordinaires, au payement de l'Annuel de leurs Offices, sur le pied de la moitié de l'évaluation d'iceux, ainsi que ceux des Presidiaux & du Prest, à proportion au cinquieme denier qui est en entier douze fois l'Annuel, suivant l'Article V. de l'Arrest du 20. Aoust 1726. & IV. de celuy du 3. Aoust 1728.

VII.

Pour ce qui est des Offices cy-devant Domaniaux, ausquels l'heredité a depuis esté attribuée, & les hereditaires, ou en survivance, qui ne se trouveront point évaluez, ils les recevront au payement du Droit Annuel de leurs Offices, sur le pied du soixantieme denier du tiers de leur Finance principale, & autres par eux payées pour tenir lieu & augmentation de Finance, tant aux Offices dont ils sont pourvûs, que de ceux qui y sont réünis; ou de leurs Contracts d'acquisitions en cas qu'ils ne puissent justifier de leurs Finances; Et du Prest à proportion sur le pied du cinquieme denier, ou sixieme si ce sont Offices de Presidiaux; lequel tiers de la Finance leur tiendra lieu d'évaluation; à l'effet de quoy lesdits Officiers seront tenus de representer leurs Quittances de Finance, Provisions & autres Pieces concernant la proprieté de leurs Offices.

VIII.

COMME il y a plusieurs Officiers, comme Receveurs des Consignations, Commissaires aux Saisies Réelles, Greffiers, Procureurs, Notaires, Huissiers & Sergens, qui pretendent estre du Corps des Presidiaux, parce qu'ils y sont reçûs & immatriculez, ils leur feront entendre qu'ils n'en sont que membres & non du Corps, & par consequent qu'ils doivent le Prest au cinquieme & l'Annuel au total, sans remise de moitié : les Corps des Presidiaux n'estant composez que des Presidens, Lieutenans generaux, Civils & Criminels, Lieutenans particuliers, Conseillers, Commissaires-Enquesteurs, Examinateurs, Avocats & Procureurs du Roy, Baillifs d'Epée, Chevaliers d'Honneur, qui doivent payer le Prest au sixieme & à moitié, comme il est dit cy-dessus, les Substituts estant même sujets à l'Annuel en entier, & au Prest au cinquieme, à moins qu'ils n'en ayent esté dispensez par des Arrests particuliers.

IX.

SE trouvant plusieurs Offices cy-devant Domaniaux, de la Finance desquels il est difficile de justifier, & qu'il est porté par la Declaration du 9. Aoust 1722. qu'en ce cas ils seront évaluez suivant les Rolles qui en seront arrestez au Conseil; si aucuns des pourvûs de ceux qui se trouvent dans cette espece, se presentent au Bureau, les Commis auront soin d'en dresser des Memoires, & de les adresser au Bureau des Revenus Casuels, pour estre en consequence statué sur l'évaluation d'iceux ; Et en attendant se feront representer les derniers Contracts de vente, sur le tiers desquels ils les recevront au payement du Prest & Annuel, afin de ne les pas mettre en risque.

X.

ILS ne recevront point au payement du Droit Annuel, les Officiers dépendans des Pays d'Artois, Flandre, Hainault, & Alsace, en estant dispensez par la Declaration du 9. Aoust 1722.

X I.

ILS recevront au Prest seulement, les Officiers des Domaines engagez dont le Prest appartient au Roy, l'Annuel en appartenant à l'Engagiste, dont quelques-uns ont aussi le Prest ; ce qu'en ce cas ils seront tenus de justifier.

X I I.

ILS n'admettront point au payement du Droit Annuel les Presidens & Conseillers des Cours superieures, les Presidens, Maistres, Correcteurs & Auditeurs des Chambres des Comptes, les Avocats & Procureurs generaux & Greffiers en Chef d'icelles, Cours & Chambres, lesquels en sont dispensez, & confirmez par la Declaration du 9. Aoust 1722. dans la survivance attribuée à leurs Offices par l'Edit du mois de Decembre 1709.

X I I I.

COMME il y a plusieurs Offices anciennement casuels de leur nature, qui ne se trouvent point évaluez ; les pourvûs d'iceux seront reçûs au payement du Droit Annuel, par proportion de pareil Offices évaluez, ou en cas qu'ils ayent des Quittances d'Annuel, sur le pied d'icelles depuis vingt années, que les Commis se feront representer, ainsi qu'il est ordonné par l'Arrest du 29. Aoust 1682. ce qui ne se doit entendre que des Offices non évaluez, parce qu'en cas qu'ils le ſoient, les Quittances au-deſſous de l'évaluation, de quelque temps qu'elles puiſſent eſtre, ne doivent avoir lieu à moins qu'il ne ſoit juſtifié par un Rolle en bonne forme, de la moderation de l'évaluation.

X I V.

LA pluſpart des Offices de Procureurs, Notaires, Huiſſiers & Sergens ne ſe trouvant pas évaluez à cauſe de l'heredité qui leur eſtoit attribuée, qui ſe trouve preſentement revoquée, ils ſeront reçûs au payement du Preſt & Droit Annuel, en cas qu'ils ne ſoient point évaluez : Sçavoir les Notaires & Procureurs dans les bonnes Villes ſur le pied de Cinq cens trente-trois livres ſix ſols huit deniers d'évaluation, faiſant huit livres dix-ſept ſols neuf deniers d'Annuel; de Quatre cens livres dans les petites Villes, faiſant ſix livres treize ſols quatre deniers d'Annuel; de Trois cens livres dans les Bourgs & Villages, faiſant cinq livres d'Annuel; Et pour les Sergens reſidens dans iceux, de Deux cens ſoixante-ſix livres treize ſols quatre deniers, faiſant quatre livres huit ſols dix deniers d'Annuel.

X V.

ILS recevront les Preſidens, Treſoriers de France, Procureurs, Avocats du Roy, Greffiers en Chef, & autres Officiers eſtant du Corps des Bureaux des Finances, ſans Preſt, ainſi qu'il eſt porté par l'Article V. de l'Arreſt du 20. Septembre 1723. & IV. de celuy du 25. Juillet 1724. & ce en payant les années obmiſes & la courante, en cas qu'ils ayent negligé d'y ſatisfaire.

X V I.

OBSERVERONT de ne point recevoir l'Annuel pour les Officiers decedez, en cas que leurs veuves, heritiers ou créanciers le vouluſſent payer, ou fiſſent faire des ſommations à cet effet, non plus que pour les porteurs de Quittances ſur leſquelles il n'a point eſté expedié de Proviſions; parce qu'il n'y a que les Officiers vivans & actuellement pourvûs, qui puiſſent eſtre reçûs au payement du Preſt & du Droit Annuel, pour la conſervation de leurs Offices.

X V I I.

S'IL se presente en personne en leur Bureau quelque Officier d'une autre Generalité pour y payer le Prest & Droit Annuel, on ne fera aucune difficulté de l'y recevoir.

X V I I I.

TOUT Officier est tenu de payer en personne, ou par Procureur fondé de procuration speciale, datée dans le temps de l'ouverture de l'Annuel, afin de justifier qu'il est vivant, ainsi qu'il est porté par l'Article XVI. cy-dessus.

X I X.

ILS recevront les Blancs de Quittances des Gages des Officiers des Mareschaussées, pour comptant de leur Prest & Annuel, & jusqu'à la concurrence desdits Droits, (dont ceux qui les ont payez leur representeront les Quittances) & leur feront endosser lesdits Blancs de leurs veritables noms & surnoms ; la pluspart de ceux fournis pour les années precedentes ayant esté renvoyez sur les lieux pour estre reformez, à cause qu'ils n'avoient esté remplis que du surnom de Seigneurie, & non du veritable nom & surnom de famille.

X X.

A l'égard des Officiers nouvellement pourvûs pendant la presente année 1729. qui se presenteront pour payer l'Annuel, dans les deux mois de leurs Provisions, si ces deux mois échoient, ou sont échûs dans le courant de ladite année, ils leur feront payer deux Annuels, sçavoir un pour l'année 1729. obmise & l'autre pour l'année 1730. avec un tiers de Prest, s'ils sont pourvûs sur une resignation au quart denier, ou d'un Office levé vacant ; & deux Annuels seulement, s'ils sont pourvûs sur resignations, ou nominations au huitieme denier.

X X I.

LES Commis remettront les Quittances à celuy qui est commis au Controlle pour les controller : Et s'il arrive que quelques Officiers soient obligez d'en reprendre quelques-unes, pour y augmenter ou diminuer selon leurs titres & qualitez, ou autres raisons, ils ne les reprendront point, en cas qu'elles ſoient controllées, qu'elles n'ayent eſté préalablement déchargées du Controlle, & qu'il n'ait eſté fait mention par les Commis au Controlle, au bas de l'enregiſtrement d'iceluy, de ladite décharge, de la raiſon pour laquelle elle aura eſté faite, qui ſera datée & ſignée dudit Commis; auquel cas celuy à la Recette pourra expedier une nouvelle Quittance ſous les titres requis, la porter de nouveau ſur ſon Regiſtre, & rayer l'ampliation de celle qui aura eſté precedemment expediée; en faiſant une mention ſommaire en marge, de la raiſon pour laquelle elle aura eſté rayée & déchargée du Controlle.

XXII.

Les Commis donneront avis de l'eſtat de leurs Recettes tous les huit jours, en attendant les ordres qui leur ſeront envoyez pour la remiſe des Deniers d'icelles.

XXIII.

S'il arrive quelque difficulté qui n'ait pas eſté prévûë, les Commis en donneront avis, & cependant ils recevront & chargeront leurs Regiſtres d'ampliations, en ſorte que les Officiers ne demeurent point en ſuſpens, & ne courent aucun riſque de leurs Offices, ſauf à y eſtre pourvû en connoiſſance de cauſe l'année ſuivante.

XXIV.

Et comme il pourroit arriver que quelques Officiers prevenus de leurs pretentions, qui par la ſuite ſe pourroient trouver mal fondées, ſe porteroient à faire ſignifier des Actes contenant icelles; les Commis les recevront ſans y faire aucune réponſe verbale ni par écrit, & les envoyeront inceſſamment au Bureau de Paris, pour y eſtre pourvû.

XXV.

Les Commis, chacun en leur Generalité, feront des Bordereaux exacts & bien calculez du montant de leur Recette, leſquels ils preſenteront le lendemain matin du jour de la cloſture du Bureau, avec leurs Regiſtres, à Meſſieurs les Treſoriers de France, pour eſtre par eux arreſtez en la maniere accoûtumée.

XXVI.

APRÉS que leurs Registres auront esté arrestez, ils les renvoyeront à leurs Cautions à Paris, & y joindront ceux du Controlle, avec les Bordereaux de leurs Recettes & dépenses, Pieces justificatives d'icelles, le restant des Blancs de Quittances de Prest & Annuel qui n'auront pas servi, ensemble toutes les autres Pieces necessaires pour dresser leurs comptes, afin qu'il puisse estre incessamment procedé à la reddition d'iceux.

XXVII.

QUOYQUE les Offices Municipaux créez par l'Edit du mois d'Aoust 1722. ayent esté supprimez par celuy du mois de Juillet 1724. comme il s'en trouve quelques-uns qui ont esté exceptez de cette suppression dans quelques endroits du Royaume, notamment dans le Pays de Languedoc & du Dauphiné, en cas que les Titulaires d'iceux se presentent pour estre admis à l'Annuel, ils y seront reçûs sur le pied fixé par l'Arrest du 6. Octobre 1722. qui est le soixantieme du neufvieme de leur Finance principale, & sans payer aucun Prest, en ayant esté dispensez par ledit Arrest.

XXVIII.

A l'égard des Officiers des Elections, Greniers à Sel, Eaux & Forests, Mareschaussées, Amirautez de Bretagne, & autres Jurisdictions extraordinaires, ils les recevront au payement du Droit Annuel sur le pied du soixantieme denier de l'évaluation entiere de leurs Offices pour ceux qui sont évaluez, ou sur le pied du soixantieme du tiers de leur Finance s'ils ne le sont point, & en cas qu'ils ne justifient point de leur Finance, sur le pied du soixantieme du tiers du prix des Contracts de vente, ainsi qu'il est porté par la Declaration du 9. Aoust 1722. & Arrest du 20. Aoust 1726. l'intention de Sa Majesté estant que la reduction de l'Annuel à moitié, n'ait lieu que pour les Officiers des Jurisdictions ordinaires, ainsi qu'il est expliqué cy-dessus.

MEMOIRE pour servir d'Instruction aux Commis à la Recette du Prest & Droit Annuel, pour l'année 1731.

PREMIEREMENT.

LES Commis à la Recette du Prest & Droit Annuel, chacun dans leur Generalité, feront l'ouverture de leur Bureau le premier Novembre 1730. jusques & compris le dernier Decembre ensuivant, conformément à l'Arrest du Conseil du 11. Juillet 1730. pendant lequel temps ils y seront tous les jours fort assidus, depuis sept heures du matin jusqu'à six heures du soir.

II.

ILS feront apposer les Affiches & Arrests en placard qui leur auront esté envoyez, aux lieux accoûtumez, comme aux portes des Bureaux des Finances, Sieges Presidiaux, Bailliages, Elections, Greniers à Sel, & autres endroits & places publiques, & en envoyeront ès Villes & Bourgs dépendans de leur Generalité, afin que les Officiers soient avertis de l'ouverture du Bureau de ladite Recette.

III.

ILS recevront au payement du Droit Annuel, les Officiers dépendans de leur Generalité, de quelque nature qu'ils soient, qui y ont satisfait pour l'année 1730. sans payer aucun Prest, en justifiant par eux de leur Quittance pour ladite année.

IV.

LES Officiers qui sont entrez à l'Annuel pour l'année 1730. y seront reçûs en payant l'Annuel seulement pour celle de 1731. Ceux qui ont obmis quelques années, en payant les obmises, la courante 1731. & ce qui peut estre dû du Prest. Et à l'égard de ceux qui n'y sont point entrez depuis le restablissement de l'Annuel, ordonné par la Declaration du 9. Aoust 1722. pendant neuf années, qui ont commencé au premier Janvier 1723. en payant toutes les années d'Annuel obmises, qui sont au nombre de neuf, & un tiers de Prest seulement, Sa Majesté leur faisant remise des deux autres tiers, ainsi qu'il est porté par l'Article II. de l'Arrest du 12. Aoust 1725. & autres intervenus depuis en conformité, & notamment celuy du 11. Juillet 1730.

V.

A l'égard des Officiers des Prefidiaux, ils les recevront au payement du Preſt & Droit Annuel de leurs Offices, ſur le pied de l moitié de l'évaluation d'iceux, en quelque temps qu'elle ait eſté faite ſoit en 1605. augmentée du quart en 1638. ou depuis, ainſi qu'il y ont eſté reçûs pour les années 1726. 1727. 1728. 1729 & 1730. Et au Preſt au ſixieme denier, qui fait en entier dix foi l'Annuel, qui eſtant partagé par tiers eſt trois fois l'Annuel, & un tiers dudit Annuel pour chacun tiers de Preſt ; par exemple, un Annuel de Cent livres fait pour un tiers de Preſt au ſixieme Troi cens trente-trois livres ſix ſols huit deniers : Et ils y recevront le obmiſſionnaires avec la même grace de la remiſe de moitié, avec u tiers de Preſt s'il ſe trouve dû, aux conditions portées par l'Articl II. de l'Arreſt du 11. Juillet 1730. ſans que néantmoins ceux qu pourroient avoir payé ſur un pied plus fort, en puiſſent prétendre au cune repetition, ainſi qu'il eſt porté par l'Article III. du ſuſdit Arreſ

V I.

ILS recevront pareillement les Officiers des Senêchauſſées, Bai liages, Sieges Royaux & autres Juriſdictions Royales, inférieures & ordinaires, au payement de l'Annuel de leurs Offices ſur le pied d la moitié de l'évaluation d'iceux, ainſi que ceux des Preſidiaux, & d Preſt à proportion au cinquieme denier qui eſt en entier douze fo l'Annuel, & pour un tiers quatre fois la valeur dudit Droit ; ſan néantmoins que ceux qui pourroient avoir payé ſur un pied plus for en puiſſent prétendre aucune repetition, ni que cette grace puiſſ s'eſtendre aux Droits de mutation, ainſi qu'il eſt porté par l'Articl cy-deſſus, & le IV.e du ſuſdit Arreſt du 11. Juillet 1730.

V I I.

POUR ce qui eſt des Offices cy-devant Domaniaux, auſquels l'he redité a depuis eſté attribuée, & les hereditaires, ou en ſurvivance qui ne ſe trouveront point évaluez, ils les recevront au payement d Droit Annuel de leurs Offices, ſur le pied du ſoixantieme denier d tiers de leur finance principale, & autres par eux payées pour ten lieu, & augmentation de finance aux Offices dont ils ſont pourvû Et à l'égard de ceux qui y ſont réünis, avec diſpenſe d'en prendre de proviſions, ne ſera rien dû pour iceux, à moins qu'ils n'en ayent pri des proviſions par leſquelles leurs Quittances de Finance ſe trouven consommées : Et en cas qu'ils ne puissent justifier des Quittances de Finance de leurs Offices, sur le pied du tiers des Contracts de vente ou Adjudications d'iceux, conformément à la Declaration du 9. Aoust 1722. & du Prest à proportion sur le pied du cinquieme denier, si ce sont Offices à l'ordinaire, & non du Corps des Presidiaux; & du sixieme, si ce sont Offices de Presidiaux; lequel tiers de la Finance leur tiendra lieu d'évaluation, à l'effet de quoy lesdits Officiers seront tenus de representer leurs Quittances de Finance, Provisions, & autres Pieces concernant la proprieté de leurs Offices.

VIII.

SE trouvant plusieurs Officiers, comme Receveurs des Consignations, Commissaires aux Saisies réelles, Greffiers, Procureurs, Notaires, Huissiers & Sergens, qui pourroient pretendre estre du Corps des Presidiaux, parce qu'ils y sont reçûs & immatriculez, ils leur feront entendre qu'ils n'en sont que membres, & non du Corps, & par consequent qu'ils doivent le prest au tiers du Cinquieme, à proportion de leur annuel, & ledit annuel au total, sans remise de moitié; les Corps des Presidiaux n'estant composez que des Presidens, Lieutenans generaux, civils & criminels, Lieutenans particuliers, Conseillers, Commissaires Enquesteurs Examinateurs, Avocats & Procureurs du Roy, Baillifs d'épée, Chevaliers d'honneur, Conseillers honoraires, qui doivent payer le prest au Sixieme, & à proportion de l'annuel à moitié de leurs évaluations, ainsi qu'il est dit cy-dessus, les Substituts estant même sujets à l'annuel en entier, & au prest au Cinquieme, à moins qu'ils n'en ayent esté dispensez par des Arrests particuliers.

IX.

COMME il y a plusieurs Offices cy-devant domaniaux, de la finance desquels il est difficile de justifier, & qu'il est porté par la Declaration du 9 Aoust 1722. qu'en ce cas ils seront évaluez suivant les rolles qui en seront arrestez au Conseil ; si aucuns des pourvûs de ceux qui se trouvent dans cette espece se presentent au Bureau, les Commis auront soin d'en dresser des memoires, & de les adresser au Bureau des Revenus Casuels, pour estre en consequence statué sur l'évaluation d'iceux, & en attendant se feront representer les derniers contracts de vente, sur le tiers du prix desquels ils les recevront au payement du Droit Annuel, afin de ne les pas mettre en risque.

X.

Y ayant plusieurs Offices, anciennement casuels de leur nature, qui ne se trouvent point évaluez, les pourvûs d'iceux seront reçûs au payement du Droit annuel, par proportion de pareils Offices évaluez, ou en cas qu'ils ayent des quittances d'annuel sur le pied d'icelles depuis vingt années que les Commis se feront representer, ainsi qu'il est ordonné par l'Arrest du 29. Aoust 1682. ce qui ne se doit entendre que des Offices non évaluez, parce qu'en cas qu'ils le soient, les quittances au-dessous de leurs évaluations, de quelque temps qu'elles puissent estre, ne doivent avoir lieu, à moins qu'il ne soit justifié par un rolle en bonne forme, de la moderation desdites évaluations.

X I.

Ils recevront les Presidens, Tresoriers de France, Procureurs, Avocats du Roy, Greffiers en chef, & autres Officiers estant du Corps des Bureaux des finances au payement de leur annuel sans prest, en ayant esté dispensez par les Arrests des 27. Avril & premier Juillet 1723. & 25. Juillet 1724. & ce en payant les années obmises & la courante, en cas qu'ils ayent negligé d'y satisfaire.

X I I.

Les Officiers des Elections, Greniers à Sel, Eaux & Forests, Mareschaussées, Amirautez de Bretagne & autres Jurisdictions extraordinaires, seront reçûs au payement du Droit annuel sur le pied du Soixantiéme denier de l'évaluation entiere de leurs Offices, pour ceux qui sont évaluez, ou sur le pied du soixantiéme du tiers de leur finance s'ils ne le sont point; & en cas qu'ils ne justifient point de leur finance, sur le pied du soixantiéme du tiers du prix des contracts de vente, ainsi qu'il est porté par la Declaration du 9. Aoust 1722. l'intention de Sa Majesté estant que la reduction de l'annuel à moitié n'ait lieu que pour les Officiers ordinaires, ainsi qu'il est expliqué cy-dessus.

X I I I.

Les Offices municipaux créez par Edit du mois d'Aoust 1722. & par plusieurs autres anterieurs qui ont commencé dès le mois de Juillet 1690. ayant depuis esté supprimez par plusieurs Edits, & entre autres par celuy du mois de Juillet 1724. les Titulaires de ceux desdits Offices qui ont esté exceptez de cette suppression dans quelques Provinces du Royaume, même ceux créez avant l'Edit de 1722. qui ont esté declarez subsistans, seront reçûs au payement de l'annuel d'iceux, en le payant en entier ſur le pied du ſoixantiéme du tiers de leur finance, & du preſt à proportion, en cas qu'ils ne ſe trouvent pas évaluez, conformement à l'Article VIII. de l'Arreſt du 11. Juillet 1730.

XIV.

Les pourvûs des Offices municipaux de la Province de Languedoc, ſeront reçûs au payement de l'annuel de leurs Offices, ſuivant l'Arreſt qu'ils ont obtenu le 27. Novembre 1725. ſur le pied du Soixantieme denier du Neufviéme de leur finance, ſans payer aucun preſt, ſuivant l'Article IX. dudit Arreſt du 11. Juillet 1730.

XV.

Les Receveurs des Tailles & du Taillon de la même Province de Languedoc, ſeront reçûs à l'annuel de leurs Offices ſur le pied du Soixantiéme denier des deux tiers ſeulement de leurs anciennes évaluations, & du preſt à proportion, ſuivant l'Arreſt qui leur a eſté accordé à cet effet le 28. Decembre 1723.

XVI.

Les Offices de Receveurs, & de Controlleurs des Octrois, & des deniers patrimoniaux, ayant eſté ſupprimez, & reſtablis par l'Edit du mois de Juin 1725. ils les recevront au payement de l'annuel d'iceux, ſur le pied du Soixantieme denier du cinquieme de leur finance principale, qui compoſe leur évaluation, ſuivant l'Article XII. dudit Edit, & du preſt à proportion; à l'effet de quoy ils leur feront repreſenter leurs quittances de finance, pour connoiſtre ce qui peut eſtre dû deſdits Droits, parce que s'ils n'y ont pas ſatisfait dans les deux mois du jour du controlle d'icelles, ſera dû pluſieurs années d'annuel, avec un tiers de preſt ſeulement au Dixieme, faiſant quatre annuels.

XVII.

La pluſpart des Offices de Procureurs, Notaires, Huiſſiers & Sergens, ne ſe trouvant pas évaluez à cauſe de l'heredité qui leur eſtoit attribuée, qui eſt preſentement revoquée, ils ſeront reçûs au payement du preſt & annuel, en cas qu'ils ne ſoient pas évaluez; ſçavoir, les Notaires & Procureurs dans les bonnes Villes, ſur le pied de Cinq cens trente-trois livres ſix ſols huit deniers d'évaluation, faiſant huit livres dix-ſept ſols neuf deniers d'annuel; de quatre cens livres dans les petites Villes, faiſant ſix livres treize ſols quatre deniers d'annuel;

Et pour les Notaires dans les Bourgs & Villages, de trois cens livres, faisant cinq livres d'annuel ; & à l'égard des Sergens residens dans iceux, de deux cens soixante-six livres treize sols quatre deniers, faisant quatre livres huit sols dix deniers d'annuel.

XVIII.

ILS ne recevront point au payement du Droit Annuel les Offices dependans des Pays d'Artois, Flandre, Haynault & Alsace, en estant dispensez par la Declaration du 9. Aoust 1722.

XIX.

ILS n'admettront point pareillement au payement du Droit Annuel les Presidens & Conseillers des Cours Superieures, les Presidens Maistres, Correcteurs, & Auditeurs des Chambres des Comptes, les Avocats & Procureurs generaux & Greffiers en chef d'icelles Cours & Chambres; lesquels en ont esté dispensez & confirmez par la Declaration du 9. Aoust 1722 dans la survivance attribuée à leurs Offices par l'Edit du mois de Decembre 1709.

XX.

ILS recevront au Prest seulement les Officiers des Domaines engagez, dont le Prest appartient au Roy, l'Annuel en appartenant à l'Engagiste, dont quelques-uns ont aussi le prest, & dont les Officiers par consequent ne sont sujets aux Revenus Casuels du Roy, qu'aux mutations pour le dixiéme denier.

XXI.

OBSERVERONT de ne point recevoir l'Annuel pour les Officiers decedez, en cas que leurs Veuves, heritiers ou créanciers le voulussent payer ou fissent faire des sommations à cet effet, non plus que pour les porteurs de Quittances sur lesquelles il n'a point esté expedié de Provisions, parce qu'il n'y a que les Officiers vivans, & actuellement pourvûs, qui puissent estre reçûs au payement du Prest & Droit annuel pour la conservation de leurs Offices.

XXII.

S'IL se presente en personne en leur Bureau quelque Officier d'une autre Generalité, pour y payer le Prest & le Droit annuel, on ne fera aucune difficulté de l'y recevoir.

XXIII.

TOUT Officier est tenu de payer en personne, ou par Procureur fondé de procuration speciale, datée dans le temps de l'ouverture de l'Annuel, afin de juſtifier qu'il eſt vivant, ainſi qu'il eſt porté par l'Article XXI. cy-deſſus.

XXIV.

Ils recevront les blancs de Quittances des gages des Officiers des Maréchauſſées, pour comptant de leur Preſt & Annuel, & juſqu'à la concurrence de ce qui peut eſtre dû deſdits Droits, dont ceux qui les ont payez leur repreſenteront les Quittances, & leur feront endoſſer leſdits blancs de leurs veritables noms & ſurnoms; la plus grande partie de ceux fournis pour les années precedentes ayant eſté renvoyez ſur les lieux pour eſtre reformez, à cauſe qu'ils n'avoient eſté remplis que du ſurnom de Seigneurie, & non pas des veritables noms de baptême & ſurnoms de famille.

XXV.

A l'égard des Officiers nouvellement pourvûs pendant la preſente année 1730. qui ſe preſenteront pour payer l'Annuel dans les deux mois de leurs proviſions, ſi ces deux mois eſchoient, ou ſont eſchûs dans le courant de ladite année, ils leur feront payer deux Annuels; Sçavoir, un pour l'année 1730. obmiſe, & l'autre pour l'année 1731. avec un tiers de Preſt s'ils ſont pourvûs ſur une reſignation, au quart denier, ou d'un Office levé vacant; & deux Annuels ſeulement ſans Preſt s'ils ſont pourvûs ſur reſignations ou nominations, au huitieme denier, ce qui ſe connoiſtra par la lecture de leurs proviſions qu'ils ſeront tenus de rapporter à cet effet.

XXVI.

Les Commis remettront les Quittances à celuy qui eſt Commis au Controlle, pour les controller; & s'il arrive que quelques Officiers ſoient obligez d'en reprendre quelques-unes pour y augmenter ou diminuer ſelon leurs titres & qualités, ou autres raiſons, ils ne les reprendront point en cas qu'elles ſoient controllées, qu'elles n'ayent eſté préalablement deſchargées du Controlle, & qu'il n'ait eſté fait mention par les Commis au Controlle au bas de l'enregiſtrement d'iceluy, de ladite deſcharge & de la raiſon pour laquelle elle aura eſté faite, qui ſera datée & ſignée dudit Commis : auquel cas celuy à la recette pourra expedier une nouvelle Quittance ſous les titres requis, la porter de nouveau ſur ſon Regiſtre, & rayer l'ampliation de celle qui aura eſté précedemment expediée, en faiſant une mention ſommaire en marge de la raiſon pour laquelle elle aura eſté rayée & deſchargée du Controlle.

XXVII.

Les Commis donneront avis de l'eſtat de leur Recette, tous les huit jours, en attendant les ordres qui leur ſeront envoyés pour la remiſe des deniers d'icelle.

XXVIII.

S'il arrive quelque difficulté qui n'ait pas eſté prevûe, les Commis en donneront avis, & cependant ils recevront & chargeront leurs Regiſtres d'ampliations, enſorte que les Officiers ne demeurent point en ſuſpens, & ne courent aucun riſque de leurs Offices, ſauf à y eſtre pourvû en connoiſſance de cauſe l'année ſuivante.

XXIX.

Et comme il pourroit arriver que quelques Officiers prevenus de leurs pretentions, qui par la ſuite ſe pourroient trouver mal fondées, ſe pourroient porter à faire ſignifier des Actes contenant icelles, les Commis les recevront ſans y faire aucune réponſe verbale, ni par écrit, & les envoyeront inceſſamment au Bureau de Paris pour y eſtre pourvû.

XXX.

Les Commis, chacun en leur Generalité, feront des Bordereaux exacts & bien calculez, du montant de leur Recette, leſquels ils preſenteront le lendemain matin du jour de la cloſture du Bureau, avec leurs Regiſtres, à Meſſieurs les Treſoriers de France, pour eſtre par eux arreſtez en la maniere accoûtumée.

XXXI.

Aprés que leurs Regiſtres auront eſté arreſtez, ils les envoyeront à leurs Cautions à Paris, & y joindront ceux du Controlle, avec les Bordereaux de leurs Recettes & Deſpenſes, Pieces juſtificatives d'icelles, le reſtant des blancs de Quittances de Preſt & Annuel qui n'auront pas ſervi, enſemble toutes les autres Pieces neceſſaires pour dreſſer leurs Comptes, afin qu'il puiſſe eſtre inceſſamment procedé à la reddition d'iceux.

BIBLIOTHEQUE IMPERIALE

MEMOIRE

Pour servir d'Instruction aux Commis à la Recette du Prest & Droit annuel pour l'année 1732. en execution de la Declaration du 22. Juillet 1731. pour la continuation du Droit annuel pendant neuf années, qui commenceront le premier Janvier 1732. & finiront le dernier Decembre 1740.

PREMIEREMENT.

LES Commis à la Recette du Prest & Droit annuel, chacun en leur Generalité, feront l'ouverture de leur Bureau le premier Octobre 1731. jusques & compris le dernier Decembre ensuivant, suivant la Declaration du 22. Juillet 1731. pendant lequel temps ils s'y rendront tous les jours fort assidus, depuis les sept heures du matin jusqu'à six heures du soir.

II.

ILS feront apposer les Affiches qui leur auront esté envoyées aux lieux accoûtumez, comme aux portes du Bureau des Finances, du Siege Presidial, Election, Grenier à Sel, & autres endroits & places publiques, & en envoyeront ès Villes & Bourgs dépendans de leurs Generalitez, afin que les Officiers soient avertis de l'ouverture du Bureau de ladite Recette.

III.

ILS recevront au payement du Prest & Droit annuel les Officiers dépendans de leur Generalité, de quelque nature qu'ils soient, sçavoir ceux des Bailliages, Seneschaussées, Justices Royales, Eaux & Forests, Elections & Greniers à Sel, qui se trouvent évaluez sur le pied du soixantiéme denier de leur évaluation en entier pour l'Annuel, & sur le pied du tiers du cinquiéme denier pour le Prest, lequel cinquiéme denier en entier fait douze fois l'Annuel, dont le tiers fait quatre fois l'Annuel. Et à l'égard des Presidiaux seulement, sur le pied du tiers du sixiéme denier de leur évaluation pour le Prest, lequel sixiéme denier en entier fait dix fois l'Annuel, dont ils recevront un tiers pour le Prest, & en outre l'Annuel.

I V.

A l'égard des pourvûs d'Offices domaniaux, créez hereditaires, ou en survivance, qui ne se trouveront point évaluez, ils les recevront au payement de leur Droit annuel sur le pied du soixantiéme denier du tiers de leur Finance principale, & autres par eux payées, pour tenir lieu, & augmentation de Finance, tant aux Offices dont ils sont pourvûs, que de ceux qui y sont réünis, & du Prest à proportion, conformement à l'Article cy-dessus, lequel tiers de la Finance tiendra lieu d'évaluation; à l'effet de quoy les Officiers seront tenus de leur representer les Quittances de Finance, provisions, & autres pieces concernant la proprieté de leurs Offices.

V.

Comme il y a plusieurs Offices domaniaux de la Finance desquels il est difficile de justifier, & qu'il est porté par la Declaration du 22. Juillet 1731. qu'en ce cas ils seront évaluez suivant les Rolles qui seront arrestez au Conseil; si aucuns des pourvûs de ceux qui se trouvent dans cette espece, se presentoient au Bureau, les Commis auront soin d'en dresser des memoires, & de les addresser au Bureau des Revenus Casuels, pour estre en consequence statué sur l'évaluation d'iceux.

V I.

Ils ne recevront point au payement du droit Annuel, les Presidens & Conseillers des Cours superieures, les Presidens, Maîtres, Correcteurs & Auditeurs des Chambres des Comptes, les Avocats & Procureurs generaux & Greffiers en chef d'icelles Cours & Chambres, ni les Officiers dépendans des Pays d'Artois, Flandre & Alsace, en estant dispensez par ladite Declaration du 22. Juillet 1731.

V I I.

Ils recevront le Prest seulement des Officiers des Domaines engagez, dont l'Annuel appartient à l'Engagiste.

V I I I.

Comme il y a plusieurs Offices qui ne se trouvent point évaluez, les pourvûs d'iceux seront reçûs au payement du Droit

& Annuel, par proportion de pareils Offices évaluez, ou en cas qu'ils ayent des Quittances d'Annuel sur le pied d'icelles depuis vingt années, que les Commis se feront representer, ainsi qu'il est ordonné par l'Arrest du 29. Aoust 1683. ce qui ne se doit entendre que des Offices non évaluez; car en cas qu'ils le soient, les Quittances au dessous de l'évaluation, de quelque temps qu'elles puissent estre, ne doivent avoir lieu, à moins qu'il ne soit justifié par un Rolle en bonne forme de la moderation de l'évaluation.

IX.

OBSERVERONT de ne point recevoir l'Annuel pour les Officiers décedez, encore que leurs veuves, heritiers, ou créanciers le voulussent payer, ou fissent faire des sommations à cet effet, non plus que pour les porteurs de Quittances, sur lesquelles il n'a point esté expedié de provisions, par ce qu'il n'y a que les Officiers vivans & actuellement pourvûs, qui puissent estre reçûs au droit Annuel.

X.

S'IL se presente en personne en un Bureau quelque Officier des autres Generalitez, pour y payer le Prest & le Droit annuel, le Commis ne fera aucune difficulté de l'y recevoir.

XI.

TOUT Officier est tenu de payer en personne, ou par Procureur fondé de procuration speciale, datée dans le temps de l'ouverture de l'Annuel.

XII.

LES Commis délivreront les Quittances sans estre controllées, & laisseront le soin du Controlle aux Officiers; Et s'il arrive qu'ils soient obligez d'en reprendre quelques-unes pour y augmenter ou diminuer selon leurs titres & qualitez ou autres raisons, ils ne les reprendront point, en cas qu'elles soient controllées, qu'elles n'ayent esté préalablement deschargées du Controlle, & qu'il n'ait esté fait mention au bas de l'enregistrement dudit Controlle par le Commis à iceluy, du jour qu'elle en aura esté deschargée, auquel cas le Commis à la Recette pourra expedier une nouvelle Quittance sous les Titres requis, & rayer l'Ampliation de celle qui a esté délivrée, en faisant une sommaire mention en marge de la raiſon pour laquelle elle a eſté rayée, & deſchargée du Controlle.

XIII.

LES Commis donneront avis de l'eſtat de leurs Recettes tous les huit jours, en attendant les ordres qui leur ſeront envoyez pour la remiſe des deniers d'icelles.

XIV.

S'IL arrive quelque difficulté qui n'ait pas eſté prévûë, les Commis en donneront avis; & cependant ils recevront & chargeront leurs Regiſtres d'Ampliations, enſorte que les Officiers ne demeurent point en ſuſpens, & ne courent aucun riſque de leurs Offices, ſauf à y eſtre pourvû en connoiſſance de cauſe l'année ſuivante.

XV.

ET comme il pourroit arriver que quelques Officiers prévenus de leurs prétentions, qui par la ſuite ſe pourroient trouver mal fondées, ſe porteroient à faire ſignifier aux Commis, des Actes contenant icelles, les Commis les recevront ſans y faire aucune reſponſe verbale, ni par écrit, & les envoyeront inceſſamment à Paris pour y eſtre pourvû.

XVI.

LES Commis, chacun en leur Generalité, feront des Bordereaux exacts, & bien calculez, du montant de leurs Recettes, leſquels ils preſenteront le premier Janvier 1732. avec leurs Regiſtres, à Meſſieurs les Treſoriers de France, pour eſtre par eux arreſtez en la maniere accoûtumée.

XVII.

APRÉS que leurs Regiſtres auront eſté arreſtez, ils les renvoyeront à leurs cautions à Paris, avec les Bordereaux de leurs recettes & deſpenſes, pieces juſtificatives d'icelles, le reſtant des blancs de Quittances de Preſt & Annuel qui n'auront pas ſervi, enſemble toutes les autres pieces neceſſaires pour dreſſer leurs comptes, afin qu'il puiſſe eſtre inceſſamment procedé à la reddition d'iceux.

A PARIS, DE L'IMPRIMERIE ROYALE. 1731.

MEMOIRE

Pour servir d'Instruction aux Commis à la Recette du Prest & Droit annuel, pour l'année 1733. en execution de la Declaration du 22. Juillet 1731. & de l'Arrest du Conseil du 22. Juillet 1732.

PREMIEREMENT.

LES Commis à la Recette du Prest & Droit annuel, chacun dans leur generalité, feront l'ouverture de leur Bureau le premier Novembre 1732. jusques & compris le dernier Decembre ensuivant, conformément à l'Arrest du Conseil du 22. Juillet 1732. pendant lequel temps ils s'y rendront tous les jours assidus, depuis les sept heures du matin jusqu'à six heures du soir.

II.

ILS feront apposer les Affiches qui leur auront esté envoyées, aux lieux ordinaires & accoûtumez, comme aux portes du Bureau des Finances, Bailliages & Sieges Presidiaux, Elections, Greniers à Sel, & autres endroits & places publiques; & en envoyeront ès Villes & Bourgs dépendans de leur generalité, afin que les Officiers soient avertis de l'ouverture du Bureau de ladite Recette.

III.

ILS recevront au payement du Prest & Droit annuel pour la presente année 1733. les Officiers qui y sont sujets, en payant par eux, sçavoir, ceux qui y sont entrez pour l'année 1732. un second tiers de Prest & un annuel, & pour ceux qui n'y sont point entrez, les premier & second tiers de Prest, & deux années d'annuel.

IV.

LES Officiers des Presidiaux, Seneschaussées, Bailliages, Sieges

Royaux, & autres Juriſdictions Royales inferieures, & ceux de Police, ſeront reçûs au payement des droits cy-deſſus, pour l'année 1733. ſur le pied de la moitié de leurs évaluations, ainſi qu'ils y ont eſté admis pour l'année 1732. en conſequence de l'Arreſt du 4. Decembre 1731. dont il a plû à Sa Majeſté de proroger la grace par celuy du 22. Juillet 1732. ſçavoir, ceux des Preſidiaux ſur le pied de la moitié du tiers du ſixieme denier de leur évaluation pour le Preſt; lequel ſixieme denier en entier fait dix fois l'annuel. Et à l'égard de ceux des autres Juriſdictions mentionnées cy-deſſus, ſur le pied de la moitié du tiers du cinquieme denier de leur évaluation, auſſi pour le Preſt, lequel cinquieme denier en entier fait douze fois l'annuel.

V.

Sa Majeſté ayant compris dans la grace cy-deſſus, de la remiſe du Preſt & annuel à moitié par ſon Arreſt du 22. Juillet 1732. les Officiers de Police, comme ils ne ſe trouvent point évaluez, & que ſuivant la Declaration du 9. Aouſt 1722. le tiers de leur finance compoſe leur évaluation, ils ſeront reçûs au Preſt & annuel, ſur le pied de la moitié du cinquieme & ſoixantieme deniers du tiers de leur finance principale, & autres par eux payées, pour tenir lieu & augmentation de finance, tant auſdits Offices de Police dont ils ſont pourvûs, que de ceux qui y ſont rëünis ; à l'effet de quoy ils ſeront tenus de repreſenter les quittances de finance, proviſions, & autres pieces concernant la proprieté deſdits Offices de Police.

V I.

Comme il y a pluſieurs Offices domaniaux, de la finance deſquels il eſt difficile de juſtifier, & qu'il eſt porté par la Declaration du 22. Juillet 1731. qu'en ce cas ils ſeront évaluez ſuivant les Rolles qui en ſeront arreſtez au Conſeil ; ſi aucuns des pourvûs de ceux qui ſe trouvent dans cette eſpece, ſe preſentoient au Bureau, les Commis auront ſoin d'en dreſſer des memoires, & de les addreſſer au Bureau des Revenus caſuels, pour eſtre en conſequence ſtatué ſur l'évaluation d'iceux.

VII.

Ils ne recevront point au payement du Droit annuel, les Presidens & Conseillers des Cours superieures, les Presidens, Maistres Correcteurs & Auditeurs des Chambres des Comptes, les Avocats & Procureurs generaux, & Greffiers en chef desdites Cours & Chambres, les Chevaliers d'honneur dans icelles, ni les Officiers dépendans des pays d'Artois, Flandre & Alsace, en estant dispensez par ladite Declaration du 22. Juillet 1731.

VIII.

Ils recevront au payement de l'annuel seulement, & sans payer aucun Prest, les Presidens, Tresoriers de France, Avocats, Procureurs du Roy, Greffiers en chef, & Chevaliers d'honneur desdits Bureaux des Finances, comme estant du corps d'iceux, ayant esté dispensez dudit Prest par Arrest du 19. Fevrier 1732. en payant par eux l'année courante, & la precedente obmise s'ils n'y ont pas satisfait; sans que cette dispense du Prest puisse avoir lieu pour les Procureurs, ni les premiers ni autres Huissiers desdits Bureaux, n'estant point reputez du corps d'iceux.

IX.

Se trouvant plusieurs Offices qui ne sont point évaluez, les pourvûs d'iceux seront reçûs au payement du Prest & annuel, par proportion de pareils Offices qui se trouveront évaluez; ou en cas qu'ils ayent des quittances d'annuel, sur le pied d'icelles depuis vingt années, que les Commis se feront representer, ainsi qu'il est ordonné par l'Arrest du 29. Aoust 1683. ce qui ne se doit entendre que des Offices non évaluez; car en cas qu'ils le soient, les quittances au-dessous de l'évaluation, de quelque temps qu'elles puissent estre, ne doivent avoir lieu, à moins qu'il ne soit justifié par un rolle en bonne forme de la moderation de l'évaluation.

X.

Observeront de ne point recevoir l'annuel pour les Officiers décedez, encore que leurs veuves, héritiers, ou créanciers le voulussent payer, ou fissent faire des sommations à cet effet, non plus que pour les porteurs de quittances sur lesquelles il n'a point esté expedié de provisions; par ce qu'il n'y a que les Officiers vivans & actuellement pourvûs, qui puissent estre reçûs à payer le Droit annuel.

X I.

S'IL se presente en personne en leur Bureau quelques Officiers des autres generalitez, pour y payer le Prest & le Droit annuel, les Commis ne feront aucune difficulté de les y recevoir, en rapportant les pieces necessaires, qui sont les dernieres quittances, pour y estre admis.

X I I.

SE trouvant plusieurs Officiers, comme de Receveurs des Consignations, Commissaires aux Saisies réelles, Greffiers, Procureurs, Huissiers & Sergens, qui pourroient prétendre estre du corps des Presidiaux, ou des autres Sieges Royaux ressortissans nûëment ès Cours dans lesquelles ils ont esté reçûs ou immatriculez, & sous ce prétexte ne devoir payer l'annuel qu'à moitié, & le Prest au sixieme, ils les recevront au Prest au cinquieme, & à l'annuel en entier, attendu qu'ils ne sont point du corps des Officiers desdits Sieges; non plus que les Substituts, si aucuns y a en iceux, qu'ils recevront en la même maniere & sur le même pied que dessus.

X I I I.

LES Officiers des Elections, Greniers à Sel, Eaux & Forests, Mareschaussées, Amirautez de Bretagne, & autres Jurisdictions extraordinaires, seront admis au payement du Droit annuel sur le pied du soixantieme denier de l'évaluation entiere de leurs Offices, & du Prest à proportion au cinquieme pour ceux qui sont évaluez, ou sur le pied du soixantieme du tiers de leur finance s'ils ne le sont point; & en cas qu'ils ne justifient point de leurs finances, sur le pied du soixantieme du tiers du prix des Contracts de vente, ainsi qu'il est porté par la Declaration du 9. Aoust 1722. l'intention de Sa Majesté estant que la reduction de l'annuel à moitié, n'ait lieu que pour les Offices ordinaires, ainſi qu'il eſt expliqué cy-deſſus.

X I V.

LES Officiers Municipaux créez par Edit du mois d'Aouſt 1722. & par pluſieurs autres anterieurs, qui ont commencé dès le mois de Juillet 1690. ayant eſté ſupprimez par pluſieurs Edits, & entre autres par celuy du mois de Juillet 1724. ceux deſdits Offices qui ont eſté exceptez de cette ſuppreſſion dans aucunes Provinces du Royaume, même ceux créez avant l'Edit de 1722. qui ont eſté declarez ſubſiſtans, ſeront admis au payement de l'Annuel d'iceux, en le payant en entier ſur le pied du ſoixantieme du tiers de leur Finance, & du Preſt à proportion, en cas qu'ils ne ſe trouvent pas évaluez.

X V.

LES pourvûs d'Offices Municipaux de la Province de Languedoc, ſeront reçûs au payement de l'Annuel de leurs Offices, ſuivant les Arreſts des 27. Novembre 1725. 20. Aouſt 1726. 11. Juillet 1730. & autres ſubſequens, ſur le pied du ſoixantieme denier du neufvieme de leur finance, ſans payer aucun Preſt.

X V I.

LES Receveurs des tailles & du taillon de la Province de Languedoc, ſeront reçûs à l'Annuel de leurs Offices, ſur le pied du ſoixantieme denier des deux tiers ſeulement de leurs anciennes évaluations, & du Preſt au cinquieme à proportion, ſuivant l'Arreſt qui leur a eſté accordé à cet effet, le 28. Decembre 1723. confirmé par celuy du 19. Aouſt 1732.

X V I I.

LES Offices de Receveurs & Controlleurs des Octrois & deniers patrimoniaux, ayant eſté ſupprimez, & reſtablis par l'Edit du mois de Juin 1725. ils les recevront au payement de l'Annuel d'iceux, ſur le pied du ſoixantieme denier du cinquieme de leur Finance principale, qui compoſe leur évaluation, ſuivant l'Article XII. dudit Edit, & du Preſt à proportion.

XVIII.

La plufpart des Offices de Procureurs, Notaires, Huiffiers & Sergens, ne fe trouvant pas évaluez, à caufe de l'heredité qui leur eftoit attribuée, laquelle eft prefentement revoquée, ils feront reçûs au payement du Preft & Annuel, en cas qu'ils ne fe trouvent pas évaluez; Sçavoir, les Notaires & Procureurs dans les bonnes Villes, fur le pied de cinq cens trente-trois livres fix fols huit deniers d'évaluation, faifant huit livres dix-fept fols neuf deniers d'Annuel; de quatre cens livres dans les petites Villes, faifant fix livres treize fols quatre deniers d'Annuel; Et pour les Notaires dans les Bourgs & Villages, de trois cens livres, faifant cinq livres d'Annuel; Et à l'égard des Sergens réfidens dans iceux, de deux cens foixante-fix livres treize fols quatre deniers, faifant quatre livres huit fols dix deniers d'Annuel.

XIX.

Ils admettront au payement du Preft feulement, les Officiers des Domaines engagez, dont le Preft appartient au Roy, l'Annuel en appartenant à l'engagifte, dont quelques-uns ont auffi le Preft, & dont les Officiers qui fe trouvent dans ce cas, ne font fujets aux Revenus cafuels du Roy qu'aux mutations pour le dixieme denier.

XX.

Ils recevront les blancs de quittances des gages des Officiers des Marefchauffées pour comptant de leur Preft & Annuel, & jufques à la concurrence de ce qui peut eftre dû defdits Droits, dont ceux qui les ont payez leur reprefenteront les quittances, & leur feront endoffer lefdits blancs de leurs veritables noms & furnoms; la plus grande partie de ceux fournis pour les années precedentes, ayant efté renvoyez fur les lieux pour eftre reformez, à caufe qu'ils n'avoient efté remplis que du furnom de Seigneurie, & non pas des veritables noms de baptême, & furnoms de famille.

XXI.

A l'égard des Officiers nouvellement pourvûs pendant la prefente année 1732. qui se presenteront pour payer l'Annuel, sansy avoir satisfait dans les deux mois de leurs provisions; si ces deux mois écheoient ou sont échûs dans le courant de ladite année, ils leur feront payer deux Annuels, sçavoir, un pour l'année 1732. obmise, & l'autre pour l'année 1733. avec deux tiers de Prest, s'ils sont pourvûs sur résignations, au quart-denier, ou d'un Office levé vacant; & deux Annuels seulement avec un tiers de Prest, s'ils sont pourvûs sur résignations ou nominations, au huitieme denier, & que le premier tiers de Prest ait esté payé par leur predecesseur; ce qui se connoistra par la lecture des provisions & quittances de huitieme denier, estant sous le contre-scel d'icelles, qu'ils se feront representer.

XXII.

Les Commis remettront les quittances à celuy qui est Commis au Controlle pour les controller; & s'il arrive que quelques Officiers jugent à propos d'en rapporter quelques-unes, pour y augmenter ou diminuer, selon leurs titres & qualitez, ou autres raisons, ils ne les reprendront point, en cas qu'elles ayent esté controllées, qu'au préalable elles n'ayent esté déchargées du controlle, & qu'il n'ait esté fait mention par les Commis au Controlle, au bas de l'Enregistrement d'iceluy, de ladite décharge, & de la raison pour laquelle elle aura esté faite, qui sera datée & signée dudit Commis; auquel cas, celuy à la Recette pourra expedier une nouvelle quittance sous les titres requis, la porter de nouveau sur son Registre, & rayer l'ampliation de celle qui aura esté precedemment expediée, en faisant une mention sommaire en marge, de la raison pour laquelle elle aura esté rayée & deschargée du Controlle.

XXIII.

S'il arrive quelque difficulté qui n'aura pas esté prevûë, les Commis en donneront avis, & cependant ils recevront & chargeront leurs Registres d'ampliations; ensorte que les Officiers ne demeurent point en suspens, & ne courent aucuns risques dans leurs Offices, sauf à y estre pourvû l'année suivante en connoissance de cause: Et comme quelques Officiers leur pourroient faire signifier des Actes concernant leurs prétentions, ils les recevront sans y faire aucune réponse verbale, ni par écrit, & les envoyeront incessamment au Bureau de Paris, pour y estre pourvû.

XXIV.

Les Commis donneront avis de l'estat de leur Recette tous les huit jours, en attendant les ordres qui leur seront envoyez pour la remise d'icelle.

XXV.

Ils feront chacun en leur Generalité, des Bordereaux exacts & bien calculez du montant de leur Recette, lesquels ils presenteront le lendemain matin du jour de la clôture du Bureau avec leurs Registres, à Messieurs les Tresoriers de France, pour estre par eux lesdits Registres arrestez en la maniere accoustumée, ou à Messieurs les Intendans dans les lieux où il n'y a point de Bureaux des Finances.

XXVI.

Aprés que leurs Registres auront esté arrestez, ils les envoyeront à leurs Cautions à Paris, & y joindront ceux du Controlle, avec les Bordereaux de leurs recette & dépense, pieces justificatives d'icelles, le restant des blancs de quittances de Prest & Annuel qui n'auront point servi, ensemble toutes les autres pieces necessaires pour dresser leurs comptes, afin qu'il puisse estre incessamment procedé à la reddition d'iceux.

BIBLIOTHÈQUE IMPÉRIALE

A PARIS, DE L'IMPRIMERIE ROYALE. 1732.

[library stamp]

MEMOIRE

Pour servir d'Instruction aux Commis à la Recette du Prest & Droit annuel pour l'année 1734. en execution de la Declaration du 22. Juillet 1731. & de l'Arrest du Conseil du 7. Juillet 1733.

PREMIEREMENT.

LEs Commis à la Recette du Prest & Droit annuel, chacun dans leur generalité, feront l'ouverture de leur Bureau le premier Novembre 1733. jusques & compris le dernier Decembre ensuivant, conformément à l'Arrest du Conseil du 7. Juillet 1733. pendant lequel temps ils s'y rendront tous les jours assidus, depuis les sept heures du matin jusqu'à six heures du soir.

II.

ILs feront apposer les Affiches qui leur auront esté envoyées, aux lieux ordinaires & accoûtumez, comme aux portes du Bureau des Finances, Bailliages & Sieges Presidiaux, Elections, Greniers à Sel, & autres endroits & places publiques; & en envoyeront ès Villes & Bourgs dépendans de leur generalité, afin que les Officiers soient avertis de l'ouverture du Bureau de ladite Recette.

III.

ILs recevront au payement du Prest & Droit annuel pour l'année 1734. les Officiers qui y sont sujets, en payant par eux, sçavoir, ceux qui y sont entrez pour l'année 1733. un troisiéme tiers du Prest & un annuel; Et à l'égard de ceux qui ont negligé d'y entrer pour l'année 1733. & qui y sont entrez pour 1732. en payant ladite année 1733. & la courante 1734. & les deux tiers du Prest; & pour ceux qui n'y sont point entrez en 1732. en execution de la Declaration du 22. Juillet 1731. en payant trois années d'annuel, y compris la courante 1734. & trois tiers de Prest, ou ledit

Preſt en entier, faiſant pour les Officiers des Preſidiaux dix fois leur annuel, & douze fois ledit droit pour les Officiers des Bailliages & Sieges Royaux.

I V.

LES Officiers des Preſidiaux, Seneſchauſſées, Bailliages, Sieges Royaux, & autres Juriſdictions Royales inferieures, & ceux de Police, ſeront reçûs au payement des droits cy-deſſus, pour l'année 1734. ſur le pied de la moitié de leurs évaluations, ainſi qu'ils y ont eſté admis pour les années 1732. & 1733. en conſequence des Arreſts des 4. Decembre 1731. & 22. Juillet 1732. dont il a plû à Sa Majeſté de proroger la grace par celuy du 7. Juillet 1733. ſçavoir, ceux des Preſidiaux ſur le pied de la moitié du tiers du ſixieme denier de leurs évaluations, pour le Preſt; lequel ſixieme denier en entier fait dix fois l'annuel. Et à l'égard de ceux des autres Juriſdictions mentionnées cy-deſſus, ſur le pied de la moitié du tiers du cinquieme denier de leurs évaluations, auſſi pour le Preſt, lequel cinquieme denier en entier fait douze fois l'annuel.

V.

SA Majeſté ayant compris dans la grace cy-deſſus, de la remiſe du Preſt & annuel à moitié par ſes Arreſts des 22. Juillet 1732. & 7. Juillet 1733. les Officiers de Police; comme ils ne ſe trouvent point évaluez, & que ſuivant la Declaration du 9. Aouſt 1722. le tiers de leur finance compoſe leur évaluation, ils ſeront reçûs au Preſt & annuel, ſur le pied de la moitié du cinquieme & ſoixantieme denier du tiers de leur finance principale, & autres par eux payées pour tenir lieu & augmentation de finance, tant auſdits Offices de Police dont ils ſont pourvûs, que de ceux qui y ſont réünis; à l'effet de quoy ils ſeront tenus de repreſenter les quittances de finance, proviſions, & autres pieces concernant la proprieté deſdits Offices de Police.

V I.

COMME il y a pluſieurs Offices domaniaux, de la finance deſquels il eſt difficile de juſtifier, & qu'il eſt porté par la Declaration du 22. Juillet 1731. qu'en ce cas ils ſeront évaluez ſuivant les Rolles qui en feront arreftez au Confeil : fi aucuns des pourvûs de ceux qui fe trouvent dans cette efpece, fe prefentoient au Bureau, les Commis auront foin d'en dreffer des memoires, & de les addreffer au Bureau des Revenus cafuels, pour eftre en confequence ftatué fur l'évaluation d'iceux.

VII.

Ils ne recevront point au payement du Droit annuel, les Prefidens & Confeillers des Cours fuperieures, les Prefidens, Maiftres Correcteurs & Auditeurs des Chambres des Comptes, les Avocats & Procureurs generaux, & Greffiers en chef defdites Cours & Chambres, les Chevaliers d'honneur dans icelles, ni les Officiers dépendans des pays d'Artois, Flandre & Alface, en eftant difpenfez par ladite Declaration du 22. Juillet 1731.

VIII.

Ils recevront au payement de l'annuel feulement, & fans payer aucun Preft, les Prefidens-Treforiers de France, Avocats, Procureurs du Roy, Greffiers en chef, & Chevaliers d'honneur defdits Bureaux des Finances, comme eftant du corps d'iceux, ayant efté difpenfez dudit Preft par Arreft du 19. Fevrier 1732. en payant par eux l'année courante, & les precedentes obmifes s'ils n'y ont pas fatisfait ; fans que cette difpenfe du Preft puiffe avoir lieu pour les Procureurs, ni les premiers ni autres Huiffiers defdits Bureaux, n'eftant point reputez du corps d'iceux.

IX.

Se trouvant plufieurs Offices qui ne font point évaluez, les pourvûs d'iceux feront reçûs au payement du Preft & annuel, par proportion de pareils Offices qui fe trouveront évaluez ; ou en cas qu'ils ayent des quittances d'annuel, fur le pied d'icelles depuis vingt années, que les Commis fe feront reprefenter, ainfi qu'il eft ordonné par l'Arreft du 29. Aouft 1683. ce qui ne fe doit entendre que des Offices non évaluez ; car en cas qu'ils le foient, les quittances au-deffous de l'évaluation, de quelque temps qu'elles puiffent eftre, ne doivent avoir lieu, à moins qu'il ne foit juftifié par un rolle en bonne forme de la moderation de l'évaluation.

X.

Observeront de ne point recevoir l'annuel pour les Officiers décedez, encore que leurs veuves, héritiers, ou créanciers le voulussent payer, ou fissent faire des sommations à cet effet; non plus que pour les porteurs de quittances sur lesquelles il n'a point esté expedié de provisions, parce qu'il n'y a que les Officiers vivans & actuellement pourvûs, qui puissent estre reçûs à payer le Droit annuel.

X I.

S'il se presente en personne en leur Bureau quelques Officiers des autres generalitez, pour y payer le Prest & le Droit annuel, les Commis ne feront aucune difficulté de les y recevoir, en rapportant les pieces necessaires, qui sont les dernieres quittances, pour y estre admis.

X I I.

Se trouvant plusieurs Officiers, comme de Receveurs des Consignations, Commissaires aux Saisies réelles, Greffiers, Procureurs, Huissiers & Sergens, qui pourroient prétendre estre du corps des Presidiaux, ou des autres Sieges Royaux ressortissans nûëment ès Cours dans lesquelles ils ont esté reçûs ou immatriculez, & sous ce prétexte ne devoir payer l'annuel qu'à moitié, & le Prest au sixieme; ils les recevront au Prest au cinquieme, & à l'annuel en entier, attendu qu'ils ne sont point du corps des Officiers desdits Sieges; non plus que les Substituts, si aucuns y a en iceux, qu'ils recevront en la même maniere & sur le même pied que dessus.

X I I I.

Les Officiers des Elections, Greniers à Sel, Eaux & Forests, Mareschaussées, Amirautez de Bretagne, & autres Jurisdictions extraordinaires, seront admis au payement du Droit annuel sur le pied du soixantieme denier de l'évaluation entiere de leurs Offices, & du Prest à proportion, au cinquieme, pour ceux qui sont évaluez, ou sur le pied du soixantieme du tiers de leur finance s'ils ne le sont point; & en cas qu'ils ne justifient point de leur finance, sur le pied du soixantieme du tiers du prix des Contracts de vente, ainsi qu'il eſt porté par la Declaration du 9. Aouſt 1722. l'intention de Sa Majeſté eſtant que la reduction de l'annuel à moitié, n'ait lieu que pour les Offices ordinaires, ainſi qu'il eſt expliqué cy-deſſus.

XIV.

Les Offices Municipaux créez par Edit du mois d'Aouſt 1722. & par pluſieurs autres anterieurs, qui ont commencé dès le mois de Juillet 1690. ayant eſté ſupprimez par pluſieurs Edits, & entre autres par celuy du mois de Juillet 1724. les pourvûs deſdits Offices qui ont eſté exceptez de cette ſuppreſſion dans aucunes Provinces du Royaume, même de ceux créez avant l'Edit de 1722. qui ont eſté declarez ſubſiſtans, ſeront admis au payement de l'Annuel d'iceux, en le payant en entier ſur le pied du ſoixantieme du tiers de leur finance, & du Preſt à proportion, en cas qu'ils ne ſe trouvent pas évaluez.

XV.

Les pourvûs d'Offices Municipaux de la Province de Languedoc, ſeront reçûs au payement de l'Annuel de leurs Offices, ſuivant les Arreſts des 27. Novembre 1725. 20. Aouſt 1726. 11. Juillet 1730. & autres ſubſequens, ſur le pied du ſoixantieme denier du neufvieme de leur finance, ſans payer aucun Preſt.

XVI.

Les Receveurs des tailles & du taillon de la Province de Languedoc, ſeront reçûs à l'Annuel de leurs Offices, ſur le pied du ſoixantieme denier des deux tiers ſeulement de leurs anciennes évaluations, & du Preſt au cinquieme à proportion, ſuivant l'Arreſt qui leur a eſté accordé à cet effet, le 28. Decembre 1723. confirmé par celuy du 19. Aouſt 1732.

XVII.

Les Offices de Receveurs & Controlleurs des Octrois & deniers patrimoniaux, ayant eſté ſupprimez, & reſtablis par l'Edit du mois de Juin 1725. ils recevront les pourvûs d'iceux au payement de l'Annuel, ſur le pied du ſoixantieme denier du cinquieme de leur finance principale, qui compoſe leur évaluation, ſuivant l'Article XII. dudit Edit, & du Preſt à proportion.

XVIII.

La plufpart des Offices de Procureurs, Notaires, Huiffiers & Sergens, ne fe trouvant pas évaluez, à caufe de l'heredité qui leur eftoit attribuée, laquelle eft prefentement revoquée, ils feront reçûs au payement du Preft & Annuel, en cas qu'ils ne fe trouvent pas évaluez ; fçavoir, les Notaires & Procureurs dans les bonnes Villes, fur le pied de cinq cens trente-trois livres fix fols huit deniers d'évaluation, faifant huit livres dix-fept fols neuf deniers d'annuel ; de quatre cens livres dans les petites Villes, faifant fix livres treize fols quatre deniers d'annuel ; Et pour les Notaires dans les Bourgs & Villages, de trois cens livres, faifant cinq livres d'annuel ; Et à l'égard des Sergens réfidant dans iceux, de deux cens foixante-fix livres treize fols quatre deniers, faifant quatre livres huit fols dix deniers d'annuel.

XIX.

Ils admettront au payement du Preft feulement, les Officiers des Domaines engagez, dont le Preft appartient au Roy, l'Annuel en appartenant à l'Engagifte, dont quelques-uns ont auffi le Preft, & dont les Officiers qui fe trouvent dans ce cas, ne font fujets aux Revenus cafuels du Roy, qu'aux mutations pour le dixieme denier.

XX.

Ils recevront les blancs de quittances des gages des Officiers des Marefchauffées pour comptant de leur Preft & Annuel, & jufques à la concurrence de ce qui peut eftre dû defdits Droits, dont ceux qui les ont payez leur reprefenteront les quittances, & leur feront endoffer lefdits blancs de leurs veritables noms & furnoms ; la plus grande partie de ceux fournis pour les années precedentes, ayant efté renvoyez fur les lieux pour eftre reformez, à caufe qu'ils n'avoient efté remplis que du furnom de Seigneurie, & non pas des veritables noms de baptême, & furnom de famille.

XXI.

A l'égard des Officiers nouvellement pourvûs pendant l'année 1733. qui fe prefenteront pour payer l'Annuel, fans y avoir fatisfait dans les deux mois de leurs provisions; si ces deux mois écheoient ou sont échûs dans le courant de ladite année, ils leur feront payer deux annuels, sçavoir, un pour l'année 1733. obmise, & l'autre pour l'année 1734. avec deux tiers de Prest, s'ils sont pourvûs sur résignations au quart-denier, ou d'un Office levé vacant; & deux Annuels seulement avec un tiers de Prest, s'ils sont pourvûs sur résignations ou nominations au huitieme denier, & que le second tiers de Prest ait esté payé par leur predecesseur; ce qui se connoistra par la lecture des provisions & quittances de huitieme denier, estant sous le contre-scel d'icelles, qu'ils se feront representer.

XXII.

Les Commis remettront les quittances à celuy qui est Commis au Controlle, pour les controller; & s'il arrive que quelques Officiers jugent à propos d'en rapporter quelques-unes, pour y augmenter ou diminuer, selon leurs titres & qualitez, ou autres raisons, ils ne les reprendront point en cas qu'elles ayent esté controllées, qu'au préalable elles n'ayent esté déchargées du controlle, & qu'il n'ait esté fait mention par les Commis au Controlle, au bas de l'enregistrement d'iceluy, de ladite décharge, & de la raison pour laquelle elle aura esté faite, qui sera datée & signée dudit Commis; auquel cas, celuy à la Recette pourra expedier une nouvelle quittance sous les titres requis, la porter de nouveau sur son Registre, & rayer l'ampliation de celle qui aura esté precedemment expediée, en faisant une mention sommaire en marge, de la raison pour laquelle elle aura esté rayée & déchargée du Controlle.

XXIII.

S'il arrive quelque difficulté qui n'aura pas esté prévûë, les Commis en donneront avis, & cependant ils recevront & chargeront leurs Registres d'ampliations; ensorte que les Officiers ne demeurent point en suspens, & ne courent aucuns risques dans leurs Offices, sauf à y estre pourvû l'année suivante en connoissance de cause: Et comme quelques Officiers leur pourroient faire signifier des Actes concernant leurs prétentions, ils les recevront sans y faire aucune réponse verbale, ni par écrit, & les envoyeront incessamment au Bureau de Paris, pour y estre pourvû.

XXIV.

Les Commis donneront avis de l'eſtat de leur Recette tous les huit jours, en attendant les ordres qui leur ſeront envoyez pour la remiſe d'icelle.

XXV.

Ils feront chacun en leur Generalité, des Bordereaux exacts & bien calculez, du montant de leur Recette, leſquels ils preſenteront le lendemain matin du jour de la clôture du Bureau, avec leurs Regiſtres, à Meſſieurs les Treſoriers de France, pour eſtre par eux leſdits Regiſtres arreſtez en la maniere accouſtumée, ou à Meſſieurs les Intendans dans les lieux où il n'y a point de Bureaux des Finances.

XXVI.

Aprés que leurs Regiſtres auront eſté arreſtez, ils les envoyeront à leurs Cautions à Paris, & y joindront ceux du Controlle, avec les Bordereaux de leurs recette & dépenſe, pieces juſtificatives d'icelles, le reſtant des blancs de quittances de Preſt & Annuel qui n'auront point ſervi, enſemble toutes les autres pieces neceſſaires pour dreſſer leurs comptes, afin qu'il puiſſe eſtre inceſſamment procedé à la reddition d'iceux.

BIBLIOTHEQUE IMPERIALE

A PARIS, DE L'IMPRIMERIE ROYALE. 1733.

[library stamp]

MEMOIRE

Pour servir d'Instruction aux Commis à la Recette du Prest & Droit annuel pour l'année 1735. en execution de la Declaration du 22. Juillet 1731. & de l'Arrest du Conseil du 13. Juillet 1734.

PREMIEREMENT.

LES Commis à la recette du Prest & Droit annuel, chacun dans leur generalité, feront l'ouverture de leur bureau le premier Novembre 1734. jusques & compris le dernier Decembre ensuivant, conformement à l'arrest du Conseil du 13. Juillet 1734. pendant lequel temps ils s'y rendront tous les jours assidus, depuis les sept heures du matin jusqu'à six heures du soir.

II.

ILS feront apposer les affiches qui leur auront esté envoyées, aux lieux ordinaires & accoustumez, comme aux portes du Bureau des finances, Bailliages & Sieges Presidiaux, Elections, Greniers à sel, & autres endroits & places publiques; & en envoyeront ès villes & bourgs dépendant de leur generalité, afin que les Officiers soient avertis de l'ouverture du bureau de ladite recette.

III.

ILS recevront au payement du Droit annuel pour l'année 1735. les Officiers qui y sont sujets, en payant par eux, sçavoir, ceux qui y sont entrez pour l'année 1734. une année d'annuel seulement pour 1735. sans aucun Prest; Et à l'égard de ceux qui ont negligé d'y entrer depuis ladite Declaration du 22. Juillet 1731. en payant les quatre années d'annuel obmises, y compris la courante 1735. & les deux tiers seulement du Prest, Sa Majesté leur ayant fait la remise d'un tiers dudit Droit par ledit arrest du 13. Juillet 1734.

I V.

LES Officiers des Presidiaux, Seneschaussées, Bailliages, Sieges Royaux, & autres Jurisdictions Royales inferieures, & ceux de Police, seront reçûs au payement des droits cy-dessus, pour l'année 1735. sur le pied de la moitié de leurs évaluations, ainsi qu'ils y ont esté admis pour les années 1732. 1733. & 1734. en consequence des arrests des 4. Decembre 1731. 22. Juillet 1732. & 7. Juillet 1733. dont il a plû à Sa Majesté de proroger la grace par celuy du 13. Juillet 1734. sçavoir, ceux des Presidiaux sur le pied de la moitié du tiers du sixieme denier de leurs évaluations, pour le prest, lequel sixieme denier en entier fait dix fois l'annuel; Et à l'égard de ceux des autres Jurisdictions mentionnées cy-dessus, sur le pied de la moitié du tiers du cinquieme denier de leurs évaluations, aussi pour le Prest, lequel cinquieme denier en entier fait douze fois l'annuel.

V.

SA MAJESTÉ ayant compris dans la grace cy-dessus, de la remise du prest & annuel à moitié par ses arrests du 22. Juillet 1732. 7. Juillet 1733. & 13. Juillet 1734. les Officiers de Police; comme ils ne se trouvent point évaluez, & que suivant la Declaration du 9. Aoust 1722. le tiers de leur finance compose leur évaluation, ils seront reçûs au prest & annuel, sur le pied de la moitié du cinquieme & soixantieme denier du tiers de leur finance principale, & autres par eux payées pour tenir lieu & augmentation de finance, tant ausdits offices de Police dont ils sont pourvûs, que de ceux qui y sont réünis; à l'effet de quoy ils seront tenus de representer les quittances de finance, provisions, & autres pieces concernant la proprieté desdits offices de Police.

V I.

COMME il y a plusieurs offices domaniaux, de la finance desquels il est difficile de justifier, & qu'il est porté par la Declaration du 22. Juillet 1731. qu'en ce cas ils seront évaluez suivant les rolles qui en seront arrestez au Conseil: si aucuns des pourvûs de ceux qui se trouvent dans cette espece, se presentoient au bureau, les Commis auront soin d'en dresser des memoires, & de les adresser au bureau des revenus casuels, pour estre en consequence statué sur l'évaluation d'iceux.

VII.

ILS ne recevront point au payement du Droit annuel, les Presidens & Conseillers des Cours superieures, les Presidens, Maistres Correcteurs & Auditeurs des Chambres des Comptes, les Avocats & Procureurs generaux, & Greffiers en chef desdites Cours & Chambres, les Chevaliers d'honneur dans icelles, ni les Officiers dépendant des pays d'Artois, Flandre & Alsace, en estant dispensez par ladite Declaration du 22. Juillet 1731.

VIII.

ILS recevront au payement de l'annuel seulement, & sans payer aucun prest, les Presidens-Tresoriers de France, Avocats, Procureurs du Roy, Greffiers en chef, & Chevaliers d'honneur desdits bureaux des finances, comme estant du corps d'iceux, ayant esté dispensez dudit prest par arrest du 19. Fevrier 1732. en payant par eux l'année courante, & les precedentes obmises, s'ils n'y ont pas satisfait; sans que cette dispense du prest puisse avoir lieu pour les Procureurs, ni les premiers ni autres Huissiers desdits bureaux, n'estant point reputez du corps d'iceux.

IX.

SE trouvant plusieurs offices qui ne sont point évaluez, les pourvûs d'iceux seront reçûs au payement du prest & annuel, par proportion de pareils offices qui se trouveront évaluez; ou en cas qu'ils ayent des quittances d'annuel, sur le pied d'icelles depuis vingt années, que les Commis se feront representer, ainsi qu'il est ordonné par l'arrest du 29. Aoust 1683. ce qui ne se doit entendre que des offices non évaluez; car en cas qu'ils le soient, les quittances au-dessous de l'évaluation, de quelque temps qu'elles puissent estre, ne doivent avoir lieu, à moins qu'il ne soit justifié par un rolle en bonne forme, de la moderation de l'évaluation.

X.

OBSERVERONT de ne point recevoir l'annuel pour les Officiers décedez, encore que leurs veuves, héritiers, ou créanciers le voulussent payer, ou fissent faire des sommations à cet effet; non plus que pour les porteurs de quittances sur lesquelles il n'a point esté expedié de provisions, parce qu'il n'y a que les Officiers vivans & actuellement pourvûs, qui puissent estre reçûs à payer le Droit annuel.

XI.

S'il se presente en personne en leur bureau quelques Officiers des autres generalitez, pour y payer le Prest & le Droit annuel, les Commis ne feront aucune difficulté de les y recevoir, en rapportant les pieces necessaires, qui sont les dernieres quittances, pour y estre admis.

XII.

Se trouvant plusieurs Officiers, comme Receveurs des consignations, Commissaires aux saisies réelles, Greffiers, Procureurs, Huissiers & Sergens, qui pourroient prétendre estre du corps des Presidiaux, ou des autres Sieges Royaux ressortissant nûëment ès Cours dans lesquelles ils ont esté reçûs ou immatriculez, & sous ce prétexte ne devoir payer l'annüel qu'à moitié, & le prest au sixieme; ils les recevront au Prest au cinquieme, & à l'annuel en entier, attendu qu'ils ne sont point du corps des Officiers desdits Sieges; non plus que les Substituts, si aucuns y a en iceux, qu'ils recevront en la mesme maniere & sur le mesme pied que dessus.

XIII.

Les Officiers des Elections, Greniers à sel, Eaux & Forests, Mareschaussées, Amirautez de Bretagne, & autres Jurisdictions extraordinaires, seront admis au payement du Droit annuel sur le pied du soixantieme denier de l'évaluation entiere de leurs Offices, & du prest à proportion, au cinquieme, pour ceux qui sont évaluez, ou sur le pied du soixantieme du tiers de leur finance s'ils ne le sont point; & en cas qu'ils ne justifient point de leur finance, sur le pied du soixantieme du tiers du prix des contracts de vente, ainsi qu'il est porté par la Declaration du 9. Aoust 1722. l'intention de Sa Majesté estant que la reduction de l'annuel à moitié, n'ait lieu que pour les offices ordinaires, ainsi qu'il est expliqué cy-dessus; joüiront néantmoins de la remise du tiers du prest obmis à payer, conformement audit arrest du 13. Juillet 1734.

XIV.

Les offices municipaux créez par Edit du mois d'Aoust 1722. & par plusieurs autres anterieurs, qui ont commencé dès le mois de Juillet 1690. ayant esté supprimez par plusieurs Edits, & entr'autres par celuy du mois de Juillet 1724. les pourvûs desdits offices qui ont esté exceptez de cette suppression dans aucunes provinces du royaume, même de ceux créez avant l'Edit de 1722. qui ont esté declarez subsistant, seront admis au payement de l'annuel d'iceux, en le payant en entier sur le pied du soixantieme du tiers de leur finance, & du prest à proportion, en cas qu'ils ne se trouvent pas évaluez.

XV.

Les pourvûs d'offices municipaux de la province de Languedoc, seront reçûs au payement de l'annuel de leurs offices, suivant les Arrests des 27. Novembre 1725. 20. Aoust 1726. 11. Juillet 1730. & autres subsequens, sur le pied du soixantieme denier du neufvieme de leur finance, sans payer aucun prest.

XVI.

Les Receveurs des tailles & du taillon de la province de Languedoc, seront reçûs à l'annuel de leurs offices, sur le pied du soixantieme denier des deux tiers seulement de leurs anciennes évaluations, & du prest au cinquieme à proportion, suivant l'arrest qui leur a esté accordé à cet effet le 28. Decembre 1723. confirmé par celuy du 19. Aoust 1732.

XVII.

Les offices de Receveurs & Controlleurs des octrois & deniers patrimoniaux, ayant esté supprimez, & restablis par l'Edit du mois de Juin 1725. ils recevront les pourvûs d'iceux au payement de l'annuel, sur le pied du soixantieme denier du cinquieme de leur finance principale, qui compose leur évaluation, suivant l'article XII. dudit Edit, & du prest à proportion.

XVIII.

La plufpart des offices de Procureurs, Notaires, Huiffiers & Sergens, ne fe trouvant pas évaluez, à caufe de l'heredité qui leur eftoit attribuée, laquelle eft prefentement revoquée, ils feront reçûs au payement du preft & annuel, en cas qu'ils ne fe trouvent pas évaluez; fçavoir, les Notaires & Procureurs dans les bonnes villes, fur le pied de cinq cens trente-trois livres fix fols huit deniers d'évaluation, faifant huit livres dix-fept fols neuf deniers d'annuel; de quatre cens livres dans les petites villes, faifant fix livres treize fols quatre deniers d'annuel; Et pour les Notaires dans les bourgs & villages, de trois cens livres, faifant cinq livres d'annuel; Et à l'égard des Sergens refidant dans iceux, de deux cens foixante-fix livres treize fols quatre deniers, faifant quatre livres huit fols dix deniers d'annuel.

XIX.

Ils admettront au payement du preft feulement, les Officiers des domaines engagez, dont le preft appartient au Roy, l'annuel en appartenant à l'Engagifte, dont quelques-uns ont auffi le preft, & dont les Officiers qui fe trouvent dans ce cas, ne font fujets aux revenus cafuels du Roy, qu'aux mutations pour le dixieme denier.

XX.

Ils recevront les blancs de quittances des gages des Officiers des Marefchauffées pour comptant de leur preft & annuel, & jufqu'à la concurrence de ce qui peut eftre dû defdits droits, dont ceux qui les ont payez leur reprefenteront les quittances, & leur feront endoffer lefdits blancs de leurs veritables noms & furnoms; la plus grande partie de ceux fournis pour les années precedentes, ayant efté renvoyez fur les lieux pour eftre reformez, à caufe qu'ils n'avoient efté remplis que du furnom de Seigneurie, & non pas des veritables noms de baptême, & furnom de famille.

XXI.

A l'égard des Officiers nouvellement pourvûs pendant l'année 1734. qui fe prefenteront pour payer l'annuel, fans y avoir fatisfait dans les deux mois de leurs provisions; si ces deux mois écheoient ou sont échûs dans le courant de ladite année, ils leur feront payer deux annuels, sçavoir, un pour l'année 1734. obmise, & l'autre pour l'année 1735. avec deux tiers de prest, s'ils sont pourvûs sur resignations au quart-denier, ou d'un office levé vacant; & deux annuels seulement avec un tiers de prest, s'ils sont pourvûs sur resignations ou nominations au huitieme denier, & que le second tiers de prest ait esté payé par leur predecesseur; ce qui se connoîtra par la lecture des provisions & quittances de huitieme denier, estant sous le contre-scel d'icelles, qu'ils se feront representer.

XXII.

LES Commis remettront les quittances à celuy qui est commis au controlle, pour les controller; & s'il arrive que quelques Officiers jugent à propos d'en rapporter quelques-unes, pour y augmenter ou diminuer, selon leurs titres & qualitez, ou autres raisons, ils ne les reprendront point en cas qu'elles ayent esté controllées, qu'au préalable elles n'ayent esté deschargées du controlle, & qu'il n'ait esté fait mention par les Commis au controlle, au bas de l'enregistrement d'iceluy, de ladite descharge, & de la raison pour laquelle elle aura esté faite, qui sera datée & signée dudit Commis; auquel cas, celuy à la recette pourra expedier une nouvelle quittance sous les titres requis, la porter de nouveau sur son registre, & rayer l'ampliation de celle qui aura esté precedemment expediée, en faisant une mention sommaire en marge, de la raison pour laquelle elle aura esté rayée & deschargée du controlle.

XXIII.

S'IL arrive quelque difficulté qui n'aura pas esté prevûe, les Commis en donneront avis, & cependant ils recevront & chargeront leurs registres d'ampliations; en sorte que les Officiers ne demeurent point en suspens, & ne courent aucuns risques dans leurs offices, sauf à y estre pourvû l'année suivante en connoissance de cause : Et comme quelques Officiers leur pourroient faire signifier des actes concernant leurs prétentions, ils les recevront sans y faire aucune réponse verbale, ni par écrit; & les envoyeront incessamment au bureau de Paris, pour y estre pourvû.

XXIV.

Les Commis donneront avis de l'estat de leur recette tous les huit jours, en attendant les ordres qui leur seront envoyez pour la remise d'icelle.

XXV.

Ils feront chacun en leur generalité, des bordereaux exacts & bien calculez, du montant de leur recette, lesquels ils presenteront le lendemain matin du jour de la clôture du bureau, avec leurs registres, à Messieurs les Tresoriers de France, pour estre par eux lesdits registres arrestez en la maniere accoûtumée, ou à Messieurs les Intendans dans les lieux où il n'y a point de bureau des finances.

XXVI.

Aprés que leurs registres auront esté arrestez, ils les envoyeront à leurs cautions à Paris, & y joindront ceux du controlle, avec les bordereaux de leurs recette & dépense, pieces justificatives d'icelles, le restant des blancs de quittances de prest & annuel qui n'auront point servi, ensemble toutes les autres pieces necessaires pour dresser leurs comptes, afin qu'il puisse estre incessamment procedé à la reddition d'iceux.

BIBLIOTHÈQUE IMPÉRIALE

A PARIS, DE L'IMPRIMERIE ROYALE. 1734.

MEMOIRE

Pour servir d'Instruction aux Commis à la Recette du Prest & Droit annuel pour l'année 1736. en execution de la Declaration du 22. Juillet 1731. & de l'Arrest du Conseil du 19. Juillet 1735.

PREMIEREMENT.

LES Commis à la recette du Prest & Droit annuel, chacun dans leur generalité, feront l'ouverture de leur bureau le premier Novembre 1735. jusques & compris le dernier Decembre ensuivant, conformement à l'arrest du Conseil du 19. Juillet 1735. pendant lequel temps ils s'y rendront tous les jours assidus, depuis les sept heures du matin jusqu'à six heures du soir.

II.

ILS feront apposer les affiches qui leur auront esté envoyées, aux lieux ordinaires & accoustumez, comme aux portes du Bureau des finances, Bailliages & Sieges Presidiaux, Elections, Greniers à sel, & autres endroits & places publiques; & en envoyeront ès villes & bourgs dépendant de leur generalité, afin que les Officiers soient avertis de l'ouverture du bureau de ladite recette.

III.

ILS recevront au payement du Droit annuel pour l'année 1736. les Officiers qui y sont sujets, en payant par eux, sçavoir, ceux qui y sont entrez pour l'année 1735. une année d'annuel seulement pour 1736. sans aucun Prest; Et à l'égard de ceux qui ont negligé d'y entrer depuis ladite Declaration du 22. Juillet 1731. en payant les cinq années d'annuel obmises, y compris la courante 1736. & les deux tiers seulement du Prest, Sa Majesté leur ayant fait la remise d'un tiers dudit Droit par ledit arrest du 19. Juillet 1735. . . . .

IV.

Les Officiers des Presidiaux, Seneschaussées, Bailliages, Sieges Royaux, & autres Jurisdictions Royales inferieures, & ceux de Police, seront reçûs au payement des droits cy-dessus, pour l'année 1736. sur le pied de la moitié de leurs évaluations, ainsi qu'ils y ont esté admis pour les années 1732. 1733. 1734. & 1735. en consequence des arrests des 4. Decembre 1731. 22. Juillet 1732. 7. Juillet 1733. & 13. Juillet 1734. dont il a plû à Sa Majesté de proroger la grace par celuy du 19. Juillet 1735. sçavoir, ceux des Presidiaux sur le pied de la moitié du tiers du sixieme denier de leurs évaluations, pour le prest, lequel sixieme denier en entier fait dix fois l'annuel; Et à l'égard de ceux des autres Jurisdictions mentionnées cy-dessus, sur le pied de la moitié du tiers du cinquieme denier de leurs évaluations, aussi pour le Prest, lequel cinquieme denier en entier fait douze fois l'annuel.

V.

Sa Majesté ayant compris dans la grace cy-dessus, de la remise du prest & annuel à moitié par ses arrests du 22. Juillet 1732. 7. Juillet 1733. 13. Juillet 1734. & 19. Juillet 1735. les Officiers de Police; comme ils ne se trouvent point évaluez, & que suivant la Declaration du 9. Aoust 1722. le tiers de leur finance compose leur évaluation, ils seront reçûs au prest & annuel, sur le pied de la moitié du cinquieme & soixantieme denier du tiers de leur finance principale, & & autres par eux payées pour tenir lieu & augmentation de finance, tant auxdits offices de Police dont ils sont pourvûs, que de ceux qui y sont réünis; à l'effet de quoy ils seront tenus de representer les quittances de finance, provisions, & autres pieces concernant la proprieté desdits offices de Police.

VI.

Comme il y a plusieurs offices domaniaux, de la finance desquels il est difficile de justifier, & qu'il est porté par la Declaration du 22. Juillet 1731. qu'en ce cas ils seront évaluez suivant les rolles qui en seront arrestez au Conseil: si aucuns des pourvûs de ceux qui se trouvent dans cette espece, se presentoient au bureau, les Commis auront soin d'en dresser des memoires, & de les adresser au bureau des revenus casuels, pour estre en consequence statué sur l'évaluation d'iceux.

VII.

ILS ne recevront point au payement du Droit annuel, les Presidens & Conseillers des Cours superieures, les Presidens, Maistres Correcteurs & Auditeurs des Chambres des Comptes, les Avocats & Procureurs generaux, & Greffiers en chef desdites Cours & Chambres, les Chevaliers d'honneur dans icelles, ni les Officiers dépendant des pays d'Artois, Flandre & Alsace, en estant dispensez par ladite Declaration du 22. Juillet 1731.

VIII.

ILS recevront au payement de l'annuel seulement, & sans payer aucun prest, les Presidens-Tresoriers de France, Avocats, Procureurs du Roy, Greffiers en chef, & Chevaliers d'honneur desdits bureaux des finances, comme estant du corps d'iceux, ayant esté dispensez dudit prest par arrest du 19. Fevrier 1732. en payant par eux l'année courante, & les precedentes obmises, s'ils n'y ont pas satisfait; sans que cette dispense du prest puisse avoir lieu pour les Procureurs, ni les premiers ni autres Huissiers desdits bureaux, n'estant point reputez du corps d'iceux.

IX.

SE trouvant plusieurs offices qui ne sont point évaluez, les pourvûs d'iceux seront reçûs au payement du prest & annuel, par proportion de pareils offices qui se trouveront évaluez; ou en cas qu'ils ayent des quittances d'annuel, sur le pied d'icelles depuis vingt années, que les Commis se feront representer, ainsi qu'il est ordonné par l'arrest du 29. Aoust 1683. ce qui ne se doit entendre que des offices non évaluez; car en cas qu'ils le soient, les quittances au-dessous de l'évaluation, de quelque temps qu'elles puissent estre, ne doivent avoir lieu, à moins qu'il ne soit justifié par un rolle en bonne forme, de la moderation de l'évaluation.

X.

OBSERVERONT de ne point recevoir l'annuel pour les Officiers décedez, encore que leurs veuves, héritiers, ou créanciers le voulussent payer, ou fissent faire des sommations à cet effet; non plus que pour les porteurs de quittances sur lesquelles il n'a point esté expedié de provisions, parce qu'il n'y a que les Officiers vivans & actuellement pourvûs, qui puissent estre reçûs à payer le Droit annuel.

XI.

S'IL se presente en personne en leur bureau quelques Officiers des autres generalitez, pour y payer le Prest & le Droit annuel, les Commis ne feront aucune difficulté de les y recevoir, en rapportant les pieces necessaires, qui sont les dernieres quittances, pour y estre admis.

XII.

SE trouvant plusieurs Officiers, comme Receveurs des consignations, Commissaires aux saisies réelles, Greffiers, Procureurs, Huissiers & Sergens, qui pourroient prétendre estre du corps des Presidiaux, ou des autres Sieges Royaux ressortissant nûement ès Cours dans lesquelles ils ont esté reçûs ou immatriculez, & sous ce prétexte ne devoir payer l'annuel qu'à moitié, & le prest au sixieme; ils les recevront au Prest au cinquieme, & à l'annuel en entier, attendu qu'ils ne sont point du corps des Officiers desdits Sieges; non plus que les Substituts, si aucuns y a en iceux, qu'ils recevront en la mesme maniere & sur le mesme pied que dessus.

XIII.

LES Officiers des Elections, Greniers à sel, Eaux & Forests, Mareschaussées, Amirautez de Bretagne, & autres Jurisdictions extraordinaires, seront admis au payement du Droit annuel sur le pied du soixantieme denier de l'évaluation entiere de leurs Offices, & du prest à proportion, au cinquieme, pour ceux qui sont évaluez, ou sur le pied du soixantieme du tiers de leur finance s'ils ne le sont point; & en cas qu'ils ne justifient point de leur finance, sur le pied du soixantieme du tiers du prix des contracts de vente, ainsi qu'il est porté par la Declaration du 9. Aoust 1722. l'intention de Sa Majesté estant que la reduction de l'annuel à moitié, n'ait lieu que pour les offices ordinaires, ainsi qu'il est expliqué cy-dessus; joüiront néantmoins de la remise du tiers du prest obmis à payer, conformement audit arrest du 19. Juillet 1735.

XIV.

Les offices municipaux créez par Edit du mois d'Aoust 1722. & par plusieurs autres anterieurs, qui ont commencé dès le mois de Juillet 1690. ayant esté supprimez par plusieurs Edits, & entr'autres par celuy du mois de Juillet 1724. les pourvûs desdits offices qui ont esté exceptez de cette suppression dans aucunes provinces du royaume, même de ceux créez avant l'Edit de 1722. qui ont esté declarez subsistant, seront admis au payement de l'annuel d'iceux, en le payant en entier sur le pied du soixantieme du tiers de leur finance, & du prest à proportion, en cas qu'ils ne se trouvent pas évaluez.

XV.

Les pourvûs d'offices municipaux de la province de Languedoc, seront reçûs au payement de l'annuel de leurs offices, suivant les Arrests des 27. Novembre 1725. 20. Aoust 1726. 11. Juillet 1730. & autres subsequens, sur le pied du soixantieme denier du neufvieme de leur finance, sans payer aucun prest.

XVI.

Les pourvûs des offices municipaux restablis par l'edit du mois de Novembre 1733. seront reçûs au payement du droit annuel de leurs offices, sur le pied du soixantieme denier du sixieme de leur finance principale seulement, sans avoir égard aux six deniers pour livre compris dans leurs quittances, ainsi qu'il est porté par l'article II. de l'arrest du 24. Aoust 1734. & sans payer aucun prest, en estant dispensez par l'article III. du mesme arrest.

XVII.

Les Receveurs des tailles & du taillon de la province de Languedoc, seront reçûs à l'annuel de leurs offices, sur le pied du soixantieme denier des deux tiers seulement de leurs anciennes évaluations, & du prest au cinquieme à proportion, suivant l'arrest qui leur a esté accordé à cet effet le 28. Decembre 1723. confirmé par celuy du 19. Aoust 1732.

XVIII.

Les offices de Receveurs & Controlleurs des octrois & deniers patrimoniaux, ayant esté supprimez, & restablis par l'Edit du mois de Juin 1725. ils recevront les pourvûs d'iceux au payement de l'annuel, sur le pied du soixantieme denier du cinquieme de leur finance principale, qui compose leur évaluation, suivant l'article XII. dudit Edit, & du prest à proportion.

XIX.

La plusspart des offices de Procureurs, Notaires, Huissiers & Sergens, ne se trouvant pas évaluez, à cause de l'heredité qui leur estoit attribuée, laquelle est presentement revoquée, ils seront reçûs au payement du prest & annuel, en cas qu'ils ne se trouvent pas évaluez; sçavoir, les Notaires & Procureurs dans les bonnes villes, sur le pied de cinq cens trente-trois livres six sols huit deniers d'évaluation, faisant huit livres dix-sept sols neuf deniers d'annuel; de quatre cens livres dans les petites villes, faisant six livres treize sols quatre deniers d'annuel; Et pour les Notaires dans les bourgs & villages, de trois cens livres, faisant cinq livres d'annuel; Et à l'égard des Sergens, resfidant dans iceux, de deux cens soixante-six livres treize sols quatre deniers, faisant quatre livres huit sols dix deniers d'annuel.

XX.

Ils admettront au payement du prest seulement, les Officiers des domaines engagez, dont le prest appartient au Roy, l'annuel en appartenant à l'Engagiste, dont quelques-uns ont aussi le prest, & dont les Officiers qui se trouvent dans ce cas, ne sont sujets aux revenus casuels du Roy, qu'aux mutations pour le dixieme denier.

XXI.

Ils recevront les blancs de quittances des gages des Officiers des Mareschaussées pour comptant de leur prest & annuel, & jusqu'à la concurrence de ce qui peut estre dû desdits droits, dont ceux qui les ont payez leur representeront les quittances, & leur feront endosser lesdits blancs de leurs veritables noms & surnoms; la plus grande partie de ceux fournis pour les années precedentes, ayant esté renvoyez sur les lieux pour estre reformez, à cause qu'ils n'avoient esté remplis que du surnom de Seigneurie, & non pas des veritables noms de baptême, & surnom de famille.

XXII.

A l'égard des Officiers nouvellement pourvûs pendant l'année 1735. qui se presenteront pour payer l'annuel, sans y avoir satisfait dans les deux mois de leurs provisions; si ces deux mois écheoient ou sont échûs dans le courant de ladite année, ils leur feront payer deux annuels, sçavoir, un pour l'année 1735. obmise, & l'autre pour l'année 1736. avec un tiers de prest, s'ils sont pourvûs sur resignations au quart-denier, ou d'un office levé vacant; & deux annuels seulement, s'ils sont pourvûs sur resignations ou nominations au huitieme denier, & que le troisieme tiers de prest ait esté payé par leur predecesseur; ce qui se connoîtra par la lecture des provisions & quittances de huitieme denier, estant sous le contre-scel d'icelles, qu'ils se feront representer.

XXIII.

LES Commis remettront les quittances à celuy qui est commis au controlle, pour les controller; & s'il arrive que quelques Officiers jugent à propos d'en rapporter quelques-unes, pour y augmenter ou diminuer, selon leurs titres & qualitez, ou autres raisons, ils ne les reprendront point en cas qu'elles ayent esté controllées, qu'au préalable elles n'ayent esté deschargées du controlle, & qu'il n'ait esté fait mention par les Commis au controlle, au bas de l'enregistrement d'iceluy, de ladite descharge, & de la raison pour laquelle elle aura esté faite, qui sera datée & signée dudit Commis; auquel cas, celuy à la recette pourra expedier une nouvelle quittance sous les titres requis, la porter de nouveau sur son registre, & rayer l'ampliation de celle qui aura esté precedemment expediée, en faisant une mention sommaire en marge, de la raison pour laquelle elle aura esté rayée & deschargée du controlle.

XXIV.

S'IL arrive quelque difficulté qui n'aura pas esté prevûe, les Commis en donneront avis, & cependant ils recevront & chargeront leurs registres d'ampliations; en sorte que les Officiers ne demeurent point en suspens, & ne courent aucuns risques dans leurs offices, sauf à y estre pourvû l'année suivante en connoissance de cause : Et comme quelques Officiers leur pourroient faire signifier des actes concernant leurs prétentions, ils les recevront sans y faire aucune réponse verbale, ni par écrit, & les envoyeront incessamment au bureau de Paris, pour y estre pourvû.

XXV.

LES Commis donneront avis de l'estat de leur recette tous les huit jours, en attendant les ordres qui leur seront envoyez pour la remise d'icelle.

XXVI.

ILS feront chacun en leur generalité, des bordereaux exacts & bien calculez, du montant de leur recette, lesquels ils presenteront le lendemain matin du jour de la clôture du bureau, avec leurs registres, à Messieurs les Treforiers de France, pour estre par eux lesdits registres arrestez en la maniere accoûtumée, ou à Messieurs les Intendans dans les lieux où il n'y a point de bureau des finances.

XXVII.

APRÉS que leurs registres auront esté arrestez, ils les envoyeront à leurs cautions à Paris, & y joindront ceux du controlle, avec les bordereaux de leurs recette & dépense, pieces justificatives d'icelles, le restant des blancs de quittances de prest & annuel qui n'auront point servi, ensemble toutes les autres pieces necessaires pour dresser leurs comptes, afin qu'il puisse estre incessamment procedé à la reddition d'iceux.

A PARIS, DE L'IMPRIMERIE ROYALE. 1735.

MEMOIRE

Pour servir d'Instruction aux Commis à la Recette du Prest & Droit annuel pour l'année 1737. en execution de la Declaration du 22. Juillet 1731. & de l'Arrest du Conseil du 31. Juillet 1736.

PREMIEREMENT.

Les Commis à la recette du Prest & Droit annuel, chacun dans leur generalité, feront l'ouverture de leur bureau le premier Novembre 1736. jusques & compris le dernier Decembre ensuivant, conformement à l'arrest du Conseil du 31. Juillet 1736. pendant lequel temps ils s'y rendront tous les jours assidus, depuis les sept heures du matin jusqu'à six heures du soir.

II.

Ils feront apposer les affiches qui leur auront esté envoyées, aux lieux ordinaires & accoustumez, comme aux portes du Bureau des finances, Bailliages & Sieges Presidiaux, Elections, Greniers à sel, & autres endroits & places publiques; & en envoyeront ès villes & bourgs dépendant de leur generalité, afin que les Officiers soient avertis de l'ouverture du bureau de ladite recette.

III.

Ils recevront au payement du Droit annuel pour l'année 1737. les Officiers qui y sont sujets, en payant par eux, sçavoir, ceux qui y sont entrez pour l'année 1736. une année d'annuel seulement pour 1737. sans aucun Prest; Et à l'égard de ceux qui ont negligé d'y entrer depuis ladite Declaration du 22. Juillet 1731. en payant les six années d'annuel obmises, y compris la courante 1737. & les deux tiers seulement du Prest, Sa Majesté leur ayant fait la remise d'un tiers dudit Droit par l'arrest du 19. Juillet 1735. & continué la mesme grace par celuy du 31. Juillet 1736.

I V.

Les Officiers des Presidiaux, Seneschaussées, Bailliages, Sieges Royaux, & autres Jurisdictions Royales inferieures, & ceux de Police, seront reçûs au payement des droits cy-dessus, pour l'année 1736. sur le pied de la moitié de leurs évaluations, ainsi qu'ils y ont esté admis pour les années 1732. 1733. 1734. & 1735. en consequence des arrests des 4. Decembre 1731. 22. Juillet 1732. 7. Juillet 1733. & 13. Juillet 1734. dont il a plû à Sa Majesté de proroger la grace par ceux des 19. Juillet 1735. & 31. Juillet 1736. sçavoir, ceux des Presidiaux sur le pied de la moitié du tiers du sixieme denier de leurs évaluations, pour le prest, lequel sixieme denier en entier fait dix fois l'annuel; Et à l'égard de ceux des autres Jurisdictions mentionnées cy-dessus, sur le pied de la moitié du tiers du cinquieme denier de leurs évaluations, aussi pour le Prest, lequel cinquieme denier en entier fait douze fois l'annuel.

V.

Sa Majesté ayant compris dans la grace cy-dessus, de la remise du prest & annuel à moitié par ses arrests du 22. Juillet 1732. 7. Juillet 1733. 13. Juillet 1734. 19. Juillet 1735. & 31. Juillet 1736. les Officiers de Police; comme ils ne se trouvent point évaluez, & que suivant la Declaration du 9. Aoust 1722. le tiers de leur finance compose leur évaluation, ils seront reçûs au prest & annuel, sur le pied de la moitié du cinquieme & soixantieme denier du tiers de leur finance principale, & autres par eux payées pour tenir lieu & augmentation de finance, tant auxdits offices de Police dont ils sont pourvûs, que de ceux qui y sont réünis; à l'effet de quoy ils seront tenus de representer les quittances de finance, provisions, & autres pieces concernant la proprieté desdits offices de Police.

V I.

Comme il y a plusieurs offices domaniaux, de la finance desquels il est difficile de justifier, & qu'il est porté par la Declaration du 22. Juillet 1731. qu'en ce cas ils seront évaluez suivant les rolles qui en seront arrestez au Conseil: si aucuns des pourvûs de ceux qui se trouvent dans cette espece, se presentoient au bureau, les Commis auront soin d'en dresser des memoires, & de les adresser au bureau des revenus casuels, pour estre en consequence statué sur l'évaluation

d'iceux, à moins qu'ils ne representent les Contracts d'acquisition d'iceux; le tiers du prix desquels leur tiendra lieu d'évaluation, conformement à ladite Declaration du 22. Juillet 1731.

VII.

Ils ne recevront point au payement du Droit annuel, les Presidens & Conseillers des Cours superieures, les Presidens, Maistres, Correcteurs & Auditeurs des Chambres des Comptes, les Avocats & Procureurs generaux, & Greffiers en chef desdites Cours & Chambres, les Chevaliers d'honneur dans icelles, ni les Officiers dépendant des pays d'Artois, Flandre & Alsace, en estant dispensez par ladite Declaration du 22. Juillet 1731.

VIII.

Ils recevront au payement de l'annuel seulement, & sans payer aucun prest, les Presidens-Tresoriers de France, Avocats, Procureurs du Roy, Greffiers en chef, & Chevaliers d'honneur desdits bureaux des finances, comme estant du corps d'iceux, ayant esté dispensez dudit prest par arrest du 19. Fevrier 1732. en payant par eux l'année courante, & les precedentes obmises, s'ils n'y ont pas satisfait; sans que cette dispense du prest puisse avoir lieu pour les Procureurs, ni les premiers ni autres Huissiers desdits bureaux, n'estant point reputez du corps d'iceux.

IX.

Se trouvant plusieurs offices qui ne sont point évaluez, les pourvûs d'iceux seront reçûs au payement du prest & annuel, par proportion de pareils offices qui se trouveront évaluez; ou en cas qu'ils ayent des quitances d'annuel, sur le pied d'icelles depuis vingt années, que les Commis se feront representer, ainsi qu'il est ordonné par l'arrest du 29. Aoust 1683. ce qui ne se doit entendre que des offices non évaluez; car en cas qu'ils le soient, les quitances au-dessous de l'évaluation, de quelque temps qu'elles puissent estre, ne doivent avoir lieu, à moins qu'il ne soit justifié par un rolle en bonne forme, de la moderation de l'évaluation.

X.

Observeront de ne point recevoir l'annuel pour les Officiers decedez, encore que leurs veuves, héritiers, ou créanciers le voulussent payer, ou fissent faire des sommations à cet effet; non plus que pour les porteurs de quitances sur lesquelles il n'a point esté expedié de provisions, parce qu'il n'y a que les Officiers vivans & actuellement pourvûs, qui puissent estre reçûs à payer le Droit annuel.

XI.

S'IL se presente en personne en leur bureau quelques Officiers des autres generalitez, pour y payer le Prest & le Droit annuel, les Commis ne feront aucune difficulté de les y recevoir, en rapportant les pieces necessaires, qui sont les dernieres quitances, pour y estre admis.

XII.

SE trouvant plusieurs Officiers, comme Receveurs des consignations, Commissaires aux saisies réelles, Greffiers, Procureurs, Huissiers & Sergens, qui pourroient prétendre estre du corps des Presidiaux, ou des autres Sieges Royaux ressortissant nûëment ès Cours dans lesquelles ils ont esté reçûs ou immatriculez, & sous ce prétexte ne devoir payer l'annuel qu'à moitié, & le prest au sixieme; ils les recevront au Prest au cinquieme, & à l'annuel en entier, attendu qu'ils ne sont point du corps des Officiers desdits Sieges; non plus que les Substituts, si aucuns y a en iceux, qu'ils recevront en la mesme maniere & sur le mesme pied que dessus.

XIII.

LES Officiers des Elections, Greniers à sel, Eaux & Forests, Mareschaussées, Amirautez de Bretagne, & autres Jurisdictions extraordinaires, seront admis au payement du Droit annuel sur le pied du soixantieme denier de l'évaluation entiere de leurs Offices, & du prest à proportion, au cinquieme, pour ceux qui sont évaluez, ou sur le pied du soixantieme du tiers de leur finance s'ils ne le sont point; & en cas qu'ils ne justifient point de leur finance, sur le pied du soixantieme du tiers du prix des contracts de vente, ainsi qu'il est porté par les Declarations des 9. Aoust 1722. & 22. Juillet 1731. l'intention de Sa Majesté estant que la reduction de l'annuel à moitié, n'ait lieu que pour les offices ordinaires, ainsi qu'il est expliqué cy-dessus; joüiront néantmoins de la remise du tiers du prest obmis à payer, conformement audit arrest du 31. Juillet 1736.

XIV.

LES offices municipaux créez par Edit du mois d'Aoust 1722. & par plusieurs autres anterieurs, qui ont commencé dès le mois de

Juillet 1690. ayant esté supprimez par plusieurs Edits, & entr'autres par celuy du mois de Juillet 1724. les pourvûs desdits offices qui ont esté exceptez de cette suppression dans aucunes provinces du royaume, même de ceux créez avant l'Edit de 1722. qui ont esté declarez subsistant, seront admis au payement de l'annuel d'iceux, en le payant en entier sur le pied du soixantieme du tiers de leur finance, & du prest à proportion, en cas qu'ils ne se trouvent pas évaluez.

XV.

Les pourvûs d'offices municipaux de la province de Languedoc, seront reçûs au payement de l'annuel de leurs offices, suivant les Arrests des 27. Novembre 1725. 20. Aoust 1726. 11. Juillet 1730. & autres subsequens, sur le pied du soixantieme denier du neufvieme de leur finance, sans payer aucun prest.

XVI.

Les pourvûs des offices municipaux restablis par l'edit du mois de Novembre 1733. seront reçûs au payement du droit annuel de leurs offices, sur le pied du soixantieme denier du sixieme de leur finance principale seulement, sans avoir égard aux six deniers pour livre compris dans leurs quittances, ainsi qu'il est porté par l'article II. de l'arrest du 24. Aoust 1734. & sans payer aucun prest, en estant dispensez par l'article III. du mesme arrest.

XVII.

Les Receveurs des tailles & du taillon de la province de Languedoc, seront reçûs à l'annuel de leurs offices, sur le pied du soixantieme denier des deux tiers seulement de leurs anciennes évaluations, & du prest au cinquieme à proportion, suivant l'arrest qui leur a esté accordé à cet effet le 28. Decembre 1723. confirmé par celuy du 19. Aoust 1732.

XVIII.

Les offices de Receveurs & Controlleurs des octrois & deniers patrimoniaux, ayant esté supprimez, & restablis par l'Edit du mois de Juin 1725. ils recevront les pourvûs d'iceux au payement de l'annuel, sur le pied du soixantieme denier du cinquieme de leur finance principale, qui compose leur évaluation, suivant l'article XII. dudit Edit, & du prest à proportion.

XIX.

LA plufpart des offices de Procureurs, Notaires, Huiffiers & Sergens, ne fe trouvant pas évaluez, à caufe de l'héredité qui leur eftoit attribuée, laquelle eft prefentement revoquée, ils feront reçûs au payement du preft & annuel, en cas qu'ils ne fe trouvent pas évaluez; fçavoir, les Notaires & Procureurs dans les bonnes villes, fur le pied de cinq cens trente-trois livres fix fols huit deniers d'évaluation, faifant huit livres dix-fept fols neuf deniers d'annuel; de quatre cens livres dans les petites villes, faifant fix livres treize fols quatre deniers d'annuel; Et pour les Notaires dans les bourgs & villages, de trois cens livres, faifant cinq livres d'annuel; Et à l'égard des Sergens refidant dans iceux, de deux cens foixante-fix livres treize fols quatre deniers, faifant quatre livres huit fols dix deniers d'annuel.

XX.

ILS admettront au payement du preft feulement, les Officiers des domaines engagez, dont le preft appartient au Roy, l'annuel en appartenant à l'Engagifte, dont quelques-uns ont auffi le preft, & dont les Officiers qui fe trouvent dans ce cas, ne font fujets aux revenus cafuels du Roy, qu'aux mutations pour le dixieme denier.

XXI.

ILS recevront les blancs de quittances des gages des Officiers des Marefchauffées pour comptant de leur preft & annuel, & jufqu'à la concurrence de ce qui peut eftre dû defdits droits, dont ceux qui les ont payez leur reprefenteront les quittances, & leur feront endoffer lefdits blancs de leurs veritables noms & furnoms; la plus grande partie de ceux fournis pour les années precedentes, ayant efté renvoyez fur les lieux pour eftre reformez, à caufe qu'ils n'avoient efté remplis que du furnom de Seigneurie, & non pas des veritables noms de baptême, & furnom de famille.

XXII.

A l'égard des Officiers nouvellement pourvûs pendant l'année 1736. qui fe prefenteront pour payer l'annuel, fans y avoir fatisfait dans les deux mois de leurs provifions; fi ces deux mois écheoient ou font échûs dans le courant de ladite année, ils leur feront payer deux annuels, fçavoir, un pour l'année 1736. obmife, & l'autre pour l'année 1737. avec un tiers de preft, s'ils font pourvûs fur refignations

au quart-denier, ou d'un office levé vacant; & deux annuels ſeulement, s'ils ſont pourvûs ſur reſignations ou nominations au huitieme denier, & que le troiſieme tiers de preſt ait eſté payé par leur predeceſſeur; ce qui ſe connoîtra par la lecture des proviſions & quitances de huitieme denier, eſtant ſous le contre-ſcel d'icelles, qu'ils ſe feront repreſenter.

XXIII.

Les Commis remettront les quitances à celuy qui eſt commis au controlle, pour les controller; & s'il arrive que quelques Officiers jugent à propos d'en rapporter quelques-unes, pour y augmenter ou diminuer, ſelon leurs titres & qualitez, ou autres raiſons, ils ne les reprendront point en cas qu'elles ayent eſté controllées, qu'au préalable elles n'ayent eſté deſchargées du controlle, & qu'il n'ait eſté fait mention par les Commis au controlle, au bas de l'enregiſtrement d'iceluy, de ladite deſcharge, & de la raiſon pour laquelle elle aura eſté faite, qui ſera datée & ſignée dudit Commis; auquel cas, celuy à la recette pourra expedier une nouvelle quittance ſous les titres requis, la porter de nouveau ſur ſon regiſtre, & rayer l'ampliation de celle qui aura eſté precedemment expediée, en faiſant une mention ſommaire en marge, de la raiſon pour laquelle elle aura eſté rayée & deſchargée du controlle.

XXIV.

S'il arrive quelque difficulté qui n'aura pas eſté prevûe, les Commis en donneront avis, & cependant ils recevront & chargeront leurs regiſtres d'ampliations; en ſorte que les Officiers ne demeurent point en ſuſpens, & ne courent aucuns riſques dans leurs offices, ſauf à y eſtre pourvû l'année ſuivante en connoiſſance de cauſe: Et comme quelques Officiers leur pourroient faire ſignifier des actes concernant leurs prétentions, ils les recevront ſans y faire aucune réponſe verbale, ni par écrit, & les envoyeront inceſſamment au bureau de Paris, pour y eſtre pourvû.

XXV.

Les Commis donneront avis de l'eſtat de leur recette tous les huit jours, en attendant les ordres qui leur ſeront envoyez pour la remiſe d'icelle.

XXVI.

Ils feront chacun en leur generalité, des bordereaux exacts & bien calculez, du montant de leur recette, lesquels ils presenteront le lendemain matin du jour de la clôture du bureau, qui sera le premier jour de l'année, avec leurs registres, à Messieurs les Tresoriers de France, pour estre par eux lesdits registres arrestez en la maniere accoûtumée, ou à Messieurs les Intendans dans les lieux où il n'y a point de bureau des finances.

XXVII.

Aprés que leurs registres auront esté arrestez, ils les envoyeront à leurs cautions à Paris, & y joindront ceux du controlle, avec les bordereaux de leurs recette & dépense, pieces justificatives d'icelles, le restant des blancs de quittances de prest & annuel qui n'auront point servi, ensemble toutes les autres pieces necessaires pour dresser leurs comptes, afin qu'il puisse estre incessamment procedé à la reddition d'iceux.

BIBLIOTHEQUE IMPERIALE IMPR.

A PARIS,
DE L'IMPRIMERIE ROYALE.

M. DCCXXXVI.

MEMOIRE

Pour servir d'Instruction aux Commis à la Recette du Prest & Droit annuel pour l'année 1738. en execution de la Declaration du 22. Juillet 1731. & de l'Arrest du Conseil du 9. Juillet 1737.

PREMIEREMENT.

Les Commis à la recette du Prest & Droit annuel, chacun dans leur generalité, feront l'ouverture de leur bureau le premier Novembre 1737. jusques & compris le dernier Decembre ensuivant, conformement à l'arrest du Conseil du 9. Juillet 1737. pendant lequel temps ils s'y rendront tous les jours assidus, depuis les sept heures du matin jusqu'à six heures du soir.

II.

Ils feront apposer les affiches qui leur auront esté envoyées, aux lieux ordinaires & accoustumez, comme aux portes du Bureau des finances, Bailliages & Sieges Presidiaux, Elections, Greniers à sel, & autres endroits & places publiques; & en envoyeront ès villes & bourgs dépendant de leur generalité, afin que les Officiers soient avertis de l'ouverture du bureau de ladite recette.

III.

Ils recevront au payement du Droit annuel pour l'année 1738. les Officiers qui y sont sujets, en payant par eux, sçavoir, ceux qui y sont entrez pour l'année 1737. une année d'annuel seulement pour 1738. sans aucun Prest; Et à l'égard de ceux qui ont negligé d'y entrer depuis ladite Declaration du 22. Juillet 1731. en payant les sept années d'annuel obmises, y compris la courante 1738. & un tiers seulement du Prest, Sa Majesté leur ayant fait la remise du second tiers dudit Droit par l'arrest du 9. Juillet 1737.

I V.

Les Officiers des Presidiaux, Seneschaussées, Bailliages, Sieges Royaux, & autres Jurisdictions Royales inferieures, & ceux de Police, seront reçûs au payement des droits cy-dessus, pour l'année 1738. sur le pied de la moitié de leurs évaluations, ainsi qu'ils y ont esté admis pour les années 1732. 1733. 1734. & 1735. en consequence des arrests des 4. Decembre 1731. 22. Juillet 1732. 7. Juillet 1733. & 13. Juillet 1734. dont il a plû à Sa Majesté de proroger la grace par ceux des 19. Juillet 1735. 31. Juillet 1736. & 9. Juillet 1737. sçavoir, ceux des Presidiaux sur le pied de la moitié du tiers du sixieme denier de leurs évaluations, pour le prest, lequel sixieme denier en entier fait dix fois l'annuel; Et à l'égard de ceux des autres Jurisdictions mentionnées cy-dessus, sur le pied de la moitié du tiers du cinquieme denier de leurs évaluations, aussi pour le Prest, lequel cinquieme denier en entier fait douze fois l'annuel.

V.

Sa Majesté ayant compris dans la grace cy-dessus, de la remise du prest & annuel à moitié par ses arrests du 22. Juillet 1732. 7. Juillet 1733. 13. Juillet 1734. 19. Juillet 1735. 31. Juillet 1736. & 9. Juillet 1737. les Officiers de Police; comme ils ne se trouvent point évaluez, & que suivant la Declaration du 9. Aoust 1722. le tiers de leur finance compose leur évaluation, ils seront reçûs au prest & annuel, sur le pied de la moitié du cinquieme & soixantieme denier du tiers de leur finance principale, & autres par eux payées, pour tenir lieu & augmentation de finance, tant auxdits offices de Police dont ils sont pourvûs, que de ceux qui y sont réünis; à l'effet de quoy ils seront tenus de representer les quitances de finance, provisions, & autres pieces concernant la proprieté desdits offices de Police.

V I.

Comme il y a plusieurs offices domaniaux, de la finance desquels il est difficile de justifier, & qu'il est porté par la Declaration du 22. Juillet 1731. qu'en ce cas ils seront évaluez suivant les rolles qui en seront arrestez au Conseil: si aucuns des pourvûs de ceux qui se trouvent dans cette espece, se presentoient au bureau, les Commis auront soin d'en dresser des memoires, & de les adresser au bureau des revenus casuels, pour estre en consequence statué sur l'évaluation

d'iceux, à moins qu'ils ne representent les Contracts d'acquisition d'iceux; le tiers du prix desquels leur tiendra lieu d'évaluation, conformement à ladite Declaration du 22. Juillet 1731.

VII.

Ils ne recevront point au payement du Droit annuel, les Presidens & Conseillers des Cours superieures, les Presidens, Maistres, Correcteurs & Auditeurs des Chambres des Comptes, les Avocats & Procureurs generaux, & Greffiers en chef desdites Cours & Chambres, les Chevaliers d'honneur dans icelles, & autres, auxquels la survivance peut avoir esté accordée par differens arrests, ni les Officiers dépendant des pays d'Artois, Flandre & Alsace, en estant dispensez par ladite Declaration du 22. Juillet 1731.

VIII.

Ils recevront au payement de l'annuel seulement, & sans payer aucun prest, les Presidens-Tresoriers de France, Avocats, Procureurs du Roy, Greffiers en chef, & Chevaliers d'honneur desdits bureaux des finances, comme estant du corps d'iceux, ayant esté dispensez dudit prest par arrest du 19. Fevrier 1732. en payant par eux l'année courante, & les precedentes obmises, s'ils n'y ont pas satisfait; sans que cette dispense du prest puisse avoir lieu pour les Procureurs, ni les premiers ni autres Huissiers desdits bureaux, n'estant point reputez du corps d'iceux.

IX.

Se trouvant plusieurs offices qui ne sont point évaluez, les pourvûs d'iceux seront reçûs au payement du prest & annuel, par proportion de pareils offices qui se trouveront évaluez; ou en cas qu'ils ayent des quitances d'annuel, sur le pied d'icelles depuis vingt années, que les Commis se feront representer, ainsi qu'il est ordonné par l'arrest du 29. Aoust 1683. ce qui ne se doit entendre que des offices non évaluez; car en cas qu'ils le soient, les quitances au-dessous de l'évaluation, de quelque temps qu'elles puissent estre, ne doivent avoir lieu, à moins qu'il ne soit justifié par un rolle en bonne forme, de la moderation de l'évaluation.

X.

Observeront de ne point recevoir l'annuel pour les Officiers décedez, encore que leurs veuves, héritiers, ou créanciers le voulussent

payer, ou fissent faire des sommations à cet effet; non plus que pour les porteurs de quitances sur lesquelles il n'a point esté expedié de provisions, parce qu'il n'y a que les Officiers vivans & actuellement pourvûs, qui puissent estre reçûs à payer le Droit annuel.

X I.

S'IL se presente en personne en leur bureau quelques Officiers des autres generalitez, pour y payer le Prest & le Droit annuel, les Commis ne feront aucune difficulté de les y recevoir, en rapportant les pieces necessaires, qui sont les dernieres quitances, pour y estre admis.

X I I.

SE trouvant plusieurs Officiers, comme Receveurs des consignations, Commissaires aux saisies réelles, Greffiers, Procureurs, Huissiers & Sergens, qui pourroient prétendre estre du corps des Presidiaux, ou des autres Sieges Royaux ressortissant nûëment ès Cours dans lesquelles ils ont esté reçûs ou immatriculez, & sous ce prétexte ne devoir payer l'annuel qu'à moitié, & le prest au sixieme; ils les recevront au Prest au cinquieme, & à l'annuel en entier, attendu qu'ils ne sont point du corps des Officiers desdits Sieges; non plus que les Substituts, si aucuns y a en iceux, qu'ils recevront en la mesme maniere & sur le mesme pied que dessus.

X I I I.

LES Officiers des Elections, Greniers à sel, Eaux & Forests, Mareschaussées, Amirautez de Bretagne, & autres Jurisdictions extraordinaires, seront admis au payement du Droit annuel sur le pied du soixantieme denier de l'évaluation entiere de leurs Offices, & du prest à proportion, au cinquieme, pour ceux qui sont évaluez, ou sur le pied du soixantieme du tiers de leur finance s'ils ne le sont point; & en cas qu'ils ne justifient point de leur finance, sur le pied du soixantieme du tiers du prix des contracts de vente, ainsi qu'il est porté par les Declarations des 9. Aoust 1722. & 22. Juillet 1731. l'intention de Sa Majesté estant que la reduction de l'annuel à moitié, n'ait lieu que pour les offices ordinaires, ainsi qu'il est expliqué cy-dessus; joüiront néantmoins de la remise du second tiers du prest obmis à payer, conformement audit arrest du 9. Juillet 1737.

X I V.

LES offices municipaux créez par Edit du mois d'Aoust 1722. &

par plusieurs autres anterieurs, qui ont commencé dès le mois de Juillet 1690. ayant esté supprimez par plusieurs Edits, & entr'autres par celuy du mois de Juillet 1724. les pourvûs desdits offices qui ont esté exceptez de cette suppression dans aucunes provinces du royaume, même de ceux créez avant l'Edit de 1722. qui ont esté declarez subsistant, seront admis au payement de l'annuel d'iceux, en le payant en entier sur le pied du soixantieme du tiers de leur finance & du prest à proportion, en cas qu'ils ne se trouvent pas évaluez.

XV.

Les pourvûs d'offices municipaux de la province de Languedoc, seront reçûs au payement de l'annuel de leurs offices, suivant les Arrests des 27. Novembre 1725. 20. Aoust 1726. 11. Juillet 1730. & autres subsequens, sur le pied du soixantieme denier du neufvieme de leur finance, sans payer aucun prest.

XVI.

Les pourvûs des offices municipaux restablis par l'edit du mois de Novembre 1733. seront reçûs au payement du droit annuel de leurs offices, sur le pied du soixantieme denier du sixieme de leur finance principale seulement, sans avoir égard aux six deniers pour livre compris dans leurs quittances, ainsi qu'il est porté par l'article II. de l'arrest du 24. Aoust 1734. & sans payer aucun prest, en estant dispensez par l'article III. du mesme arrest.

XVII.

Les Receveurs des tailles & du taillon de la province de Languedoc, seront reçûs à l'annuel de leurs offices, sur le pied du soixantieme denier des deux tiers seulement de leurs anciennes évaluations, & du prest au cinquieme à proportion, suivant l'arrest qui leur a esté accordé à cet effet le 28. Decembre 1723. confirmé par celuy du 19. Aoust 1732.

XVIII.

Les offices de Receveurs & Controlleurs des octrois & deniers patrimoniaux, ayant esté supprimez, & restablis par l'Edit du mois de Juin 1725. ils recevront les pourvûs d'iceux au payement de l'annuel, sur le pied du soixantieme denier du cinquieme de leur finance principale, qui compose leur évaluation, suivant l'article XII. dudit Edit, & du prest à proportion.

XIX.

LA pluſpart des offices de Procureurs, Notaires, Huiſſiers & Sergens, ne ſe trouvant pas évaluez, à cauſe de l'héredité qui leur eſtoit attribuée, laquelle eſt preſentement revoquée, ils ſeront reçûs au payement du preſt & annuel, en cas qu'ils ne ſe trouvent pas évaluez; ſçavoir, les Notaires & Procureurs dans les bonnes villes, ſur le pied de cinq cens trente-trois livres ſix ſols huit deniers d'évaluation, faiſant huit livres dix-ſept ſols neuf deniers d'annuel; de quatre cens livres dans les petites villes, faiſant ſix livres treize ſols quatre deniers d'annuel; Et pour les Notaires dans les bourgs & villages, de trois cens livres, faiſant cinq livres d'annuel; Et à l'égard des Sergens reſidant dans iceux, de deux cens ſoixante-ſix livres treize ſols quatre deniers, faiſant quatre livres huit ſols dix deniers d'annuel.

XX.

ILS admettront au payement du preſt ſeulement, les Officiers des domaines engagez, dont le preſt appartient au Roy, l'annuel en appartenant à l'Engagiſte, dont quelques-uns ont auſſi le preſt, & dont les Officiers qui ſe trouvent dans ce cas, ne ſont ſujets aux revenus caſuels du Roy, qu'aux mutations pour le dixieme denier.

XXI.

ILS recevront les blancs de quittances des gages des Officiers des Mareſchauſſées pour comptant de leur preſt & annuel, & juſqu'à la concurrence de ce qui peut eſtre dû deſdits droits, dont ceux qui les ont payez leur repreſenteront les quittances, & leur feront endoſſer leſdits blancs de leurs veritables noms & ſurnoms; la plus grande partie de ceux fournis pour les années precedentes, ayant eſté renvoyez ſur les lieux pour eſtre reformez, à cauſe qu'ils n'avoient eſté remplis que du ſurnom de Seigneurie, & non pas des veritables noms de baptême, & ſurnom de famille.

XXII.

A l'égard des Officiers nouvellement pourvûs pendant l'année 1737. qui ſe preſenteront pour payer l'annuel, ſans y avoir ſatisfait dans les deux mois de leurs proviſions; ſi ces deux mois écheoient ou ſont échûs dans le courant de ladite année, ils leur feront payer deux annuels, ſçavoir, un pour l'année 1737. obmiſe, & l'autre pour l'année 1738. avec un tiers de preſt, s'ils ſont pourvûs ſur reſignations

au quart-denier, ou d'un office levé vacant; & deux annuels ſeulement, s'ils ſont pourvûs ſur reſignations ou nominations au huitieme denier, & que le troiſieme tiers de preſt ait eſté payé par leur predeceſſeur; ce qui ſe connoîtra par la lecture des proviſions & quitances de huitieme denier, eſtant ſous le contre-ſcel d'icelles, qu'ils ſe feront repreſenter.

XXIII.

Les Commis remettront les quitances à celuy qui eſt commis au controlle, pour les controller; & s'il arrive que quelques Officiers jugent à propos d'en rapporter quelques-unes, pour y augmenter ou diminuer, ſelon leurs titres & qualitez, ou autres raiſons, ils ne les reprendront point en cas qu'elles ayent eſté controllées, qu'au préalable elles n'ayent eſté deſchargées du controlle, & qu'il n'ait eſté fait mention par les Commis au controlle, au bas de l'enregiſtrement d'iceluy, de ladite deſcharge, & de la raiſon pour laquelle elle aura eſté faite, qui ſera datée & ſignée dudit Commis; auquel cas, celuy à la recette pourra expedier une nouvelle quittance ſous les titres requis, la porter de nouveau ſur ſon regiſtre, & rayer l'ampliation de celle qui aura eſté precedemment expediée, en faiſant une mention ſommaire en marge, de la raiſon pour laquelle elle aura eſté rayée & deſchargée du controlle.

XXIV.

S'il arrive quelque difficulté qui n'aura pas eſté prevûe, les Commis en donneront avis, & cependant ils recevront & chargeront leurs regiſtres d'ampliations; en ſorte que les Officiers ne demeurent point en ſuſpens, & ne courent aucuns riſques dans leurs offices, ſauf à y eſtre pourvû l'année ſuivante en connoiſſance de cauſe: Et comme quelques Officiers leur pourroient faire ſignifier des actes concernant leurs prétentions, ils les recevront ſans y faire aucune réponſe verbale, ni par écrit, & les envoyeront inceſſamment au bureau de Paris, pour y eſtre pourvû.

XXV.

Les Commis donneront avis de l'eſtat de leur recette tous les huit jours, en attendant les ordres qui leur ſeront envoyez pour la remiſe d'icelle.

XXVI.

ILS feront chacun en leur generalité, des bordereaux exacts & bien calculez, du montant de leur recette, lesquels ils presenteront le lendemain matin du jour de la clôture du bureau, qui sera le premier jour de l'année, avec leurs registres, à Messieurs les Tresoriers de France, pour estre par eux lesdits registres arrestez en la maniere accoûtumée, ou à Messieurs les Intendans dans les lieux où il n'y a point de bureau des finances.

XXVII.

APRÉS que leurs registres auront esté arrestez, ils les envoyeront à leurs cautions à Paris, & y joindront ceux du controlle, avec les bordereaux de leurs recette & dépense, pieces justificatives d'icelles, le restant des blancs de quittances de prest & annuel qui n'auront point servi, ensemble toutes les autres pieces necessaires pour dresser leurs comptes, afin qu'il puisse estre incessamment procedé à la reddition d'iceux.

A PARIS,
DE L'IMPRIMERIE ROYALE.

M. DCCXXXVII.

MEMOIRE

Pour servir d'Instruction aux Commis à la Recette du Prest & Droit annuel pour l'année 1739. en execution de la Declaration du 22. Juillet 1731. & de l'Arrest du Conseil du 24. Juin 1738.

BIBLIOTHEQUE IMPERIALE

PREMIEREMENT.

LES Commis à la recette du Prest & Droit annuel, chacun dans leur generalité, feront l'ouverture de leur bureau le premier Novembre 1738. jusques & compris le dernier Decembre ensuivant, conformement à l'arrest du Conseil du 24. Juin 1738. pendant lequel temps ils s'y rendront tous les jours assidus, depuis les sept heures du matin jusqu'à six heures du soir.

II.

ILS feront apposer les affiches qui leur auront esté envoyées, aux lieux ordinaires & accoustumez, comme aux portes du Bureau des finances, Bailliages & Sieges Presidiaux, Elections, Greniers à sel, & autres endroits & places publiques; & en envoyeront ès villes & bourgs dépendant de leur generalité, afin que les Officiers soient avertis de l'ouverture du bureau de ladite recette.

III.

ILS recevront au payement du Droit annuel pour l'année 1739. les Officiers qui y sont sujets, en payant par eux, sçavoir, ceux qui y sont entrez pour l'année 1738. une année d'annuel seulement pour 1739. sans aucun Prest; Et à l'égard de ceux qui ont negligé d'y entrer depuis ladite Declaration du 22. Juillet 1731. en payant les huit années d'annuel obmises, y compris la courante 1739. & un tiers seulement du Prest, Sa Majesté leur ayant fait la remise du second tiers dudit Droit par l'arrest du 9. Juillet 1737. & celuy du 24. Juin 1738.

I V.

Les Officiers des Presidiaux, Senefchauffées, Bailliages, Sieges Royaux, & autres Jurifdictions Royales inferieures, & ceux de Police, feront reçûs au payement des droits cy-deffus, pour l'année 1739. fur le pied de la moitié de leurs évaluations, ainfi qu'ils y ont efté admis pour les années 1732. 1733. 1734. & 1735. en confequence des arrets des 4. Decembre 1731. 22. Juillet 1732. 7. Juillet 1733. & 13. Juillet 1734. dont il a plû à Sa Majefté de proroger la grace par ceux des 19. Juillet 1735. 31. Juillet 1736. 9. Juillet 1737. & 24. Juin 1738. fçavoir, ceux des Prefidiaux fur le pied de la moitié du tiers du fixieme denier de leurs évaluations, pour le preft, lequel fixieme denier en entier fait dix fois l'annuel; Et à l'égard de ceux des autres Jurifdictions mentionnées cy-deffus, fur le pied de la moitié du tiers du cinquieme denier de leurs évaluations, auffi pour le Preft, lequel cinquieme denier en entier fait douze fois l'annuel.

V.

Sa Majesté ayant compris dans la grace cy-deffus, de la remife du preft & annuel à moitié par fes arrefts du 22. Juillet 1732. 7. Juillet 1733. 13. Juillet 1734. 19. Juillet 1735. 31. Juillet 1736. 9. Juillet 1737. & 24. Juin 1738. les Officiers de Police; comme ils ne fe trouvent point évaluez, & que fuivant la Declaration du 9. Aouft 1722. le tiers de leur finance compofe leur évaluation, ils feront reçûs au preft & annuel, fur le pied de la moitié du cinquieme & foixantieme denier du tiers de leur finance principale, & autres par eux payées, pour tenir lieu & augmentation de finance, tant auxdits offices de Police dont ils font pourvûs, que de ceux qui y font réünis; à l'effet de quoy ils feront tenus de reprefenter les quitances de finance, provifions, & autres pieces concernant la proprieté defdits offices de Police.

V I.

Comme il y a plufieurs offices domaniaux, de la finance defquels il eft difficile de juftifier, & qu'il eft porté par la Declaration du 22. Juillet 1731. qu'en ce cas ils feront évaluez fuivant les rolles qui en feront arreftez au Confeil: fi aucuns des pourvûs de ceux qui fe trouvent dans cette efpece, fe prefentoient au bureau, les Commis auront foin d'en dreffer des memoires, & de les adreffer au bureau des revenus cafuels, pour eftre en confequence ftatué fur l'évaluation

d'iceux, à moins qu'ils ne representent les Contracts d'acquisition d'iceux; le tiers du prix desquels leur tiendra lieu d'évaluation, conformement à ladite Declaration du 22. Juillet 1731.

VII.

ILS ne recevront point au payement du Droit annuel, les Presidens & Conseillers des Cours superieures, les Presidens, Maistres, Correcteurs & Auditeurs des Chambres des Comptes, les Avocats & Procureurs generaux, & Greffiers en chef desdites Cours & Chambres, les Chevaliers d'honneur dans icelles, & autres, auxquels la survivance peut avoir esté accordée par differens arrests, ni les Officiers dépendant des pays d'Artois, Flandre & Alsace, en estant dispensez par ladite Declaration du 22. Juillet 1731.

VIII.

ILS recevront au payement de l'annuel seulement, & sans payer aucun prest, les Presidens-Tresoriers de France, Avocats, Procureurs du Roy, Greffiers en chef, & Chevaliers d'honneur desdits bureaux des finances, comme estant du corps d'iceux, ayant esté dispensez dudit prest par arrest du 19. Fevrier 1732. en payant par eux l'année courante, & les precedentes obmises, s'ils n'y ont pas satisfait; sans que cette dispense du prest puisse avoir lieu pour les Procureurs, ni les premiers ni autres Huissiers desdits bureaux, n'estant point reputez du corps d'iceux.

IX.

SE trouvant plusieurs offices qui ne sont point évaluez, les pourvûs d'iceux seront reçûs au payement du prest & annuel, par proportion de pareils offices qui se trouveront évaluez; ou en cas qu'ils ayent des quitances d'annuel, sur le pied d'icelles depuis vingt années, que les Commis se feront representer, ainsi qu'il est ordonné par l'arrest du 29. Aoust 1683. ce qui ne se doit entendre que des offices non évaluez; car en cas qu'ils le soient, les quitances au-dessous de l'évaluation, de quelque temps qu'elles puissent estre, ne doivent avoir lieu, à moins qu'il ne soit justifié par un rolle en bonne forme, ou, arrest de la moderation de l'évaluation.

X.

OBSERVERONT de ne point recevoir l'annuel pour les Officiers décedez, encore que leurs veuves, héritiers, ou créanciers le voulussent

payer, ou fissent faire des sommations à cet effet; non plus que pour les porteurs de quitances sur lesquelles il n'a point esté expedié de provisions, parce qu'il n'y a que les Officiers vivans & actuellement pourvûs, qui puissent estre reçûs à payer le Droit annuel.

XI.

S'IL se presente en personne en leur bureau quelques Officiers des autres generalitez, pour y payer le Prest & le Droit annuel, les Commis ne feront aucune difficulté de les y recevoir, en rapportant les pieces necessaires, qui sont les dernieres quitances, pour y estre admis.

XII.

SE trouvant plusieurs Officiers, comme Receveurs des consignations, Commissaires aux saisies réelles, Greffiers, Procureurs, Huissiers & Sergens, qui pourroient prétendre estre du corps des Presidiaux, ou des autres Sieges Royaux ressortissant nûëment ès Cours dans lesquelles ils ont esté reçûs ou immatriculez, & sous ce prétexte ne devoir payer l'annuel qu'à moitié, & le prest au sixieme; ils les recevront au Prest au cinquieme, & à l'annuel en entier, attendu qu'ils ne sont point du corps des Officiers desdits Sieges; non plus que les Substituts, si aucuns y a en iceux, qu'ils recevront en la mesme maniere & sur le mesme pied que dessus.

XIII.

LES Officiers des Elections, Greniers à sel, Eaux & Forests, Mareschaussées, Amirautez de Bretagne, & autres Jurisdictions extraordinaires, seront admis au payement du Droit annuel sur le pied du soixantieme denier de l'évaluation entiere de leurs Offices, & du prest à proportion, au cinquieme, pour ceux qui sont évaluez, ou sur le pied du soixantieme du tiers de leur finance s'ils ne le sont point; & en cas qu'ils ne justifient point de leur finance, sur le pied du soixantieme du tiers du prix des contracts de vente, ainsi qu'il est porté par les Declarations des 9. Aoust 1722. & 22. Juillet 1731. l'intention de Sa Majesté estant que la reduction de l'annuel à moitié, n'ait lieu que pour les offices ordinaires, ainsi qu'il est expliqué cy-dessus; joüiront néantmoins de la remise du second tiers du prest obmis à payer, conformement auxdits arrests des 9. Juillet 1737. & 24. Juin 1738.

XIV.

LES offices municipaux créez par Edit du mois d'Aoust 1722. &

par plusieurs autres anterieurs, qui ont commencé dès le mois de Juillet 1690. ayant esté supprimez par plusieurs Edits, & entr'autres par celuy du mois de Juillet 1724. les pourvûs desdits offices qui ont esté exceptez de cette suppression dans aucunes provinces du royaume, même de ceux créez avant l'Edit de 1722. qui ont esté declarez subsistant, seront admis au payement de l'annuel d'iceux, en le payant en entier sur le pied du soixantieme du tiers de leur finance, & du prest à proportion, en cas qu'ils ne se trouvent pas évaluez.

XV.

Les pourvûs d'offices municipaux de la province de Languedoc, seront reçûs au payement de l'annuel de leurs offices, suivant les Arrests des 27. Novembre 1725. 20. Aoust 1726. 11. Juillet 1730. & autres subsequens, sur le pied du soixantieme denier du neufvieme de leur finance, sans payer aucun prest.

XVI.

Les pourvûs des offices municipaux restablis par l'edit du mois de Novembre 1733. seront reçûs au payement du droit annuel de leurs offices, sur le pied du soixantieme denier du sixieme de leur finance principale seulement, sans avoir égard aux six deniers pour livre compris dans leurs quittances, ainsi qu'il est porté par l'article II. de l'arrest du 24. Aoust 1734. & 15. Novembre 1735. & sans payer aucun prest, en estant dispensez par l'article III. du mesme arrest.

XVII.

Les Receveurs des tailles & du taillon de la province de Languedoc, seront reçûs à l'annuel de leurs offices, sur le pied du soixantieme denier des deux tiers seulement de leurs anciennes évaluations, & du prest au cinquieme à proportion, suivant l'arrest qui leur a esté accordé à cet effet le 28. Decembre 1723. confirmé par celuy du 19. Aoust 1732.

XVIII.

Les offices de Receveurs & Controlleurs des octrois & deniers patrimoniaux, ayant esté supprimez, & restablis par l'Edit du mois de Juin 1725. ils recevront les pourvûs d'iceux au payement de l'annuel, sur le pied du soixantieme denier du cinquieme de leur finance principale, qui compose leur évaluation, suivant l'article XII. dudit Edit, & du prest à proportion.

XIX.

LA plufpart des offices de Procureurs, Notaires, Huiffiers & Sergens, ne fe trouvant pas évaluez, à caufe de l'héredité qui leur eftoit attribuée, laquelle eft préfentement revoquée, ils feront reçûs au payement du preft & annuel, en cas qu'ils ne fe trouvent pas évaluez; fçavoir, les Notaires & Procureurs dans les bonnes villes, fur le pied de cinq cens trente-trois livres fix fols huit deniers d'évaluation, faifant huit livres dix-fept fols neuf deniers d'annuel; de quatre cens livres dans les petites villes, faifant fix livres treize fols quatre deniers d'annuel; Et pour les Notaires dans les bourgs & villages, de trois cens livres, faifant cinq livres d'annuel; Et à l'égard des Sergens refidant dans iceux, de deux cens foixante-fix livres treize fols quatre deniers, faifant quatre livres huit fols dix deniers d'annuel.

XX.

ILS admettront au payement du preft feulement, les Officiers des domaines engagez, dont le preft appartient au Roy, l'annuel en appartenant à l'Engagifte, dont quelques-uns ont auffi le preft, & dont les Officiers qui fe trouvent dans ce cas, ne font fujets aux revenus cafuels du Roy, qu'aux mutations pour le dixieme denier.

XXI.

ILS recevront les blancs de quittances des gages des Officiers des Marefchauffées pour comptant de leur preft & annuel, & jufqu'à la concurrence de ce qui peut eftre dû defdits droits, dont ceux qui les ont payez leur repréfenteront les quittances, & leur feront endoffer lefdits blancs de leurs veritables noms & furnoms; la plus grande partie de ceux fournis pour les années precedentes, ayant efté renvoyez fur les lieux pour eftre reformez, à caufe qu'ils n'avoient efté remplis que du furnom de Seigneurie, & non pas des veritables noms de baptême, & furnom de famille.

XXII.

A l'égard des Officiers nouvellement pourvûs pendant l'année 1738. qui fe prefenteront pour payer l'annuel, fans y avoir fatisfait dans les deux mois de leurs provifions; fi ces deux mois écheoient ou font échûs dans le courant de ladite année, ils leur feront payer deux annuels, fçavoir, un pour l'année 1738. obmife, & l'autre pour l'année 1739. avec un tiers de preft, s'ils font pourvûs fur refignations

au quart-denier, ou d'un office levé vacant; & deux annuels seulement, s'ils sont pourvûs sur resignations ou nominations au huitieme denier, & que le troisieme tiers de prest ait esté payé par leur predecesseur; ce qui se connoîtra par la lecture des provisions & quitances de huitieme denier, estant sous le contre-scel d'icelles, qu'ils se feront representer.

XXIII.

Les Commis remettront les quitances à celuy qui est commis au controlle, pour les controller; & s'il arrive que quelques Officiers jugent à propos d'en rapporter quelques-unes, pour y augmenter ou diminuer, selon leurs titres & qualitez, ou autres raisons, ils ne les reprendront point en cas qu'elles ayent esté controllées, qu'au préalable elles n'ayent esté deschargées du controlle, & qu'il n'ait esté fait mention par les Commis au controlle, au bas de l'enregistrement d'iceluy, de ladite descharge, & de la raison pour laquelle elle aura esté faite, qui sera datée & signée dudit Commis; auquel cas, celuy à la recette pourra expedier une nouvelle quittance sous les titres requis, la porter de nouveau sur son registre, & rayer l'ampliation de celle qui aura esté precedemment expediée, en faisant une mention sommaire en marge, de la raison pour laquelle elle aura esté rayée & deschargée du controlle.

XXIV.

S'il arrive quelque difficulté qui n'aura pas esté prevûe, les Commis en donneront avis, & cependant ils recevront & chargeront leurs registres d'ampliations; en sorte que les Officiers ne demeurent point en suspens, & ne courent aucuns risques dans leurs offices, sauf à y estre pourvû l'année suivante en connoissance de cause: Et comme quelques Officiers leur pourroient faire signifier des actes concernant leurs prétentions, ils les recevront sans y faire aucune réponse verbale, ni par écrit, & les envoyeront incessamment au bureau de Paris, pour y estre pourvû.

XXV.

Les Commis donneront avis de l'estat de leur recette tous les huit jours, en attendant les ordres qui leur seront envoyez pour la remise d'icelle.

XXVI.

Ils feront chacun en leur generalité, des bordereaux exacts & bien calculez, du montant de leur recette, lesquels ils presenteront le lendemain matin du jour de la clôture du bureau, qui sera le premier jour de l'année, avec leurs registres, à Messieurs les Tresoriers de France, pour estre par eux lesdits registres arrestez en la maniere accoûtumée, ou à Messieurs les Intendans dans les lieux où il n'y a point de bureau des finances.

XXVII.

Aprés que leurs registres auront esté arrestez, ils les envoyeront à leurs cautions à Paris, & y joindront ceux du controlle, avec les bordereaux de leurs recette & dépense, pieces justificatives d'icelles, le restant des blancs de quittances de prest & annuel qui n'auront point servi, ensemble toutes les autres pieces necessaires pour dresser leurs comptes, afin qu'il puisse estre incessamment procedé à la reddition d'iceux.

A PARIS,

DE L'IMPRIMERIE ROYALE.

M. DCCXXXVIII.

1740.

MEMOIRE

Pour servir d'Instruction aux Commis à la Recette du Prest & Droit annuel, pour l'année 1740. en execution de la Declaration du 22. Juillet 1731. & de l'Arrest du Conseil du 23. Juin 1739.

PREMIEREMENT.

LES Commis à la recette du Prest & Droit annuel, chacun dans leur generalité, feront l'ouverture de leur bureau le premier Novembre 1739. jusques & compris le dernier Decembre ensuivant, conformement à l'arrest du Conseil du 23. Juin 1739. pendant lequel temps ils s'y rendront tous les jours assidus, depuis les sept heures du matin jusqu'à six heures du soir.

II.

ILS feront apposer les affiches qui leur auront esté envoyées, aux lieux ordinaires & accoustumez, comme aux portes du Bureau des finances, Bailliages & Sieges Presidiaux, Elections, Greniers à sel, & autres endroits & places publiques; & en envoyeront ès villes & bourgs dépendant de leur generalité, afin que les Officiers soient avertis de l'ouverture du bureau de ladite recette.

III.

ILS recevront au payement du Droit annuel pour l'année 1740. les Officiers qui y sont sujets, en payant par eux, sçavoir, ceux qui y sont entrez pour l'année 1739. une année d'annuel seulement pour 1740. sans aucun Prest; Et à l'égard de ceux qui ont negligé d'y entrer depuis ladite Declaration du 22. Juillet 1731. en payant les neuf années d'annuel obmises, y compris la courante 1740. & un tiers seulement du Prest, Sa Majesté leur ayant fait la remise des deux autres tiers dudit droit par l'arrest du 24. Juin 1738. & celuy du 23. Juin 1739.

I V.

Les Officiers des Presidiaux, Seneschaussées, Bailliages, Sieges Royaux, & autres Jurisdictions Royales inferieures, & ceux de Police, seront reçûs au payement des droits cy-dessus, pour l'année 1740. sur le pied de la moitié de leurs évaluations, ainsi qu'ils y ont esté admis pour les années 1732. 1733. 1734. & 1735. en consequence des arrêts des 4. Decembre 1731. 22. Juillet 1732. 7. Juillet 1733. & 13. Juillet 1734. dont il a plû à Sa Majesté de proroger la grace par ceux des 19. Juillet 1735. 31. Juillet 1736. 9. Juillet 1737. 24. Juin 1738. & 23. Juin 1739. sçavoir, ceux des Presidiaux sur le pied de la moitié du tiers du sixieme denier de leurs évaluations, pour le prest, lequel sixieme denier en entier fait dix fois l'annuel; Et à l'égard de ceux des autres Jurisdictions mentionnées cy-dessus, sur le pied de la moitié du tiers du cinquieme denier de leurs évaluations, aussi pour le Prest, lequel cinquieme denier en entier fait douze fois l'annuel.

V.

Sa Majesté ayant compris dans la grace cy-dessus, de la remise du prest & annuel à moitié par ses arrests du 22. Juillet 1732. 7. Juillet 1733. 13. Juillet 1734. 19. Juillet 1735. 31. Juillet 1736. 9. Juillet 1737. 24. Juin 1738. & 23. Juin 1739. les Officiers de Police; comme ils ne se trouvent point évaluez, & que suivant la Declaration du 9. Aoust 1722. le tiers de leur finance compose leur évaluation, ils seront reçûs au prest & annuel, sur le pied de la moitié du cinquieme & soixantieme denier du tiers de leur finance principale, & autres par eux payées pour tenir lieu & augmentation de finance, tant auxdits offices de Police dont ils sont pourvûs, que de ceux qui y sont réünis; à l'effet de quoy ils seront tenus de representer les quitances de finance, provisions, & autres pieces concernant la proprieté desdits offices de Police.

V I.

Comme il y a plusieurs offices domaniaux, de la finance desquels il est difficile de justifier, & qu'il est porté par la Declaration du 22. Juillet 1731. qu'en ce cas ils seront évaluez suivant les rolles qui en seront arrestez au Conseil; si aucuns des pourvûs de ceux qui se trouvent dans cette espece, se presentoient au bureau, les Commis auront soin d'en dresser des memoires, & de les adresser au bureau des revenus casuels, pour estre en consequence statué sur l'évaluation

d'iceux, à moins qu'ils ne repreſentent les Contracts d'acquiſition d'iceux; le tiers du prix deſquels leur tiendra lieu d'évaluation, conformement à ladite Declaration du 22. Juillet 1731.

VII.

Ils ne recevront point au payement du Droit annuel, les Preſidens & Conſeillers des Cours ſuperieures, les Preſidens, Maiſtres, Correcteurs & Auditeurs des Chambres des Comptes, les Avocats & Procureurs generaux, & Greffiers en chef deſdites Cours & Chambres, les Chevaliers d'honneur dans icelles, & autres auxquels la ſurvivance peut avoir eſté accordée par differens arreſts, ni les Officiers dépendant des pays d'Artois, Flandre & Alſace, en eſtant diſpenſez par ladite Declaration du 22. Juillet 1731.

VIII.

Ils recevront au payement de l'annuel ſeulement, & ſans payer aucun preſt, les Preſidens-Treſoriers de France, Avocats, Procureurs du Roy, Greffiers en chef, & Chevaliers d'honneur deſdits bureaux des finances, comme eſtant du corps d'iceux, ayant eſté diſpenſez dudit preſt par arreſt du 19. Fevrier 1732. en payant par eux l'année courante, & les precedentes obmiſes, s'ils n'y ont pas ſatisfait; ſans que cette diſpenſe du preſt puiſſe avoir lieu pour les Procureurs, ni les premiers ni autres Huiſſiers deſdits bureaux, n'eſtant point reputez du corps d'iceux.

IX.

Se trouvant pluſieurs offices qui ne ſont point évaluez, les pourvûs d'iceux ſeront reçûs au payement du preſt & annuel, par proportion de pareils offices qui ſe trouveront évaluez; ou en cas qu'ils ayent des quitances d'annuel, ſur le pied d'icelles depuis vingt années, que les Commis ſe feront repreſenter, ainſi qu'il eſt ordonné par l'arreſt du 29. Aouſt 1683. ce qui ne ſe doit entendre que des offices non évaluez; car en cas qu'ils le ſoient, les quitances au-deſſous de l'évaluation, de quelque temps qu'elles puiſſent eſtre, ne doivent avoir lieu, à moins qu'il ne ſoit juſtifié par un rolle en bonne forme, ou arreſt, de la moderation de l'évaluation.

X.

Observeront de ne point recevoir l'annuel pour les Officiers décedez, encore que leurs veuves, héritiers, ou créanciers le vouluſſent

payer, ou fiſſent faire des ſommations à cet effet; non plus que pour les porteurs de quitances ſur leſquelles il n'a point eſté expedié de proviſions, parce qu'il n'y a que les Officiers vivans & actuellement pourvûs, qui puiſſent eſtre reçûs à payer le Droit annuel.

XI.

S'IL ſe preſente en perſonne en leur bureau quelques Officiers des autres generalitez, pour y payer le Preſt & le Droit annuel, les Commis ne feront aucune difficulté de les y recevoir, en rapportant les pieces neceſſaires, qui ſont les dernieres quitances, pour y eſtre admis.

XII.

SE trouvant pluſieurs Officiers, comme Receveurs des conſignations, Commiſſaires aux ſaiſies réelles, Greffiers, Procureurs, Huiſſiers & Sergens, qui pourroient prétendre eſtre du corps des Preſidiaux, ou des autres Sieges Royaux reſſortiſſant nuëment ès Cours dans leſquelles ils ont eſté reçûs ou immatriculez, & ſous ce prétexte ne devoir payer l'annuel qu'à moitié, & le preſt au ſixieme; ils les recevront au Preſt au cinquieme, & à l'annuel en entier, attendu qu'ils ne ſont point du corps des Officiers deſdits Sieges; non plus que les Subſtituts, ſi aucuns y a en iceux, qu'ils recevront en la meſme maniere & ſur le meſme pied que deſſus.

XIII.

LES Officiers des Elections, Greniers à ſel, Eaux & Foreſts, Mareſchauſſées, Amirautez de Bretagne, & autres Juriſdictions extraordinaires, ſeront admis au payement du droit annuel ſur le pied du ſoixantieme denier de l'évaluation entiere de leurs Offices, & du preſt à proportion, au cinquieme, pour ceux qui ſont évaluez, ou ſur le pied du ſoixantieme du tiers de leur finance s'ils ne le ſont point; & en cas qu'ils ne juſtifient point de leur finance, ſur le pied du ſoixantieme du tiers du prix des contracts de vente, ainſi qu'il eſt porté par les Declarations des 9. Aouſt 1722. & 22. Juillet 1731. l'intention de Sa Majeſté eſtant que la reduction de l'annuel à moitié, n'ait lieu que pour les offices ordinaires, ainſi qu'il eſt expliqué cy-deſſus: joüiront néantmoins de la remiſe du ſecond tiers du preſt obmis à payer, conformement auxdits arreſts des 9. Juillet 1737. 24. Juin 1738. & 23 Juin 1739.

XIV.

Les offices municipaux créez par Edit du mois d'Aoust 1722. & par plusieurs autres anterieurs, qui ont commencé dès le mois de Juillet 1690. ayant esté supprimez par plusieurs Edits, & entr'autres par celuy du mois de Juillet 1724. les pourvûs desdits offices qui ont esté exceptez de cette suppression dans aucunes provinces du royaume, même de ceux créez avant l'Edit de 1722. qui ont esté declarez subsistans, seront admis au payement de l'annuel d'iceux, en le payant en entier sur le pied du soixantieme du tiers de leur finance, & du prest à proportion, en cas qu'ils ne se trouvent pas évaluez.

XV.

Les pourvûs d'offices municipaux de la province de Languedoc, seront reçûs au payement de l'annuel de leurs offices, sur le pied reglé par l'Arrest du 6. Octobre 1722. confirmé par ceux des 27. Novembre 1725. 20. Aoust 1726. 11. Juillet 1730. & autres subsequens, sur le pied du soixantieme denier du neufvieme de leur finance, sans payer aucun prest.

XVI.

Les pourvûs des offices municipaux restablis par l'edit du mois de Novembre 1733. seront reçûs au payement du droit annuel de leurs offices, sur le pied du soixantieme denier du sixieme de leur finance principale seulement, & du prest à proportion, s'il se trouve estre dû, sans avoir égard aux six deniers pour livre compris dans leurs quittances, ainsi qu'il est porté par l'article II. de l'arrest du 24. Aoust 1734. & 15. Novembre 1735.

XVII.

Les Receveurs des tailles & du taillon de la province de Languedoc, seront reçûs à l'annuel de leurs offices, sur le pied du soixantieme denier des deux tiers seulement de leurs anciennes évaluations, & du prest au cinquieme à proportion, suivant l'arrest qui leur a esté accordé à cet effet le 28. Decembre 1723. confirmé par celuy du 19. Aoust 1732.

XVIII.

Les offices de Receveurs & Controlleurs des octrois & deniers patrimoniaux, ayant esté supprimez, & restablis par l'Edit du mois de Juin 1725. ils recevront les pourvûs d'iceux au payement de l'annuel, ſur le pied du ſoixantieme denier du cinquieme de leur finance principale, qui compoſe leur évaluation, ſuivant l'article XII. dudit Edit, & du preſt à proportion.

XIX.

LA pluſpart des offices de Procureurs, Notaires, Huiſſiers & Sergens, ne ſe trouvant pas évaluez, à cauſe de l'héredité qui leur eſtoit attribuée, laquelle eſt preſentement revoquée, ils ſeront reçûs au payement du preſt & annuel, en cas qu'ils ne ſe trouvent pas évaluez; ſçavoir, les Notaires & Procureurs dans les bonnes villes, ſur le pied de cinq cens trente-trois livres ſix ſols huit deniers d'évaluation, faiſant huit livres dix-ſept ſols neuf deniers d'annuel; de quatre cens livres dans les petites villes, faiſant ſix livres treize ſols quatre deniers d'annuel; Et pour les Notaires dans les bourgs & villages, de trois cens livres, faiſant cinq livres d'annuel; Et à l'égard des Sergens reſidant dans iceux, de deux cens ſoixante-ſix livres treize ſols quatre deniers, faiſant quatre livres huit ſols dix deniers d'annuel.

XX.

ILS admettront au payement du preſt ſeulement, les Officiers des domaines engagez, dont le preſt appartient au Roy, l'annuel en appartenant à l'Engagiſte, dont quelques-uns ont auſſi le preſt, & dont les Officiers qui ſe trouvent dans ce cas, ne ſont ſujets aux revenus caſuels du Roy, qu'aux mutations, pour le dixieme denier.

XXI.

ILS recevront les blancs de quittances des gages des Officiers des Mareſchauſſées, pour comptant de leur preſt & annuel, & juſqu'à la concurrence de ce qui peut eſtre dû deſdits droits, dont ceux qui les ont payez leur repreſenteront les quittances, & leur feront endoſſer leſdits blancs de leurs veritables noms & ſurnoms; la plus grande partie de ceux fournis pour les années precedentes, ayant eſté renvoyez ſur les lieux pour eſtre reformez, à cauſe qu'ils n'avoient eſté remplis que du ſurnom de Seigneurie, & non pas des veritables noms de baptême, & ſurnom de famille.

XXII.

A l'égard des Officiers nouvellement pourvûs pendant l'année 1739. qui ſe preſenteront pour payer l'annuel, ſans y avoir ſatisfait dans les deux mois de leurs proviſions; ſi ces deux mois écheoient ou sont échûs dans le courant de ladite année, ils leur feront payer deux annuels, sçavoir, un pour l'année 1739. obmise, & l'autre pour l'année 1740. avec un tiers de prest, s'ils sont pourvûs sur resignations au quart-denier, ou d'un office levé vacant; & deux annuels seulement, s'ils sont pourvûs sur resignations ou nominations au huitieme denier, & que le troisieme tiers de prest ait esté payé par leur predecesseur; ce qui se connoîtra par la lecture des provisions & quitances de huitieme denier, estant sous le contre-scel d'icelles, qu'ils se feront representer.

XXIII.

LES Commis remettront les quitances à celuy qui est commis au controlle, pour les controller; & s'il arrive que quelques Officiers jugent à propos d'en rapporter quelques-unes, pour y augmenter ou diminuer, selon leurs titres & qualitez, ou autres raisons, ils ne les reprendront point en cas qu'elles ayent esté controllées, qu'au préalable elles n'ayent esté deschargées du controlle, & qu'il n'ait esté fait mention par les Commis au controlle, au bas de l'enregistrement d'iceluy, de ladite descharge, & de la raison pour laquelle elle aura esté faite, qui sera datée & signée dudit Commis; auquel cas, celuy à la recette pourra expedier une nouvelle quittance sous les titres requis, la porter de nouveau sur son registre, & rayer l'ampliation de celle qui aura esté precedemment expediée, en faisant une mention sommaire en marge, de la raison pour laquelle elle aura esté rayée & deschargée du controlle.

XXIV.

S'IL arrive quelque difficulté qui n'aura pas esté prevûe, les Commis en donneront avis, & cependant ils recevront & chargeront leurs registres d'ampliations; en sorte que les Officiers ne demeurent point en suspens, & ne courent aucuns risques dans leurs offices, sauf à y estre pourvû l'année suivante en connoissance de cause : Et comme quelques Officiers leur pourroient faire signifier des actes concernant leurs prétentions, ils les recevront sans y faire aucune réponse verbale, ni par écrit, & les envoyeront incessamment au bureau de Paris, pour y estre pourvû.

XXV.

LES Commis donneront avis de l'estat de leur recette, tous les huit jours, en attendant les ordres qui leur feront envoyez pour la remiſe d'icelle.

XXVI.

Ils feront chacun en leur generalité, des bordereaux exacts & bien calculez, du montant de leur recette, leſquels ils preſenteront le lendemain matin du jour de la clôture du bureau, qui fera le premier jour de l'année, avec leurs regiſtres, à Meſſieurs les Treſoriers de France, pour eſtre par eux leſdits regiſtres arreſtez en la maniere accoûtumée, ou à Meſſieurs les Intendans, dans les lieux où il n'y a point de bureau des finances.

XXVII.

Aprés que leurs regiſtres auront eſté arreſtez, ils les envoyeront à leurs cautions à Paris, & y joindront ceux du controlle, avec les bordereaux de leurs recette & dépenſe, pieces juſtificatives d'icelles, le reſtant des blancs de quittances de preſt & annuel qui n'auront point ſervi, enſemble toutes les autres pieces neceſſaires pour dreſſer leurs comptes, afin qu'il puiſſe eſtre inceſſamment procedé à la reddition d'iceux.

BIBLIOTHÈQUE IMPÉRIALE IMPR.

A PARIS,

DE L'IMPRIMERIE ROYALE.

M. DCCXXXIX.

MEMOIRE

Pour servir d'Instruction aux Commis à la Recette du Prest & Droit annuel, pour l'année 1741. en execution de la Declaration du 19. juin 1740. portant continuation du Droit annuel pour neuf années, qui commenceront au premier janvier 1741. & finiront le dernier decembre 1749.

BIBLIOTHÈQUE DE ... [library stamp]

PREMIEREMENT.

LES Commis à la recette du Prest & Droit annuel, chacun dans leur generalité, feront l'ouverture de leur bureau le premier octobre 1740. jusques & compris le dernier décembre ensuivant, inclusivement, pendant lequel temps ils s'y rendront tous les jours assidus, depuis sept heures du matin jusqu'à six heures du soir.

I I.

ILS feront apposer les affiches qui leur auront esté envoyées, aux lieux ordinaires & accoustumez, comme aux portes du Bureau des finances, Bailliages & Sieges Presidiaux, Elections, Greniers à sel, & autres endroits & places publiques; & en envoyeront ès villes & bourgs dépendant de leur generalité, afin que les Officiers soient avertis de l'ouverture du bureau de ladite recette.

I I I.

ILS recevront au payement du Prest & Droit annuel, les Officiers qui y sont sujets, en payant l'annuel en entier, conformement à ladite Declaration, & non à la moitié, & un tiers de Prest à proportion, sur le pied du sixieme pour les Officiers des Presidiaux, faisant dix fois l'annuel: Et pour ceux de toutes les autres Justices, tant Bailliages que Sieges royaux, municipaux & de Police, Mareschaussées, Elections, Greniers à sel, que Greffiers, Receveurs des consignations & saisies réelles, sur le pied du dixieme, faisant douze fois leur annuel pour le total dudit Prest, qui sera reçû pour ladite année 1741. par tiers seulement.

I V.

Les Officiers de Police ne se trouvant point évaluez, ils les recevront au payement du Droit annuel, sur le pied du soixantieme denier du tiers de leur finance, qui leur tiendra lieu d'évaluation, ainsi qu'il est porté par la Declaration du 9. aoust 1722 & du Prest à proportion de leur annuel, au dixieme: Et comme ce tiers de leur finance doit estre tiré, tant sur la principale, que des autres payées tant pour leur tenir lieu & augmentation de finance aux offices dont ils sont pourvûs, que de ceux qui y ont esté réunis, ils leur feront representer leurs titres, à l'effet de tirer au juste le tiers de leur finance.

V.

Comme il y a plusieurs offices domaniaux, de la finance desquels il est difficile de justifier, à moins qu'ils ne representent les Contracts d'acquisition d'iceux, ou ceux qui leur auront esté passez par les Commissaires députez pour l'alienation des Domaines de Sa Majesté, ils se feront representer lesdits titres; le tiers du prix desquels, ainsi que de ceux qui y ont esté réunis, leur tiendra lieu d'évaluation, ainsi qu'il est porté par l'article II. de la Declaration du 19. juin 1740. Et en cas que l'on ne puisse leur justifier d'aucuns titres, ils auront soin d'en dresser des memoires, & de les adresser au bureau des revenus casuels, pour estre statué sur leur évaluation.

V I.

Ils ne recevront point au payement du Droit annuel, les Officiers des Cours superieures, mentionnez dans l'article VIII. de la Declaration du 19. juin 1740. confirmez par icelle dans la survivance à eux accordée par l'Edit du mois de decembre 1709. non plus que les Officiers des pays d'Artois, Flandre, Haynault & Alsace, à l'égard desquels il en sera usé comme par le passé.

V I I.

Ils recevront au payement de l'annuel seulement, & sans payer aucun prest, les Presidens-Tresoriers de France, Avocats, Procureurs du Roy, Greffiers en chef, & Chevaliers d'honneur desdits bureaux des finances, comme estant du corps d'iceux, en ayant esté dispensez par arrest du 19. fevrier 1732. sans que cette dispense du prest puisse avoir lieu pour les Procureurs, ni les premiers ou autres Huissiers desdits bureaux, n'estant point reputez du corps d'iceux.

VIII.

Se trouvant plusieurs offices qui ne sont point évaluez, les pourvûs d'iceux seront reçûs au payement du prest & annuel, par proportion de pareils offices qui se trouveront l'estre; ou en cas qu'ils ayent des quitances d'annuel, sur le pied d'icelles depuis vingt années sans interruption, que les Commis se feront representer, ainsi qu'il est ordonné par l'arrest du 29. aoust 1683. ce qui ne se doit entendre que des offices non évaluez; car en cas qu'ils le soient, les quitances au-dessous de l'évaluation, de quelque temps qu'elles puissent estre, ne doivent avoir lieu, à moins qu'il ne soit justifié par un rolle en bonne forme, ou arrest, de la moderation de l'évaluation.

IX.

Observeront de ne point recevoir l'annuel pour les Officiers décedez, en cas que leurs veuves, héritiers, ou créanciers le voulussent payer, ou fissent faire des sommations à cet effet; non plus que pour les porteurs de quitances sur lesquelles il n'a point esté expedié de provisions, parce qu'il n'y a que les Officiers vivans & actuellement pourvûs, qui puissent estre reçûs à payer le Droit annuel.

X.

S'il se presente en personne, en leur bureau, quelques Officiers des autres generalitez, pour y payer le Prest & Droit annuel, les Commis ne feront aucune difficulté de les y recevoir, en rapportant les pieces necessaires pour y estre admis.

XI.

Se trouvant plusieurs Officiers, comme Receveurs des consignations, Commissaires aux saisies réelles, Greffiers, Procureurs, Huissiers & Sergens, qui pourroient prétendre estre du corps des Presidiaux, ou des autres Sieges Royaux ressortissant nuëment ès Cours dans lesquelles ils ont esté reçûs & immatriculez, & sous ce prétexte ne devoir payer le prest qu'au sixieme; ils les recevront audit droit au cinquieme, attendu qu'ils ne sont point du corps des Officiers desdits Sieges; non plus que les Substituts, si aucuns y a en iceux, qu'ils recevront en la mesme maniere & sur le mesme pied que dessus.

XII.

Les Officiers des Elections, Greniers à sel, Eaux & Forests,

Mareſchauſſées, Amirautez de Bretagne, & autres Juriſdictions extraordinaires, feront admis au payement du droit annuel ſur le pied du ſoixantieme denier de l'évaluation de leurs Offices, & du preſt à proportion, au cinquieme pour ceux qui ſont évaluez, ou ſur le pied du tiers de leur finance, s'ils ne le ſont point; & en cas qu'ils ne juſtifient point de leur finance, ſur le pied du tiers du prix des contracts de vente.

XIII.

Les offices municipaux créez par l'edit du mois d'aouſt 1722. & par pluſieurs autres anterieurs, qui ont commencé dès le mois de Juillet 1690. ayant eſté ſupprimez par pluſieurs Edits, & entr'autres par celuy du mois de juillet 1724. les pourvûs deſdits offices qui ont eſté exceptez de cette ſuppreſſion dans aucunes provinces du royaume, même de ceux créez avant l'edit de 1722. qui ont eſté declarez ſubſiſtans, feront admis au payement de l'annuel d'iceux, ſur le pied du ſoixantieme du tiers de leur finance, & du preſt à proportion, en cas qu'ils ne ſe trouvent pas évaluez.

XIV.

Les pourvûs d'offices municipaux de la province de Languedoc, feront reçûs au payement de l'annuel de leurs offices, ſur le pied reglé par l'arreſt du 6. octobre 1722. confirmé par ceux des 27. novembre 1725. 20. aouſt 1726. 11. juillet 1730. & autres ſubſequens, qui eſt le ſoixantieme denier du neufvieme de leur finance, ſans payer aucun preſt.

XV.

Les pourvûs des offices municipaux reſtablis par l'edit du mois de novembre 1733. feront reçûs au payement de l'annuel de leurs offices, ſur le pied du ſoixantieme denier du ſixieme de leur finance principale ſeulement, & du preſt à proportion, ſans avoir égard aux ſix deniers pour livre compris dans leurs quittances, qui ne feront point partie de ladite finance, ainſi qu'il eſt porté par les arreſts des 24. aouſt 1734. & 15. novembre 1735.

XVI.

Les Receveurs des tailles & du taillon de la province de Languedoc, feront reçûs à l'annuel de leurs offices, ſur le pied du ſoixantieme denier des deux tiers ſeulement de leurs anciennes évaluations,

& du preſt au cinquieme, à proportion, ſuivant l'arreſt qui leur a eſté accordé à cet effet le 28. decembre 1723. confirmé par celuy du 19. aouſt 1732.

XVII.

Les Receveurs & Controlleurs des octrois & deniers patrimoniaux, ayant eſté ſupprimez, & reſtablis par l'edit du mois de juin 1725. ils recevront les pourvûs d'iceux au payement de l'annuel, ſur le pied du ſoixantieme denier du cinquieme de leur finance principale, qui compoſe leur évaluation, & du preſt à proportion, ſuivant l'article XII. dudit Edit.

XVIII.

La plus grande partie des offices de Procureurs, Notaires, Huiſſiers & Sergens, ne ſe trouvant pas évaluez, à cauſe de l'héredité qui leur avoit eſté anciennement attribuée, laquelle eſt preſentement revoquée, ils ſeront reçûs au payement du preſt & annuel, en cas qu'ils ne ſe trouvent pas nommement évaluez; ſçavoir, les Notaires & les Procureurs dans les bonnes villes, ſur le pied de cinq cens trente-trois livres ſix ſols huit deniers d'évaluation, faiſant huit livres dix-ſept ſols neuf deniers d'annuel; de quatre cens livres dans les petites villes, faiſant ſix livres treize ſols quatre deniers d'annuel; & pour les Notaires dans les bourgs & villages, de trois cens livres, faiſant cinq livres d'annuel: Et à l'égard des Sergens reſidant dans les ſuſdits lieux, de deux cens ſoixante ſix livres treize ſols quatre deniers, faiſant quatre livres huit ſols dix deniers d'annuel, & au preſt à proportion.

XIX.

Ils admettront au payement du preſt ſeulement, les Officiers des domaines engagez, dont le preſt appartient au Roy, & l'annuel appartenant à l'Engagiſte, dont quelques-uns ont auſſi le preſt, & dont les Officiers qui ſe trouvent dans ce cas, ne ſont ſujets aux revenus caſuels du Roy, qu'aux mutations, pour le dixieme denier.

XX.

Ils recevront les blancs de quitances des gages des Officiers des Mareſchauſſées, pour comptant de leur preſt & annuel, & juſqu'à la concurrence de ce qui peut eſtre dû deſdits droits, dont ceux qui les ont payez leur repreſenteront les quitances, & leur feront endoſſer leſdits blancs, de leurs veritables noms & ſurnoms; la pluſpart de ceux fournis pour les années precedentes, ayant esté renvoyez sur les lieux pour estre reformez, à cause qu'ils n'avoient esté remplis que du surnom de Seigneurie, & non des veritables noms de baptesme, & surnom de famille.

XXI.

LES Commis remettront les quitances à celuy qui est commis au controlle, pour les controller ; & s'il arrive que quelques Officiers jugent à propos d'en rapporter quelques-unes, pour y augmenter ou diminuer, selon leurs titres & qualitez, ou autres raisons, ils ne les reprendront point en cas qu'elles ayent esté controllées, qu'au préalable elles n'ayent esté deschargées du controlle, & qu'il n'ait esté fait mention par les Commis au controlle, au bas de l'enregistrement d'icelles, de ladite descharge, & de la raison pour laquelle elle aura esté faite, qui sera datée & signée dudit Commis; auquel cas, celuy à la recette pourra expedier une nouvelle quitance sous les titres requis, la porter de nouveau sur son registre, & rayer l'ampliation de celle qui aura precedemment esté expediée, en faisant une mention sommaire en marge, de la raison pour laquelle elle aura esté rayée & deschargée du controlle.

XXII.

S'IL arrive quelque difficulté qui n'aura pas esté prevûë, les Commis en donneront avis, & cependant ils recevront & chargeront leurs registres d'ampliations; en sorte que les Officiers ne demeurent point en suspens, & ne courent aucun risque dans leurs offices, sauf à y estre pourvû l'année suivante en connoissance de cause : Et comme quelques Officiers leur pourroient faire signifier des actes concernant leurs prétentions, ils les recevront sans y faire aucune réponse verbale, ni par écrit, & les envoyeront incessamment au bureau de Paris, pour y estre pourvû.

XXIII.

LES Commis donneront avis de l'estat de leur recette, tous les huit jours, en attendant les ordres qui leur seront envoyez pour la remise d'icelle.

XXIV.

ILS feront chacun en leur generalité, des bordereaux exacts & bien calculez, du montant de leur recette, lesquels ils presenteront le lendemain de la clôture du bureau, qui sera le premier jour de l'année, avec leurs registres, à Messieurs les Tresoriers de France, pour estre par eux lesdits registres arrestez en la maniere accoûtumée, ou à Messieurs les Intendans, dans les lieux où il n'y a point de bureau des finances.

XXV.

Après que leurs registres auront esté arrestez, ils les envoyeront à leurs cautions à Paris, & y joindront ceux du controlle, avec les bordereaux de leurs recette & dépense, pieces justificatives d'icelles, le restant des blancs de quitances de prest & d'annuel qui n'auront pas servi, ensemble toutes les autres pieces necessaires pour dresser leurs comptes, afin qu'il puisse estre incessamment procedé à la reddition d'iceux.

A PARIS,
DE L'IMPRIMERIE ROYALE.

M. DCCXL.

MEMOIRE

Pour servir d'Instruction aux Commis à la Recette du Prest & Droit annuel, pour l'année 1742. en execution de la Declaration du 19. juin 1740. & arrest du Conseil du 20. juin 1741. portant continuation du Droit annuel pour neuf années, qui ont commencé au premier janvier 1741. & finiront le dernier decembre 1749.

PREMIEREMENT.

Les Commis à la recette du Prest & Droit annuel, chacun dans leur generalité, feront l'ouverture de leur bureau le premier octobre 1741. jusques & compris le dernier decembre ensuivant, inclusivement, pendant lequel temps ils s'y rendront tous les jours assidus, depuis sept heures du matin jusqu'à six heures du soir.

II.

Ils feront apposer les affiches qui leur auront esté envoyées, aux lieux ordinaires & accoustumez, comme aux portes du Bureau des finances, Bailliages & Sieges Presidiaux, Elections, Greniers à sel, & autres endroits & places publiques; & en envoyeront ès villes & bourgs dépendant de leur generalité, afin que les Officiers soient avertis de l'ouverture du bureau de ladite recette.

III.

Ils recevront au payement du Prest & Droit annuel, les Officiers des Presidiaux, Bailliages, Sieges royaux, Prevostez, Vicomtez, jurisdictions royales, inferieures & de police, & autres faisant corps d'icelles, qui y sont sujets, en payant l'annuel à moitié, conformement aux arrests des 27 septembre 1740. & 20. juin 1741. & au Prest à proportion, sur le pied du sixieme pour les Officiers des Presidiaux, faisant dix fois l'annuel : Et pour ceux de toutes les autres Justices, tant Bailliages que Sieges royaux, municipaux & de Police, Mareschaussées, Elections, Greniers à sel, que Greffiers, Receveurs des consignations & saisies réelles, sur le pied du cinquieme, faisant douze fois leur annuel pour le total dudit Preſt, qui ſera reçû par tiers pendant les trois premieres années de ladite declaration du 19. juin 1740.

I V.

LES Offices de Police ne ſe trouvant point évaluez, ils les recevront au payement du Droit annuel, ſur le pied du ſoixantieme denier du tiers de leur finance, qui leur tiendra lieu d'évaluation, ainſi qu'il eſt porté par la Declaration du 9. aouſt 1722. & du Preſt à proportion de leur annuel, au cinquieme : Et comme ce tiers de leur finance doit eſtre tiré, tant ſur la principale, que des autres payées tant pour leur tenir lieu & augmentation de finance aux offices dont ils ſont pourvûs, que de ceux qui y ont eſté réunis, ils leur feront repreſenter leurs titres, à l'effet de tirer au juſte le tiers de leur finance.

V.

COMME il y a pluſieurs offices domaniaux, de la finance deſquels il eſt difficile de juſtifier, à moins qu'ils ne repreſentent les Contracts d'acquiſition d'iceux, ou ceux qui leur auront eſté paſſez par les Commiſſaires députez pour l'alienation des Domaines de Sa Majeſté, ils ſe feront repreſenter leſdits titres; le tiers du prix deſquels, ainſi que de ceux qui y ont eſté réunis, leur tiendra lieu d'évaluation, ainſi qu'il eſt porté par l'article II. de la Declaration du 19. juin 1740. Et en cas que l'on ne puiſſe leur juſtifier d'aucuns titres, ils auront ſoin d'en dreſſer des memoires, & de les adreſſer au bureau des revenus caſuels, pour eſtre ſtatué ſur leur évaluation : ce qui ſe doit entendre de ceux qui ont pris des proviſions; car à l'égard de ceux qui jouiſſent en vertu des contracts des Commiſſaires députez pour l'alienation des Domaines de Sa Majeſté, ils ne ſont point ſujets à l'annuel.

V I.

ILS ne recevront point au payement du Droit annuel, les Officiers des Cours ſuperieures, mentionnez dans l'article VIII. de la Declaration du 19. juin 1740. confirmez par icelle dans la ſurvivance à eux accordée par l'Edit du mois de decembre 1709. non plus que les Officiers des pays d'Artois, Flandre, Haynault & Alſace, à l'égard deſquels il en ſera uſé comme par le paſſé.

VII.

Ils recevront au payement de l'annuel ſeulement, & ſans payer aucun preſt, les Preſidens-Treſoriers de France, Avocats, Procureurs du Roy, Greffiers en chef, & Chevaliers d'honneur deſdits bureaux des finances, comme eſtant du corps d'iceux, en ayant eſté diſpenſez par arreſt du 19. fevrier 1732. ſans que cette diſpenſe du preſt puiſſe avoir lieu pour les Procureurs, ni les premiers ou autres Huiſſiers deſdits bureaux, n'eſtant point reputez du corps d'iceux.

VIII.

Se trouvant pluſieurs offices qui ne ſont point évaluez, les pourvûs d'iceux ſeront reçûs au payement du preſt & annuel, par proportion de pareils offices qui ſe trouveront l'eſtre; ou en cas qu'ils ayent des quitances d'annuel, ſur le pied d'icelles depuis vingt années ſans interruption, que les Commis ſe feront repreſenter, ainſi qu'il eſt ordonné par l'arreſt du 29. aouſt 1683. ce qui ne ſe doit entendre que des offices non évaluez; car en cas qu'ils le ſoient, les quitances au-deſſous de l'évaluation, de quelque temps qu'elles puiſſent eſtre, ne doivent avoir lieu, à moins qu'il ne ſoit juſtifié par un rolle en bonne forme, ou arreſt, de la moderation de l'évaluation.

IX.

Observeront de ne point recevoir l'annuel pour les Officiers décedez, en cas que leurs veuves, héritiers, ou créanciers le vouluſſent payer, ou fiſſent faire des ſommations à cet effet; non plus que pour les porteurs de quitances ſur leſquelles il n'a point eſté expedié de proviſions, parce qu'il n'y a que les Officiers vivans & actuellement pourvûs, qui puiſſent eſtre reçûs à payer le Droit annuel.

X.

S'il ſe preſente en perſonne, en leur bureau, quelques Officiers des autres generalitez, pour y payer le Preſt & Droit annuel, les Commis ne feront aucune difficulté de les y recevoir, en rapportant les pieces neceſſaires pour y eſtre admis.

XI.

Se trouvant pluſieurs Officiers, comme Receveurs des conſignations, Commiſſaires aux ſaiſies réelles, Greffiers, Procureurs, Huiſſiers & Sergens, qui pourroient prétendre eſtre du corps des Preſidiaux, ou des autres Sieges Royaux reſſortiſſant nuëment ès

Cours dans lesquelles ils ont esté reçûs & immatriculez, & sous ce prétexte ne devoir payer le prest qu'au sixieme; ils les recevront audit droit au cinquieme, attendu qu'ils ne sont point du corps des Officiers desdits Sieges; non plus que les Substituts, si aucuns y a en iceux, qu'ils recevront en la mesme maniere & sur le mesme pied que dessus.

XII.

Les Officiers des Elections, Greniers à sel, Eaux & Forests, Mareschaussées, Amirautez de Bretagne, & autres Jurisdictions extraordinaires, seront admis au payement du droit annuel sur le pied du soixantieme denier de l'évaluation de leurs Offices, & du prest à proportion, au cinquieme pour ceux qui sont évaluez, ou sur le pied du tiers de leur finance, s'ils ne le sont point; & en cas qu'ils ne justifient point de leur finance, sur le pied du tiers du prix des contracts de vente.

XIII.

Les offices municipaux créez par l'edit du mois d'aoust 1722. & par plusieurs autres anterieurs, qui ont commencé dès le mois de Juillet 1690. ayant esté supprimez par plusieurs Edits, & entr'autres par celuy du mois de juillet 1724. les pourvûs desdits offices qui ont esté exceptez de cette suppression dans aucunes provinces du royaume, même de ceux créez avant l'edit de 1722. qui ont esté declarez subsistans, seront admis au payement de l'annuel d'iceux, sur le pied du soixantieme du tiers de leur finance, & du prest à proportion, en cas qu'ils ne se trouvent pas évaluez.

XIV.

Les pourvûs d'offices municipaux de la province de Languedoc, seront reçûs au payement de l'annuel de leurs offices, sur le pied reglé par l'arrest du 6. octobre 1722. confirmé par ceux des 27. novembre 1725. 20. aoust 1726. 11. juillet 1730. & autres subsequens, qui est le soixantieme denier du neufvieme de leur finance, sans payer aucun prest.

XV.

Les pourvûs des offices municipaux restablis par l'edit du mois de novembre 1733. seront reçûs au payement de l'annuel de leurs offices, sur le pied du soixantieme denier du sixieme de leur finance

principale seulement, sans avoir égard aux six deniers pour livre compris dans leurs quitances, qui ne feront point partie de ladite finance, ainsi qu'il est porté par les arrests des 24. aoust 1734. & 15. novembre 1735. & sans payer aucun prest.

XVI.

Les Receveurs des tailles & du taillon de la province de Languedoc, seront reçûs à l'annuel de leurs offices, sur le pied du soixantieme denier des deux tiers seulement de leurs anciennes évaluations, & du prest au cinquieme, à proportion, suivant l'arrest qui leur a esté accordé à cet effet le 28. decembre 1723. confirmé par celuy du 19. aoust 1732.

XVII.

Les Receveurs & Controlleurs des octrois & deniers patrimoniaux, ayant esté supprimez, & restablis par l'edit du mois de juin 1725. ils recevront les pourvûs d'iceux au payement de l'annuel, sur le pied du soixantieme denier du cinquieme de leur finance principale, qui compose leur évaluation, & du prest à proportion, suivant l'article XII. dudit Edit.

XVIII.

La plus grande partie des offices de Procureurs, Notaires, Huissiers & Sergens, ne se trouvant pas évaluez, à cause de l'héredité qui leur avoit esté anciennement attribuée, laquelle est presentement revoquée, ils seront reçûs au payement du prest & annuel, en cas qu'ils ne se trouvent pas nommement évaluez; sçavoir, les Notaires & les Procureurs dans les bonnes villes, sur le pied de cinq cens trente-trois livres six sols huit deniers d'évaluation, faisant huit livres dix-sept sols neuf deniers d'annuel; de quatre cens livres dans les petites villes, faisant six livres treize sols quatre deniers d'annuel; & pour les Notaires dans les bourgs & villages, de trois cens livres, faisant cinq livres d'annuel : Et à l'égard des Sergens residant dans les susdits lieux, de deux cens soixante six livres treize sols quatre deniers, faisant quatre livres huit sols dix deniers d'annuel, & au prest à proportion.

XIX.

Ils admettront au payement du prest seulement, & à moitié, les Officiers des domaines engagez, dont le prest appartient au Roy, &

l'annuel appartenant à l'Engagiſte, dont quelques-uns ont auſſi le preſt, & dont les Officiers qui ſe trouvent dans ce cas, ne ſont ſujets aux revenus caſuels du Roy, qu'aux mutations, pour le dixieme denier: leſquels Engagiſtes ſeront tenus d'executer l'arreſt du 17. aouſt 1675. & celuy du 20. juin 1741. & en conſequence, recevoir à l'annuel en entier, & ſans difficulté, les Officiers dépendans de leurs engagemens, qui juſtifieront avoir payé le Preſt au Roy, quoyqu'à moitié; & en cas de refus, & après les ſommations à eux faites, leſdits Commis admettront leſdits offices à l'annuel, à moitié, ſi c'eſt un office qui ſoit de nature à jouir de ce benefice, ſans que les Engagiſtes refuſans de les recevoir, puiſſent pretendre, pour raiſon du deffaut dudit payement, leſdits offices vacans à leur profit, ainſi qu'il eſt porté par ledit arreſt du 20. juin 1741.

X X.

Ils recevront les blancs de quitances des gages des Officiers des Mareſchauſſées, pour comptant de leur preſt & annuel, & juſqu'à la concurrence de ce qui peut eſtre dû deſdits droits, dont ceux qui les ont payez leur repreſenteront les quitances, & leur feront endoſſer leſdits blancs, de leurs veritables noms & ſurnoms; la pluſpart de ceux fournis pour les années precedentes, ayant eſté renvoyez ſur les lieux pour eſtre reformez, à cauſe qu'ils n'avoient eſté remplis que du ſurnom de Seigneurie, & non des veritables noms de bapteſme, & ſurnom de famille.

X X I.

Les Commis remettront les quitances à celuy qui eſt commis au controlle, pour les controller; & s'il arrive que quelques Officiers jugent à propos d'en rapporter quelques-unes, pour y augmenter ou diminuer, ſelon leurs titres & qualitez, ou autres raiſons, ils ne les reprendront point en cas qu'elles ayent eſté controllées, qu'au préalable elles n'ayent eſté deſchargées du controlle, & qu'il n'ait eſté fait mention par les Commis au controlle, au bas de l'enregiſtrement d'icelles, de ladite deſcharge, & de la raiſon pour laquelle elle aura eſté faite, qui ſera datée & ſignée dudit Commis; auquel cas, celuy à la recette pourra expedier une nouvelle quitance ſous les titres requis, la porter de nouveau ſur ſon regiſtre, & rayer l'ampliation de celle qui aura precedemment eſté expediée, en faiſant

une mention ſommaire en marge, de la raiſon pour laquelle elle aura eſté rayée & deſchargée du controlle.

XXII.

S'IL arrive quelque difficulté qui n'aura pas eſté prévûë, les Commis en donneront avis, & cependant ils recevront & chargeront leurs regiſtres d'ampliations; en ſorte que les Officiers ne demeurent point en ſuſpens, & ne courent aucun riſque dans leurs offices, ſauf à y eſtre pourvû l'année ſuivante en connoiſſance de cauſe : Et comme quelques Officiers leur pourroient faire ſignifier des actes concernant leurs prétentions, ils les recevront ſans y faire aucune réponſe verbale, ni par écrit, & les envoyeront inceſſamment au bureau de Paris, pour y eſtre pourvû.

XXIII.

LES Commis donneront avis de l'eſtat de leur recette, tous les huit jours, en attendant les ordres qui leur ſeront envoyez pour la remiſe d'icelle.

XXIV.

ILS feront chacun en leur generalité, des bordereaux exacts & bien calculez, du montant de leur recette, leſquels ils preſenteront le lendemain de la clôture du bureau, qui ſera le premier jour de l'année, avec leurs regiſtres, à Meſſieurs les Treſoriers de France, pour eſtre par eux leſdits regiſtres arreſtez en la maniere accoûtumée, ou à Meſſieurs les Intendans, dans les lieux où il n'y a point de bureau des finances.

XXV.

APRÈS que leurs regiſtres auront eſté arreſtez, ils les envoyeront à leurs cautions à Paris, & y joindront ceux du controlle, avec les bordereaux de leurs recette & dépenſe, pieces juſtificatives d'icelles, le reſtant des blancs de quitances de preſt & d'annuel qui n'auront pas ſervi, enſemble toutes les autres pieces neceſſaires pour dreſſer leurs comptes, afin qu'il puiſſe eſtre inceſſamment procedé à la reddition d'iceux.

A PARIS, DE L'IMPRIMERIE ROYALE. 1741.

MEMOIRE

Pour servir d'Instruction aux Commis à la Recette du Prest & Droit annuel, pour l'année 1743. en execution de la Declaration du 19. juin 1740. & arrest du Conseil du 19. juin 1742. portant continuation du Droit annuel pour neuf années, qui ont commencé au premier janvier 1741. & finiront le dernier decembre 1749.

BIBLIOTHEQUE IMPERIALE

PREMIEREMENT.

LES Commis à la recette du Prest & Droit annuel, chacun dans leur generalité, feront l'ouverture de leur bureau le premier octobre 1742. jusques & compris le dernier decembre ensuivant, inclusivement, pendant lequel temps ils s'y rendront tous les jours assidus, depuis sept heures du matin jusqu'à six heures du soir.

II.

ILS feront apposer les affiches qui leur auront esté envoyées, aux lieux ordinaires & accoustumez, comme aux portes du Bureau des finances, Bailliages & Sieges Presidiaux, Elections, Greniers à sel, & autres endroits & places publiques; & en envoyeront ès villes & bourgs dépendant de leur generalité, afin que les Officiers soient avertis de l'ouverture du bureau de ladite recette.

III.

ILS recevront au payement du Prest & Droit annuel, les Officiers des Presidiaux, Bailliages, Sieges royaux, Prevostez, Vicomtez, jurisdictions royales, inferieures & de police, & autres faisant corps d'icelles, qui y sont sujets, en payant l'annuel à moitié, conformement aux arrests des 27. septembre 1740. 20. juin 1741. & 19. juin 1742. & au Prest à proportion, sur le pied du sixieme pour les Officiers des Presidiaux, faisant dix fois l'annuel: Et pour ceux de toutes les autres Justices, tant Bailliages que Sieges royaux, municipaux & de Police, Mareschaussées, Elections, Greniers à sel, que Greffiers, Receveurs des consignations & saisies réelles, sur le pied du cinquieme, faisant douze fois leur annuel pour le total dudit Preſt, qui ſera reçû par tiers pendant les trois premieres années de ladite declaration du 19. juin 1740.

I V.

LES Offices de Police ne ſe trouvant point évaluez, ils les recevront au payement du Droit annuel, ſur le pied du ſoixantieme denier du tiers de leur finance, qui leur tiendra lieu d'évaluation, ainſi qu'il eſt porté par la Declaration du 9. aouſt 1722 & du Preſt à proportion de leur annuel, au cinquieme : Et comme ce tiers de leur finance doit eſtre tiré, tant ſur la principale, que des autres payées tant pour leur tenir lieu & augmentation de finance aux offices dont ils ſont pourvûs, que de ceux qui y ont eſté réunis, ils leur feront repreſenter leurs titres, à l'effet de tirer au juſte le tiers de leur finance.

V.

COMME il y a pluſieurs offices domaniaux, de la finance deſquels il eſt difficile de juſtifier, à moins qu'ils ne repreſentent les Contracts d'acquiſition d'iceux, ou ceux qui leur auront eſté paſſez par les Commiſſaires députez pour l'alienation des Domaines de Sa Majeſté, ils ſe feront repreſenter leſdits titres; le tiers du prix deſquels, ainſi que de ceux qui y ont eſté réunis, leur tiendra lieu d'évaluation, ainſi qu'il eſt porté par l'article II. de la Declaration du 19. juin 1740. Et en cas que l'on ne puiſſe leur juſtifier d'aucuns titres, ils auront ſoin d'en dreſſer des memoires, & de les adreſſer au bureau des revenus caſuels, pour eſtre ſtatué ſur leur évaluation : ce qui ſe doit entendre de ceux qui ont pris des proviſions; car à l'égard de ceux qui jouiſſent en vertu des contracts des Commiſſaires députez pour l'alienation des Domaines de Sa Majeſté, ils ne ſont point ſujets à l'annuel.

V I.

ILS ne recevront point au payement du Droit annuel, les Officiers des Cours ſuperieures, mentionnez dans l'article VIII. de la Declaration du 19. juin 1740. confirmez par icelle dans la ſurvivance à eux accordée par l'Edit du mois de decembre 1709. non plus que les Officiers des pays d'Artois, Flandre, Haynault & Alſace, à l'égard deſquels il en ſera uſé comme par le paſſé.

VII.

Ils recevront au payement de l'annuel ſeulement, & ſans payer aucun preſt, les Preſidens-Treſoriers de France, Avocats, Procureurs du Roy, Greffiers en chef, & Chevaliers d'honneur deſdits bureaux des finances, comme eſtant du corps d'iceux, en ayant eſté diſpenſez par arreſt du 19. fevrier 1732. ſans que cette diſpenſe du preſt puiſſe avoir lieu pour les Procureurs, ni les premiers ou autres Huiſſiers deſdits bureaux, n'eſtant point reputez du corps d'iceux.

VIII.

Se trouvant pluſieurs offices qui ne ſont point évaluez, les pourvûs d'iceux ſeront reçûs au payement du preſt & annuel, par proportion de pareils offices qui ſe trouveront l'eſtre; ou en cas qu'ils ayent des quitances d'annuel, ſur le pied d'icelles depuis vingt années ſans interruption, que les Commis ſe feront repreſenter, ainſi qu'il eſt ordonné par l'arreſt du 29. aouſt 1683. ce qui ne ſe doit entendre que des offices non évaluez; car en cas qu'ils le ſoient, les quitances au-deſſous de l'évaluation, de quelque temps qu'elles puiſſent eſtre, ne doivent avoir lieu, à moins qu'il ne ſoit juſtifié par un rolle en bonne forme, ou arreſt, de la moderation de l'évaluation.

IX.

Observeront de ne point recevoir l'annuel pour les Officiers décedez, en cas que leurs veuves, héritiers, ou créanciers le vouluſſent payer, ou fiſſent faire des ſommations à cet effet; non plus que pour les porteurs de quitances ſur leſquelles il n'a point eſté expedié de proviſions, parce qu'il n'y a que les Officiers vivans & actuellement pourvûs, qui puiſſent eſtre reçûs à payer le Droit annuel.

X.

S'il ſe preſente en perſonne, en leur bureau, quelques Officiers des autres generalitez, pour y payer le Preſt & Droit annuel, les Commis ne feront aucune difficulté de les y recevoir, en rapportant les pieces neceſſaires pour y eſtre admis.

XI.

Se trouvant pluſieurs Officiers, comme Receveurs des conſignations, Commiſſaires aux ſaiſies réelles, Greffiers, Procureurs, Huiſſiers & Sergens, qui pourroient prétendre eſtre du corps des Preſidiaux, ou des autres Sieges Royaux reſſortiſſant nuëment ès

Cours dans lesquelles ils ont esté reçûs & immatriculez, & sous ce prétexte ne devoir payer le prest qu'au sixieme; ils les recevront audit droit au cinquieme, attendu qu'ils ne sont point du corps des Officiers desdits Sieges; non plus que les Substituts, si aucuns y a en iceux, qu'ils recevront en la mesme maniere & sur le mesme pied que dessus.

X I I.

Les Officiers des Elections, Greniers à sel, Eaux & Forests, Mareschaussées, Amirautez de Bretagne, & autres Jurisdictions extraordinaires, seront admis au payement du droit annuel sur le pied du soixantieme denier de l'évaluation de leurs Offices, & du prest à proportion, au cinquieme pour ceux qui sont évaluez, ou sur le pied du tiers de leur finance, s'ils ne le sont point; & en cas qu'ils ne justifient point de leur finance, sur le pied du tiers du prix des contracts de vente.

X I I I.

Les offices municipaux créez par l'edit du mois d'aoust 1722. & par plusieurs autres anterieurs, qui ont commencé dès le mois de Juillet 1690. ayant esté supprimez par plusieurs Edits, & entr'autres par celuy du mois de juillet 1724. les pourvûs desdits offices qui ont esté exceptez de cette suppression dans aucunes provinces du royaume, même de ceux créez avant l'edit de 1722. qui ont esté declarez subsistans, seront admis au payement de l'annuel d'iceux, sur le pied du soixantieme du tiers de leur finance, & du prest à proportion, en cas qu'ils ne se trouvent pas évaluez.

X I V.

Les pourvûs d'offices municipaux de la province de Languedoc, seront reçûs au payement de l'annuel de leurs offices, sur le pied reglé par l'arrest du 6. octobre 1722. confirmé par ceux des 27. novembre 1725. 20. aoust 1726. 11. juillet 1730. & autres subsequens, qui est le soixantieme denier du neufvieme de leur finance, sans payer aucun prest.

X V.

Les pourvûs des offices municipaux restablis par l'edit du mois de novembre 1733. seront reçûs au payement de l'annuel de leurs offices, sur le pied du soixantieme denier du sixieme de leur finance

principale ſeulement, ſans avoir égard aux ſix deniers pour livre compris dans leurs quitances, qui ne feront point partie de ladite finance, ainſi qu'il eſt porté par les arreſts des 24. aouſt 1734. & 15. novembre 1735. & ſans payer aucun preſt.

XVI.

Les Receveurs des tailles & du taillon de la province de Languedoc, feront reçûs à l'annuel de leurs offices, ſur le pied du ſoixantieme denier des deux tiers ſeulement de leurs anciennes évaluations, & du preſt au cinquieme, à proportion, ſuivant l'arreſt qui leur a eſté accordé à cet effet le 28. decembre 1723. confirmé par celuy du 19. aouſt 1732.

XVII.

Les Receveurs & Controlleurs des octrois & deniers patrimoniaux, ayant eſté ſupprimez, & reſtablis par l'edit du mois de juin 1725. ils recevront les pourvûs d'iceux au payement de l'annuel, ſur le pied du ſoixantieme denier du cinquieme de leur finance principale, qui compoſe leur évaluation, & du preſt à proportion, ſuivant l'article XII. dudit Edit.

XVIII.

La plus grande partie des offices de Procureurs, Notaires, Huiſſiers & Sergens, ne ſe trouvant pas évaluez, à cauſe de l'héredité qui leur avoit eſté anciennement attribuée, laquelle eſt preſentement revoquée, ils ſeront reçûs au payement du preſt & annuel, en cas qu'ils ne ſe trouvent pas nommement évaluez; ſçavoir, les Notaires & les Procureurs dans les bonnes villes, ſur le pied de cinq cens trente-trois livres ſix ſols huit deniers d'évaluation, faiſant huit livres dix-ſept ſols neuf deniers d'annuel; de quatre cens livres dans les petites villes, faiſant ſix livres treize ſols quatre deniers d'annuel; & pour les Notaires dans les bourgs & villages, de trois cens livres, faiſant cinq livres d'annuel : Et à l'égard des Sergens reſidant dans les ſuſdits lieux, de deux cens ſoixante ſix livres treize ſols quatre deniers, faiſant quatre livres huit ſols dix deniers d'annuel, & au preſt à proportion.

XIX.

Ils admettront au payement du preſt ſeulement, & à moitié, les Officiers des domaines engagez, dont le preſt appartient au Roy, &

l'annuel appartenant à l'Engagiste, dont quelques-uns ont aussi le prest, & dont les Officiers qui se trouvent dans ce cas, ne sont sujets aux revenus casuels du Roy, qu'aux mutations, pour le dixieme denier: lesquels Engagistes seront tenus d'executer l'arrest du 17. aoust 1675. & celuy du 20. juin 1741. & en consequence, recevoir à l'annuel en entier, & sans difficulté, les Officiers dépendans de leurs engagemens, qui justifieront avoir payé le Prest au Roy, quoyqu'à moitié; & en cas de refus, & après les sommations à eux faites, lesdits Commis admettront lesdits offices à l'annuel, à moitié, si c'est un office qui soit de nature à jouir de ce benefice, sans que les Engagistes refusans de les recevoir, puissent pretendre, pour raison du deffaut dudit payement, lesdits offices vacans à leur profit, ainsi qu'il est porté par ledit arrest du 20. juin 1741. & 19. juin 1742.

XX.

Ils recevront les blancs de quitances des gages des Officiers des Mareschaussées, pour comptant de leur prest & annuel, & jusqu'à la concurrence de ce qui peut estre dû desdits droits, dont ceux qui les ont payez leur representeront les quitances, & leur feront endosser lesdits blancs, de leurs veritables noms & surnoms; la pluspart de ceux fournis pour les années precedentes, ayant esté renvoyez sur les lieux pour estre reformez, à cause qu'ils n'avoient esté remplis que du surnom de Seigneurie, & non des veritables noms de baptesme, & surnom de famille.

XXI.

Les Commis remettront les quitances à celuy qui est commis au controlle, pour les controller; & s'il arrive que quelques Officiers jugent à propos d'en rapporter quelques-unes, pour y augmenter ou diminuer, selon leurs titres & qualitez, ou autres raisons, ils ne les reprendront point en cas qu'elles ayent esté controllées, qu'au préalable elles n'ayent esté deschargées du controlle, & qu'il n'ait esté fait mention par les Commis au controlle, au bas de l'enregistrement d'icelles, de ladite descharge, & de la raison pour laquelle elle aura esté faite, qui sera datée & signée dudit Commis; auquel cas, celuy à la recette pourra expedier une nouvelle quitance sous les titres requis, la porter de nouveau sur son registre, & rayer l'ampliation de celle qui aura precedemment esté expediée, en faisant

une mention ſommaire en marge, de la raiſon pour laquelle elle aura eſté rayée & deſchargée du controlle.

XXII.

S'IL arrive quelque difficulté qui n'aura pas eſté prévûë, les Commis en donneront avis, & cependant ils recevront & chargeront leurs regiſtres d'ampliations; en ſorte que les Officiers ne demeurent point en ſuſpens, & ne courent aucun riſque dans leurs offices, ſauf à y eſtre pourvû l'année ſuivante en connoiſſnce de cauſe: Et comme quelques Officiers leur pourroient faire ſignifier des actes concernant leurs prétentions, ils les recevront ſans y faire aucune réponſe verbale, ni par écrit, & les envoyeront inceſſamment au bureau de Paris, pour y eſtre pourvû.

XXIII.

LES Commis donneront avis de l'eſtat de leur recette, tous les huit jours, en attendant les ordres qui leur ſeront envoyez pour la remiſe d'icelle.

XXIV.

ILS feront chacun en leur generalité, des bordereaux exacts & bien calculez, du montant de leur recette, leſquels ils preſenteront le lendemain de la clôture du bureau, qui ſera le premier jour de l'année, avec leurs regiſtres, à Meſſieurs les Treſoriers de France, pour eſtre par eux leſdits regiſtres arreſtez en la maniere accoûtumée, ou à Meſſieurs les Intendans, dans les lieux où il n'y a point de bureau des finances.

XXV.

APRÈS que leurs regiſtres auront eſté arreſtez, ils les envoyeront à leurs cautions à Paris, & y joindront ceux du controlle, avec les bordereaux de leurs recette & dépenſe, pieces juſtificatives d'icelles, le reſtant des blancs de quitances de preſt & d'annuel qui n'auront pas ſervi, enſemble toutes les autres pieces neceſſaires pour dreſſer leurs comptes, afin qu'il puiſſe eſtre inceſſamment procedé à la reddition d'iceux.

A PARIS, DE L'IMPRIMERIE ROYALE. 1742.

BIBLIOTHEQUE IMPERIALE

MEMOIRE

Pour servir d'Instruction aux Commis à la Recette du Prêt & Droit annuel, pour l'année 1744. en exécution de la Déclaration du 19. juin 1740. portant continuation du Droit annuel pour neuf années, qui ont commencé au premier janvier 1741. & finiront le dernier décembre 1749. & arrêt du Conseil du 18. juin 1743.

PREMIEREMENT.

LES Commis à la recette du Prest & Droit annuel, chacun dans leur generalité, feront l'ouverture de leur bureau le premier novembre 1743. jusques & compris le dernier décembre ensuivant, inclusivement, pendant lequel temps ils s'y rendront tous les jours assidus, depuis sept heures du matin jusqu'à six heures du soir.

II.

ILS feront apposer les affiches qui leur auront esté envoyées, aux lieux ordinaires & accoustumez, comme aux portes du Bureau des finances, Bailliages & Sieges Presidiaux, Elections, Greniers à sel, & autres endroits & places publiques; & en envoyeront ès villes & bourgs dépendant de leur generalité, afin que les Officiers soient avertis de l'ouverture du bureau de ladite recette.

III.

ILS recevront au payement du droit annuel seulement, & sans aucun Prest, les Officiers qui y auront satisfait pour l'année 1743. des Presidiaux, Bailliages, Sieges royaux, Prevostez, Vicomtez, jurisdictions royales, inferieures & de police, & autres faisant corps d'icelles, qui y sont sujets, en payant l'annuel à moitié, conformément aux arrests des 27. septembre 1740. 20. juin 1741. 19. juin 1742. & 18. juin 1743.

IV.

A l'égard des Officiers qui n'ont point satisfait au payement de l'annuel depuis la déclaration du 19. juin 1740. ils y seront reçus en payant les trois années omises & la courante 1744. aux deux tiers de prêt ſeulement, conformément à l'article III. du ſuſdit arrêt du 18. juin 1743. & les omiſſionnaires à proportion, & à la moitié de leurs évaluations, ſçavoir, ſur le pied d'icelles au ſixiéme pour les Officiers des préſidiaux ſeulement, & au cinquiéme pour tous les autres Officiers.

V.

LES Offices de Police ne ſe trouvant point évaluez, ils les recevront au payement du Droit annuel, ſur le pied du ſoixantieme denier du tiers de leur finance, qui leur tiendra lieu d'évaluation, ainſi qu'il eſt porté par la declaration du 9. aouſt 1722. & du Preſt à proportion de leur annuel, au cinquieme: Et comme ce tiers de leur finance doit eſtre tiré, tant ſur la principale, que des autres payées tant pour leur tenir lieu & augmentation de finance aux offices dont ils ſont pourvûs, que de ceux qui y ont eſté réunis, ils leur feront repreſenter leurs titres, à l'effet de tirer au juſte le tiers de leur finance.

VI.

COMME il y a pluſieurs offices domaniaux, de la finance deſquels il eſt difficile de juſtifier, à moins qu'ils ne repreſentent les Contracts d'acquiſition d'iceux, ou ceux qui leur auront eſté paſſez par les Commiſſaires députez pour l'alienation des Domaines de Sa Majeſté, ils ſe feront repreſenter leſdits titres; le tiers du prix deſquels, ainſi que de ceux qui y ont eſté réunis, leur tiendra lieu d'évaluation, ainſi qu'il eſt porté par l'article II. de la Declaration du 19. juin 1740. Et en cas que l'on ne puiſſe leur juſtifier d'aucuns titres, ils auront ſoin d'en dreſſer des memoires, & de les adreſſer au bureau des revenus caſuels, pour eſtre ſtatué ſur leur évaluation: ce qui ſe doit entendre de ceux qui ont pris des proviſions; car à l'égard de ceux qui jouiſſent en vertu des contracts des Commiſſaires députez pour l'alienation des Domaines de Sa Majeſté, ils ne ſont point ſujets à l'annuel.

VII.

ILS ne recevront point au payement du Droit annuel, les Officiers des Cours ſuperieures, mentionnez dans l'article VIII. de la Declaration du 19. juin 1740. confirmez par icelle dans la ſurvivance à eux accordée par l'Edit du mois de decembre 1709. non plus que les Officiers des pays d'Artois, Flandre, Haynault & Alſace, à l'égard deſquels il en ſera uſé comme par le paſſé.

VIII.

ILS recevront au payement de l'annuel seulement, & sans payer aucun prest, les Presidens-Tresoriers de France, Avocats, Procureurs du Roy, Greffiers en chef, & Chevaliers d'honneur desdits bureaux des finances, comme estant du corps d'iceux, en ayant esté dispensez par arrest du 19. fevrier 1732. sans que cette dispense du prest puisse avoir lieu pour les Procureurs, ni les premiers ou autres Huissiers desdits bureaux, n'estant point reputez du corps d'iceux.

IX.

SE trouvant plusieurs offices qui ne sont point évaluez, les pourvûs d'iceux seront reçûs au payement du prest & annuel, par proportion de pareils offices qui se trouveront l'estre; ou en cas qu'ils ayent des quittances d'annuel, sur le pied d'icelles depuis vingt années sans interruption, que les Commis se feront representer, ainsi qu'il est ordonné par l'arrest du 29. aoust 1683. ce qui ne se doit entendre que des offices non évaluez; car en cas qu'ils le soient, les quittances au-dessous de l'évaluation, de quelque temps qu'elles puissent estre, ne doivent avoir lieu, à moins qu'il ne soit justifié par un rolle en bonne forme, ou arrest, de la moderation de l'évaluation.

X.

OBSERVERONT de ne point recevoir l'annuel pour les Officiers décedez, en cas que leurs veuves, héritiers, ou créanciers le voulussent payer, ou fissent faire des sommations à cet effet; non plus que pour les porteurs de quittances sur lesquelles il n'a point esté expedié de provisions, parce qu'il n'y a que les Officiers vivans & actuellement pourvûs, qui puissent estre reçûs à payer le Droit annuel.

XI.

S'IL se presente en personne, en leur bureau, quelques Officiers des autres generalitez, pour y payer le Prest & Droit annuel, les Commis ne feront aucune difficulté de les y recevoir, en rapportant les pieces necessaires pour y estre admis.

XII.

SE trouvant plusieurs Officiers, comme Receveurs des consignations, Commissaires aux saisies réelles, Greffiers, Procureurs, Huissiers & Sergens, qui pourroient prétendre estre du corps des Presidiaux, ou des autres Sieges Royaux ressortissant nuëment ès

Cours dans lesquelles ils ont esté reçûs & immatriculez, & sous ce prétexte ne devoir payer le prest qu'au sixieme; ils les recevront audit droit au cinquieme, attendu qu'ils ne sont point du corps des Officiers desdits Sieges; non plus que les Substituts, si aucuns y a en iceux, qu'ils recevront en la mesme maniere & sur le mesme pied que dessus.

XIII.

LES Officiers des Elections, Greniers à sel, Eaux & Forests, Mareschaussées, Amirautez de Bretagne, & autres Jurisdictions extraordinaires, seront admis au payement du droit annuel sur le pied du soixantieme denier de l'évaluation de leurs Offices, & du prest à proportion, au cinquieme pour ceux qui sont évaluez, ou sur le pied du tiers de leur finance, s'ils ne le sont point; & en cas qu'ils ne justifient point de leur finance, sur le pied du tiers du prix des contracts de vente.

XIV.

LES offices municipaux créez par l'edit du mois d'aoust 1722. & par plusieurs autres anterieurs, qui ont commencé dès le mois de Juillet 1690. ayant esté supprimez par plusieurs Edits, & entr'autres par celuy du mois de juillet 1724. les pourvûs desdits offices qui ont esté exceptez de cette suppression dans aucunes provinces du royaume, même de ceux créez avant l'edit de 1722. qui ont esté declarez subsistans, seront admis au payement de l'annuel d'iceux, sur le pied du soixantieme du tiers de leur finance, & du prest à proportion, en cas qu'ils ne se trouvent pas évaluez.

XV.

LES pourvûs d'offices municipaux de la province de Languedoc, seront reçûs au payement de l'annuel de leurs offices, sur le pied reglé par l'arrest du 6. octobre 1722. confirmé par ceux des 27. novembre 1725. 20. aoust 1726. 11. juillet 1730. & autres subsequens, qui est le soixantieme denier du neuvieme de leur finance, sans payer aucun prest.

XVI.

LES pourvûs des offices municipaux restablis par l'edit du mois de novembre 1733. seront reçûs au payement de l'annuel de leurs offices, sur le pied du soixantieme denier du sixieme de leur finance

principale ſeulement, ſans avoir égard aux ſix deniers pour livre compris dans leurs quittances, qui ne feront point partie de ladite finance, ainſi qu'il eſt porté par les arreſts des 24. aouſt 1734. & 15. novembre 1735. & ſans payer aucun preſt.

XVII.

LES Receveurs des tailles & du taillon de la province de Languedoc, feront reçûs à l'annuel de leurs offices, ſur le pied du ſoixantieme denier des deux tiers ſeulement de leurs anciennes évaluations, & du preſt au cinquieme, à proportion, ſuivant l'arreſt qui leur a eſté accordé à cet effet le 28. decembre 1723. confirmé par celuy du 19. aouſt 1732.

XVIII.

LES Receveurs & Controlleurs des octrois & deniers patrimoniaux, ayant eſté ſupprimez, & reſtablis par l'edit du mois de juin 1725. ils recevront les pourvûs d'iceux au payement de l'annuel, ſur le pied du ſoixantieme denier du cinquieme de leur finance principale, qui compoſe leur évaluation, & du preſt à proportion, ſuivant l'article XII. dudit Edit.

XIX.

LA plus grande partie des offices de Procureurs, Notaires, Huiſſiers & Sergens, ne ſe trouvant pas évaluez, à cauſe de l'héredité qui leur avoit eſté anciennement attribuée, laquelle eſt preſentement revoquée, ils feront reçûs au payement du preſt & annuel, en cas qu'ils ne ſe trouvent pas nommement évaluez; ſçavoir, les Notaires & les Procureurs dans les bonnes villes, ſur le pied de cinq cens trente-trois livres ſix ſols huit deniers d'évaluation, faiſant huit livres dix-ſept ſols neuf deniers d'annuel; de quatre cens livres dans les petites villes, faiſant ſix livres treize ſols quatre deniers d'annuel; & pour les Notaires dans les bourgs & villages, de trois cens livres, faiſant cinq livres d'annuel: Et à l'égard des Sergens reſidant dans les ſuſdits lieux, de deux cens ſoixante ſix livres treize ſols quatre deniers, faiſant quatre livres huit ſols dix deniers d'annuel, & au preſt à proportion.

XX.

ILS admettront au payement du preſt ſeulement, & à moitié, les Officiers des domaines engagez, dont le preſt appartient au Roy, &

l'annuel appartenant à l'Engagiste, dont quelques-uns ont aussi le prest, & dont les Officiers qui se trouvent dans ce cas, ne sont sujets aux revenus casuels du Roy, qu'aux mutations, pour le dixieme denier : lesquels Engagistes seront tenus d'executer l'arrest du 17. aoust 1675. & celuy du 20. juin 1741. & en consequence, recevoir à l'annuel en entier, & sans difficulté, les Officiers dépendans de leurs engagemens, qui justifieront avoir payé le Prest au Roy, quoyqu'à moitié ; & en cas de refus, & après les sommations à eux faites, lesdits Commis admettront lesdits offices à l'annuel, à moitié, si c'est un office qui soit de nature à jouir de ce benefice, sans que les Engagistes refusans de les recevoir, puissent pretendre, pour raison du deffaut dudit payement, lesdits offices vacans à leur profit, ainsi qu'il est porté par ledit arrest du 20. juin 1741. & 19. juin 1742.

XXI.

ILS recevront les blancs de quittances des gages des Officiers des Mareschaussées, pour comptant de leur prest & annuel, & jusqu'à la concurrence de ce qui peut estre dû desdits droits, dont ceux qui les ont payez leur representeront les quittances, & leur feront endosser lesdits blancs, de leurs veritables noms & surnoms ; la plupart de ceux fournis pour les années precedentes, ayant esté renvoyez sur les lieux pour estre reformez, à cause qu'ils n'avoient esté remplis que du surnom de Seigneurie, & non des veritables noms de baptesme, & surnom de famille.

XXII.

LES Commis remettront les quittances à celuy qui est commis au controlle, pour les controller ; & s'il arrive que quelques Officiers jugent à propos d'en rapporter quelques-unes, pour y augmenter ou diminuer, selon leurs titres & qualitez, ou autres raisons, ils ne les reprendront point en cas qu'elles ayent esté controllées, qu'au préalable elles n'ayent esté deschargées du controlle, & qu'il n'ait esté fait mention par les Commis au controlle, au bas de l'enregistrement d'icelles, de ladite descharge, & de la raison pour laquelle elle aura esté faite, qui sera datée & signée dudit Commis ; auquel cas, celuy à la recette pourra expedier une nouvelle quittance sous les titres requis, la porter de nouveau sur son registre, & rayer l'ampliation de celle qui aura precedemment esté expediée, en faisant

une mention ſommaire en marge, de la raiſon pour laquelle elle aura eſté rayée & deſchargée du controlle.

XXIII.

S'IL arrive quelque difficulté qui n'aura pas eſté prévûë, les Commis en donneront avis, & cependant ils recevront & chargeront leurs regiſtres d'ampliations; en ſorte que les Officiers ne demeurent point en ſuſpens, & ne courent aucun riſque dans leurs offices, ſauf à y eſtre pourvû l'année ſuivante en connoiſſrnce de cauſe: Et comme quelques Officiers leur pourroient faire ſignifier des actes concernant leurs prétentions, ils les recevront ſans y faire aucune réponſe verbale, ni par écrit, & les envoyeront inceſſamment au bureau de Paris, pour y eſtre pourvû.

XXIV.

LES Commis donneront avis de l'eſtat de leur recette, tous les huit jours, en attendant les ordres qui leur ſeront envoyez pour la remiſe d'icelle.

XXV.

ILS feront chacun en leur generalité, des bordereaux exacts & bien calculez, du montant de leur recette, leſquels ils preſenteront le lendemain de la clôture du bureau, qui ſera le premier jour de l'année, avec leurs regiſtres, à Meſſieurs les Treſoriers de France, pour eſtre par eux leſdits regiſtres arreſtez en la maniere accoûtumée, ou à Meſſieurs les Intendans, dans les lieux où il n'y a point de bureau des finances.

XXVI.

APRÈS que leurs regiſtres auront eſté arreſtez, ils les envoyeront à leurs cautions à Paris, & y joindront ceux du controlle, avec les bordereaux de leurs recette & dépenſe, pieces juſtificatives d'icelles, le reſtant des blancs de quittances de preſt & d'annuel qui n'auront pas ſervi, enſemble toutes les autres pieces neceſſaires pour dreſſer leurs comptes, afin qu'il puiſſe eſtre inceſſamment procedé à la reddition d'iceux.

BIBLIOTHÈQUE

A PARIS, DE L'IMPRIMERIE ROYALE. 1743.

MEMOIRE

Pour servir d'Instruction aux Commis à la Recette du Prêt & Droit annuel, pour l'année 1745. en exécution de la Déclaration du 19. juin 1740. portant continuation du Droit annuel pour neuf années, qui ont commencé au premier janvier 1741. & finiront le dernier décembre 1749. & arrêt du Conseil du 19. juin 1744.

PREMIEREMENT.

LES Commis à la recette du Prest & Droit annuel, chacun dans leur generalité, feront l'ouverture de leur bureau le premier novembre 1744. jusques & compris le dernier décembre ensuivant, inclusivement, pendant lequel temps ils s'y rendront tous les jours assidus, depuis sept heures du matin jusqu'à six heures du soir.

II.

ILS feront apposer les affiches qui leur auront esté envoyées, aux lieux ordinaires & accoustumez, comme aux portes du Bureau des finances, Bailliages & Sieges Presidiaux, Elections, Greniers à sel, & autres endroits & places publiques; & en envoyeront ès villes & bourgs dépendant de leur generalité, afin que les Officiers soient avertis de l'ouverture du bureau de ladite recette.

III.

ILS recevront au payement du droit annuel seulement, & sans aucun Prest, les Officiers qui y auront satisfait pour l'année 1744. des Presidiaux, Bailliages, Sieges royaux, Prevostez, Vicomtez, jurisdictions royales, inferieures & de police, & autres faisant corps d'icelles, qui y sont sujets, en payant l'annuel à moitié, conformément aux arrests des 27. septembre 1740. 20. juin 1741. 19. juin 1742. 18. juin 1743. & 19. juin 1744.

IV.

A l'égard des Officiers qui n'ont point satisfait au payement de l'annuel depuis la déclaration du 19. juin 1740. ils y seront reçus en payant les quatre années omises & la courante 1745. & deux tiers de prêt ſeulement, conformément à l'article III. du ſuſdit arrêt du 19. juin 1744. & à la moitié de leurs évaluations, ſçavoir, ſur le pied d'icelles au ſixiéme pour les Officiers des préſidiaux ſeulement, & au cinquiéme pour le prêt, pour tous les autres Officiers.

V.

LES Offices de Police ne ſe trouvant point évaluez, ils les recevront au payement du Droit annuel, ſur le pied du ſoixantieme denier du tiers de leur finance, qui leur tiendra lieu d'évaluation, ainſi qu'il eſt porté par la declaration du 9. aouſt 1722. & du Preſt à proportion de leur annuel, au cinquieme: Et comme ce tiers de leur finance doit eſtre tiré, tant ſur la principale, que des autres payées tant pour leur tenir lieu & augmentation de finance aux offices dont ils ſont pourvûs, que de ceux qui y ont eſté réunis, ils leur feront repreſenter leurs titres, à l'effet de tirer au juſte le tiers de leur finance.

V I.

COMME il y a pluſieurs offices domaniaux, de la finance deſquels il eſt difficile de juſtifier, à moins qu'ils ne repreſentent les Contracts d'acquiſition d'iceux, ou ceux qui leur auront eſté paſſez par les Commiſſaires députez pour l'alienation des Domaines de Sa Majeſté, ils ſe feront repreſenter leſdits titres; le tiers du prix deſquels, ainſi que de ceux qui y ont eſté réunis, leur tiendra lieu d'évaluation, ainſi qu'il eſt porté par l'article II. de la Declaration du 19. juin 1740. Et en cas que l'on ne puiſſe leur juſtifier d'aucuns titres, ils auront ſoin d'en dreſſer des memoires, & de les adreſſer au bureau des revenus caſuels, pour eſtre ſtatué ſur leur évaluation : ce qui ſe doit entendre de ceux qui ont pris des proviſions; car à l'égard de ceux qui jouiſſent en vertu des contracts des Commiſſaires députez pour l'alienation des Domaines de Sa Majeſté, ils ne ſont point ſujets à l'annuel.

V I I.

ILS ne recevront point au payement du Droit annuel, les Officiers des Cours ſuperieures, mentionnez dans l'article VIII. de la Declaration du 19. juin 1740. confirmez par icelle dans la ſurvivance à eux accordée par l'Edit du mois de decembre 1709. non plus que les Officiers des pays d'Artois, Flandre, Haynault & Alſace, à l'égard deſquels il en ſera uſé comme par le paſſé.

VIII.

Ils ne recevront point au payement de l'annuel les Presidens-Tresoriers de France, Avocats, Procureurs du Roy, Greffiers en chef, & Chevaliers d'honneur des bureaux des finances, en ayant esté dispensez par édit du mois de décembre 1743.

IX.

Se trouvant plusieurs offices qui ne sont point évaluez, les pourvûs d'iceux seront reçûs au payement du prest & annuel, par proportion de pareils offices qui se trouveront l'estre; ou en cas qu'ils ayent des quittances d'annuel, sur le pied d'icelles depuis vingt années sans interruption, que les Commis se feront representer, ainsi qu'il est ordonné par l'arrest du 29. aoust 1683. ce qui ne se doit entendre que des offices non évaluez; car en cas qu'ils le soient, les quittances au-dessous de l'évaluation, de quelque temps qu'elles puissent estre, ne doivent avoir lieu, à moins qu'il ne soit justifié par un rolle en bonne forme, ou arrest, de la moderation de l'évaluation.

X.

Observeront de ne point recevoir l'annuel pour les Officiers décedez, en cas que leurs veuves, héritiers, ou créanciers le voulussent payer, ou fissent faire des sommations à cet effet; non plus que pour les porteurs de quittances sur lesquelles il n'a point esté expedié de provisions, parce qu'il n'y a que les Officiers vivans & actuellement pourvûs, qui puissent estre reçûs à payer le Droit annuel.

XI.

S'il se presente en personne, en leur bureau, quelques Officiers des autres generalitez, pour y payer le Prest & Droit annuel, les Commis ne feront aucune difficulté de les y recevoir, en rapportant les pieces necessaires pour y estre admis.

XII.

Se trouvant plusieurs Officiers, comme Receveurs des consignations, Commissaires aux saisies réelles & Greffiers, qui pourroient prétendre estre du corps des Presidiaux, ou des autres Sieges Royaux ressortissant nûement ès Cours dans lesquelles ils ont esté reçus & immatriculez, & sous ce prétexte ne devoir payer le prest qu'au sixiéme; ils les recevront audit droit au cinquiéme, attendu qu'ils ne sont point du corps des Officiers desdits Sieges; non plus que les Subſtituts, ſi aucuns y a en iceux, qu'ils recevront en la même maniere & ſur le meſme pied que deſſus.

XIII.

Les Officiers des Elections, Greniers à ſel, Eaux & Foreſts, Mareſchauſſées, Amirautez de Bretagne, & autres Juriſdictions extraordinaires, ſeront admis au payement du droit annuel ſur le pied du ſoixantieme denier de l'évaluation de leurs Offices, & du preſt à proportion, au cinquieme pour ceux qui ſont évaluez, ou ſur le pied du tiers de leur finance, s'ils ne le ſont point; & en cas qu'ils ne juſtifient point de leur finance, ſur le pied du tiers du prix des contracts de vente.

XIV.

Les offices municipaux créez par l'edit du mois d'aouſt 1722. & par pluſieurs autres anterieurs, qui ont commencé dès le mois de Juillet 1690. ayant eſté ſupprimez par pluſieurs Edits, & entr'autres par celuy du mois de juillet 1724. les pourvûs deſdits offices qui ont eſté exceptez de cette ſuppreſſion dans aucunes provinces du royaume, même de ceux créez avant l'edit de 1722. qui ont eſté declarez ſubſiſtans, ſeront admis au payement de l'annuel d'iceux, ſur le pied du ſoixantieme du tiers de leur finance, & du preſt à proportion, en cas qu'ils ne ſe trouvent pas évaluez.

XV.

Les pourvûs d'offices municipaux de la province de Languedoc, ſeront reçûs au payement de l'annuel de leurs offices, ſur le pied reglé par l'arreſt du 6. octobre 1722. confirmé par ceux des 27. novembre 1725. 20. aouſt 1726. 11. juillet 1730. & autres ſubſequens, qui eſt le ſoixantieme denier du neuvieme de leur finance, ſans payer aucun preſt.

XVI.

Les pourvûs des offices municipaux reſtablis par l'edit du mois de novembre 1733. ſeront reçûs au payement de l'annuel de leurs offices, ſur le pied du ſoixantieme denier du ſixieme de leur finance principale ſeulement, ſans avoir égard aux ſix deniers pour livre compris dans leurs quittances, qui ne feront point partie de ladite finance, ainſi qu'il eſt porté par les arreſts des 24. aouſt 1734. & 15. novembre 1735. & ſans payer aucun preſt.

XVII.

Les Receveurs des tailles & du taillon de la province de Languedoc, seront reçûs à l'annuel de leurs offices, sur le pied du soixantieme denier des deux tiers seulement de leurs anciennes évaluations, & du prest au cinquieme, à proportion, suivant l'arrest qui leur a esté accordé à cet effet le 28. decembre 1723. confirmé par celuy du 19. aoust 1732.

XVIII.

Les Receveurs & Controlleurs des octrois & deniers patrimoniaux, ayant esté supprimez, & restablis par l'edit du mois de juin 1725. ils recevront les pourvûs d'iceux au payement de l'annuel, sur le pied du soixantieme denier du cinquieme de leur finance principale, qui compose leur évaluation, & du prest à proportion, suivant l'article XII. dudit Edit.

XIX.

Ils ne recevront point au payement de l'annuel aucuns pourvûs d'offices de Notaires, Procureurs, Huissiers & Sergens, en toutes les Cours & Jurisdictions royales, l'hérédité leur ayant esté accordée par la déclaration du 3. décembre 1743.

XX.

Ils admettront au payement du prest seulement, & à moitié, les Officiers des domaines engagez, dont le prest appartient au Roy, & l'annuel appartenant a l'Engagiste, dont quelques-uns ont aussi le prest, & dont les Officiers qui se trouvent dans ce cas, ne sont sujets aux revenus casuels du Roy, qu'aux mutations, pour le dixieme denier: lesquels Engagistes seront tenus d'executer l'arrest du 17. aoust 1675. & celuy du 20. juin 1741. & en consequence, recevoir à l'annuel en entier, & sans difficulté, les Officiers dépendans de leurs engagemens, qui justifieront avoir payé le Prest au Roy, quoyqu'à moitié; & en cas de refus, & aprés les sommations à eux faites, lesdits Commis admettront lesdits offices à l'annuel, à moitié, si c'est un office qui soit de nature à jouir de ce benefice, sans que les Engagistes refusans de les recevoir, puissent pretendre, pour raison du deffaut dudit payement, lesdits offices vacans à leur profit, ainsi qu'il est porté par ledit arrest du 20. juin 1741. & 19. juin 1742.

XXI.

ILS recevront les blancs de quittances des gages des Officiers des Mareſchauſſées, pour comptant de leur preſt & annuel, & juſqu'à la concurrence de ce qui peut eſtre dû deſdits droits, dont ceux qui les ont payez leur repreſenteront les quittances, & leur feront endoſſer leſdits blancs, de leurs veritables noms & ſurnoms; la pluſpart de ceux fournis pour les années precedentes, ayant eſté renvoyez ſur les lieux pour eſtre reformez, à cauſe qu'ils n'avoient eſté remplis que du ſurnom de Seigneurie, & non des veritables noms de bapteſme, & ſurnom de famille.

XXII.

LES Commis remettront les quittances à celuy qui eſt commis au controlle, pour les controller; & s'il arrive que quelques Officiers jugent à propos d'en rapporter quelques-unes, pour y augmenter ou diminuer, ſelon leurs titres & qualitez, ou autres raiſons, ils ne les reprendront point en cas qu'elles ayent eſté controllées, qu'au préalable elles n'ayent eſté deſchargées du controlle, & qu'il n'ait eſté fait mention par les Commis au controlle, au bas de l'enregiſtrement d'icelles, de ladite deſcharge, & de la raiſon pour laquelle elle aura eſté faite, qui ſera datée & ſignée dudit Commis; auquel cas, celuy à la recette pourra expedier une nouvelle quittance ſous les titres requis, la porter de nouveau ſur ſon regiſtre, & rayer l'ampliation de celle qui aura precedemment eſté expediée, en faiſant une mention ſommaire en marge, de la raiſon pour laquelle elle aura eſté rayée & deſchargée du controlle.

XXIII.

S'IL arrive quelque difficulté qui n'aura pas eſté prévûë, les Commis en donneront avis, & cependant ils recevront & chargeront leurs regiſtres d'ampliations; en ſorte que les Officiers ne demeurent point en ſuſpens, & ne courent aucun riſque dans leurs offices, ſauf à y eſtre pourvû l'année ſuivante en connoiſſance de cauſe: Et comme quelques Officiers leur pourroient faire ſignifier des actes concernant leurs prétentions, ils les recevront ſans y faire aucune réponſe verbale, ni par écrit, & les envoyeront inceſſamment au bureau de Paris, pour y eſtre pourvû.

XXIV.

Les Commis donneront avis de l'eſtat de leur recette, tous les huit jours, en attendant les ordres qui leur ſeront envoyez pour la remiſe d'icelle.

XXV.

Ils feront chacun en leur generalité, des bordereaux exacts & bien calculez, du montant de leur recette, leſquels ils preſenteront le lendemain de la clôture du bureau, qui ſera le premier jour de l'année, avec leurs regiſtres, à Meſſieurs les Treſoriers de France, pour eſtre par eux leſdits regiſtres arreſtez en la maniere accoûtumée, ou à Meſſieurs les Intendans, dans les lieux où il n'y a point de bureau des finances.

XXVI.

Après que leurs regiſtres auront eſté arreſtez, ils les envoyeront à leurs cautions à Paris, & y joindront ceux du controlle, avec les bordereaux de leurs recette & dépenſe, pieces juſtificatives d'icelles, le reſtant des blancs de quittances de preſt & d'annuel qui n'auront pas ſervi, enſemble toutes les autres pieces neceſſaires pour dreſſer leurs comptes, afin qu'il puiſſe eſtre inceſſamment procedé à la reddition d'iceux.

BIBLIOTHÈQUE IMPÉRIALE IMPR.

A PARIS, DE L'IMPRIMERIE ROYALE. 1744.

MEMOIRE

Pour servir d'Instruction aux Commis à la Recette du Prêt & Droit annuel, pour l'année 1746, en exécution de la Déclaration du 19 juin 1740, portant continuation du Droit annuel pour neuf années, qui ont commencé au premier janvier 1741, & finiront le dernier décembre 1749, & arrêt du Conseil du 19 juin 1745.

[stamp: BIBLIOTHÈQUE NATIONALE]

PREMIEREMENT.

Les Commis à la recette du Prêt & Droit annuel, chacun dans leur généralité, feront l'ouverture de leur bureau le premier novembre 1745, jusques & compris le dernier décembre ensuivant, inclusivement, pendant lequel tems ils s'y rendront tous les jours assidus, depuis sept heures du matin jusqu'à six heures du soir.

II.

Ils feront apposer les affiches qui leur auront esté envoyées, aux lieux ordinaires & accoûtumez, comme aux portes du Bureau des finances, Bailliages & Sièges Présidiaux, Elections, Greniers à sel, & autres endroits & places publiques; & en envoyeront ès villes & bourgs dépendant de leur généralité, afin que les Officiers soient avertis de l'ouverture du bureau de ladite recette.

III.

Ils recevront au payement du droit annuel seulement, & sans aucun Prêt, les Officiers qui y auront satisfait pour l'année 1745, des Présidiaux, Bailliages, Sièges royaux, Prévôtés, Vicomtés, jurisdictions royales, inférieures & de police, & autres faisant corps d'icelles, qui y sont sujets, en payant l'annuel à moitié, conformément aux arrêts des 27 septembre 1740, 20 juin 1741, 19 juin 1742, 18 juin 1743, 19 juin 1744 & 19 juin 1745.

IV.

A l'égard des Officiers qui n'ont point satisfait au payement de l'annuel depuis la déclaration du 19 juin 1740, ils y feront reçus en payant les cinq années omises & la courante 1746, & deux tiers de prêt seulement, conformément à l'article III du susdit arrêt du 19 juin 1745, & à la moitié de leurs évaluations, sçavoir, sur le pied d'icelles au sixième pour les Officiers des présidiaux seulement, & au cinquième pour le prêt, pour tous les autres Officiers.

V.

Les Offices de Police ne se trouvant point évaluez, ils les recevront au payement du Droit annuel, sur le pied du soixantième denier du tiers de leur finance, qui leur tiendra lieu d'évaluation, ainsi qu'il est porté par la déclaration du 9 août 1722, & du Prêt à proportion de leur annuel, au cinquième : Et comme ce tiers de leur finance doit être tiré, tant sur la principale, que des autres payées, tant pour leur tenir lieu & augmentation de finance aux offices dont ils sont pourvûs, que de ceux qui y ont été réunis, ils leur feront représenter leurs titres, à l'effet de tirer au juste le tiers de leur finance.

V I.

Comme il y a plusieurs offices domaniaux, de la finance desquels il est difficile de justifier, à moins qu'ils ne représentent les contrats d'acquisition d'iceux, ou ceux qui leur auront été passez par les Commissaires députez pour l'aliénation des Domaines de Sa Majesté, ils se feront représenter lesdits titres; le tiers du prix desquels, ainsi que de ceux qui y ont été réunis, leur tiendra lieu d'évaluation, ainsi qu'il est porté par l'article II de la déclaration du 19 juin 1740. Et en cas que l'on ne puisse leur justifier d'aucuns titres, ils auront soin d'en dresser des mémoires, & de les adresser au bureau des revenus casuels, pour être statué sur leur évaluation : ce qui se doit entendre de ceux qui ont pris des provisions; car à l'égard de ceux qui jouissent en vertu des contrats des Commissaires députez pour l'aliénation des Domaines de Sa Majesté, ils ne sont point sujets à l'annuel.

V I I.

Ils ne recevront point au payement du Droit annuel, les Officiers des Cours supérieures, mentionnez dans l'article VIII de la déclaration du 19 juin 1740, confirmez par icelle dans la survivance à eux accordée par l'édit du mois de décembre 1709, non plus que les Officiers des pays d'Artois, Flandre, Haynault & Alsace, à l'égard desquels il en sera usé comme par le passé.

VIII.

ILS ne recevront point au payement de l'annuel les Présidens-Trésoriers de France, Avocats, Procureurs du Roy, Greffiers en chef, & Chevaliers d'honneur des bureaux des finances, en ayant été dispensez par édit du mois de décembre 1743, non plus que les Officiers des Elections, des Eaux & Forêts, & des Greniers à sel; le rachat desdits droits en ayant été ordonné par édit du mois de février 1745, qui assujétit à la survivance les pourvûs desdits offices.

IX.

SE trouvant plusieurs offices qui ne sont point évaluez, les pourvûs d'iceux seront reçus au payement du prêt & annuel, par proportion de pareils offices qui se trouveront l'être; ou en cas qu'ils aient des quittances d'annuel, sur le pied d'icelles depuis vingt années sans interruption, que les Commis se feront représenter, ainsi qu'il est ordonné par l'arrêt du 29 août 1683, ce qui ne se doit entendre que des offices non évaluez; car en cas qu'ils le soient, les quittances au dessous de l'évaluation, de quelque tems qu'elles puissent être, ne doivent avoir lieu, à moins qu'il ne soit justifié par un rôle en bonne forme, ou arrêt, de la modération de l'évaluation.

X.

OBSERVERONT de ne point recevoir l'annuel pour les Officiers décédez, en cas que leurs veuves, héritiers, ou créanciers le voulussent payer, ou fissent faire des sommations à cet effet; non plus que pour les porteurs de quittances sur lesquelles il n'a point été expédié de provisions, parce qu'il n'y a que les Officiers vivans & actuellement pourvûs, qui puissent être reçus à payer le Droit annuel.

XI.

S'IL se présente en personne, en leur bureau, quelques Officiers des autres généralités, pour y payer le Prêt & Droit annuel, les Commis ne feront aucune difficulté de les y recevoir, en rapportant les pièces nécessaires pour y être admis.

XII.

SE trouvant plusieurs Officiers, comme Receveurs des consignations, Commissaires aux saisies réelles & Greffiers, qui pourroient prétendre être du corps des Présidiaux, ou des autres Sièges royaux ressortissant nûement ès Cours dans lesquelles ils ont été reçus &

immatriculez, & ſous ce prétexte ne devoir payer le prêt qu'au ſixième; ils les recevront audit droit au cinquième, attendu qu'ils ne ſont point du corps des Officiers deſdits ſièges.

XIII.

Les Officiers des Maréchauſſées, Amirautés de Bretagne, & autres juriſdictions extraordinaires, feront admis au payement du droit annuel ſur le pied du ſoixantième denier de l'évaluation de leurs Offices, & du prêt à proportion, au cinquième pour ceux qui ſont évaluez, ou ſur le pied du tiers de leur finance s'ils ne le ſont point; & en cas qu'ils ne juſtifient point de leur finance, ſur le pied du tiers du prix des contrats de vente.

XIV.

Les Offices municipaux créez par l'édit du mois d'août 1722, & par pluſieurs autres antérieurs, qui ont commencé dès le mois de juillet 1690, ayant été ſupprimez par pluſieurs édits, & entr'autres par celui du mois de juillet 1724, les pourvûs deſdits offices qui ont été exceptez de cette ſuppreſſion dans aucunes provinces du royaume, même de ceux créez avant l'édit de 1722, qui ont été déclarez ſubſiſtans, feront admis au payement de l'annuel d'iceux, ſur le pied du ſoixantième du tiers de leur finance, & du prêt à proportion, en cas qu'ils ne ſe trouvent pas évaluez.

XV.

Les pourvûs d'offices municipaux de la province de Languedoc, feront reçus au payement de l'annuel de leurs offices, ſur le pied réglé par l'arrêt du 6 octobre 1722, confirmé par ceux des 27 novembre 1725, 20 août 1726, 11 juillet 1730, & autres ſubſéquens, qui eſt le ſoixantième denier du neuvième de leur finance, ſans payer aucun prêt.

XVI.

Les pourvûs des offices municipaux rétablis par l'édit du mois de novembre 1733, feront reçus au payement de l'annuel de leurs offices, ſur le pied du ſoixantième denier du ſixième de leur finance principale ſeulement, ſans avoir égard aux ſix deniers pour livre compris dans leurs quittances, qui ne feront point partie de ladite finance, ainſi qu'il eſt porté par les arrêts des 24 août 1734, & 15 novembre 1735, & ſans payer aucun prêt.

XVII.

Les Receveurs des tailles & du taillon de la province de Languedoc, seront reçus à l'annuel de leurs offices, sur le pied du soixantième denier des deux tiers seulement de leurs anciennes évaluations, & du prêt au cinquième, à proportion, suivant l'arrêt qui leur a été accordé à cet effet le 28 décembre 1723, confirmé par celui du 19 août 1732.

XVIII.

Les Receveurs & Contrôleurs des octrois & deniers patrimoniaux, ayant été supprimez, & rétablis par l'édit du mois de juin 1725, ils recevront les pourvûs d'iceux au payement de l'annuel, sur le pied du soixantième denier du cinquième de leur finance principale, qui compose leur évaluation, & du prêt à proportion, suivant l'article XII dudit édit.

XIX.

Ils ne recevront point au payement de l'annuel aucuns pourvûs d'offices de Notaires, Procureurs, Huissiers & Sergens, en toutes les Cours & jurisdictions royales, l'hérédité leur ayant été accordée par la déclaration du 3 décembre 1743, non plus que les Substituts des Procureurs du Roy des sièges & jurisdictions royales, ayant faculté de postuler; ni les Jurés vendeurs-priseurs de meubles, & les Arpenteurs royaux, l'hérédité leur ayant été attribuée par la déclaration du 12 janvier 1745.

XX.

Ils admettront au payement du prêt seulement, & à moitié, les Officiers des domaines engagez, dont le prêt appartient au Roy, & l'annuel appartenant à l'Engagiste, dont quelques-uns ont aussi le prêt, & dont les Officiers qui se trouvent dans ce cas, ne sont sujets aux revenus casuels du Roy, qu'aux mutations, pour le dixième denier : lesquels Engagistes seront tenus d'exécuter l'arrêt du 17 août 1675, & celui du 20 juin 1741, & en conséquence, recevoir à l'annuel en entier, & sans difficulté, les Officiers dépendans de leurs engagemens, qui justifieront avoir payé le prêt au Roy, quoiqu'à moitié; & en cas de refus, & après les sommations à eux faites, lesdits Commis admettront lesdits offices à l'annuel, à moitié, si c'est un office qui soit de nature à jouir de ce bénéfice, sans que les

Engagiſtes refuſans de les recevoir, puiſſent prétendre, pour raiſon du défaut dudit payement, leſdits offices vacans à leur profit, ainſi qu'il eſt porté par ledit arrêt du 20 juin 1741, & 19 juin 1742.

XXI.

ILS recevront les blancs de quittances des gages des Officiers des Maréchauſſées, pour comptant de leur prêt & annuel, & juſqu'à la concurrence de ce qui peut être dû deſdits droits, dont ceux qui les ont payez leur repréſenteront les quittances, & leur feront endoſſer leſdits blancs, de leurs véritables noms & ſurnoms; la plûpart de ceux fournis pour les années précédentes, ayant été renvoyez ſur les lieux pour être réformez, à cauſe qu'ils n'avoient été remplis que du ſurnom de ſeigneurie, & non des véritables noms de baptême, & ſurnom de famille.

XXII.

LES Commis remettront les quittances à celui qui eſt commis au contrôle, pour les contrôler ; & s'il arrive que quelques Officiers jugent à propos d'en rapporter quelques-unes, pour y augmenter ou diminuer, ſelon leurs titres & qualités, ou autres raiſons, ils ne les reprendront point en cas qu'elles aient été contrôlées, qu'au préalable elles n'aient été déchargées du contrôle, & qu'il n'ait été fait mention par les Commis au contrôle, au bas de l'enregiſtrement d'icelles, de ladite décharge, & de la raiſon pour laquelle elle aura été faite, qui ſera datée & ſignée dudit Commis; auquel cas, celui à la recette pourra expédier une nouvelle quittance ſous les titres requis, la porter de nouveau ſur ſon regiſtre, & rayer l'ampliation de celle qui aura précédemment été expédiée, en faiſant une mention ſommaire en marge, de la raiſon pour laquelle elle aura été rayée & déchargée du contrôle.

XXIII.

S'IL arrive quelque difficulté qui n'aura pas été prévûe, les Commis en donneront avis, & cependant ils recevront & chargeront leurs regiſtres d'ampliations; en ſorte que les Officiers ne demeurent point en ſuſpens, & ne courent aucun riſque dans leurs offices, ſauf à y être pourvû l'année ſuivante en connoiſſance de cauſe: Et comme quelques Officiers leur pourroient faire ſignifier des actes concernant leurs prétentions, ils les recevront ſans y faire aucune réponſe verbale, ni par écrit, & les envoyeront inceſſamment au bureau de Paris, pour y être pourvû.

XXIV.

Les Commis donneront avis de l'état de leur recette, tous les huit jours, en attendant les ordres qui leur ſeront envoyez pour la remiſe d'icelle.

XXV.

Ils feront chacun en leur généralité, des bordereaux exacts & bien calculez, du montant de leur recette, leſquels ils préſenteront le lendemain de la clôture du bureau, qui ſera le premier jour de l'année, avec leurs regiſtres, à Meſſieurs les Tréſoriers de France, pour être par eux leſdits regiſtres arrêtez en la manière accoûtumée, ou à Meſſieurs les Intendans, dans les lieux où il n'y a point de bureau des finances.

XXVI.

Après que leurs regiſtres auront été arrêtez, ils les envoyeront à leurs cautions à Paris, & y joindront ceux du contrôle, avec les bordereaux de leurs recette & dépenſe, pièces juſtificatives d'icelles, le reſtant des blancs de quittances de prêt & d'annuel qui n'auront pas ſervi, enſemble toutes les autres pièces néceſſaires pour dreſſer leurs comptes, afin qu'il puiſſe être inceſſamment procédé à la reddition d'iceux.

BIBLIOTHÈQUE IMPÉRIALE IMPR.

A PARIS, DE L'IMPRIMERIE ROYALE. 1745.

MEMOIRE

Pour servir d'Instruction aux Commis à la Recette du Prêt & Droit annuel, pour l'année 1747, en exécution de la Déclaration du 19 juin 1740, portant continuation du Droit annuel pour neuf années, qui ont commencé au premier janvier 1741, & finiront le dernier décembre 1749, & arrêt du Conseil du 11 juin 1746.

BIBLIOTHEQUE IMPERIALE

PREMIEREMENT.

Les Commis à la recette du Prêt & Droit annuel, chacun dans leur généralité, feront l'ouverture de leur bureau le premier novembre 1746, jusques & compris le dernier décembre ensuivant, inclusivement, pendant lequel tems ils s'y rendront tous les jours assidus, depuis sept heures du matin jusqu'à six heures du soir.

II.

Ils feront apposer les affiches qui leur auront esté envoyées, aux lieux ordinaires & accoûtumez, comme aux portes du Bureau des finances, Bailliages & Sièges Présidiaux, Elections, Greniers à sel, & autres endroits & places publiques; & en envoyeront ès villes & bourgs dépendant de leur généralité, afin que les Officiers soient avertis de l'ouverture du bureau de ladite recette.

III.

Ils recevront au payement du droit annuel seulement, & sans aucun Prêt, les Officiers qui y auront satisfait pour l'année 1746, des Présidiaux, Bailliages, Sièges royaux, Prévôtés, Vicomtés, jurisdictions royales, inférieures & de police, & autres faisant corps d'icelles, qui y sont sujets, en payant l'annuel à moitié, conformément aux arrêts des 27 septembre 1740, 20 juin 1741, 19 juin 1742, 18 juin 1743, 19 juin 1744, 19 juin 1745 & 11 juin 1746.

IV.

A l'égard des Officiers qui n'ont point satisfait au payement de l'annuel depuis la déclaration du 19 juin 1740, ils y seront reçus en payant les six années omises & la courante 1747, & un tiers de prêt ſeulement, conformément à l'article III du ſuſdit arrêt du 11 juin 1746, & à la moitié de leurs évaluations, ſçavoir, ſur le pied d'icelles au ſixième pour les Officiers des préſidiaux ſeulement, & au cinquième pour le prêt, pour tous les autres Officiers.

V.

LES Offices de Police ne ſe trouvant point évaluez, ils les recevront au payement du Droit annuel, ſur le pied du ſoixantième denier du tiers de leur finance, qui leur tiendra lieu d'évaluation, ainſi qu'il eſt porté par la déclaration du 9 août 1722, & du Prêt à proportion de leur annuel, au cinquième : Et comme ce tiers de leur finance doit être tiré, tant ſur la principale, que des autres payées, tant pour leur tenir lieu & augmentation de finance aux offices dont ils ſont pourvûs, que de ceux qui y ont été réunis, ils leur feront repréſenter leurs titres, à l'effet de tirer au juſte le tiers de leur finance.

VI.

COMME il y a pluſieurs offices domaniaux, de la finance deſquels il eſt difficile de juſtifier, à moins qu'ils ne repréſentent les contrats d'acquiſition d'iceux, ou ceux qui leur auront été paſſez par les Commiſſaires députez pour l'aliénation des Domaines de Sa Majeſté, ils ſe feront repréſenter leſdits titres; le tiers du prix deſquels, ainſi que de ceux qui y ont été réunis, leur tiendra lieu d'évaluation, ainſi qu'il eſt porté par l'article II de la déclaration du 19 juin 1740. Et en cas que l'on ne puiſſe leur juſtifier d'aucuns titres, ils auront ſoin d'en dreſſer des mémoires, & de les adreſſer au bureau des revenus caſuels, pour être ſtatué ſur leur évaluation : ce qui ſe doit entendre de ceux qui ont pris des proviſions; car à l'égard de ceux qui jouiſſent en vertu des contrats des Commiſſaires députez pour l'aliénation des Domaines de Sa Majeſté, ils ne ſont point ſujets à l'annuel.

VII.

ILS ne recevront point au payement du Droit annuel, les Officiers des Cours ſupérieures, mentionnez dans l'article VIII de la déclaration du 19 juin 1740, confirmez par icelle dans la ſurvivance à eux accordée par l'édit du mois de décembre 1709, non plus que les Officiers des pays d'Artois, Flandre, Haynault & Alſace, à l'égard deſquels il en ſera uſé comme par le paſſé.

VIII.

Ils ne recevront point au payement de l'annuel les Préſidens-Tréſoriers de France, Avocats, Procureurs du Roy, Greffiers en chef, & Chevaliers d'honneur des bureaux des finances, en ayant été diſpenſez par édit du mois de décembre 1743, non plus que les Officiers des Elections, des Eaux & Forêts, & des Greniers à ſel, le rachat deſdits droits en ayant été ordonné par édit du mois de février 1745, qui aſſujétit à la ſurvivance les pourvûs deſdits offices.

IX.

Se trouvant pluſieurs offices qui ne ſont point évaluez, les pourvûs d'iceux ſeront reçus au payement du prêt & annuel, par proportion de pareils offices qui ſe trouveront l'être; ou en cas qu'ils aient des quittances d'annuel, ſur le pied d'icelles depuis vingt années ſans interruption, que les Commis ſe feront repréſenter, ainſi qu'il eſt ordonné par l'arrêt du 29 août 1683, ce qui ne ſe doit entendre que des offices non évaluez; car en cas qu'ils le ſoient, les quittances au deſſous de l'évaluation, de quelque tems qu'elles puiſſent être, ne doivent avoir lieu, à moins qu'il ne ſoit juſtifié par un rôle en bonne forme, ou arrêt, de la modération de l'évaluation.

X.

Observeront de ne point recevoir l'annuel pour les Officiers décédez, en cas que leurs veuves, héritiers, ou créanciers le vouluſſent payer, ou fiſſent faire des ſommations à cet effet; non plus que pour les porteurs de quittances ſur leſquelles il n'a point été expédié de proviſions, parce qu'il n'y a que les Officiers vivans & actuellement pourvûs, qui puiſſent être reçus à payer le Droit annuel.

XI.

S'il ſe préſente en perſonne, en leur bureau, quelques Officiers des autres généralités, pour y payer le Prêt & Droit annuel, les Commis ne feront aucune difficulté de les y recevoir, en rapportant les pièces néceſſaires pour y être admis.

XII.

Se trouvant pluſieurs Officiers, comme Receveurs des conſignations, Commiſſaires aux ſaiſies réelles & Greffiers, qui pourroient prétendre être du corps des Préſidiaux, ou des autres Sièges royaux reſſortiſſant nûement ès Cours dans leſquelles ils ont été reçus &

immatriculez, & ſous ce prétexte ne devoir payer le prêt qu'au ſixième; ils les recevront audit droit au cinquième, attendu qu'ils ne ſont point du corps des Officiers deſdits ſièges.

XIII.

LES Officiers des Maréchauſſées, Amirautés de Bretagne, & autres juriſdictions extraordinaires, ſeront admis au payement du droit annuel ſur le pied du ſoixantième denier de l'évaluation de leurs Offices, & du prêt à proportion, au cinquième pour ceux qui ſont évaluez, ou ſur le pied du tiers de leur finance s'ils ne le ſont point; & en cas qu'ils ne juſtifient point de leur finance, ſur le pied du tiers du prix des contrats de vente.

XIV.

LES Offices municipaux créez par l'édit du mois d'août 1722, & par pluſieurs autres antérieurs, qui ont commencé dès le mois de juillet 1690, ayant été ſupprimez par pluſieurs édits, & entr'autres par celui du mois de juillet 1724, les pourvûs deſdits offices qui ont été exceptez de cette ſuppreſſion dans aucunes provinces du royaume, même de ceux créez avant l'édit de 1722, qui ont été déclarez ſubſiſtans, ſeront admis au payement de l'annuel d'iceux, ſur le pied du ſoixantième du tiers de leur finance, & du prêt à proportion, en cas qu'ils ne ſe trouvent pas évaluez.

XV.

LES pourvûs d'offices municipaux de la province de Languedoc, ſeront reçus au payement de l'annuel de leurs offices, ſur le pied réglé par l'arrêt du 6 octobre 1722, confirmé par ceux des 27 novembre 1725, 20 août 1726, 11 juillet 1730, & autres ſubſéquens, qui eſt le ſoixantième denier du neuvième de leur finance, ſans payer aucun prêt.

XVI.

LES pourvûs des offices municipaux rétablis par l'édit du mois de novembre 1733, ſeront reçus au payement de l'annuel de leurs offices, ſur le pied du ſoixantième denier du ſixième de leur finance principale ſeulement, ſans avoir égard aux ſix deniers pour livre compris dans leurs quittances, qui ne ſeront point partie de ladite finance, ainſi qu'il eſt porté par les arrêts des 24 août 1734, & 15 novembre 1735, & ſans payer aucun prêt.

XVII.

LES Receveurs des tailles & du taillon de la province de Languedoc, seront reçus à l'annuel de leurs offices, sur le pied du soixantième denier des deux tiers seulement de leurs anciennes évaluations, & du prêt au cinquième, à proportion, suivant l'arrêt qui leur a été accordé à cet effet le 28 décembre 1723, confirmé par celui du 19 août 1732.

XVIII.

LES Receveurs & Contrôleurs des octrois & deniers patrimoniaux, ayant été supprimez, & rétablis par l'édit du mois de juin 1725, ils recevront les pourvûs d'iceux au payement de l'annuel, sur le pied du soixantième denier du cinquième de leur finance principale, qui compose leur évaluation, & du prêt à proportion, suivant l'article XII dudit édit.

XIX.

ILS ne recevront point au payement de l'annuel aucuns pourvûs d'offices de Notaires, Procureurs, Huissiers & Sergens, en toutes les Cours & jurisdictions royales, l'hérédité leur ayant été accordée par la déclaration du 3 décembre 1743, non plus que les Substituts des Procureurs du Roy des sièges & jurisdictions royales, ayant faculté de postuler; ni les Jurés vendeurs-priseurs de meubles, & les Arpenteurs royaux, l'hérédité leur ayant été attribuée par la déclaration du 12 janvier 1745.

XX.

ILS admettront au payement du prêt seulement, & à moitié, les Officiers des domaines engagez, dont le prêt appartient au Roy, & l'annuel appartenant à l'Engagiste, dont quelques-uns ont aussi le prêt, & dont les Officiers qui se trouvent dans ce cas, ne sont sujets aux revenus casuels du Roy, qu'aux mutations, pour le dixième denier : lesquels Engagistes seront tenus d'exécuter l'arrêt du 17 août 1675, & celui du 20 juin 1741, & en conséquence, recevoir à l'annuel en entier, & sans difficulté, les Officiers dépendans de leurs engagemens, qui justifieront avoir payé le prêt au Roy, quoiqu'à moitié; & en cas de refus, & après les sommations à eux faites, lesdits Commis admettront lesdits offices à l'annuel, à moitié, si c'est un office qui soit de nature à jouir de ce bénéfice, sans que les

Engagistes refusans de les recevoir, puissent prétendre, pour raison du défaut dudit payement, lesdits offices vacans à leur profit, ainsi qu'il est porté par ledit arrêt du 20 juin 1741, & 19 juin 1742.

XXI.

Ils recevront les blancs de quittances des gages des Officiers des Maréchaussées, pour comptant de leur prêt & annuel, & jusqu'à la concurrence de ce qui peut être dû desdits droits, dont ceux qui les ont payez leur représenteront les quittances, & leur feront endosser lesdits blancs, de leurs véritables noms & surnoms; la plûpart de ceux fournis pour les années précédentes, ayant été renvoyez sur les lieux pour être réformez, à cause qu'ils n'avoient été remplis que du surnom de seigneurie, & non des véritables noms de baptême, & surnom de famille.

XXII.

Les Commis remettront les quittances à celui qui est commis au contrôle, pour les contrôler; & s'il arrive que quelques Officiers jugent à propos d'en rapporter quelques-unes, pour y augmenter ou diminuer, selon leurs titres & qualités, ou autres raisons, ils ne les reprendront point en cas qu'elles aient été contrôlées, qu'au préalable elles n'aient été déchargées du contrôle, & qu'il n'ait été fait mention par les Commis au contrôle, au bas de l'enregistrement d'icelles, de ladite décharge, & de la raison pour laquelle elle aura été faite, qui sera datée & signée dudit Commis; auquel cas, celui à la recette pourra expédier une nouvelle quittance sous les titres requis, la porter de nouveau sur son registre, & rayer l'ampliation de celle qui aura précédemment été expédiée, en faisant une mention sommaire en marge, de la raison pour laquelle elle aura été rayée & déchargée du contrôle.

XXIII.

S'il arrive quelque difficulté qui n'aura pas été prévûe, les Commis en donneront avis, & cependant ils recevront & chargeront leurs registres d'ampliations; en sorte que les Officiers ne demeurent point en suspens, & ne courent aucun risque dans leurs offices, sauf à y être pourvû l'année suivante en connoissance de cause: Et comme quelques Officiers leur pourroient faire signifier des actes concernant leurs prétentions, ils les recevront sans y faire aucune réponſe verbale, ni par écrit, & les envoyeront inceſſamment au bureau de Paris, pour y être pourvû.

XXIV.

Les Commis donneront avis de l'état de leur recette, tous les huit jours, en attendant les ordres qui leur ſeront envoyez pour la remiſe d'icelle.

XXV.

Ils feront chacun en leur généralité, des bordereaux exacts & bien calculez, du montant de leur recette, leſquels ils préſenteront le lendemain de la clôture du bureau, qui ſera le premier jour de l'année, avec leurs regiſtres, à Meſſieurs les Tréſoriers de France, pour être par eux leſdits regiſtres arrêtez en la manière accoûtumée, ou à Meſſieurs les Intendans, dans les lieux où il n'y a point de bureau des finances.

XXVI.

Après que leurs regiſtres auront été arrêtez, ils les envoyeront à leurs cautions à Paris, & y joindront ceux du contrôle, avec les bordereaux de leurs recette & dépenſe, pièces juſtificatives d'icelles, le reſtant des blancs de quittances de prêt & d'annuel qui n'auront pas ſervi, enſemble toutes les autres pièces néceſſaires pour dreſſer leurs comptes, afin qu'il puiſſe être inceſſamment procédé à la reddition d'iceux.

BIBLIOTHÈQUE IMPÉRIALE IMPR.

A PARIS, DE L'IMPRIMERIE ROYALE. 1746.

MEMOIRE

Pour servir d'Instruction aux Commis à la Recette du Prêt & Droit annuel, pour l'année 1748, en exécution de la Déclaration du 19 juin 1740, portant continuation du Droit annuel pour neuf années, qui ont commencé au premier janvier 1741, & finiront le dernier décembre 1749, & arrêt du Conseil du 3 juin 1747.

PREMIÈREMENT.

LES Commis à la recette du Prêt & Droit annuel, chacun dans leur généralité, feront l'ouverture de leur bureau le premier novembre 1747, jusques & compris le dernier décembre ensuivant, inclusivement, pendant lequel tems ils s'y rendront tous les jours assidus, depuis sept heures du matin jusqu'à six heures du soir.

II.

ILS feront apposer les affiches qui leur auront esté envoyées, aux lieux ordinaires & accoûtumez, comme aux portes du Bureau des finances, Bailliages & Sièges Présidiaux, Elections, Greniers à sel, & autres endroits & places publiques; & en envoyeront ès villes & bourgs dépendans de leur généralité, afin que les Officiers soient avertis de l'ouverture du bureau de ladite recette.

III.

ILS recevront au payement du droit annuel seulement, & sans aucun Prêt, les Officiers qui y auront satisfait pour l'année 1747, des Présidiaux, Bailliages, Sièges royaux, Prévôtés, Vicomtés, jurisdictions royales, inférieures & de police, & autres faisant corps d'icelles, qui y sont sujets, en payant l'annuel à moitié, conformément aux arrêts des 27 septembre 1740, 20 juin 1741, 19 juin 1742, 18 juin 1743, 19 juin 1744, 19 juin 1745, 11 juin 1746, & 3 juin 1747.

IV.

A l'égard des Officiers qui n'ont point satisfait au payement de l'annuel depuis la déclaration du 19 juin 1740, ils y seront reçus en payant les sept années omises & la courante 1748, & un tiers de prêt ſeulement, conformément à l'article III du ſuſdit arrêt du 3 juin 1747, & à la moitié de leurs évaluations, ſçavoir, ſur le pied d'icelles au ſixième pour les Officiers des préſidiaux ſeulement, & au cinquième pour le prêt, pour tous les autres Officiers.

V.

LES Offices de Police ne ſe trouvant point évaluez, ils les recevront au payement du Droit annuel, ſur le pied du ſoixantième denier du tiers de leur finance, qui leur tiendra lieu d'évaluation, ainſi qu'il eſt porté par la déclaration du 9 août 1722, & du Prêt à proportion de leur annuel, au cinquième : Et comme ce tiers de leur finance doit être tiré, tant ſur la principale, que des autres payées, tant pour leur tenir lieu & augmentation de finance aux offices dont ils ſont pourvûs, que de ceux qui y ont été réunis, ils leur feront repréſenter leurs titres, à l'effet de tirer au juſte le tiers de leur finance.

VI.

COMME il y a pluſieurs offices domaniaux, de la finance deſquels il eſt difficile de juſtifier, à moins qu'ils ne repréſentent les contrats d'acquiſition d'iceux, ou ceux qui leur auront été paſſez par les Commiſſaires députez pour l'aliénation des Domaines de Sa Majeſté, ils ſe feront repréſenter leſdits titres; le tiers du prix deſquels, ainſi que de ceux qui y ont été réunis, leur tiendra lieu d'évaluation, ainſi qu'il eſt porté par l'article II de la déclaration du 19 juin 1740. Et en cas que l'on ne puiſſe leur juſtifier d'aucuns titres, ils auront ſoin d'en dreſſer des mémoires, & de les adreſſer au bureau des revenus caſuels, pour être ſtatué ſur leur évaluation : ce qui ſe doit entendre de ceux qui ont pris des proviſions; car à l'égard de ceux qui jouiſſent en vertu des contrats des Commiſſaires députez pour l'aliénation des Domaines de Sa Majeſté, ils ne ſont point ſujets à l'annuel.

VII.

ILS ne recevront point au payement du Droit annuel, les Officiers des Cours ſupérieures, mentionnez dans l'article VIII de la déclaration du 19 juin 1740, confirmez par icelle dans la ſurvivance à eux accordée par l'édit du mois de décembre 1709, non plus que les Officiers des pays d'Artois, Flandre, Haynault & Alſace, à l'égard deſquels il en ſera uſé comme par le paſſé.

VIII.

Ils ne recevront point au payement de l'annuel les Présidens-Trésoriers de France, Avocats, Procureurs du Roy, Greffiers en chef, & Chevaliers d'honneur des bureaux des finances, en ayant été dispensez par édit du mois de décembre 1743, non plus que les Officiers des Elections, des Eaux & Forêts, & des Greniers à sel, le rachat desdits droits en ayant été ordonné par édit du mois de février 1745, qui assujétit à la survivance les pourvûs desdits offices.

IX.

Se trouvant plusieurs offices qui ne sont point évaluez, les pourvûs d'iceux seront reçus au payement du prêt & annuel, par proportion de pareils offices qui se trouveront l'être; ou en cas qu'ils aient des quittances d'annuel, sur le pied d'icelles depuis vingt années sans interruption, que les Commis se feront représenter, ainsi qu'il est ordonné par l'arrêt du 29 août 1683, ce qui ne se doit entendre que des offices non évaluez; car en cas qu'ils le soient, les quittances au dessous de l'évaluation, de quelque tems qu'elles puissent être, ne doivent avoir lieu, à moins qu'il ne soit justifié par un rôle en bonne forme, ou arrêt, de la modération de l'évaluation.

X.

Observeront de ne point recevoir l'annuel pour les Officiers décédez, en cas que leurs veuves, héritiers, ou créanciers le voulussent payer, ou fissent faire des sommations à cet effet; non plus que pour les porteurs de quittances sur lesquelles il n'a point été expédié de provisions, parce qu'il n'y a que les Officiers vivans & actuellement pourvûs, qui puissent être reçus à payer le Droit annuel.

XI.

S'il se présente en personne, en leur bureau, quelques Officiers des autres généralités, pour y payer le Prêt & Droit annuel, les Commis ne feront aucune difficulté de les y recevoir, en rapportant les pièces nécessaires pour y être admis.

XII.

Se trouvant plusieurs Officiers, comme Receveurs des consignations, Commissaires aux saisies réelles & Greffiers, qui pourroient prétendre être du corps des Présidiaux, ou des autres Sièges royaux ressortissant nûement ès Cours dans lesquelles ils ont été reçus &

immatriculez, & ſous ce prétexte ne devoir payer le prêt qu'au ſixième; ils les recevront audit droit au cinquième, attendu qu'ils ne ſont point du corps des Officiers deſdits ſièges.

XIII.

Les Officiers des Maréchauſſées, Amirautés de Bretagne, & autres juriſdictions extraordinaires, ſeront admis au payement du droit annuel ſur le pied du ſoixantième denier de l'évaluation de leurs Offices, & du prêt à proportion, au cinquième pour ceux qui ſont évaluez, ou ſur le pied du tiers de leur finance s'ils ne le ſont point; & en cas qu'ils ne juſtifient point de leur finance, ſur le pied du tiers du prix des contrats de vente.

XIV.

Les Offices municipaux créez par l'édit du mois d'août 1722, & par pluſieurs autres antérieurs, qui ont commencé dès le mois de juillet 1690, ayant été ſupprimez par pluſieurs édits, & entr'autres par celui du mois de juillet 1724, les pourvûs deſdits offices qui ont été exceptez de cette ſuppreſſion dans aucunes provinces du royaume, même de ceux créez avant l'édit de 1722, qui ont été déclarez ſubſiſtans, ſeront admis au payement de l'annuel d'iceux, ſur le pied du ſoixantième du tiers de leur finance, & du prêt à proportion, en cas qu'ils ne ſe trouvent pas évaluez.

XV.

Les pourvûs d'offices municipaux de la province de Languedoc, ſeront reçus au payement de l'annuel de leurs offices, ſur le pied réglé par l'arrêt du 6 octobre 1722, confirmé par ceux des 27 novembre 1725, 20 août 1726, 11 juillet 1730, & autres ſubſéquens, qui eſt le ſoixantième denier du neuvième de leur finance, ſans payer aucun prêt.

XVI.

Les pourvûs des offices municipaux rétablis par l'édit du mois de novembre 1733, ſeront reçus au payement de l'annuel de leurs offices, ſur le pied du ſoixantième denier du ſixième de leur finance principale ſeulement, ſans avoir égard aux ſix deniers pour livre compris dans leurs quittances, qui ne ſeront point partie de ladite finance, ainſi qu'il eſt porté par les arrêts des 24 août 1734, & 15 novembre 1735, & ſans payer aucun prêt; & ceux qui ſeront pourvûs des ſemblables offices ſur les finances payées depuis le premier janvier 1745, ils ſeront reçus au droit annuel ſur le pied du ſoixantième denier du tiers de leur finance principale ſeulement, ſans payer de prêt, conformément à l'arrêt du Conſeil du 22 décembre 1744.

XVII.

Les Receveurs des tailles & du taillon de la province de Languedoc, ſeront reçus à l'annuel de leurs offices, ſur le pied du ſoixantième denier des deux tiers ſeulement de leurs anciennes évaluations, & du prêt au cinquième, à proportion, ſuivant l'arrêt qui leur a été accordé à cet effet le 28 décembre 1723, confirmé par celui du 19 août 1732.

XVIII.

Les Receveurs & Contrôleurs des octrois & deniers patrimoniaux, ayant été ſupprimez, & rétablis par l'édit du mois de juin 1725, ils recevront les pourvûs d'iceux au payement de l'annuel, ſur le pied du ſoixantième denier du cinquième de leur finance principale, qui compoſe leur évaluation, & du prêt à proportion, ſuivant l'article XII dudit édit.

XIX.

Ils ne recevront point au payement de l'annuel aucuns pourvûs d'offices de Notaires, Procureurs, Huiſſiers & Sergens, en toutes les Cours & juriſdictions royales, l'hérédité leur ayant été accordée par la déclaration du 3 décembre 1743, non plus que les Subſtituts des Procureurs du Roy des ſièges & juriſdictions royales, ayant faculté de poſtuler; ni les Jurés vendeurs-priſeurs de meubles, & les Arpenteurs royaux, l'hérédité leur ayant été attribuée par la déclaration du 12 janvier 1745.

XX.

Ils admettront au payement du prêt ſeulement, & à moitié, les Officiers des domaines engagez, dont le prêt appartient au Roy, & l'annuel appartenant à l'Engagiſte, dont quelques-uns ont auſſi le prêt, & dont les Officiers qui ſe trouvent dans ce cas, ne ſont ſujets aux revenus caſuels du Roy, qu'aux mutations, pour le dixième denier : leſquels Engagiſtes ſeront tenus d'exécuter l'arrêt du 17 août 1675, & celui du 20 juin 1741, & en conſéquence, recevoir à l'annuel en entier, & ſans difficulté, les Officiers dépendans de leurs engagemens, qui justifieront avoir payé le prêt au Roy, quoiqu'à moitié; & en cas de refus, & après les sommations à eux faites, lesdits Commis admettront lesdits offices à l'annuel, à moitié, si c'est un office qui soit de nature à jouir de ce bénéfice, sans que les Engagistes refusans de les recevoir, puissent prétendre, pour raison du défaut dudit payement, lesdits offices vacans à leur profit, ainsi qu'il est porté par ledit arrêt du 20 juin 1741, & 19 juin 1742.

XXI.

Ils recevront les blancs de quittances des gages des Officiers des Maréchaussées, pour comptant de leur prêt & annuel, & jusqu'à la concurrence de ce qui peut être dû desdits droits, dont ceux qui les ont payez leur représenteront les quittances, & leur feront endosser lesdits blancs, de leurs véritables noms & surnoms; la plûpart de ceux fournis pour les années précédentes, ayant été renvoyez sur les lieux pour être réformez, à cause qu'ils n'avoient été remplis que du surnom de seigneurie, & non des véritables noms de baptême & surnom de famille.

XXII.

Les Commis remettront les quittances à celui qui est commis au contrôle, pour les contrôler; & s'il arrive que quelques Officiers jugent à propos d'en rapporter quelques-unes, pour y augmenter ou diminuer, selon leurs titres & qualités, ou autres raisons, ils ne les reprendront point en cas qu'elles aient été contrôlées, qu'au préalable elles n'aient été déchargées du contrôle, & qu'il n'ait été fait mention par les Commis au contrôle, au bas de l'enregistrement d'icelles, de ladite décharge, & de la raison pour laquelle elle aura été faite, qui sera datée & signée dudit Commis; auquel cas, celui à la recette pourra expédier une nouvelle quittance sous les titres requis, la porter de nouveau sur son registre, & rayer l'ampliation de celle qui aura précédemment été expédiée, en faisant une mention sommaire en marge, de la raison pour laquelle elle aura été rayée & déchargée du contrôle.

XXIII.

S'il arrive quelque difficulté qui n'aura pas été prévûe, les Commis en donneront avis, & cependant ils recevront & chargeront leurs registres d'ampliations; en sorte que les Officiers ne demeurent

point en ſuſpens, & ne courent aucun riſque dans leurs offices, ſauf à y être pourvû l'année ſuivante en connoiſſance de cauſe: Et comme quelques Officiers leur pourroient faire ſignifier des actes concernant leurs prétentions, ils les recevront ſans y faire aucune réponſe verbale, ni par écrit, & les envoyeront inceſſamment au bureau de Paris, pour y être pourvû.

XXIV.

LES Commis donneront avis de l'état de leur recette, tous les huit jours, en attendant les ordres qui leur ſeront envoyez pour la remiſe d'icelle.

XXV.

ILS feront chacun en leur généralité, des bordereaux exacts & bien calculez, du montant de leur recette, leſquels ils préſenteront le lendemain de la clôture du bureau, qui ſera le premier jour de l'année, avec leurs regiſtres, à Meſſieurs les Tréſoriers de France, pour être par eux leſdits regiſtres arrêtez en la manière accoûtumée, ou à Meſſieurs les Intendans, dans les lieux où il n'y a point de bureau des finances.

XXVI.

APRÈS que leurs regiſtres auront été arrêtez, ils les envoyeront à leurs cautions à Paris, & y joindront ceux du contrôle, avec les bordereaux de leurs recette & dépenſe, pièces juſtificatives d'icelles, le reſtant des blancs de quittances de prêt & d'annuel qui n'auront pas ſervi, enſemble toutes les autres pièces néceſſaires pour dreſſer leurs comptes, afin qu'il puiſſe être inceſſamment procédé à la reddition d'iceux.

BIBLIOTHÈQUE IMPÉRIALE

A PARIS, DE L'IMPRIMERIE ROYALE. 1747.

MEMOIRE

Pour servir d'Instruction aux Commis à la Recette du Prêt & Droit annuel, pour l'année 1749, en exécution de la Déclaration du 19 juin 1740, portant continuation du Droit annuel pour neuf années, qui ont commencé au premier janvier 1741, & finiront le dernier décembre 1749, & arrêt du Conseil du 11 juin 1748.

[stamp: ...IMPR...]

PREMIÈREMENT.

LES Commis à la recette du Prêt & Droit annuel, chacun dans leur généralité, feront l'ouverture de leur bureau le premier novembre 1748, jusques & compris le dernier décembre ensuivant, inclusivement, pendant lequel tems ils s'y rendront tous les jours assidus, depuis sept heures du matin jusqu'à six heures du soir.

II.

ILS feront apposer les affiches qui leur auront esté envoyées, aux lieux ordinaires & accoûtumez, comme aux portes du Bureau des finances, Bailliages & Sièges Présidiaux, Elections, Greniers à sel, & autres endroits & places publiques; & en envoyeront ès villes & bourgs dépendans de leur généralité, afin que les Officiers soient avertis de l'ouverture du bureau de ladite recette.

III.

ILS recevront au payement du droit annuel seulement, & sans aucun Prêt, les Officiers qui y auront satisfait pour l'année 1748, des Présidiaux, Bailliages, Sièges royaux, Prévôtés, Vicomtés, jurisdictions royales, inférieures & de police, & autres faisant corps d'icelles, qui y sont sujets, en payant l'annuel à moitié, conformément aux arrêts des 27 septembre 1740, 20 juin 1741, 19 juin 1742, 18 juin 1743, 19 juin 1744, 19 juin 1745, 11 juin 1746, 3 juin 1747, & 11 juin 1748.

IV.

A l'égard des Officiers qui n'ont point satisfait au payement de l'annuel depuis la déclaration du 19 juin 1740, ils y seront reçus en payant les huit années omises & la courante 1749, & un tiers de prêt seulement, conformément à l'article III du susdit arrêt du 11 juin 1748, & à la moitié de leurs évaluations, sçavoir, sur le pied d'icelles au sixième pour les Officiers des présidiaux seulement, & au cinquième pour le prêt, pour tous les autres Officiers.

V.

LES Offices de Police ne se trouvant point évaluez, ils les recevront au payement du Droit annuel, sur le pied du soixantième denier du tiers de leur finance, qui leur tiendra lieu d'évaluation, ainsi qu'il est porté par la déclaration du 9 août 1722, & du Prêt à proportion de leur annuel, au cinquième : Et comme ce tiers de leur finance doit être tiré, tant sur la principale, que des autres payées, tant pour leur tenir lieu & augmentation de finance aux offices dont ils sont pourvûs, que de ceux qui y ont été réunis, ils leur feront représenter leurs titres, à l'effet de tirer au juste le tiers de leur finance.

VI.

COMME il y a plusieurs offices domaniaux, de la finance desquels il est difficile de justifier, à moins qu'ils ne représentent les contrats d'acquisition d'iceux, ou ceux qui leur auront été passez par les Commissaires députez pour l'aliénation des Domaines de Sa Majesté, ils se feront représenter lesdits titres; le tiers du prix desquels, ainsi que de ceux qui y ont été réunis, leur tiendra lieu d'évaluation, ainsi qu'il est porté par l'article II de la déclaration du 19 juin 1740. Et en cas que l'on ne puisse leur justifier d'aucuns titres, ils auront soin d'en dresser des mémoires, & de les adresser au bureau des revenus casuels, pour être statüé sur leur évaluation : ce qui se doit entendre de ceux qui ont pris des provisions; car à l'égard de ceux qui jouissent en vertu des contrats des Commissaires députez pour l'aliénation des Domaines de Sa Majesté, ils ne sont point sujets à l'annuel.

VII.

ILS ne recevront point au payement du Droit annuel, les Officiers des Cours supérieures, mentionnez dans l'article VIII de la déclaration du 19 juin 1740, confirmez par icelle dans la survivance à eux accordée par l'édit du mois de décembre 1709, non plus que les Officiers des pays d'Artois, Flandre, Haynault & Alsace, à l'égard desquels il en sera usé comme par le passé.

VIII.

Ils ne recevront point au payement de l'annuel les Présidens-Tréforiers de France, Avocats, Procureurs du Roy, Greffiers en chef, & Chevaliers d'honneur des bureaux des finances, en ayant été dispensez par édit du mois de décembre 1743, non plus que les Officiers des Elections, des Eaux & Forêts, & des Greniers à sel, le rachat desdits droits en ayant été ordonné par édit du mois de février 1745, qui assujétit à la survivance les pourvûs desdits offices.

IX.

Se trouvant plusieurs offices qui ne sont point évaluez, les pourvûs d'iceux seront reçus au payement du prêt & annuel, par proportion de pareils offices qui se trouveront l'être; ou en cas qu'ils aient des quittances d'annuel, sur le pied d'icelles depuis vingt années sans interruption, que les Commis se feront représenter, ainsi qu'il est ordonné par l'arrêt du 29 août 1683, ce qui ne se doit entendre que des offices non évaluez; car en cas qu'ils le soient, les quittances au dessous de l'évaluation, de quelque tems qu'elles puissent être, ne doivent avoir lieu, à moins qu'il ne soit justifié par un rôle en bonne forme, ou arrêt, de la modération de l'évaluation.

X.

Observeront de ne point recevoir l'annuel pour les Officiers décédez, en cas que leurs veuves, héritiers, ou créanciers le voulussent payer, ou fissent faire des sommations à cet effet; non plus que pour les porteurs de quittances sur lesquelles il n'a point été expédié de provisions, parce qu'il n'y a que les Officiers vivans & actuellement pourvûs, qui puissent être reçus à payer le Droit annuel.

XI.

S'il se présente en personne, en leur bureau, quelques Officiers des autres généralités, pour y payer le Prêt & Droit annuel, les Commis ne feront aucune difficulté de les y recevoir, en rapportant les pièces nécessaires pour y être admis.

XII.

Se trouvant plusieurs Officiers, comme Receveurs des consignations, Commissaires aux saisies réelles & Greffiers, qui pourroient prétendre être du corps des Présidiaux, ou des autres Sièges royaux ressortissant nûement ès Cours dans lesquelles ils ont été reçus &

immatriculez, & ſous ce prétexte ne devoir payer le prêt qu'au ſixième; ils les recevront audit droit au cinquième, attendu qu'ils ne ſont point du corps des Officiers deſdits ſiéges.

XIII.

LES Officiers des Maréchauſſées, Amirautés de Bretagne, & autres juriſdictions extraordinaires, ſeront admis au payement du droit annuel ſur le pied du ſoixantième denier de l'évaluation de leurs Offices, & du prêt à proportion, au cinquième pour ceux qui ſont évaluez, ou ſur le pied du tiers de leur finance s'ils ne le ſont point; & en cas qu'ils ne juſtifient point de leur finance, ſur le pied du tiers du prix des contrats de vente.

XIV.

LES Offices municipaux créez par l'édit du mois d'août 1722, & par pluſieurs autres antérieurs, qui ont commencé dès le mois de juillet 1690, ayant été ſupprimez par pluſieurs édits, & entr'autres par celui du mois de juillet 1724, les pourvûs deſdits offices qui ont été exceptez de cette ſuppreſſion dans aucunes provinces du royaume, même de ceux créez avant l'édit de 1722, qui ont été déclarez ſubſiſtans, ſeront admis au payement de l'annuel d'iceux, ſur le pied du ſoixantième du tiers de leur finance, & du prêt à proportion, en cas qu'ils ne ſe trouvent pas évaluez.

XV.

LES pourvûs d'offices municipaux de la province de Languedoc, ſeront reçus au payement de l'annuel de leurs offices, ſur le pied réglé par l'arrêt du 6 octobre 1722, confirmé par ceux des 27 novembre 1725, 20 août 1726, 11 juillet 1730, & autres ſubſéquens, qui eſt le ſoixantième denier du neuvième de leur finance, ſans payer aucun prêt.

XVI.

LES pourvûs des offices municipaux rétablis par l'édit du mois de novembre 1733, ſeront reçus au payement de l'annuel de leurs offices, ſur le pied du ſoixantième denier du ſixième de leur finance principale ſeulement, ſans avoir égard aux ſix deniers pour livre compris dans leurs quittances, qui ne feront point partie de ladite finance, ainſi qu'il eſt porté par les arrêts des 24 août 1734, & 15 novembre 1735, & ſans payer aucun prêt; & ceux qui ſeront pourvûs de femblables offices fur les finances payées depuis le premier janvier 1745, ils feront reçus au droit annuel fur le pied du foixantième denier du tiers de leur finance principale feulement, fans payer de prêt, conformément à l'arrêt du Confeil du 22 décembre 1744.

XVII.

Les Receveurs des tailles & du taillon de la province de Languedoc, feront reçus à l'annuel de leurs offices, fur le pied du foixantième denier des deux tiers feulement de leurs anciennes évaluations, & du prêt au cinquième, à proportion, fuivant l'arrêt qui leur a été accordé à cet effet le 28 décembre 1723, confirmé par celui du 19 août 1732.

XVIII.

Les Receveurs & Contrôleurs des octrois & deniers patrimoniaux, ayant été fupprimez, & rétablis par l'édit du mois de juin 1725, ils recevront les pourvûs d'iceux au payement de l'annuel, fur le pied du foixantième denier du cinquième de leur finance principale, qui compofe leur évaluation, & du prêt à proportion, fuivant l'article XII dudit édit.

XIX.

Ils ne recevront point au payement de l'annuel aucuns pourvûs d'offices de Notaires, Procureurs, Huiffiers & Sergens, en toutes les Cours & jurifdictions royales, l'hérédité leur ayant été accordée par la déclaration du 3 décembre 1743, non plus que les Subftituts des Procureurs du Roy des fièges & jurifdictions royales, ayant faculté de poftuler; ni les Jurés vendeurs-prifeurs de meubles, & les Arpenteurs royaux, l'hérédité leur ayant été attribuée par la déclaration du 12 janvier 1745.

XX.

Ils admettront au payement du prêt feulement, & à moitié, les Officiers des domaines engagez, dont le prêt appartient au Roy, & l'annuel appartenant à l'Engagifte, dont quelques-uns ont auffi le prêt, & dont les Officiers qui fe trouvent dans ce cas, ne font fujets aux revenus cafuels du Roy, qu'aux mutations, pour le dixième denier : lefquels Engagiftes feront tenus d'exécuter l'arrêt du 17 août 1675, & celui du 20 juin 1741, & en conféquence, recevoir à l'annuel en entier, & fans difficulté, les Officiers dépendans de leurs engagemens, qui justifieront avoir payé le prêt au Roy, quoiqu'à moitié; & en cas de refus, & après les sommations à eux faites, lesdits Commis admettront lesdits offices à l'annuel, à moitié, si c'est un office qui soit de nature à jouir de ce bénéfice, sans que les Engagistes refusans de les recevoir, puissent prétendre, pour raison du défaut dudit payement, lesdits offices vacans à leur profit, ainsi qu'il est porté par lesdits arrêts du 20 juin 1741, & 19 juin 1742.

XXI.

ILS recevront les blancs de quittances des gages des Officiers des Maréchaussées, pour comptant de leur prêt & annuel, & jusqu'à la concurrence de ce qui peut être dû desdits droits, dont ceux qui les ont payez leur représenteront les quittances, & leur feront endosser lesdits blancs, de leurs véritables noms & surnoms; la plûpart de ceux fournis pour les années précédentes, ayant été renvoyez sur les lieux pour être réformez, à cause qu'ils n'avoient été remplis que du surnom de seigneurie, & non des véritables noms de baptême & surnom de famille.

XXII.

LES Commis remettront les quittances à celui qui est commis au contrôle, pour les contrôler; & s'il arrive que quelques Officiers jugent à propos d'en rapporter quelques-unes, pour y augmenter ou diminuer, selon leurs titres & qualités, ou autres raisons, ils ne les reprendront point en cas qu'elles aient été contrôlées, qu'au préalable elles n'aient été déchargées du contrôle, & qu'il n'ait été fait mention par les Commis au contrôle, au bas de l'enregistrement d'icelles, de ladite décharge, & de la raison pour laquelle elle aura été faite, qui sera datée & signée dudit Commis; auquel cas, celui à la recette pourra expédier une nouvelle quittance sous les titres requis, la porter de nouveau sur son registre, & rayer l'ampliation de celle qui aura précédemment été expédiée, en faisant une mention sommaire en marge, de la raison pour laquelle elle aura été rayée & déchargée du contrôle.

XXIII.

S'IL arrive quelque difficulté qui n'aura pas été prévûe, les Commis en donneront avis, & cependant ils recevront & chargeront leurs registres d'ampliations; en sorte que les Officiers ne demeurent

point en ſuſpens, & ne courent aucun riſque dans leurs offices, ſauf à y être pourvû l'année ſuivante en connoiſſance de cauſe : Et comme quelques Officiers leur pourroient faire ſignifier des actes concernant leurs prétentions, ils les recevront ſans y faire aucune réponſe verbale, ni par écrit, & les envoyeront inceſſamment au bureau de Paris, pour y être pourvû.

XXIV.

LES Commis donneront avis de l'état de leur recette, tous les huit jours, en attendant les ordres qui leur ſeront envoyez pour la remiſe d'icelle.

XXV.

ILS feront chacun en leur généralité, des bordereaux exacts & bien calculez, du montant de leur recette, leſquels ils préſenteront le lendemain de la clôture du bureau, qui ſera le premier jour de l'année, avec leurs regiſtres, à Meſſieurs les Tréſoriers de France, pour être par eux leſdits regiſtres arrêtez en la manière accoûtumée, ou à Meſſieurs les Intendans, dans les lieux où il n'y a point de bureau des finances.

XXVI.

APRÈS que leurs regiſtres auront été arrêtez, ils les envoyeront à leurs cautions à Paris, & y joindront ceux du contrôle, avec les bordereaux de leurs recette & dépenſe, pièces juſtificatives d'icelles, le reſtant des blancs de quittances de prêt & d'annuel qui n'auront pas ſervi, enſemble toutes les autres pièces néceſſaires pour dreſſer leurs comptes, afin qu'il puiſſe être inceſſamment procédé à la reddition d'iceux.

A PARIS, DE L'IMPRIMERIE ROYALE. 1748.

BIBLIOTHÈQUE [illegible]

MEMOIRE

Pour servir d'Instruction aux Commis à la Recette du Prêt & Droit annuel, pour l'année 1750, en exécution de la Déclaration du 8 juillet 1749, portant continuation du Droit annuel pendant neuf années, qui commenceront le premier janvier 1750, & finiront le dernier décembre 1758.

PREMIÈREMENT.

LES Commis à la recette du Prêt & Droit annuel, chacun dans leur généralité, feront l'ouverture de leur bureau le premier novembre 1749, jusques & compris le dernier décembre ensuivant, conformément à la déclaration du 8 juillet 1749; pendant lequel tems ils s'y trouveront assiduement tous les jours, depuis sept heures du matin jusqu'à six heures du soir.

II.

ILS feront apposer les affiches qui leur auront été envoyées, aux lieux accoûtumés, comme aux portes du Bureau des finances, du Siège Présidial, Election, Grenier à sel, & autres endroits & places publiques; & en envoyeront dans toutes les villes de leur généralité, même dans celles où les offices sont à la nomination des Engagistes, afin que tous les Officiers soient avertis de l'ouverture du bureau de ladite recette, & des dispositions de ladite déclaration du 8 juillet 1749.

III.

ILS recevront au payement du prêt & annuel les Officiers qui y sont sujets, en payant par eux un tiers de prêt, sur le pied du cinquième denier de leur évaluation, faisant douze fois l'annuel, & le droit annuel sur le pied du soixantième: A l'égard des Officiers des Présidiaux, Sénéchaussées, Bailliages, Sièges royaux, Prévôtés, Jurisdictions royales, inférieures & de police, & autres faisant corps d'icelles, ils les recevront au payement du droit annuel, sur le pied de la moitié de leur évaluation, & au prêt à proportion, conformément à l'arrêt du Conseil du 9 septembre 1749: Ils ne percevront cependant ſur les Officiers des Préſidiaux ſeulement, ledit droit de prêt que ſur le pied du ſixième denier, faiſant dix fois l'annuel.

I V.

Il ſe trouvera pluſieurs Officiers, comme Receveurs des conſignations, Commiſſaires aux ſaiſies réelles & Greffiers, qui prétendront être du corps des Préſidiaux, ou des autres Sieges royaux reſſortiſſant nûement ès Cours dans leſquelles ils ont été reçûs & immatriculés, & ſous ce prétexte ne devoir payer le prêt qu'au ſixième denier; mais nonobſtant ces prétentions, ils les recevront audit droit au cinquième & à l'annuel en entier, attendu qu'ils ne ſont point du corps des Officiers deſdits ſièges, non plus que les Subſtituts, ſi aucun y a en iceux ſujets auxdits droits.

V.

Les Offices de Police & autres créés héréditaires ou en ſurvivance, & rendus depuis caſuels par la déclaration du 9 août 1722, n'étant point évalués, ils prendront le tiers de leur finance pour ſervir d'évaluation, ainſi qu'il eſt porté par ladite déclaration du 9 août 1722 : Et comme ce tiers de leur finance doit être tiré ſur la principale & ſur les autres payées depuis, tant pour augmentation de finance que pour offices réunis, ils feront repréſenter aux pourvûs d'iceux leurs titres, à l'effet de tirer au juſte le tiers de leur finance.

V I.

A l'égard des offices qui ont été créés ſous le titre de domaniaux, de la finance deſquels il eſt difficile aux titulaires de juſtifier, les Commis s'en feront repréſenter les contrats d'acquiſition, ou ceux qui auront été paſſés par les Commiſſaires députés pour l'aliénation des Domaines de Sa Majeſté; le tiers du prix deſquels, ainſi que de ceux qui y ont été réunis, leur tiendra lieu d'évaluation, comme il eſt porté par l'article II de la déclaration du 8 juillet 1749. Et en cas que l'on ne puiſſe leur juſtifier d'aucuns titres, ils auront ſoin d'en dreſſer des mémoires, & de les adreſſer au bureau des revenus caſuels, pour être ſtatué ſur leur évaluation.

V I I.

Comme il y a pluſieurs anciens offices non évalués, dont il eſt impoſſible de répréſenter les quittances de finance, les pourvûs d'iceux ſeront reçûs au payement du prêt & annuel, par proportion de pareils offices qui se trouveront l'être; ou en cas qu'ils aient des quittances d'annuel, sur le pied d'icelles depuis vingt années sans interruption, que les Commis se feront représenter, ainsi qu'il est ordonné par l'arrêt du 29 août 1682 : ce qui ne se doit entendre que des offices non évalués, car en cas qu'ils le soient, les quittances au dessous de l'évaluation, de quelque temps qu'elles puissent être, ne doivent avoir lieu, à moins qu'il ne soit justifié par un rôle en bonne forme, ou par un arrêt, de la modération de l'évaluation.

VIII.

ILS recevront pareillement au payement du prêt & droit annuel, ceux qui exercent des offices en vertu de quittances de finance contrôlées, & qui sont dispensés de prendre des provisions par leurs édits de création, ou par des arrêts du Conseil; à l'exception de ceux qui sont dispensés de payer lesdits droits par des arrets particuliers, conformément à l'article VIII de la déclaration du 8 juillet 1749.

IX.

ILS observeront de ne point recevoir le prêt & annuel pour les Officiers décédés, en cas que leurs veuves, héritiers, ou créanciers les voulussent payer, ou fissent faire des sommations à cet effet, parce qu'il n'y a que les Officiers vivans qui puissent être reçûs à payer lesdits droits; & à cet effet, ils se feront représenter la procuration ou le certificat de vie de ceux qui ne se présenteront point en personne.

X.

LES Officiers des Amirautés de Bretagne, seront reçûs au payement du prêt & droit annuel sur le pied de la moitié de leur finance, qui leur tiendra lieu d'évaluation, conformément à l'arrêt du Conseil du 12 janvier 1692.

XI.

LES Offices municipaux créés par l'édit du mois d'août 1722, & par plusieurs autres antérieurs, qui ont commencé dès le mois de juillet 1690, ayant été supprimés par plusieurs édits, & entr'autres par celui du mois de juillet 1724, les pourvûs desdits offices qui ont été exceptés de cette suppression dans aucunes provinces du royaume, même de ceux créés avant l'édit de 1722, qui ont été déclarés subsistans, seront admis au payement de l'annuel d'iceux, sur le pied du soixantième du tiers de leur finance, & du prêt à proportion, en cas qu'ils ne ſe trouvent point évalués.

X I I.

Ils recevront au payement du droit annuel, ſur le pied du ſoixantième denier du ſixième de la finance principale, & ſans prêt, les pourvûs d'offices municipaux des villes & communautés du royaume créés par édit du mois de novembre 1733, dont les finances ont été payées en eſpèces & effets, ainſi que les anciens Officiers municipaux de la province de Languedoc qui ont payé le ſupplément de finance ordonné par l'arrêt du 8 février 1735; le tout conformément à l'arrêt du Conſeil du 27 ſeptembre 1749.

X I I I.

Les pourvûs d'offices municipaux de la même création du mois de novembre 1733, dont les finances ont été réduites aux deux cinquièmes, & payées en argent ſans aucuns effets, depuis le premier janvier 1745, dans les quittances de finance deſquels il ſera fait mention des deux ſols pour livre, ſeront reçûs au payement du droit annuel ſur le pied du ſoixantième denier du tiers de leur finance principale ſeulement, ſans payer de prêt, conformément à l'arrêt du Conſeil du 22 décembre 1744, & à celui du 27 ſeptembre 1749.

X I V.

Les Receveurs des tailles & du taillon de la province de Languedoc, ſeront reçûs à l'annuel de leurs offices, ſur le pied du ſoixantième denier des deux tiers ſeulement de leurs anciennes évaluations, & du prêt au cinquième, à proportion, ſuivant l'arrêt qui leur a été accordé à cet effet le 28 décembre 1723, confirmé par ceux des 19 août 1732, 3 décembre 1740 & 7 ſeptembre 1749.

X V.

Les Receveurs & Contrôleurs des octrois & deniers patrimoniaux, ayant été ſupprimés, & rétablis par l'édit du mois de juin 1725, ils recevront les pourvûs d'iceux au payement de l'annuel, ſur le pied du ſoixantième denier du cinquième de leur finance principale, qui doit former leur évaluation, & du prêt à proportion, ſuivant l'article XII dudit édit.

X V I.

Ils admettront au payement du prêt ſeulement, & à moitié, ſi c'eſt office de nature à jouir de ce bénéfice, les Officiers des domaines engagés, dont le prêt appartient au Roy, & l'annuel aux Engagiſtes, lesquels Engagistes seront tenus d'exécuter les articles IX, X & XI de la déclaration du 8 juillet 1749 ; & en conséquence, lesdits Engagistes ne pourront recevoir à l'annuel que les Officiers dépendans de leurs domaines, qui justifieront avoir payé le prêt au Roy; & en cas que les Engagistes voulussent exiger le droit annuel sur un pied plus fort que les évaluations faites aux revenus casuels de Sa Majesté, les Commis recevront au payement dudit droit, & à moitié, si c'est aussi office de nature à jouir de ce bénéfice, les Officiers qui justifieront par un acte en bonne forme du refus fait par l'Engagiste de les recevoir sur le pied desdites évaluations.

XVII.

Ils recevront les blancs de quittances des gages des Officiers des Maréchaussées, pour comptant de leur prêt & annuel, & jusqu'à la concurrence de ce qui peut être dû desdits droits, dont ceux qui les ont payés leur représenteront les quittances, & leur feront endosser lesdits blancs, de leurs véritables noms & surnoms; la plûpart de ceux fournis pour les années précédentes, ayant été renvoyés sur les lieux pour être réformés, à cause qu'ils n'avoient été remplis que du surnom de seigneurie, & non des véritables noms de baptême & surnom de famille.

XVIII.

S'il se présente en personne, en leur bureau, quelques Officiers des autres généralités, pour y payer le prêt & droit annuel, les Commis ne feront aucune difficulté de les y recevoir, en rapportant les pièces nécessaires pour y être admis, comme les précédentes quittances, la procuration & certificat de vie, en cas qu'ils ne se présentent point en personne.

XIX.

Ils ne recevront point au payement du droit annuel, les Officiers des Cours supérieures, mentionnés dans l'article XII de la déclaration du 8 juillet 1749, confirmés par icelle dans la survivance à eux accordée par l'édit du mois de décembre 1709, non plus que les Officiers des pays d'Artois, Flandre, Hainault & Alsace, à l'égard desquels il en sera usé comme par le passé; à l'exception néanmoins des Receveurs généraux des finances, des Commissaires & Contrôleurs des guerres, des Prévôts, Lieutenans & autres Officiers de Maréchaussée qui exercent leurs fonctions dans lesdits pays, & qui ont toûjours été assujetis au payement du prêt & annuel.

XX.

ILS n'admettront point non plus au payement du prêt & annuel les Présidens-Trésoriers de France, Avocats, Procureurs du Roy, Greffiers en chef, & Chevaliers d'honneur des bureaux des finances, ni les Officiers des Elections, des Greniers à sel, & des Eaux & Forêts, le rachat desdits droits ayant été ordonné par les édits des mois de décembre 1743 & février 1745, qui assujétissent à la survivance les pourvûs desdits offices.

XXI.

L'HÉRÉDITÉ aiant été accordée par les déclarations du 3 décembre 1743 & 12 janvier 1745, aux offices de Notaires, Procureurs, premiers Huissiers, Huissiers-Audienciers, & Sergens, en toutes les Cours & jurisdictions royales, aux Substituts des Procureurs du Roy des sièges & jurisdictions royales, ayant faculté de postuler, aux Jurés priseurs-vendeurs de meubles, & aux Arpenteurs royaux, les Commis ne recevront point le prêt & annuel des pourvûs desdits offices.

XXII.

LES Commis remettront les quittances à celui qui est commis au contrôle, pour les contrôler; & s'il arrive que quelques Officiers jugent à propos d'en rapporter quelques-unes, pour y augmenter ou diminuer, selon leurs titres & qualités, ou autres raisons, ils ne les reprendront point en cas qu'elles aient été contrôlées, qu'au préalable elles n'aient été déchargées du contrôle, & qu'il n'ait été fait mention par les Commis au contrôle, au bas de l'enregistrement d'icelles, de ladite décharge, & de la raison pour laquelle elle aura été faite, qui sera datée & signée dudit Commis; auquel cas, le Commis à la recette pourra expédier une nouvelle quittance sous les titres requis, la porter de nouveau sur son registre, & rayer l'ampliation de celle qui aura été précédemment expédiée, en faisant une mention sommaire en marge, de la raison pour laquelle elle aura été rayée & déchargée du contrôle.

XXIII.

S'IL arrive quelque difficulté qui n'aura pas été prévûe, les Commis en donneront avis, & cependant ils recevront & chargeront leurs registres d'ampliations; en sorte que les Officiers ne demeurent

point en ſuſpens, & ne courent aucun riſque dans leurs offices, ſauf à y être pourvû l'année ſuivante en connoiſſance de cauſe: Et comme quelques Officiers leur pourroient faire ſignifier des actes concernant leurs prétentions, ils les recevront ſans y faire aucune réponſe verbale, ni par écrit, & les envoyeront inceſſamment au bureau de Paris, pour y être pourvû.

XXIV.

Les Commis donneront avis de l'état de leur recette, tous les huit jours, en attendant les ordres qui leur ſeront envoyés pour la remiſe d'icelle.

XXV.

Ils feront chacun en leur généralité, des bordereaux exacts & bien calculés, du montant de leur recette, leſquels ils préſenteront le lendemain de la clôture du bureau, qui ſera le premier jour de l'année, avec leurs regiſtres, à Meſſieurs les Tréſoriers de France, pour être par eux leſdits regiſtres arrêtés en la manière accoûtumée, ou à Meſſieurs les Intendans, dans les lieux où il n'y a point de bureau des finances.

XXVI.

Après que leurs regiſtres auront été arrêtés, ils les envoyeront à leurs cautions à Paris, & y joindront ceux du contrôle, avec les bordereaux de leurs recette & dépenſe, pièces juſtificatives d'icelles, le reſtant des blancs de quittances de prêt & d'annuel qui n'auront pas ſervi, enſemble toutes les autres pièces néceſſaires pour dreſſer leurs comptes, afin qu'il puiſſe être inceſſamment procédé à la reddition d'iceux.

XXVII.

Les Commis qui auront connoiſſance de la vacance des offices, faute par les titulaires d'en avoir payé le prêt & droit annuel, auront ſoin d'en donner avis au bureau des revenus caſuels.

A PARIS, DE L'IMPRIMERIE ROYALE. 1749.

MEMOIRE

Pour ſervir d'Inſtruction aux Commis à la Recette du Prêt & Droit annuel, pour l'année 1751, en exécution de la Déclaration du 8 juillet 1749, portant continuation du Droit annuel pendant neuf années, qui ont commencé le premier janvier 1750, & finiront le dernier décembre 1758, & arrêt du Conſeil du 24 juin 1750.

PREMIÈREMENT.

LES Commis à la recette du Prêt & Droit annuel, chacun dans leur généralité, feront l'ouverture de leur bureau le premier novembre 1750, juſques & compris le dernier décembre enſuivant incluſivement; pendant lequel temps ils s'y trouveront aſſidument tous les jours, depuis ſept heures du matin juſqu'à ſix heures du ſoir.

II.

ILS feront appoſer les affiches qui leur auront été envoyées, aux lieux accoûtumés, comme aux portes du Bureau des finances, du Siège Préſidial, Election, Grenier à ſel, & autres endroits & places publiques; & en envoyeront dans toutes les villes de leur généralité, même dans celles où les offices ſont à la nomination des Engagiſtes, afin que tous les Officiers ſoient avertis de l'ouverture du bureau de ladite recette.

III.

ILS recevront au payement du prêt & annuel, les Officiers qui y ſont ſujets, en payant par ceux qui ont ſatisfait pour l'année 1750, un tiers de prêt, ſur le pied du cinquième denier de leur évaluation, faiſant douze fois l'annuel, & le droit annuel ſur le pied du ſoixantième; & par ceux qui ſont omiſſionnaires, deux tiers de prêt & deux années d'annuel : A l'égard des Officiers des Préſidiaux, Sénéchauſſées, Bailliages, Sièges royaux, Prevôtés, Juriſdictions royales, inférieures & de police, & autres faiſant corps d'icelles, ils les recevront au payement du droit annuel, ſur le pied de la moitié de leur évaluation, & au prêt à proportion, conformément aux arrêts du Conseil des 9 septembre 1749, & 24 juin 1750: Ils ne dercevront cependant sur les Officiers des Présidiaux seulement, ledit droit de prêt, que sur le pied du sixième denier, faisant dix fois l'annuel.

IV.

Il se trouvera plusieurs Officiers, comme Receveurs des consignations, Commissaires aux saisies réelles & Greffiers, qui prétendront être du corps des Présidiaux, ou des autres Sièges royaux ressortissant nuement ès Cours dans lesquelles ils ont été reçûs & immatriculés, & sous ce prétexte ne devoir payer le prêt qu'au sixième denier; mais nonobstant ces prétentions, ils les recevront audit droit au cinquième & à l'annuel en entier, attendu qu'ils ne sont point du corps des Officiers desdits sièges, non plus que les Substituts, si aucuns y a en iceux sujets auxdits droits.

V.

Les Offices de Police & autres créés héréditaires ou en survivance, & rendus depuis casuels par la déclaration du 9 août 1722, n'étant point évalués, ils prendront le tiers de leur finance pour servir d'évaluation, ainsi qu'il est porté par ladite déclaration du 9 août 1722 : Et comme ce tiers de leur finance doit être tiré sur la principale & sur les autres payées depuis, tant pour augmentation de finance que pour offices réunis, ils feront représenter aux pourvûs d'iceux leurs titres, à l'effet de tirer au juste le tiers de leur finance.

VI.

A l'égard des offices qui ont été créés sous le titre de domaniaux, de la finance desquels il est difficile aux titulaires de justifier, les Commis s'en feront représenter les contrats d'acquisition, ou ceux qui auront été passés par les Commissaires députés pour l'aliénation des Domaines de Sa Majesté; le tiers du prix desquels, ainsi que de ceux qui y ont été réunis, leur tiendra lieu d'évaluation, comme il est porté par l'article II de la déclaration du 8 juillet 1749. Et en cas que l'on ne puisse leur justifier d'aucuns titres, ils auront soin d'en dresser des mémoires, & de les adresser au bureau des revenus casuels, pour être statué sur leur évaluation.

VII.

Comme il y a plusieurs anciens offices non évalués, dont il est impossible de réprésenter les quittances de finance, les pourvûs d'iceux feront reçûs au payement du prêt & annuel, par proportion de pareils offices qui se trouveront l'être; ou en cas qu'ils aient des quittances d'annuel, sur le pied d'icelles depuis vingt années sans interruption, que les Commis se feront représenter, ainsi qu'il est ordonné par l'arrêt du 29 août 1682 : ce qui ne se doit entendre que des offices non évalués, car en cas qu'ils le soient, les quittances au dessous de l'évaluation, de quelque temps qu'elles puissent être, ne doivent avoir lieu, à moins qu'il ne soit justifié par un rôle en bonne forme, ou par un arrêt, de la modération de l'évaluation.

VIII.

Ils recevront pareillement au payement du prêt & droit annuel, ceux qui exercent des offices en vertu de quittances de finance contrôlées, & qui sont dispensés de prendre des provisions par leurs édits de création, ou par des arrêts du Conseil; à l'exception de ceux qui sont dispensés de payer lesdits droits par des arrêts particuliers, conformément à l'article VIII de la déclaration du 8 juillet 1749.

IX.

Ils observeront de ne point recevoir le prêt & annuel pour les Officiers décédés, en cas que leurs veuves, héritiers, ou créanciers les voulussent payer, ou fissent faire des sommations à cet effet, parce qu'il n'y a que les Officiers vivans qui puissent être reçûs à payer lesdits droits; & à cet effet, ils se feront représenter la procuration ou le certificat de vie de ceux qui ne se présenteront point en personne.

X.

Les Officiers des Amirautés de Bretagne, feront reçûs au payement du prêt & droit annuel sur le pied de la moitié de leur finance, qui leur tiendra lieu d'évaluation, conformément à l'arrêt du Conseil du 12 janvier 1692.

XI.

Les Offices municipaux créés par l'édit du mois d'août 1722, & par plusieurs autres antérieurs, qui ont commencé dès le mois de juillet 1690, ayant été supprimés par plusieurs édits, & entr'autres par celui du mois de juillet 1724, les pourvûs desdits offices qui ont été exceptés de cette suppression dans aucunes provinces du royaume, même de ceux créés avant l'édit de 1722, qui ont été déclarés subsistans, feront admis au payement de l'annuel d'iceux, ſur le pied du ſoixantième du tiers de leur finance, & du prêt à proportion, en cas qu'ils ne ſe trouvent point évalués.

XII.

Ils recevront au payement du droit annuel, ſur le pied du ſoixantième denier du ſixième de la finance principale, & ſans prêt, les pourvûs d'offices municipaux des villes & communautés du royaume créés par édit du mois de novembre 1733, dont les finances ont été payées en eſpèces & effets, ainſi que les anciens Officiers municipaux de la province de Languedoc qui ont payé le ſupplément de finance ordonné par l'arrêt du 8 février 1735 ; le tout conformément à l'arrêt du Conſeil du 27 ſeptembre 1749.

XIII.

Les pourvûs d'offices municipaux de la même création du mois de novembre 1733, dont les finances ont été réduites aux deux cinquièmes, & payées en argent ſans aucuns effets, depuis le premier janvier 1745, dans les quittances de finance deſquels il ſera fait mention des deux ſols pour livre, ſeront reçûs au payement du droit annuel ſur le pied du ſoixantième denier du tiers de leur finance principale ſeulement, ſans payer de prêt, conformément à l'arrêt du Conſeil du 22 décembre 1744, & à celui du 27 ſeptembre 1749.

XIV.

Les Receveurs des tailles & du taillon de la province de Languedoc, ſeront reçûs à l'annuel de leurs offices, ſur le pied du ſoixantième denier des deux tiers ſeulement de leurs anciennes évaluations, & du prêt au cinquième, à proportion, ſuivant l'arrêt qui leur a été accordé à cet effet le 28 décembre 1723, confirmé par ceux des 19 août 1732, 3 décembre 1740, & 7 ſeptembre 1749.

XV.

Les Receveurs & Contrôleurs des octrois & deniers patrimoniaux, ayant été ſupprimés, & rétablis par l'édit du mois de juin 1725, ils recevront les pourvûs d'iceux au payement de l'annuel, ſur le pied du ſoixantième denier du cinquième de leur finance principale, qui doit former leur évaluation, & du prêt à proportion, ſuivant l'article XII dudit édit.

XVI.

Ils admettront au payement du prêt ſeulement, & à moitié ſi c'eſt office de nature à jouir de ce bénéfice, les Officiers des domaines engagés, dont le prêt appartient au Roy, & l'annuel aux Engagistes, lesquels Engagistes seront tenus d'exécuter les articles IX, X & XI de la déclaration du 8 juillet 1749 ; & en conséquence, lesdits Engagistes ne pourront recevoir à l'annuel que les Officiers dépendans de leurs domaines, qui justifieront avoir payé le prêt au Roy; & en cas que les Engagistes voulussent exiger le droit annuel sur un pied plus fort que les évaluations faites aux revenus casuels de Sa Majesté, les Commis recevront au payement dudit droit, & à moitié si c'est aussi office de nature à jouir de ce bénéfice, les Officiers qui justifieront par un acte en bonne forme du refus fait par l'Engagiste de les recevoir sur le pied desdites évaluations.

XVII.

ILS recevront les blancs de quittances des gages des Officiers des Maréchaussées, pour comptant de leur prêt & annuel, & jusqu'à la concurrence de ce qui peut être dû desdits droits, dont ceux qui les ont payés leur représenteront les quittances, & leur feront endosser lesdits blancs, de leurs véritables noms & surnoms; la plûpart de ceux fournis pour les années précédentes, ayant été renvoyés sur les lieux pour être réformés, à cause qu'ils n'avoient été remplis que du surnom de seigneurie, & non des véritables noms de baptême & surnom de famille.

XVIII.

S'IL se présente en personne, en leur bureau, quelques Officiers des autres généralités, pour y payer le prêt & droit annuel, les Commis ne feront aucune difficulté de les y recevoir, en rapportant les pièces nécessaires pour y être admis, comme les précédentes quittances, la procuration & certificat de vie, en cas qu'ils ne se présentent point en personne.

XIX.

ILS ne recevront point au payement du droit annuel, les Officiers des Cours supérieures, mentionnés dans l'article XII de la déclaration du 8 juillet 1749, confirmés par icelle dans la survivance à eux accordée par l'édit du mois de décembre 1709, non plus que les Officiers des pays d'Artois, Flandre, Haynault & Alsace, à l'égard desquels il en sera usé comme par le passé; à l'exception néanmoins des Receveurs généraux des finances, des Commissaires & Contrôleurs des guerres, des Prevôts, Lieutenans & autres Officiers de

Maréchaussée qui exercent leurs fonctions dans lesdits pays, & qui ont toûjours été assujetis au payement du prêt & annuel.

XX.

ILS n'admettront point non plus au payement du prêt & annuel les Présidens-Trésoriers de France, Avocats, Procureurs du Roy, Greffiers en chef, & Chevaliers d'honneur des bureaux des finances, ni les Officiers des Elections, des Greniers à sel, & des Eaux & Forêts, le rachat desdits droits ayant été ordonné par les édits des mois de décembre 1743, & février 1745, qui assujétissent à la survivance les pourvûs desdits offices.

XXI.

L'HÉRÉDITÉ ayant été accordée par les déclarations du 3 décembre 1743, & 12 janvier 1745, aux offices de Notaires, Procureurs, premiers Huissiers, Huissiers-Audienciers, & Sergens, en toutes les Cours & jurisdictions royales, aux Substituts des Procureurs du Roy des sièges & jurisdictions royales, ayant faculté de postuler, aux Jurés priseurs-vendeurs de meubles, & aux Arpenteurs royaux, les Commis ne recevront point le prêt & annuel des pourvûs desdits offices.

XXII.

LES Commis remettront les quittances à celui qui est commis au contrôle, pour les contrôler; & s'il arrive que quelques Officiers jugent à propos d'en rapporter quelques-unes, pour y augmenter ou diminuer, selon leurs titres & qualités, ou autres raisons, ils ne les reprendront point en cas qu'elles aient été contrôlées, qu'au préalable elles n'aient été déchargées du contrôle, & qu'il n'ait été fait mention par les Commis au contrôle, au bas de l'enregistrement d'icelles, de ladite décharge, & de la raison pour laquelle elle aura été faite, qui sera datée & signée dudit Commis; auquel cas, le Commis à la recette pourra expédier une nouvelle quittance sous les titres requis, la porter de nouveau sur son registre, & rayer l'ampliation de celle qui aura été précédemment expédiée, en faisant une mention sommaire en marge, de la raison pour laquelle elle aura été rayée & déchargée du contrôle.

XXIII.

S'IL arrive quelque difficulté qui n'aura pas été prévûe, les Commis en donneront avis, & cependant ils recevront & chargeront leurs regiſtres d'ampliations; en ſorte que les Officiers ne demeurent point en ſuſpens, & ne courent aucun riſque dans leurs offices, ſauf à y être pourvû l'année ſuivante en connoiſſance de cauſe: Et comme quelques Officiers leur pourroient faire ſignifier des actes concernant leurs prétentions, ils les recevront ſans y faire aucune réponſe verbale, ni par écrit, & les envoyeront inceſſamment au bureau de Paris, pour y être pourvû.

XXIV.

Les Commis donneront avis de l'état de leur recette, tous les huit jours, en attendant les ordres qui leur ſeront envoyés pour la remiſe d'icelle.

XXV.

Ils feront chacun en leur généralité, des bordereaux exacts & bien calculés, du montant de leur recette, leſquels ils préſenteront le lendemain de la clôture du bureau, qui ſera le premier jour de l'année, avec leurs regiſtres, à Meſſieurs les Tréſoriers de France, pour être par eux leſdits regiſtres arrêtés en la manière accoûtumée, ou à Meſſieurs les Intendans, dans les lieux où il n'y a point de bureau des finances.

XXVI.

Après que leurs regiſtres auront été arrêtés, ils les envoyeront à leurs cautions à Paris, & y joindront ceux du contrôle, avec les bordereaux de leurs recette & dépenſe, pièces juſtificatives d'icelles, le reſtant des blancs de quittances de prêt & d'annuel qui n'auront pas ſervi, enſemble toutes les autres pièces néceſſaires pour dreſſer leurs comptes, afin qu'il puiſſe être inceſſamment procédé à la reddition d'iceux.

XXVII.

Les Commis qui auront connoiſſance de la vacance des offices, faute par les titulaires d'en avoir payé le prêt & droit annuel, auront ſoin d'en donner avis au bureau des revenus caſuels.

A PARIS, DE L'IMPRIMERIE ROYALE. 1750.

MEMOIRE

Pour servir d'Instruction aux Commis à la Recette du Prêt & Droit annuel, pour l'année 1752, en exécution de la Déclaration du 8 juillet 1749, portant continuation du Droit annuel pendant neuf années, qui ont commencé le premier janvier 1750, & finiront le dernier décembre 1758, & arrêt du Conseil du premier juin 1751.

BIBLIOTHÈQUE IMPÉRIALE

PREMIÈREMENT.

LES Commis à la recette du Prêt & Droit annuel, chacun dans leur généralité, feront l'ouverture de leur bureau le premier novembre 1751, jusques & compris le dernier décembre ensuivant inclusivement; pendant lequel temps ils s'y trouveront assidument tous les jours, depuis sept heures du matin jusqu'à six heures du soir.

II.

ILS feront apposer les affiches qui leur auront été envoyées, aux lieux accoûtumés, comme aux portes du Bureau des finances, du Siège Présidial, Election, Grenier à sel, & autres endroits & places publiques; & en envoyeront dans toutes les villes de leur généralité, même dans celles où les offices sont à la nomination des Engagistes, afin que tous les Officiers soient avertis de l'ouverture du bureau de ladite recette.

III.

ILS recevront au payement du prêt & annuel, les Officiers qui y sont sujets, en payant par ceux qui ont satisfait pour l'année 1751, un tiers de prêt, sur le pied du cinquième denier de leur évaluation, faisant douze fois l'annuel, & le droit annuel sur le pied du soixantième; & par ceux qui sont omissionnaires, tout ce qui sera dû de prêt & d'annuel omis: A l'égard des Officiers des Présidiaux, Sénéchaussées, Bailliages, Sièges royaux, Prevôtés, Jurisdictions royales, inférieures & de police, & autres faisant corps d'icelles, ils les recevront au payement du droit annuel, sur le pied de la moitié de leur évaluation, & au prêt à proportion, conformément aux arrêts du Conſeil des 9 ſeptembre 1749, 24 juin 1750, & premier juin 1751 : Ils ne percevront cependant ſur les Officiers des Préſidiaux ſeulement, ledit droit de prêt, que ſur le pied du ſixième denier, faiſant dix fois l'annuel.

I V.

Il ſe trouvera pluſieurs Officiers, comme Receveurs des conſignations, Commiſſaires aux ſaiſies réelles & Greffiers, qui prétendront être du corps des Préſidiaux, ou des autres Sièges royaux reſſortiſſant nuement ès Cours dans leſquelles ils ont été reçûs & immatriculés, & ſous ce prétexte ne devoir payer le prêt qu'au ſixième denier; mais nonobſtant ces prétentions, ils les recevront audit droit au cinquième & à l'annuel en entier, attendu qu'ils ne ſont point du corps des Officiers deſdits ſièges, non plus que les Subſtituts, ſi aucuns y a en iceux ſujets auxdits droits.

V.

Les Offices de Police & autres créés héréditaires ou en ſurvivance, & rendus depuis caſuels par la déclaration du 9 août 1722, n'étant point évalués, ils prendront le tiers de leur finance pour ſervir d'évaluation, ainſi qu'il eſt porté par ladite déclaration du 9 août 1722 : Et comme ce tiers de leur finance doit être tiré ſur la principale & ſur les autres payées depuis, tant pour augmentation de finance que pour offices réunis, ils feront repréſenter aux pourvûs d'iceux leurs titres, à l'effet de tirer au juſte le tiers de leur finance.

V I.

A l'égard des offices qui ont été créés ſous le titre de domaniaux, de la finance deſquels il eſt difficile aux titulaires de juſtifier, les Commis s'en feront repréſenter les contrats d'acquiſition, ou ceux qui auront été paſſés par les Commiſſaires députés pour l'aliénation des Domaines de Sa Majeſté; le tiers du prix deſquels, ainſi que de ceux qui y ont été réunis, leur tiendra lieu d'évaluation, comme il eſt porté par l'article II de la déclaration du 8 juillet 1749. Et en cas que l'on ne puiſſe leur juſtifier d'aucuns titres, ils auront ſoin d'en dreſſer des mémoires, & de les adreſſer au bureau des revenus caſuels, pour être ſtatué ſur leur évaluation.

V I I.

Comme il y a pluſieurs anciens offices non évalués, dont il eſt impoſſible de repréſenter les quittances de finance, les pourvûs d'iceux seront reçûs au payement du prêt & annuel, par proportion de pareils offices qui se trouveront l'être ; ou en cas qu'ils aient des quittances d'annuel, sur le pied d'icelles depuis vingt années sans interruption, que les Commis se feront représenter, ainsi qu'il est ordonné par l'arrêt du 29 août 1682 : ce qui ne se doit entendre que des offices non évalués, car en cas qu'ils le soient, les quittances au dessous de l'évaluation, de quelque temps qu'elles puissent être, ne doivent avoir lieu, à moins qu'il ne soit justifié par un rôle en bonne forme, ou par un arrêt, de la modération de l'évaluation.

VIII.

Ils recevront pareillement au payement du prêt & droit annuel, ceux qui exercent des offices en vertu de quittances de finance contrôlées, & qui sont dispensés de prendre des provisions par leurs édits de création, ou par des arrêts du Conseil ; à l'exception de ceux qui sont dispensés de payer lesdits droits par des arrêts particuliers, conformément à l'article VIII de la déclaration du 8 juillet 1749.

IX.

Ils observeront de ne point recevoir le prêt & annuel pour les Officiers décédés, en cas que leurs veuves, héritiers, ou créanciers les voulussent payer, ou fissent faire des sommations à cet effet, parce qu'il n'y a que les Officiers vivans qui puissent être reçûs à payer lesdits droits ; & à cet effet, ils se feront représenter la procuration ou le certificat de vie de ceux qui ne se présenteront point en personne.

X.

Les Officiers des Amirautés de Bretagne, seront reçûs au payement du prêt & droit annuel sur le pied de la moitié de leur finance, qui leur tiendra lieu d'évaluation, conformément à l'arrêt du Conseil du 12 janvier 1692.

XI.

Les Offices municipaux créés par l'édit du mois d'août 1722, & par plusieurs autres antérieurs, qui ont commencé dès le mois de juillet 1690, ayant été supprimés par plusieurs édits, & entr'autres par celui du mois de juillet 1724, les pourvûs desdits offices qui ont été exceptés de cette suppression dans aucunes provinces du royaume, même de ceux créés avant l'édit de 1722, qui ont été déclarés subsistans, seront admis au payement de l'annuel d'iceux, fur le pied du foixantième du tiers de leur finance, & du prêt à proportion, en cas qu'ils ne fe trouvent point évalués.

X I I.

Ils recevront au payement du droit annuel, fur le pied du foixantième denier du fixième de la finance principale, & fans prêt, les pourvûs d'offices municipaux des villes & communautés du royaume créés par édit du mois de novembre 1733, dont les finances ont été payées en efpèces & effets, ainfi que les anciens Officiers municipaux de la province de Languedoc qui ont payé le fupplément de finance ordonné par l'arrêt du 8 février 1735 ; le tout conformément à l'arrêt du Confeil du 27 feptembre 1749.

X I I I.

Les pourvûs d'offices municipaux de la même création du mois de novembre 1733, dont les finances ont été réduites aux deux cinquièmes, & payées en argent fans aucuns effets, depuis le premier janvier 1745, dans les quittances de finance defquels il fera fait mention des deux fols pour livre, feront reçûs au payement du droit annuel fur le pied du foixantième denier du tiers de leur finance principale feulement, fans payer de prêt, conformément à l'arrêt du Confeil du 22 décembre 1744, & à celui du 27 feptembre 1749.

X I V.

Les Receveurs des tailles & du taillon de la province de Languedoc, feront reçûs à l'annuel de leurs offices, fur le pied du foixantième denier des deux tiers feulement de leurs anciennes évaluations, & du prêt au cinquième, à proportion, fuivant l'arrêt qui leur a été accordé à cet effet le 28 décembre 1723, confirmé par ceux des 19 août 1732, 3 décembre 1740, & 7 feptembre 1749.

X V.

Les Receveurs & Contrôleurs des octrois & deniers patrimoniaux, ayant été fupprimés, & rétablis par l'édit du mois de juin 1725, ils recevront les pourvûs d'iceux au payement de l'annuel, fur le pied du foixantième denier du cinquième de leur finance principale, qui doit former leur évaluation, & du prêt à proportion, fuivant l'article XII dudit édit.

X V I.

Ils admettront au payement du prêt feulement, & à moitié fi c'eft office de nature à jouir de ce bénéfice, les Officiers des domaines engagés, dont le prêt appartient au Roy, & l'annuel aux Engagiſtes, leſquels Engagiſtes ſeront tenus d'exécuter les articles IX, X & XI de la déclaration du 8 juillet 1749 ; & en conſéquence, leſdits Engagiſtes ne pourront recevoir à l'annuel que les Officiers dépendans de leurs domaines, qui juſtifieront avoir payé le prêt au Roy; & en cas que les Engagiſtes vouluſſent exiger le droit annuel ſur un pied plus fort que les évaluations faites aux revenus caſuels de Sa Majeſté, les Commis recevront au payement dudit droit, & à moitié ſi c'eſt auſſi office de nature à jouir de ce bénéfice, les Officiers qui juſtifieront par un acte en bonne forme du refus fait par l'Engagiſte de les recevoir ſur le pied deſdites évaluations.

XVII.

ILS recevront les blancs de quittances des gages des Officiers des Maréchauſſées, pour comptant de leur prêt & annuel, & juſqu'à la concurrence de ce qui peut être dû deſdits droits, dont ceux qui les ont payés leur repréſenteront les quittances, & leur feront endoſſer leſdits blancs, de leurs véritables noms & ſurnoms; la plûpart de ceux fournis pour les années précédentes, ayant été renvoyés ſur les lieux pour être réformés, à cauſe qu'ils n'avoient été remplis que du ſurnom de ſeigneurie, & non des véritables noms de baptême & ſurnom de famille.

XVIII.

S'IL ſe préſente en perſonne, en leur bureau, quelques Officiers des autres généralités, pour y payer le prêt & droit annuel, les Commis ne feront aucune difficulté de les y recevoir, en rapportant les pièces néceſſaires pour y être admis, comme les précédentes quittances, la procuration & certificat de vie, en cas qu'ils ne ſe préſentent point en perſonne.

XIX.

ILS ne recevront point au payement du droit annuel, les Officiers des Cours ſupérieures, mentionnés dans l'article XII de la déclaration du 8 juillet 1749, confirmés par icelle dans la ſurvivance à eux accordée par l'édit du mois de décembre 1709, non plus que les Officiers des pays d'Artois, Flandre, Haynault & Alſace, à l'égard deſquels il en ſera uſé comme par le paſſé; à l'exception néanmoins des Receveurs généraux des finances, des Commiſſaires & Contrôleurs des guerres, des Prevôts, Lieutenans & autres Officiers de

Maréchaussée qui exercent leurs fonctions dans lesdits pays, & qui ont toûjours été assujétis au payement du prêt & annuel.

XX.

ILS n'admettront point non plus au payement du prêt & annuel les Présidens-Trésoriers de France, Avocats, Procureurs du Roy, Greffiers en chef, & Chevaliers d'honneur des bureaux des finances, ni les Officiers des Elections, des Greniers à sel, & des Eaux & Forêts, le rachat desdits droits ayant été ordonné par les édits des mois de décembre 1743, & février 1745, qui assujétissent à la survivance les pourvûs desdits offices.

XXI.

L'HÉRÉDITÉ ayant été accordée par les déclarations du 3 décembre 1743, & 12 janvier 1745, aux offices de Notaires, Procureurs, premiers Huissiers, Huissiers-Audienciers, & Sergens, en toutes les Cours & jurisdictions royales, aux Substituts des Procureurs du Roy des sièges & jurisdictions royales, ayant faculté de postuler, aux Jurés priseurs-vendeurs de meubles, & aux Arpenteurs royaux, les Commis ne recevront point le prêt & annuel des pourvûs desdits offices.

XXII.

LES Commis remettront les quittances à celui qui est commis au contrôle, pour les contrôler; & s'il arrive que quelques Officiers jugent à propos d'en rapporter quelques-unes, pour y augmenter ou diminuer, selon leurs titres & qualités, ou autres raisons, ils ne les reprendront point en cas qu'elles aient été contrôlées, qu'au préalable elles n'aient été déchargées du contrôle, & qu'il n'ait été fait mention par les Commis au contrôle, au bas de l'enregistrement d'icelles, de ladite décharge, & de la raison pour laquelle elle aura été faite, qui sera datée & signée dudit Commis; auquel cas, le Commis à la recette pourra expédier une nouvelle quittance sous les titres requis, la porter de nouveau sur son registre, & rayer l'ampliation de celle qui aura été précédemment expédiée, en faisant une mention sommaire en marge, de la raison pour laquelle elle aura été rayée & déchargée du contrôle.

XXIII.

S'IL arrive quelque difficulté qui n'aura pas été prévûe, les Commis en donneront avis, & cependant ils recevront & chargeront leurs regiſtres d'ampliations; en ſorte que les Officiers ne demeurent point en ſuſpens, & ne courent aucun riſque dans leurs offices, ſauf à y être pourvû l'année ſuivante en connoiſſance de cauſe: Et comme quelques Officiers leur pourroient faire ſignifier des actes concernant leurs prétentions, ils les recevront ſans y faire aucune réponſe verbale, ni par écrit, & les envoyeront inceſſamment au bureau de Paris, pour y être pourvû.

XXIV.

LES Commis donneront avis de l'état de leur recette, tous les huit jours, en attendant les ordres qui leur ſeront envoyés pour la remiſe d'icelle.

XXV.

ILS feront chacun en leur généralité, des bordereaux exacts & bien calculés, du montant de leur recette, leſquels ils préſenteront le lendemain de la clôture du bureau, qui ſera le premier jour de l'année, avec leurs regiſtres, à Meſſieurs les Tréſoriers de France, pour être par eux leſdits regiſtres arrêtés en la manière accoûtumée, ou à Meſſieurs les Intendans, dans les lieux où il n'y a point de bureau des finances.

XXVI.

APRÈS que leurs regiſtres auront été arrêtés, ils les envoyeront à leurs cautions à Paris, & y joindront ceux du contrôle, avec les bordereaux de leurs recette & dépenſe, pièces juſtificatives d'icelles, le reſtant des blancs de quittances de prêt & d'annuel qui n'auront pas ſervi, enſemble toutes les autres pièces néceſſaires pour dreſſer leurs comptes, afin qu'il puiſſe être inceſſamment procédé à la reddition d'iceux.

XXVII.

LES Commis qui auront connoiſſance de la vacance des offices, faute par les titulaires d'en avoir payé le prêt & droit annuel, auront ſoin d'en donner avis au bureau des revenus caſuels.

BIBLIOTHÈQUE IMPÉRIALE IMPR.

A PARIS, DE L'IMPRIMERIE ROYALE. 1751.

[library stamp]

MEMOIRE

Pour servir d'Instruction aux Commis à la Recette du Prêt & Droit annuel, pour l'année 1753, en exécution de la déclaration du 8 juillet 1749, portant continuation du Droit annuel pendant neuf années, qui ont commencé le premier janvier 1750, & finiront le dernier décembre 1758, & arrêt du Conseil du 7 juillet 1752.

PREMIÈREMENT.

LES commis à la recette du Prêt & Droit annuel, chacun dans leur généralité, feront l'ouverture de leur bureau le premier novembre 1752, jusques & compris le dernier décembre ensuivant inclusivement; pendant lequel temps ils s'y trouveront assidument tous les jours depuis sept heures du matin jusqu'à six heures du soir.

II.

ILS feront apposer les affiches qui leur auront été envoyées, aux lieux accoûtumés, comme aux portes du Bureau des finances, du Siége présidial, élection, grenier à sel, & autres endroits & places publiques; & en envoyeront dans toutes les villes de leur généralité, même dans celles où les offices sont à la nomination des Engagistes, afin que tous les officiers soient avertis de l'ouverture du bureau de ladite recette.

III.

ILS recevront au payement du droit annuel seulement, & sans aucun prêt, les officiers qui y auront satisfait pour l'année 1752; & ceux qui sont omissionnaires des trois années d'annuel, dûes en exécution de la déclaration du 8 juillet 1749, ils y seront reçûs en payant lesdites trois années omises & la courante 1753, avec deux tiers de prêt seulement, conformément à l'article III du susdit arrêt du 7 juillet 1752. A l'égard des officiers des présidiaux, sénéchaussées, bailliages, siéges royaux, prevôtés, jurisdictions royales, inférieures & de police, & autres faisant corps d'icelles, ils les recevront au payement desdits droits, sur le pied de la moitié de leur évaluation, conformément aux arrêts du Conseil des 9 septembre 1749, 24 juin 1750, premier juin 1751, & 7 juillet 1752. Ils ne percevront cependant sur les officiers des présidiaux seulement, ledit droit de prêt, que sur le pied du sixième denier, faisant dix fois l'annuel.

I V.

Il se trouvera plusieurs officiers, comme receveurs des consignations, commissaires aux saisies réelles & greffiers, qui prétendront être du corps des présidiaux, ou des autres siéges royaux ressortissant nuement ès cours dans lesquelles ils ont été reçûs & immatriculés, & sous ce prétexte ne devoir payer le prêt qu'au sixième denier; mais nonobstant ces prétentions, ils les recevront audit droit au cinquième & à l'annuel en entier, attendu qu'ils ne sont point du corps des officiers desdits siéges, non plus que les substituts, si aucuns y a en iceux sujets auxdits droits.

V.

Les offices de police & autres créés héréditaires ou en survivance, & rendus depuis casuels par la déclaration du 9 août 1722, n'étant point évalués, ils prendront le tiers de leur finance pour servir d'évaluation, ainsi qu'il est porté par ladite déclaration du 9 août 1722 : Et comme ce tiers de leur finance doit être tiré sur la principale & sur les autres payées depuis, tant pour augmentation de finance que pour offices réunis, ils feront représenter aux pourvûs d'iceux leurs titres, à l'effet de tirer au juste le tiers de leur finance.

V I.

A l'égard des offices qui ont été créés sous le titre de domaniaux, de la finance desquels il est difficile aux titulaires de justifier, les commis s'en feront représenter les contrats d'acquisition, ou ceux qui auront été passés par les Commissaires députés pour l'aliénation des domaines de Sa Majesté; le tiers du prix desquels, ainsi que de ceux qui y ont été réunis, leur tiendra lieu d'évaluation, comme il est porté par l'article II de la déclaration du 8 juillet 1749. Et en cas que l'on ne puisse leur justifier d'aucuns titres, ils auront soin d'en dresser des mémoires, & de les adresser au bureau des revenus casuels, pour être statué sur leur évaluation.

V I I.

Comme il y a plusieurs anciens offices non évalués, dont il est impossible de représenter les quittances de finance, les pourvûs d'iceux seront reçûs au payement du prêt & annuel, par proportion de pareils offices qui se trouveront l'être ; ou en cas qu'ils aient des quittances d'annuel, sur le pied d'icelles depuis vingt années sans interruption, que les commis se feront représenter, ainsi qu'il est ordonné par l'arrêt du 29 août 1682 : ce qui ne se doit entendre que des offices non évalués, car en cas qu'ils le soient, les quittances au dessous de l'évaluation, de quelque temps qu'elles puissent être, ne doivent avoir lieu, à moins qu'il ne soit justifié par un rôle en bonne forme, ou par un arrêt, de la modération de l'évaluation.

VIII.

Ils recevront pareillement au payement du prêt & droit annuel, ceux qui exercent des offices en vertu de quittances de finance contrôlées, & qui sont dispensés de prendre des provisions par leurs édits de création, ou par des arrêts du Conseil ; à l'exception de ceux qui sont dispensés de payer lesdits droits par des arrêts particuliers, conformément à l'article VIII de la déclaration du 8 juillet 1749.

IX.

Ils observeront de ne point recevoir le prêt & annuel pour les officiers décédés, en cas que leurs veuves, héritiers, ou créanciers les voulussent payer, ou fissent faire des sommations à cet effet, parce qu'il n'y a que les officiers vivans qui puissent être reçûs à payer lesdits droits ; & à cet effet, ils se feront représenter la procuration ou le certificat de vie de ceux qui ne se présenteront point en personne.

X.

Les officiers des amirautés de Bretagne, seront reçûs au payement du prêt & droit annuel sur le pied de la moitié de leur finance, qui leur tiendra lieu d'évaluation, conformément à l'arrêt du Conseil du 12 janvier 1692.

XI.

Les offices municipaux créés par l'édit du mois d'août 1722, & par plusieurs autres antérieurs, qui ont commencé dès le mois de juillet 1690, ayant été supprimés par plusieurs édits, & entr'autres par celui du mois de juillet 1724, les pourvûs desdits offices qui ont été exceptés de cette suppression dans aucunes provinces du Royaume, même de ceux créés avant l'édit de 1722, qui ont été déclarés subsistans, seront admis au payement de l'annuel d'iceux, ſur le pied du ſoixantième du tiers de leur finance, & du prêt à proportion, en cas qu'ils ne ſe trouvent point évalués.

X I I.

Ils recevront au payement du droit annuel, ſur le pied du ſoixantième denier du ſixième de la finance principale, & ſans prêt, les pourvûs d'offices municipaux des villes & communautés du royaume, créés par édit du mois de novembre 1733, dont les finances ont été payées en eſpèces & effets, ainſi que les anciens officiers municipaux de la province de Languedoc, qui ont payé le ſupplément de finance ordonné par l'arrêt du 8 février 1735; le tout conformément à l'arrêt du Conſeil du 27 ſeptembre 1749.

X I I I.

Les pourvûs d'offices municipaux de la même création du mois de novembre 1733, dont les finances ont été réduites aux deux cinquièmes, & payées en argent ſans aucuns effets, depuis le premier janvier 1745, dans les quittances de finance deſquels il ſera fait mention des deux ſols pour livre, ſeront reçûs au payement du droit annuel ſur le pied du ſoixantième denier du tiers de leur finance principale ſeulement, ſans payer de prêt, conformément à l'arrêt du Conſeil du 22 décembre 1744, & à celui du 27 ſeptembre 1749.

X I V.

Les Receveurs des tailles & du taillon de la province de Languedoc, ſeront reçûs à l'annuel de leurs offices, ſur le pied du ſoixantième denier des deux tiers ſeulement de leurs anciennes évaluations, & du prêt au cinquième, à proportion, ſuivant l'arrêt qui leur a été accordé à cet effet le 28 décembre 1723, confirmé par ceux des 19 août 1732, 3 décembre 1740, & 7 ſeptembre 1749.

X V.

Les receveurs & contrôleurs des octrois & deniers patrimoniaux, ayant été ſupprimés, & rétablis par l'édit du mois de juin 1725, ils recevront les pourvûs d'iceux au payement de l'annuel, ſur le pied du ſoixantième denier du cinquième de leur finance principale, qui doit former leur évaluation, & du prêt à proportion, ſuivant l'article XII dudit édit.

X V I.

Ils admettront au payement du prêt ſeulement, & à moitié ſi c'eſt office de nature à jouir de ce bénéfice, les officiers des domaines engagés, dont le prêt appartient au Roi, & l'annuel aux engagistes, lesquels engagistes seront tenus d'exécuter les articles IX, X & XI de la déclaration du 8 juillet 1749; & en conséquence, lesdits engagistes ne pourront recevoir à l'annuel que les officiers dépendans de leurs domaines, qui justifieront avoir payé le prêt au Roi; & en cas que les engagistes voulussent exiger le droit annuel sur un pied plus fort que les évaluations faites aux revenus casuels de Sa Majesté, les commis recevront au payement dudit droit, & à moitié si c'est aussi office de nature à jouir de ce bénéfice, les officiers qui justifieront par un acte en bonne forme du refus fait par l'engagiste de les recevoir sur le pied desdites évaluations.

XVII.

Ils recevront les blancs de quittances des gages des officiers des maréchaussées, pour comptant de leur prêt & annuel, & jusqu'à la concurrence de ce qui peut être dû desdits droits, dont ceux qui les ont payés leur représenteront les quittances, & leur feront endosser lesdits blancs de leurs véritables noms & surnoms; la plûpart de ceux fournis pour les années précédentes, ayant eté renvoyés sur les lieux pour être réformés, à cause qu'ils n'avoient été remplis que du surnom de seigneurie, & non des véritables noms de baptême & surnom de famille.

XVIII.

S'il se présente en personne, en leur bureau, quelques officiers des autres généralités, pour y payer le prêt & droit annuel, les commis ne feront aucune difficulté de les y recevoir, en rapportant les pièces nécessaires pour y être admis, comme les précédentes quittances, la procuration & certificat de vie, en cas qu'ils ne se présentent point en personne.

XIX.

Ils ne recevront point au payement du droit annuel, les officiers des Cours supérieures, mentionnés dans l'article XII de la déclaration du 8 juillet 1749, confirmés par icelle dans la survivance à eux accordée par l'édit du mois de décembre 1709, non plus que les officiers des pays d'Artois, Flandre, Haynault & Alsace, à l'égard desquels il en sera usé comme par le passé; à l'exception néanmoins des Receveurs généraux des finances, des Commissaires & Contrôleurs des guerres, des prevôts, lieutenans & autres officiers de maréchaussée qui exercent leurs fonctions dans lesdits pays, & qui ont toûjours été assujétis au payement du prêt & annuel.

XX.

Ils n'admettront point non plus au payement du prêt & annuel les Présidens Trésoriers de France, Avocats, Procureurs du Roi, Greffiers en chef, & Chevaliers d'honneur des bureaux des finances, ni les officiers des élections, des greniers à sel, & des eaux & forêts; le rachat desdits droits ayant été ordonné par les édits des mois de décembre 1743, & février 1745, qui assujétissent à la survivance les pourvûs desdits offices.

XXI.

L'hérédité ayant été accordée par les déclarations des 3 décembre 1743, & 12 janvier 1745, aux offices de notaires, procureurs, premiers huissiers, huissiers-audienciers, & sergens, en toutes les cours & jurisdictions royales, aux substituts des Procureurs du Roi des siéges & jurisdictions royales, ayant faculté de postuler, aux jurés-priseurs-vendeurs de meubles, & aux arpenteurs royaux, les commis ne recevront point le prêt & annuel des pourvûs desdits offices.

XXII.

Les commis remettront les quittances à celui qui est commis au contrôle, pour les contrôler; & s'il arrive que quelques officiers jugent à propos d'en rapporter quelques-unes, pour y augmenter ou diminuer, selon leurs titres & qualités, ou autres raisons, ils ne les reprendront point en cas qu'elles aient été contrôlées, qu'au préalable elles n'aient été déchargées du contrôle, & qu'il n'ait été fait mention par les commis au contrôle, au bas de l'enregistrement d'icelles, de ladite décharge, & de la raison pour laquelle elle aura été faite, qui sera datée & signée dudit commis; auquel cas, le commis à la recette pourra expédier une nouvelle quittance sous les titres requis, la porter de nouveau sur son registre, & rayer l'ampliation de celle qui aura été précédemment expédiée, en faisant une mention sommaire en marge, de la raison pour laquelle elle aura été rayée & déchargée du contrôle.

XXIII.

S'il arrive quelque difficulté qui n'aura pas été prévûe, les commis en donneront avis, & cependant ils recevront & chargeront leurs registres d'ampliations; en sorte que les officiers ne demeurent point en suspens, & ne courent aucun risque dans leurs offices, sauf à y être pourvû l'année ſuivante en connoiſſance de cauſe : Et comme quelques officiers leur pourroient faire ſignifier des actes concernant leurs prétentions, ils les recevront ſans y faire aucune réponſe verbale, ni par écrit, & les envoieront inceſſamment au bureau de Paris, pour y être pourvû.

XXIV.

Les commis donneront avis de l'état de leur recette, tous les huit jours, en attendant les ordres qui leur seront envoyés pour la remiſe d'icelle.

XXV.

Ils feront chacun en leur généralité, des bordereaux exacts & bien calculés, du montant de leur recette, leſquels ils préſenteront le lendemain de la clôture du bureau, qui ſera le premier jour de l'année, avec leurs regiſtres, à Meſſieurs les Tréſoriers de France, pour être par eux leſdits regiſtres arrêtés en la manière accoûtumée, ou à Meſſieurs les Intendans, dans les lieux où il n'y a point de bureau des finances.

XXVI.

Après que leurs regiſtres auront été arrêtés, ils les envoieront à leurs cautions à Paris, & y joindront ceux du contrôle, avec les bordereaux de leurs recette & dépenſe, pièces juſtificatives d'icelles, le reſtant des blancs de quittances de prêt & d'annuel qui n'auront pas ſervi, enſemble toutes les autres pièces néceſſaires pour dreſſer leurs comptes, afin qu'il puiſſe être inceſſamment procédé à la reddition d'iceux.

XXVII.

Les commis qui auront connoiſſance de la vacance des offices, faute par les titulaires d'en avoir payé le prêt & droit annuel, auront ſoin d'en donner avis au bureau des revenus caſuels, comme auſſi de ceux qui auront été condamnés par des jugemens à des peines qui emportent confiſcation de leurs offices.

A PARIS, DE L'IMPRIMERIE ROYALE. 1752.

[library stamp]

MÉMOIRE

Pour servir d'Instruction aux Commis à la Recette du Prêt & Droit annuel, pour l'année 1754, en exécution de la déclaration du 8 juillet 1749, portant continuation du Droit annuel pendant neuf années, qui ont commencé le premier janvier 1750, & finiront le dernier décembre 1758; de celle du 8 septembre 1752, & arrêt du Conseil du 20 juin 1753.

PREMIÈREMENT.

LES commis à la recette du Prêt & Droit annuel, chacun dans leur généralité, feront l'ouverture de leur bureau le premier novembre 1753, jusques & compris le dernier décembre ensuivant inclusivement; pendant lequel temps ils s'y trouveront assidument tous les jours depuis sept heures du matin jusqu'à six heures du soir.

II.

ILS feront apposer les affiches qui leur auront été envoyées, aux lieux accoûtumés, comme aux portes du Bureau des finances, du Siége présidial, élection, grenier à sel, & autres endroits & places publiques; & en enverront dans toutes les villes de leur généralité, même dans celles où les offices sont à la nomination des Engagistes, afin que tous les officiers soient avertis de l'ouverture du bureau de ladite recette.

III.

ILS recevront au payement du droit annuel seulement, & sans aucun prêt, les officiers qui y auront satisfait pour l'année 1753; & ceux qui sont omissionnaires des quatre années d'annuel, dûes en exécution de la déclaration du 8 juillet 1749, ils y seront reçûs en payant lesdites quatre années omises & la courante 1754, avec deux tiers de prêt seulement, conformément à l'article III du susdit arrêt du 20 juin 1753. A l'égard des officiers des présidiaux, sénéchaussées, bailliages, siéges royaux, prevôtés, jurisdictions royales, inférieures & de police, & autres faisant corps d'icelles, ils les recevront au payement desdits droits, sur le pied de la moitié de leur évaluation, conformément aux arrêts du Conseil des 9 septembre 1749, 24 juin 1750, premier juin 1751, 7 juillet 1752 & 20 juin 1753. Ils ne percevront cependant sur les officiers des présidiaux seulement, ledit droit de prêt, que sur le pied du sixième denier, faisant dix fois l'annuel.

I V.

Il se trouvera plusieurs officiers, comme receveurs des consignations, commissaires aux saisies réelles, greffiers, procureurs postulans, huissiers & sergens royaux, qui prétendront être du corps des présidiaux, ou des autres siéges royaux ressortissant nuement ès cours dans lesquelles ils ont été reçûs & immatriculés, & sous ce prétexte ne devoir payer le prêt qu'au sixième denier; mais nonobstant ces prétentions, ils les recevront audit droit au cinquième & à l'annuel en entier, attendu qu'ils ne sont point du corps des officiers desdits siéges, non plus que les substituts, si aucuns y a en iceux, sujets auxdits droits.

V.

Les officiers des élections, greniers à sel des autres jurisdictions des gabelles & des maîtrises particulières des eaux & forêts, qui n'ont point fait en entier le rachat du prêt & annuel de leurs offices, en exécution des édits du mois de février 1745, ou qui n'ont fait aucun payement à compte dudit rachat, seront admis, conformément à la déclaration du 8 septembre 1752, au payement du prêt & annuel sur le pied de l'évaluation entière de leurs offices; savoir, ceux qui y ont satisfait pour l'année 1753, en payant un annuel seulement & sans aucun prêt; & ceux qui sont omissionnaires de ladite année, dûe en exécution de ladite déclaration, en payant deux années d'annuel, compris l'année 1754, & un tiers de prêt seulement, conformément aux articles IV & VI du susdit arrêt du Conseil du 20 juin 1753. A l'égard de ceux qui ont fait en entier le rachat desdits droits, ils ne les recevront point au payement du prêt & annuel.

V I.

Les commis recevront pareillement au payement du prêt & annuel, les pourvûs d'offices de notaires garde-notes & tabellions royaux, de procureurs postulans, de premiers huissiers, d'huissiers-audienciers, & de sergens des cours, siéges & jurisdictions royales, de substituts des Procureurs du Roi desdits siéges & jurisdictions, ayant faculté de postuler, de jurés-priseurs-vendeurs de biens-meubles, & d'arpenteurs, dont les finances pour l'acquisition d'iceux, ont été payées depuis la déclaration du 8 septembre 1752; à l'effet de quoi ils se feront représenter les quittances de finance d'iceux, dans lesquelles il en aura été fait mention; & ceux desdits officiers qui auront payé le prêt & annuel pour l'année 1753, ils les admettront au payement de l'annuel seulement, sans aucun prêt; & ceux qui sont omissionnaires de ladite année, ils y seront reçûs en payant ladite année omise, & la courante 1754, avec un tiers de prêt seulement, conformément aux articles IV & VI du susdit arrêt du Conseil du 20 juin 1753.

V I I.

La plus grande partie des offices de notaires, procureurs, huissiers & sergens, compris en l'article ci-dessus, ne se trouvant pas évalués, les pourvûs d'iceux seront reçûs au payement du prêt & annuel en cas qu'ils ne se trouvent pas nommément évalués; savoir, les notaires & les procureurs dans les bonnes villes, sur le pied de cinq cens trente-trois livres six sols huit deniers d'évaluation chacun, faisant huit livres dix-sept sols neuf deniers d'annuel; de quatre cens livres dans les petites villes, faisant six livres treize sols quatre deniers d'annuel; & pour les notaires dans les bourgs & villages, sur le pied de trois cens livres d'évaluation, faisant cinq livres d'annuel: Et à l'égard des sergens résidens dans les susdits lieux, sur le pied de deux cens soixante-six livres treize sols quatre deniers d'évaluation, faisant quatre livres huit sols dix deniers d'annuel, & au prêt à proportion; à l'exception néanmoins des offices de notaires garde-notes en Normandie, dont les commis percevront lesdits droits sur le pied du tiers de leur finance, qui servira d'évaluation.

V I I I.

Ils observeront aussi de ne point admettre au payement du prêt & annuel les pourvûs d'offices de notaires, de procureurs postulans, de premiers huissiers, d'huissiers-audienciers & de sergens des cours & jurisdictions royales, de substituts des Procureurs du Roi desdits siéges & jurisdictions, ayant faculté de postuler, de jurés-vendeurs-priseurs de biens-meubles, & d'arpenteurs royaux, qui ont payé l'hérédité accordée par les déclarations des 3 décembre 1743 & 12 janvier 1745, ou le tiers en sus ordonné par l'arrêt du Conseil du 5 septembre 1751, & lettres patentes du même jour; ni ceux pourvûs avant la déclaration du 8 septembre 1752, qui n'ont pas payé lesdites taxes; les offices de ces derniers ayant été déclarés supprimés au jour de leur décès par arrêt du Conseil du 7 octobre 1752.

I X.

Ils admettront au payement du prêt & annuel les nouveaux pourvûs; savoir, ceux pourvûs d'offices vacans ou sur résignation, au quart denier, dont les résignans n'avoient pas payé lesdits droits, en leur faisant payer un tiers de prêt seulement, & l'annuel des années échûes depuis & compris celle de la date de leur provision; & si ces nouveaux pourvûs l'ont été avant l'année 1752, ils doivent deux tiers de prêt: A l'égard de ceux pourvûs sur résignation au huitième denier, ou sur la nomination des veuves ou héritiers, dont les derniers titulaires avoient payé le prêt & annuel, ils les recevront en leur faisant payer l'annuel des années échûes depuis & compris celle de la date de leur provision, sans aucun prêt: observer aussi que si ces derniers ont été

pourvûs en 1750, ils doivent deux tiers de prêt ; s'ils ont été pourvûs en 1751, ils n'en doivent qu'un ; & s'ils l'ont été depuis, ils n'en doivent point.

X.

Les offices de police & autres créés héréditaires ou en survivance, & rendus depuis casuels par la déclaration du 9 août 1722, n'étant point évalués, ils prendront le tiers de leur finance pour servir d'évaluation, ainsi qu'il est porté par ladite déclaration du 9 août 1722: Et comme ce tiers de leur finance doit être tiré sur la principale & sur les autres payées depuis, tant pour augmentation de finance que pour offices réunis, ils feront représenter aux pourvûs d'iceux leurs titres, à l'effet de tirer au juste le tiers de leur finance.

XI.

A l'égard des offices qui ont été créés sous le titre de domaniaux, de la finance desquels il est difficile aux titulaires de justifier, les commis s'en feront représenter les contrats d'acquisition, ou ceux qui auront été passés par les Commissaires députés pour l'aliénation des domaines de Sa Majesté, le tiers du prix desquels, ainsi que de ceux qui y ont été réunis, leur tiendra lieu d'évaluation, comme il est porté par l'article II de la déclaration du 8 juillet 1749. Et en cas que l'on ne puisse leur justifier d'aucuns titres, ils auront soin d'en dresser des mémoires, & de les adresser au bureau des revenus casuels, pour être statué sur leur évaluation.

XII.

Comme il y a plusieurs anciens offices non évalués, dont il est impossible de représenter les quittances de finance, les pourvûs d'iceux seront reçûs au payement du prêt & annuel, par proportion de pareils offices qui se trouveront l'être ; ou en cas qu'ils aient des quittances d'annuel, sur le pied d'icelles depuis vingt années sans interruption, que les commis se feront représenter, ainsi qu'il est ordonné par l'arrêt du 29 août 1682 : ce qui ne se doit entendre que des offices non évalués, car en cas qu'ils le soient, les quittances au dessous de l'évaluation, de quelque temps qu'elles puissent être, ne doivent avoir lieu, à moins qu'il ne soit justifié par un rôle en bonne forme, ou par un arrêt, de la modération de l'évaluation.

XIII.

Ils recevront pareillement au payement du prêt & droit annuel, ceux qui exercent des offices en vertu de quittances de finance contrôlées, & qui sont dispensés de prendre des provisions par leurs édits de création, ou par des arrêts du Conseil ; à l'exception de ceux qui sont dispensés de payer lesdits droits par des arrêts particuliers, conformément à l'article VIII de la déclaration du 8 juillet 1749.

XIV.

Ils obſerveront de ne point recevoir le prêt & annuel pour les officiers décédés, en cas que leurs veuves, héritiers, ou créanciers les vouluſſent payer, ou fiſſent faire des ſommations à cet effet, parce qu'il n'y a que les officiers vivans qui puiſſent être reçûs à payer leſdits droits; & à cet effet, ils ſe feront repréſenter la procuration ou le certificat de vie de ceux qui ne ſe préſenteront point en perſonne.

XV.

Les officiers des amirautés de Bretagne, ſeront reçûs au payement du prêt & droit annuel ſur le pied de la moitié de leur finance, qui leur tiendra lieu d'évaluation, conformément à l'arrêt du Conſeil du 12 janvier 1692. Ils recevront auſſi au payement deſdits droits, les ſubſtituts des Procureurs du Roi, les procureurs poſtulans, huiſſiers & ſergens des amirautés de la même province, conformément à l'arrêt du Conſeil du 29 avril 1753.

XVI.

Les offices municipaux créés par l'édit du mois d'août 1722, & par pluſieurs autres antérieurs, qui ont commencé dès le mois de juillet 1690, ayant été ſupprimés par pluſieurs édits, & entr'autres par celui du mois de juillet 1724, les pourvûs deſdits offices qui ont été exceptés de cette ſuppreſſion dans aucunes provinces du Royaume, même de ceux créés avant l'édit de 1722, qui ont été déclarés ſubſiſtans, ſeront admis au payement de l'annuel d'iceux, ſur le pied du ſoixantième du tiers de leur finance, & du prêt à proportion, en cas qu'ils ne ſe trouvent point évalués.

XVII.

Ils recevront au payement du droit annuel, ſur le pied du ſoixantième denier du ſixième de la finance principale, & ſans prêt, les pourvûs d'offices municipaux des villes & communautés du royaume, créés par édit du mois de novembre 1733, dont les finances ont été payées en eſpèces & effets, ainſi que les anciens officiers municipaux de la province de Languedoc, qui ont payé le ſupplément de finance ordonné par l'arrêt du 8 février 1735; le tout conformément à l'arrêt du Conſeil du 27 ſeptembre 1749.

XVIII.

Les pourvûs d'offices municipaux de la même création du mois de novembre 1733, dont les finances ont été réduites aux deux cinquièmes, & payées en argent ſans aucuns effets, depuis le premier janvier 1745, dans les quittances de finance deſquels il ſera fait mention des deux ſols pour livre, ſeront reçûs au payement du droit annuel ſur le pied du ſoixantième denier du tiers de leur finance principale ſeulement, ſans payer de prêt, conformément à l'arrêt du Conseil du 22 décembre 1744, & à celui du 27 septembre 1749.

X I X.

Les Receveurs des tailles & du taillon de la province de Languedoc, seront reçûs à l'annuel de leurs offices, sur le pied du soixantième denier des deux tiers seulement de leurs anciennes évaluations, & du prêt au cinquième, à proportion, suivant l'arrêt qui leur a été accordé à cet effet le 28 décembre 1723, confirmé par ceux des 19 août 1732, 3 décembre 1740, & 7 septembre 1749.

X X.

Les receveurs & contrôleurs des octrois & deniers patrimoniaux, ayant été supprimés, & rétablis par l'édit du mois de juin 1725, ils recevront les pourvûs d'iceux au payement de l'annuel, sur le pied du soixantième denier du cinquième de leur finance principale, qui doit former leur évaluation, & du prêt à proportion, suivant l'article XII dudit édit.

X X I.

Ils admettront au payement du prêt seulement, & à moitié si c'est office de nature à jouir de ce bénéfice, les officiers des domaines engagés, dont le prêt appartient au Roi, & l'annuel aux engagistes, lesquels engagistes seront tenus d'exécuter les articles IX, X & XI de la déclaration du 8 juillet 1749; & en conséquence, lesdits engagistes ne pourront recevoir à l'annuel que les officiers dépendans de leurs domaines, qui justifieront avoir payé le prêt au Roi; & en cas que les engagistes voulussent exiger le droit annuel sur un pied plus fort que les évaluations faites aux revenus casuels de Sa Majesté, les commis recevront au payement dudit droit, & à moitié si c'est aussi office de nature à jouir de ce bénéfice, les officiers qui justifieront par un acte en bonne forme du refus fait par l'engagiste de les recevoir sur le pied desdites évaluations.

X X I I.

Ils recevront les blancs de quittances des gages des officiers des maréchaussées, pour comptant de leur prêt & annuel, & jusqu'à la concurrence de ce qui peut être dû desdits droits, dont ceux qui les ont payés leur représenteront les quittances, & leur feront endosser lesdits blancs de leurs véritables noms & surnoms; la plûpart de ceux fournis pour les années précédentes, ayant été renvoyés sur les lieux pour être réformés, à cause qu'ils n'avoient été remplis que du surnom de seigneurie, & non des véritables noms de baptême & surnom de famille.

X X I I I.

S'il se présente en personne, en leur bureau, quelques officiers des autres généralités, pour y payer le prêt & droit annuel, les commis ne feront aucune

difficulté de les y recevoir, en rapportant les pièces néceſſaires pour y être admis, comme les précédentes quittances, la procuration & certificat de vie, en cas qu'ils ne ſe préſentent point en perſonne.

XXIV.

Ils ne recevront point au payement du droit annuel, les officiers des Cours ſupérieures, mentionnés dans l'article XII de la déclaration du 8 juillet 1749, confirmés par icelle dans la ſurvivance à eux accordée par l'édit du mois de décembre 1709, non plus que les officiers des pays d'Artois, Flandre, Haynault & Alſace, à l'égard deſquels il en ſera uſé comme par le paſſé; à l'exception néanmoins des Receveurs généraux des finances, des Commiſſaires & Contrôleurs des guerres, des prevôts, lieutenans & autres officiers de maréchauſſée qui exercent leurs fonctions dans leſdits pays, & qui ont toûjours été aſſujétis au payement du prêt & annuel.

XXV.

Ils n'admettront point non plus au payement du prêt & annuel les Préſidens Tréſoriers de France, Avocats, Procureurs du Roi, Greffiers en chef, & Chevaliers d'honneur des bureaux des finances; le rachat deſdits droits ayant été ordonné par les édits des mois de décembre 1743 & février 1745, qui accordent la ſurvivance aux pourvûs deſdits offices.

XXVI.

Les commis remettront les quittances à celui qui eſt commis au contrôle, pour les contrôler; & s'il arrive que quelques officiers jugent à propos d'en rapporter quelques-unes, pour y augmenter ou diminuer, ſelon leurs titres & qualités, ou autres raiſons, ils ne les reprendront point en cas qu'elles aient été contrôlées, qu'au préalable elles n'aient été déchargées du contrôle, & qu'il n'ait été fait mention par les commis au contrôle, au bas de l'enregiſtrement d'icelles, de ladite décharge, & de la raiſon pour laquelle elle aura été faite, qui ſera datée & ſignée dudit commis; auquel cas, le commis à la recette pourra expédier une nouvelle quittance ſous les titres requis, la porter de nouveau ſur ſon regiſtre, & rayer l'ampliation de celle qui aura été précédemment expédiée, en faiſant une mention ſommaire en marge, de la raiſon pour laquelle elle aura été rayée & déchargée du contrôle.

XXVII.

S'il arrive quelque difficulté qui n'aura pas été prévûe, les commis en donneront avis, & cependant ils recevront & chargeront leurs regiſtres d'ampliations; en ſorte que les officiers ne demeurent point en ſuſpens, & ne courent aucun riſque dans leurs offices, ſauf à y être pourvû l'année ſuivante en connoiſſance de cauſe: Et comme quelques officiers leur pourroient faire ſignifier des actes concernant leurs prétentions, ils les recevront ſans y faire aucune réponſe verbale, ni par écrit, & les enverront inceſſamment au bureau de Paris, pour y être pourvû.

XXVIII.

Les commis donneront avis de l'état de leur recette, tous les huit jours, en attendant les ordres qui leur ſeront envoyés pour la remiſe d'icelle.

XXIX.

Ils feront chacun en leur généralité, des bordereaux exacts & bien calculés, du montant de leur recette, leſquels ils préſenteront le lendemain de la clôture du bureau, qui ſera le premier jour de l'année, avec leurs regiſtres, à Meſſieurs les Tréſoriers de France, pour être par eux leſdits regiſtres arrêtés en la manière accoûtumée, ou à Meſſieurs les Intendans, dans les lieux où il n'y a point de bureau des finances.

XXX.

Après que leurs regiſtres auront été arrêtés, ils les enverront à leurs cautions à Paris, & y joindront ceux du contrôle, avec les bordereaux de leurs recette & dépenſe, pièces juſtificatives d'icelles, le reſtant des blancs de quittances de prêt & d'annuel qui n'auront pas ſervi, enſemble toutes les autres pièces néceſſaires pour dreſſer leurs comptes, afin qu'il puiſſe être inceſſamment procédé à la reddition d'iceux.

XXXI.

Les commis auront ſoin de donner avis à M. Bertin Tréſorier des revenus caſuels, de la vacance des offices auſſi-tôt qu'elle viendra à leur connoiſſance; ſavoir, de ceux dont les titulaires ſont décédés ſans avoir payé le prêt & annuel; de ceux dont les héritiers ou propriétaires n'ont point fait ſceller de proviſions dans l'eſpace de trente années à compter du jour du décès des derniers titulaires. L'article IV de la déclaration du 8 juillet 1749 déclare vacans ceux qui ſont dans ce dernier cas, comme auſſi tous les offices qui ſont exercés ſans proviſions depuis le même temps, ſans y être autoriſés par leurs édits de création ou par des arrêts particuliers. Ils auront pareillement ſoin de donner avis de ceux qui auront été condamnés par des jugemens à des peines qui emportent confiſcation de leurs offices.

BIBLIOTHÈQUE IMPÉRIALE

A PARIS, DE L'IMPRIMERIE ROYALE. 1753.

MÉMOIRE

Pour servir d'Instruction aux Commis à la Recette du Prêt & Droit annuel, pour l'année 1755, en exécution de la déclaration du 8 juillet 1749, portant continuation du Droit annuel pendant neuf années, qui ont commencé le premier janvier 1750, & finiront le dernier décembre 1758; de celle du 8 septembre 1752, & arrêt du Conseil du 24 juin 1754.

PREMIÈREMENT.

LES commis à la recette du Prêt & Droit annuel, chacun dans leur généralité, feront l'ouverture de leur bureau le premier novembre 1754, jusques & compris le dernier décembre ensuivant inclusivement; pendant lequel temps ils s'y trouveront assidument tous les jours depuis sept heures du matin jusqu'à six heures du soir.

II.

ILS feront apposer les affiches qui leur auront été envoyées, aux lieux accoûtumés, comme aux portes du Bureau des finances, du Siége présidial, élection, grenier à sel, & autres endroits & places publiques; & en enverront dans toutes les villes de leur généralité, même dans celles où les offices sont à la nomination des Engagistes, afin que tous les officiers soient avertis de l'ouverture du bureau de ladite recette.

III.

ILS recevront au payement du droit annuel seulement, & sans aucun prêt, les officiers qui y auront satisfait pour l'année 1754; & ceux qui sont omissionnaires des cinq années d'annuel, dûes en exécution de la déclaration du 8 juillet 1749, ils y seront reçûs en payant lesdites cinq années omises & la courante 1755, avec deux tiers de prêt seulement, conformément à l'article III du susdit arrêt du 24 juin 1754. A l'égard des officiers des présidiaux, sénéchaussées, bailliages, siéges royaux, prevôtés, jurisdictions royales, inférieures & de police, & autres faisant corps d'icelles, ils les recevront au payement desdits droits, sur le pied de la moitié de leur évaluation, conformément aux arrêts du Conseil des 9 septembre 1749, 24 juin 1750, premier juin 1751, 7 juillet 1752, 20 juin 1753 & 24 juin 1754. Ils ne percevront cependant sur les officiers des présidiaux seulement, ledit droit de prêt, que sur le pied du sixième denier, faisant dix fois l'annuel.

I V.

Il se trouvera plusieurs officiers, comme receveurs des consignations, commissaires aux saisies réelles, greffiers, procureurs postulans, huissiers & sergens royaux, qui prétendront être du corps des présidiaux, ou des autres siéges royaux ressortissant nuement ès cours dans lesquelles ils ont été reçûs & immatriculés, & sous ce prétexte ne devoir payer le prêt qu'au sixième denier; mais nonobstant ces prétentions, ils les recevront audit droit au cinquième & à l'annuel en entier, attendu qu'ils ne sont point du corps des officiers desdits siéges, non plus que les substituts, si aucuns y a en iceux, sujets auxdits droits.

V.

Les officiers des élections, greniers à sel des autres jurisdictions des gabelles & des maîtrises particulières des eaux & forêts, qui n'ont point fait en entier le rachat du prêt & annuel de leurs offices, en exécution des édits du mois de février 1745, ou qui n'ont fait aucun payement à compte dudit rachat, seront admis, conformément à la déclaration du 8 septembre 1752, au payement du prêt & annuel sur le pied de l'évaluation entière de leurs offices; savoir, ceux qui y ont satisfait pour l'année 1754, en payant un annuel seulement & sans aucun prêt; & ceux qui sont omissionnaires des deux années dûes en exécution de ladite déclaration, en payant trois années d'annuel, compris l'année 1755, & un tiers de prêt seulement, conformément aux articles IV & VI du susdit arrêt du Conseil du 24 juin 1754. A l'égard de ceux qui ont fait en entier le rachat desdits droits, ils ne les recevront point au payement du prêt & annuel.

V I.

Les commis recevront pareillement au payement du prêt & annuel, les pourvûs d'offices de notaires garde-notes & tabellions royaux, de procureurs postulans, de premiers huissiers, d'huissiers-audienciers, & de sergens des cours, siéges & jurisdictions royales, de substituts des Procureurs du Roi desdits siéges & jurisdictions, ayant faculté de postuler, de jurés-priseurs-vendeurs de biens-meubles, & d'arpenteurs, dont les finances pour l'acquisition d'iceux, ont été payées depuis la déclaration du 8 septembre 1752; à l'effet de quoi ils se feront représenter les quittances de finance d'iceux, dans lesquelles il en aura été fait mention; & ceux desdits officiers qui auront payé l'annuel pour l'année 1754, ils les admettront au payement de l'annuel seulement, sans aucun prêt; & ceux qui sont omissionnaires des années 1753 & 1754, ils y seront reçûs en payant lesdites années omises, & la courante 1755, avec un tiers de prêt seulement, conformément aux articles IV & VI du susdit arrêt du Conseil du 24 juin 1754.

VII.

La plus grande partie des offices de notaires, procureurs, huissiers & sergens, compris en l'article ci-dessus, ne se trouvant pas évalués, les pourvûs d'iceux seront reçûs au payement du prêt & annuel en cas qu'ils ne se trouvent pas nommément évalués; savoir, les notaires & les procureurs dans les bonnes villes, sur le pied de cinq cens trente-trois livres six sols huit deniers d'évaluation chacun, faisant huit livres dix-sept sols neuf deniers d'annuel; de quatre cens livres dans les petites villes, faisant six livres treize sols quatre deniers d'annuel; & pour les notaires dans les bourgs & villages, sur le pied de trois cens livres d'évaluation, faisant cinq livres d'annuel: Et à l'égard des sergens résidens dans les susdits lieux, sur le pied de deux cens soixante-six livres treize sols quatre deniers d'évaluation, faisant quatre livres huit sols dix deniers d'annuel, & au prêt à proportion; à l'exception néanmoins des offices de notaires garde-notes en Normandie, dont les commis percevront lesdits droits sur le pied du tiers de leur finance, qui servira d'évaluation.

VIII.

Ils observeront aussi de ne point admettre au payement du prêt & annuel les pourvûs d'offices de notaires, de procureurs postulans, de premiers huissiers, d'huissiers-audienciers & de sergens des cours & jurisdictions royales, de substituts des Procureurs du Roi desdits siéges & jurisdictions, ayant faculté de postuler, de jurés-vendeurs-priseurs de biens-meubles, & d'arpenteurs royaux, qui ont payé l'hérédité accordée par les déclarations des 3 décembre 1743 & 12 janvier 1745, ou le tiers en sus ordonné par l'arrêt du Conseil du 5 septembre 1751, & lettres patentes du même jour; ni ceux pourvûs avant la déclaration du 8 septembre 1752, qui n'ont pas payé lesdites taxes; les offices de ces derniers ayant été déclarés supprimés au jour de leur décès par arrêt du Conseil du 7 octobre 1752.

IX.

Ils admettront au payement du prêt & annuel les nouveaux pourvûs; savoir, ceux pourvûs d'offices vacans ou sur résignation, au quart denier, dont les résignans n'avoient pas payé lesdits droits, en leur faisant payer un tiers de prêt seulement, & l'annuel des années échûes depuis & compris celle de la date de leur provision; & si ces nouveaux pourvûs l'ont été avant l'année 1752, ils doivent deux tiers de prêt: A l'égard de ceux pourvûs sur résignation au huitième denier, ou sur la nomination des veuves ou héritiers, dont les derniers titulaires avoient payé le prêt & annuel, ils les recevront en leur faisant payer l'annuel des années échûes depuis & compris celle de la date de leur provision, sans aucun prêt: observer aussi que si ces derniers ont été

pourvûs en 1750, ils doivent deux tiers de prêt ; s'ils ont été pourvûs en 1751, ils n'en doivent qu'un ; & s'ils l'ont été depuis, ils n'en doivent point.

X.

LES offices de police & autres créés héréditaires ou en survivance, & rendus depuis casuels par la déclaration du 9 août 1722, n'étant point évalués, ils prendront le tiers de leur finance pour servir d'évaluation, ainsi qu'il est porté par ladite déclaration du 9 août 1722: Et comme ce tiers de leur finance doit être tiré sur la principale & sur les autres payées depuis, tant pour augmentation de finance que pour offices réunis, ils feront représenter aux pourvûs d'iceux leurs titres, à l'effet de tirer au juste le tiers de leur finance.

X I.

A l'égard des offices qui ont été créés sous le titre de domaniaux, de la finance desquels il est difficile aux titulaires de justifier, les commis s'en feront représenter les contrats d'acquisition, ou ceux qui auront été passés par les Commissaires députés pour l'aliénation des domaines de Sa Majesté ; le tiers du prix desquels, ainsi que de ceux qui y ont été réunis, leur tiendra lieu d'évaluation, comme il est porté par l'article II de la déclaration du 8 juillet 1749. Et en cas que l'on ne puisse leur justifier d'aucuns titres, ils auront soin d'en dresser des mémoires, & de les adresser au bureau des revenus casuels, pour être statué sur leur évaluation.

X I I.

COMME il y a plusieurs anciens offices non évalués, dont il est impossible de représenter les quittances de finance, les pourvûs d'iceux seront reçûs au payement du prêt & annuel, par proportion de pareils offices qui se trouveront l'être ; ou en cas qu'ils aient des quittances d'annuel, sur le pied d'icelles depuis vingt années sans interruption, que les commis se feront représenter, ainsi qu'il est ordonné par l'arrêt du 29 août 1682 : ce qui ne se doit entendre que des offices non évalués, car en cas qu'ils le soient, les quittances au dessous de l'évaluation, de quelque temps qu'elles puissent être, ne doivent avoir lieu, à moins qu'il ne soit justifié par un rôle en bonne forme, ou par un arrêt, de la modération de l'évaluation.

X I I I.

ILS recevront pareillement au payement du prêt & droit annuel, ceux qui exercent des offices en vertu de quittances de finance contrôlées, & qui sont dispensés de prendre des provisions par leurs édits de création, ou par des arrêts du Conseil ; à l'exception de ceux qui sont dispensés de payer lesdits droits par des arrêts particuliers, conformément à l'article VIII de la déclaration du 8 juillet 1749.

XIV.

Ils observeront de ne point recevoir le prêt & annuel pour les officiers décédés, en cas que leurs veuves, héritiers, ou créanciers les voulussent payer, ou fissent faire des sommations à cet effet, parce qu'il n'y a que les officiers vivans qui puissent être reçûs à payer lesdits droits; & à cet effet, ils se feront représenter la procuration ou le certificat de vie de ceux qui ne se présenteront point en personne.

XV.

Les officiers des amirautés de Bretagne, seront reçûs au payement du prêt & droit annuel sur le pied de la moitié de leur finance, qui leur tiendra lieu d'évaluation, conformément à l'arrêt du Conseil du 12 janvier 1692. Ils recevront aussi au payement desdits droits, les substituts des Procureurs du Roi, les procureurs postulans, huissiers & sergens des amirautés de la même province, conformément à l'arrêt du Conseil du 29 avril 1753.

XVI.

Les offices municipaux créés par l'édit du mois d'août 1722, & par plusieurs autres antérieurs, qui ont commencé dès le mois de juillet 1690, ayant été supprimés par plusieurs édits, & entr'autres par celui du mois de juillet 1724, les pourvûs desdits offices qui ont été exceptés de cette suppression dans aucunes provinces du Royaume, même de ceux créés avant l'édit de 1722, qui ont été déclarés subsistans, seront admis au payement de l'annuel d'iceux, sur le pied du soixantième du tiers de leur finance, & du prêt à proportion, en cas qu'ils ne se trouvent point évalués.

XVII.

Ils recevront au payement du droit annuel, sur le pied du soixantième denier du sixième de la finance principale, & sans prêt, les pourvûs d'offices municipaux des villes & communautés du royaume, créés par édit du mois de novembre 1733, dont les finances ont été payées en espèces & effets, ainsi que les anciens officiers municipaux de la province de Languedoc, qui ont payé le supplément de finance ordonné par l'arrêt du 8 février 1735; le tout conformément à l'arrêt du Conseil du 27 septembre 1749.

XVIII.

Les pourvûs d'offices municipaux de la même création du mois de novembre 1733, dont les finances ont été réduites aux deux cinquièmes, & payées en argent sans aucuns effets, depuis le premier janvier 1745, dans les quittances de finance desquels il sera fait mention des deux sols pour livre, seront reçûs au payement du droit annuel sur le pied du soixantième denier du tiers de leur finance principale seulement, sans payer de prêt, conformément à l'arrêt du Conſeil du 22 décembre 1744, & à celui du 27 ſeptembre 1749.

X I X.

Les Receveurs des tailles & du taillon de la province de Languedoc, ſeront reçûs à l'annuel de leurs offices, ſur le pied du ſoixantième denier des deux tiers ſeulement de leurs anciennes évaluations, & du prêt au cinquième, à proportion, ſuivant l'arrêt qui leur a été accordé à cet effet le 28 décembre 1723, confirmé par ceux des 19 août 1732, 3 décembre 1740, & 7 ſeptembre 1749.

X X.

Les receveurs & contrôleurs des octrois & deniers patrimoniaux, ayant été ſupprimés, & rétablis par l'édit du mois de juin 1725, ils recevront les pourvûs d'iceux au payement de l'annuel, ſur le pied du ſoixantième denier du cinquième de leur finance principale, qui doit former leur évaluation, & du prêt à proportion, ſuivant l'article XII dudit édit.

X X I.

Ils admettront au payement du prêt ſeulement, & à moitié ſi c'eſt office de nature à jouir de ce bénéfice, les officiers des domaines engagés, dont le prêt appartient au Roi, & l'annuel aux engagiſtes, leſquels engagiſtes ſeront tenus d'exécuter les articles IX, X & XI de la déclaration du 8 juillet 1749; & en conſéquence, leſdits engagiſtes ne pourront recevoir à l'annuel que les officiers dépendans de leurs domaines, qui juſtifieront avoir payé le prêt au Roi; & en cas que les engagiſtes vouluſſent exiger le droit annuel ſur un pied plus fort que les évaluations faites aux revenus caſuels de Sa Majeſté, les commis recevront au payement dudit droit, & à moitié ſi c'eſt auſſi office de nature à jouir de ce bénéfice, les officiers qui juſtifieront par un acte en bonne forme du refus fait par l'engagiſte de les recevoir ſur le pied deſdites évaluations.

X X I I.

Ils recevront les blancs de quittances des gages des officiers des maréchauſſées, pour comptant de leur prêt & annuel, & juſqu'à la concurrence de ce qui peut être dû deſdits droits, dont ceux qui les ont payés leur repréſenteront les quittances, & leur feront endoſſer leſdits blancs de leurs véritables noms & ſurnoms; la plûpart de ceux fournis pour les années précédentes, ayant été renvoyés ſur les lieux pour être réformés, à cauſe qu'ils n'avoient été remplis que du ſurnom de ſeigneurie, & non des véritables noms de baptême & ſurnom de famille.

X X I I I.

S'il ſe préſente en perſonne, en leur bureau, quelques officiers des autres généralités, pour y payer le prêt & droit annuel, les commis ne feront aucune

difficulté de les y recevoir, en rapportant les pièces néceſſaires pour y être admis, comme les précédentes quittances, la procuration & certificat de vie, en cas qu'ils ne ſe préſentent point en perſonne.

XXIV.

Ils ne recevront point au payement du droit annuel, les officiers des Cours ſupérieures, mentionnés dans l'article XII de la déclaration du 8 juillet 1749, confirmés par icelle dans la ſurvivance à eux accordée par l'édit du mois de décembre 1709, non plus que les officiers des pays d'Artois, Flandre, Haynault & Alſace, à l'égard deſquels il en ſera uſé comme par le paſſé; à l'exception néanmoins des Receveurs généraux des finances, des Commiſſaires & Contrôleurs des guerres, des prevôts, lieutenans & autres officiers de maréchauſſée qui exercent leurs fonctions dans leſdits pays, & qui ont toûjours été aſſujétis au payement du prêt & annuel.

XXV.

Ils n'admettront point non plus au payement du prêt & annuel les Préſidens Tréſoriers de France, Avocats, Procureurs du Roi, Greffiers en chef, & Chevaliers d'honneur des bureaux des finances; le rachat deſdits droits ayant été ordonné par les édits des mois de décembre 1743 & février 1745, qui accordent la ſurvivance aux pourvûs deſdits offices.

XXVI.

Les commis remettront les quittances à celui qui eſt commis au contrôle, pour les contrôler; & s'il arrive que quelques officiers jugent à propos d'en rapporter quelques-unes, pour y augmenter ou diminuer, ſelon leurs titres & qualités, ou autres raiſons, ils ne les reprendront point en cas qu'elles aient été contrôlées, qu'au préalable elles n'aient été déchargées du contrôle, & qu'il n'ait été fait mention par les commis au contrôle, au bas de l'enregiſtrement d'icelles, de ladite décharge, & de la raiſon pour laquelle elle aura été faite, qui ſera datée & ſignée dudit commis; auquel cas, le commis à la recette pourra expédier une nouvelle quittance ſous les titres requis, la porter de nouveau ſur ſon regiſtre, & rayer l'ampliation de celle qui aura été précédemment expédiée, en faiſant une mention ſommaire en marge, de la raiſon pour laquelle elle aura été rayée & déchargée du contrôle.

XXVII.

S'il arrive quelque difficulté qui n'aura pas été prévûe, les commis en donneront avis, & cependant ils recevront & chargeront leurs regiſtres d'ampliations; en ſorte que les officiers ne demeurent point en ſuſpens, & ne courent aucun riſque dans leurs offices, ſauf à y être pourvû l'année ſuivante en connoiſſance de cauſe : Et comme quelques officiers leur pourroient faire ſignifier des actes concernant leurs prétentions, ils les recevront ſans y faire aucune réponſe verbale, ni par écrit, & les enverront inceſſamment au bureau de Paris, pour y être pourvû.

XXVIII.

Les commis donneront avis de l'état de leur recette, tous les huit jours, en attendant les ordres qui leur ſeront envoyés pour la remiſe d'icelle.

XXIX.

Ils feront chacun en leur généralité, des bordereaux exacts & bien calculés, du montant de leur recette, leſquels ils préſenteront le lendemain de la clôture du bureau, qui ſera le premier jour de l'année, avec leurs regiſtres, à Meſſieurs les Tréſoriers de France, pour être par eux leſdits regiſtres arrêtés en la manière accoûtumée, ou à Meſſieurs les Intendans, dans les lieux où il n'y a point de bureau des finances.

XXX.

Après que leurs regiſtres auront été arrêtés, ils les enverront à leurs cautions à Paris, & y joindront ceux du contrôle, avec les bordereaux de leurs recette & dépenſe, pièces juſtificatives d'icelles, le reſtant des blancs de quittances de prêt & d'annuel qui n'auront pas ſervi, enſemble toutes les autres pièces néceſſaires pour dreſſer leurs comptes, afin qu'il puiſſe être inceſſamment procédé à la reddition d'iceux.

XXXI.

Les commis auront ſoin de donner avis à M. Bertin Tréſorier des revenus caſuels, de la vacance des offices auſſi-tôt qu'elle viendra à leur connoiſſance; ſavoir, de ceux dont les titulaires ſont décédés ſans avoir payé le prêt & annuel; de ceux dont les héritiers ou propriétaires n'ont point fait ſceller de proviſions dans l'eſpace de trente années à compter du jour du décès des derniers titulaires. L'article IV de la déclaration du 8 juillet 1749 déclare vacans ceux qui ſont dans ce dernier cas, comme auſſi tous les offices qui ſont exercés ſans proviſions depuis le même temps, ſans y être autoriſés par leurs édits de création ou par des arrêts particuliers. Ils auront pareillement ſoin de donner avis de ceux qui auront été condamnés par des jugemens à des peines qui emportent confiſcation de leurs offices.

BIBLIOTHÈQUE IMPÉRIALE

A PARIS, DE L'IMPRIMERIE ROYALE. 1754.

BIBLIOTH. IMPÉR.

MÉMOIRE

Pour servir d'Instruction aux Commis à la Recette du Prêt & Droit annuel, pour l'année 1756, en exécution de la déclaration du 8 juillet 1749, portant continuation du Droit annuel pendant neuf années, qui ont commencé le premier janvier 1750, & finiront le dernier décembre 1758; de celle du 8 septembre 1752, & arrêt du Conseil du 3 juin 1755.

PREMIÈREMENT.

LES commis à la recette du Prêt & Droit annuel, chacun dans leur généralité, feront l'ouverture de leur bureau le premier novembre 1755, jusques & compris le dernier décembre ensuivant inclusivement; pendant lequel temps ils s'y trouveront assidument tous les jours depuis huit heures du matin jusqu'à midi, & depuis deux heures jusqu'à six du soir.

II.

ILS feront apposer les affiches qui leur auront été envoyées, aux lieux accoûtumés, comme aux portes du Bureau des finances, du Siége présidial, élection, grenier à sel, & autres endroits & places publiques; & en enverront dans toutes les villes de leur généralité, même dans celles où les offices sont à la nomination des Engagistes, afin que tous les officiers soient avertis de l'ouverture du bureau de ladite recette.

III.

ILS recevront au payement du droit annuel seulement, & sans aucun prêt, les officiers qui y auront satisfait pour l'année 1755; & ceux qui sont omissionnaires des six années d'annuel, dûes en exécution de la déclaration du 8 juillet 1749, ils y seront reçûs en payant lesdites six années omises & la courante 1756, avec un tiers de prêt seulement, conformément à l'article III du susdit arrêt du 3 juin 1755. A l'égard des officiers des présidiaux, sénéchaussées, bailliages, siéges royaux, prevôtés, jurisdictions royales, inférieures & de police, & autres faisant corps d'icelles, ils les recevront au payement desdits droits, sur le pied de la moitié de leur évaluation, conformément aux arrêts du Conseil des 9 septembre 1749, 24 juin 1750, premier juin 1751, 7 juillet 1752, 20 juin 1753, 24 juin 1754 & 3 juin 1755. Ils ne percevront cependant sur les officiers des présidiaux seulement, ledit droit de prêt, que sur le pied du sixième denier, faisant dix fois l'annuel.

I V.

Il se trouvera plusieurs officiers, comme receveurs des consignations, commissaires aux saisies réelles, greffiers, procureurs postulans, huissiers & sergens royaux, qui prétendront être du corps des présidiaux, ou des autres siéges royaux ressortissant nuement ès cours dans lesquelles ils ont été reçûs & immatriculés, & sous ce prétexte ne devoir payer le prêt qu'au sixième denier; mais nonobstant ces prétentions, ils les recevront audit droit au cinquième & à l'annuel en entier, attendu qu'ils ne sont point du corps des officiers desdits siéges, non plus que les substituts, si aucuns y a en iceux, sujets auxdits droits.

V.

Les officiers des élections, greniers à sel des autres jurisdictions des gabelles & des maîtrises particulières des eaux & forêts, qui n'ont point fait en entier le rachat du prêt & annuel de leurs offices, en exécution des édits du mois de février 1745, ou qui n'ont fait aucun payement à compte dudit rachat, seront admis, conformément à la déclaration du 8 septembre 1752, au payement du prêt & annuel sur le pied de l'évaluation entière de leurs offices; savoir, ceux qui y ont satisfait pour l'année 1755, en payant un annuel seulement & sans aucun prêt; & ceux qui sont omissionnaires des trois années dûes en exécution de ladite déclaration, en payant quatre années d'annuel, compris l'année 1756, & un tiers de prêt seulement, conformément aux articles I V & VI du susdit arrêt du Conseil du 3 juin 1755. A l'égard de ceux qui ont fait en entier le rachat desdits droits, ils ne les recevront point au payement du prêt & annuel.

V I.

Les commis recevront pareillement au payement du prêt & annuel, les pourvûs d'offices de notaires garde-notes & tabellions royaux, de procureurs postulans, de premiers huissiers, d'huissiers-audienciers, & de sergens des cours, siéges & jurisdictions royales, de substituts des Procureurs du Roi desdits siéges & jurisdictions, ayant faculté de postuler, de jurés-priseurs-vendeurs de biens-meubles, & d'arpenteurs, dont les finances pour l'acquisition d'iceux, ont été payées depuis la déclaration du 8 septembre 1752; à l'effet de quoi ils se feront représenter les quittances de finance d'iceux, dans lesquelles il en aura été fait mention; & ceux desdits officiers qui auront payé l'annuel pour l'année 1755, ils les admettront au payement de l'annuel seulement, sans aucun prêt; & ceux qui sont omissionnaires des années 1753, 1754 & 1755, ils y seront reçûs en payant lesdites années omises, & la courante 1756, avec un tiers de prêt seulement, conformément aux articles IV & VI du susdit arrêt du Conseil du 3 juin 1755.

VII.

La plus grande partie des offices de notaires, procureurs, huissiers & sergens, compris en l'article ci-dessus, ne se trouvant pas évalués, les pourvûs d'iceux seront reçûs au payement du prêt & annuel en cas qu'ils ne se trouvent pas nommément évalués; savoir, les notaires & les procureurs dans les bonnes villes, sur le pied de cinq cens trente-trois livres six sols huit deniers d'évaluation chacun, faisant huit livres dix-sept sols neuf deniers d'annuel; de quatre cens livres dans les petites villes, faisant six livres treize sols quatre deniers d'annuel; & pour les notaires dans les bourgs & villages, sur le pied de trois cens livres d'évaluation, faisant cinq livres d'annuel: Et à l'égard des sergens résidens dans les susdits lieux, sur le pied de deux cens soixante-six livres treize sols quatre deniers d'évaluation, faisant quatre livres huit sols dix deniers d'annuel, & au prêt à proportion; à l'exception néanmoins des offices de notaires garde-notes en Normandie, dont les commis percevront lesdits droits sur le pied du tiers de leur finance, qui servira d'évaluation.

VIII.

Ils observeront aussi de ne point admettre au payement du prêt & annuel les pourvûs d'offices de notaires, de procureurs postulans, de premiers huissiers, d'huissiers-audienciers & de sergens des cours & jurisdictions royales, de substituts des Procureurs du Roi desdits siéges & jurisdictions, ayant faculté de postuler, de jurés-vendeurs-priseurs de biens-meubles, & d'arpenteurs royaux, qui ont payé l'hérédité accordée par les déclarations des 3 décembre 1743 & 12 janvier 1745, ou le tiers en sus ordonné par l'arrêt du Conseil du 5 septembre 1751, & lettres patentes du même jour; ni ceux pourvûs avant la déclaration du 8 septembre 1752, qui n'ont pas payé lesdites taxes; les offices de ces derniers ayant été déclarés supprimés au jour de leur décès par arrêt du Conseil du 7 octobre 1752.

IX.

Ils admettront au payement du prêt & annuel les nouveaux pourvûs; savoir, ceux pourvûs d'offices vacans ou sur résignation, au quart denier, dont les résignans n'avoient pas payé lesdits droits, en leur faisant payer un tiers de prêt seulement, & l'annuel des années échûes depuis & compris celle de la date de leur provision; & si ces nouveaux pourvûs l'ont été avant l'année 1752, ils doivent deux tiers de prêt: A l'égard de ceux pourvûs sur résignation au huitième denier, ou sur la nomination des veuves ou héritiers, dont les derniers titulaires avoient payé le prêt & annuel, ils les recevront en leur faisant payer l'annuel des années échûes depuis & compris celle de la date de leur provision, sans aucun prêt: observer aussi que si ces derniers ont été

pourvûs en 1750, ils doivent deux tiers de prêt ; s'ils ont été pourvûs en 1751, ils n'en doivent qu'un ; & s'ils l'ont été depuis, ils n'en doivent point.

X.

Les offices de police & autres créés héréditaires ou en survivance, & rendus depuis casuels par la déclaration du 9 août 1722, n'étant point évalués, ils prendront le tiers de leur finance pour servir d'évaluation, ainsi qu'il est porté par ladite déclaration du 9 août 1722: Et comme ce tiers de leur finance doit être tiré sur la principale & sur les autres payées depuis, tant pour augmentation de finance que pour offices réunis, ils feront représenter aux pourvûs d'iceux leurs titres, à l'effet de tirer au juste le tiers de leur finance.

XI.

A l'égard des offices qui ont été créés sous le titre de domaniaux, de la finance desquels il est difficile aux titulaires de justifier, les commis s'en feront représenter les contrats d'acquisition, ou ceux qui auront été passés par les Commissaires députés pour l'aliénation des domaines de Sa Majesté; le tiers du prix desquels, ainsi que de ceux qui y ont été réunis, leur tiendra lieu d'évaluation, comme il est porté par l'article II de la déclaration du 8 juillet 1749. Et en cas que l'on ne puisse leur justifier d'aucuns titres, ils auront soin d'en dresser des mémoires, & de les adresser au bureau des revenus casuels, pour être statué sur leur évaluation.

XII.

Comme il y a plusieurs anciens offices non évalués, dont il est impossible de représenter les quittances de finance, les pourvûs d'iceux seront reçûs au payement du prêt & annuel, par proportion de pareils offices qui se trouveront l'être; ou en cas qu'ils aient des quittances d'annuel, sur le pied d'icelles depuis vingt années sans interruption, que les commis se feront représenter, ainsi qu'il est ordonné par l'arrêt du 29 août 1682 ; ce qui ne se doit entendre que des offices non évalués, car en cas qu'ils le soient, les quittances au dessous de l'évaluation, de quelque temps qu'elles puissent être, ne doivent avoir lieu, à moins qu'il ne soit justifié par un rôle en bonne forme, ou par un arrêt, de la modération de l'évaluation.

XIII.

Ils recevront pareillement au payement du prêt & droit annuel, ceux qui exercent des offices en vertu de quittances de finance contrôlées, & qui sont dispensés de prendre des provisions par leurs édits de création, ou par des arrêts du Conseil ; à l'exception de ceux qui sont dispensés de payer lesdits droits par des arrêts particuliers, conformément à l'article VIII de la déclaration du 8 juillet 1749.

XIV.

Ils obſerveront de ne point recevoir le prêt & annuel pour les officiers décédés, en cas que leurs veuves, héritiers, ou créanciers les vouluſſent payer, ou fiſſent faire des ſommations à cet effet, parce qu'il n'y a que les officiers vivans qui puiſſent être reçûs à payer leſdits droits.

XV.

Les officiers des amirautés de Bretagne, ſeront reçûs au payement du prêt & droit annuel ſur le pied de la moitié de leur finance, qui leur tiendra lieu d'évaluation, conformément à l'arrêt du Conſeil du 12 janvier 1692. Ils recevront auſſi au payement deſdits droits, les ſubſtituts des Procureurs du Roi, les procureurs poſtulans, huiſſiers & ſergens des amirautés de la même province, conformément à l'arrêt du Conſeil du 29 avril 1753.

XVI.

Les offices municipaux créés par l'édit du mois d'août 1722, & par pluſieurs autres antérieurs, qui ont commencé dès le mois de juillet 1690, ayant été ſupprimés par pluſieurs édits, & entr'autres par celui du mois de juillet 1724, les pourvûs deſdits offices qui ont été exceptés de cette ſuppreſſion dans aucunes provinces du Royaume, même de ceux créés avant l'édit de 1722, qui ont été déclarés ſubſiſtans, ſeront admis au payement de l'annuel d'iceux, ſur le pied du ſoixantième du tiers de leur finance, & du prêt à proportion, en cas qu'ils ne ſe trouvent point évalués.

XVII.

Ils recevront au payement du droit annuel, ſur le pied du ſoixantième denier du ſixième de la finance principale, & ſans prêt, les pourvûs d'offices municipaux des villes & communautés du royaume, créés par édit du mois de novembre 1733, dont les finances ont été payées en eſpèces & effets, ainſi que les anciens officiers municipaux de la province de Languedoc, qui ont payé le ſupplément de finance ordonné par l'arrêt du 8 février 1735; le tout conformément à l'arrêt du Conſeil du 27 ſeptembre 1749.

XVIII.

Les pourvûs d'offices municipaux de la même création du mois de novembre 1733, dont les finances ont été réduites aux deux cinquièmes, & payées en argent ſans aucuns effets, depuis le premier janvier 1745, dans les quittances de finance deſquels il ſera fait mention des deux ſols pour livre, ſeront reçûs au payement du droit annuel ſur le pied du ſoixantième denier du tiers de leur finance principale ſeulement, ſans payer de prêt, conformément à l'arrêt du Conſeil du 22 décembre 1744, & à celui du 27 ſeptembre 1749.

XIX.

Les Receveurs des tailles & du taillon de la province de Languedoc, feront reçûs à l'annuel de leurs offices, fur le pied du foixantième denier des deux tiers feulement de leurs anciennes évaluations, & du prêt au cinquième, à proportion, fuivant l'arrêt qui leur a été accordé à cet effet le 28 décembre 1723, confirmé par ceux des 19 août 1732, 3 décembre 1740, & 7 feptembre 1749.

XX.

Les receveurs & contrôleurs des octrois & deniers patrimoniaux, ayant été fupprimés, & rétablis par l'édit du mois de juin 1725, ils recevront les pourvûs d'iceux au payement de l'annuel, fur le pied du foixantième denier du cinquième de leur finance principale, qui doit former leur évaluation, & du prêt à proportion, fuivant l'article XII dudit édit.

XXI.

Ils admettront au payement du prêt feulement, & à moitié fi c'eft office de nature à jouir de ce bénéfice, les officiers des domaines engagés, dont le prêt appartient au Roi, & l'annuel aux engagiftes, lefquels engagiftes feront tenus d'exécuter les articles IX, X & XI de la déclaration du 8 juillet 1749; & en conféquence, lefdits engagiftes ne pourront recevoir à l'annuel que les officiers dépendans de leurs domaines, qui juftifieront avoir payé le prêt au Roi; & en cas que les engagiftes vouluffent exiger le droit annuel fur un pied plus fort que les évaluations faites aux revenus cafuels de Sa Majefté, les commis recevront au payement dudit droit, & à moitié fi c'eft auffi office de nature à jouir de ce bénéfice, les officiers qui juftifieront par un acte en bonne forme du refus fait par l'engagifte de les recevoir fur le pied defdites évaluations.

XXII.

Ils recevront les blancs de quittances des gages des officiers des maréchauffées, pour comptant de leur prêt & annuel, & jufqu'à la concurrence de ce qui peut être dû defdits droits, dont ceux qui les ont payés leur repréfenteront les quittances, & leur feront endoffer lefdits blancs de leurs véritables noms & furnoms; la plûpart de ceux fournis pour les années précédentes, ayant été renvoyés fur les lieux pour être réformés, à caufe qu'ils n'avoient été remplis que du furnom de feigneurie, & non des véritables noms de baptême & furnom de famille.

XXIII.

S'il fe préfente en perfonne, en leur bureau, quelques officiers des autres généralités, pour y payer le prêt & droit annuel, les commis ne feront aucune

difficulté de les y recevoir, en rapportant les pièces néceſſaires pour y être admis, comme les précédentes quittances.

X X I V.

Ils ne recevront point au payement du droit annuel, les officiers des Cours ſupérieures, mentionnés dans l'article XII de la déclaration du 8 juillet 1749, confirmés par icelle dans la ſurvivance à eux accordée par l'édit du mois de décembre 1709, non plus que les officiers des pays d'Artois, Flandre, Haynault & Alſace, à l'égard deſquels il en ſera uſé comme par le paſſé; à l'exception néanmoins des Receveurs généraux des finances, des Commiſſaires & Contrôleurs des guerres, des prevôts, lieutenans & autres officiers de maréchauſſée qui exercent leurs fonctions dans leſdits pays, & qui ont toûjours été aſſujétis au payement du prêt & annuel.

X X V.

Ils n'admettront point non plus au payement du prêt & annuel les Préſidens Tréſoriers de France, Avocats, Procureurs du Roi, Greffiers en chef, & Chevaliers d'honneur des bureaux des finances; le rachat deſdits droits ayant été ordonné par les édits des mois de décembre 1743 & février 1745, qui accordent la ſurvivance aux pourvûs deſdits offices.

X X V I.

Les commis remettront les quittances à celui qui eſt commis au contrôle, pour les contrôler; & s'il arrive que quelques officiers jugent à propos d'en rapporter quelques-unes, pour y augmenter ou diminuer, ſelon leurs titres & qualités, ou autres raiſons, ils ne les reprendront point en cas qu'elles aient été contrôlées, qu'au préalable elles n'aient été déchargées du contrôle, & qu'il n'ait été fait mention par les commis au contrôle, au bas de l'enregiſtrement d'icelles, de ladite décharge, & de la raiſon pour laquelle elle aura été faite, qui ſera datée & ſignée dudit commis; auquel cas, le commis à la recette pourra expédier une nouvelle quittance ſous les titres requis, la porter de nouveau ſur ſon regiſtre, & rayer l'ampliation de celle qui aura été précédemment expédiée, en faiſant une mention ſommaire en marge, de la raiſon pour laquelle elle aura été rayée & déchargée du contrôle.

X X V I I.

S'il arrive quelque difficulté qui n'aura pas été prévûe, les commis en donneront avis, & cependant ils recevront & chargeront leurs regiſtres d'ampliations; en ſorte que les officiers ne demeurent point en ſuſpens, & ne courent aucun riſque dans leurs offices, ſauf à y être pourvû l'année ſuivante en connoiſſance de cauſe : Et comme quelques officiers leur pourroient faire ſignifier des actes concernant leurs prétentions, ils les recevront ſans y faire

aucune réponse verbale, ni par écrit, & les enverront inceſſamment au bureau de Paris, pour y être pourvû.

XXVIII.

Les commis donneront avis de l'état de leur recette, tous les huit jours, en attendant les ordres qui leur ſeront envoyés pour la remiſe d'icelle.

XXIX.

Ils feront chacun en leur généralité, des bordereaux exacts & bien calculés, du montant de leur recette, leſquels ils préſenteront le lendemain de la clôture du bureau, qui ſera le premier jour de l'année, avec leurs regiſtres, à Meſſieurs les Tréſoriers de France, pour être par eux leſdits regiſtres arrêtés en la manière accoûtumée, ou à Meſſieurs les Intendans, dans les lieux où il n'y a point de bureau des finances.

XXX.

Après que leurs regiſtres auront été arrêtés, ils les enverront à leurs cautions à Paris, & y joindront ceux du contrôle, avec les bordereaux de leurs recette & dépenſe, pièces juſtificatives d'icelles, le reſtant des blancs de quittances de prêt & d'annuel qui n'auront pas ſervi, enſemble toutes les autres pièces néceſſaires pour dreſſer leurs comptes, afin qu'il puiſſe être inceſſamment procédé à la reddition d'iceux : ils enverront auſſi un état par ordre alphabétique, de ceux qui auront payé le prêt & annuel.

XXXI.

Les commis auront ſoin de donner avis à M. Bertin Tréſorier des revenus caſuels, de la vacance des offices auſſi-tôt qu'elle viendra à leur connoiſſance; ſavoir, de ceux dont les titulaires ſont décédés ſans avoir payé le prêt & annuel; de ceux dont les héritiers ou propriétaires n'ont point fait ſceller de proviſions dans l'eſpace de trente années à compter du jour du décès des derniers titulaires. L'article IV de la déclaration du 8 juillet 1749 déclare vacans ceux qui ſont dans ce dernier cas, comme auſſi tous les offices qui ſont exercés ſans proviſions depuis le même temps, ſans y être autoriſés par leurs édits de création ou par des arrêts particuliers. Ils auront pareillement ſoin de donner avis de ceux qui auront été condamnés par des jugemens à des peines qui emportent confiſcation de leurs offices.

A PARIS, DE L'IMPRIMERIE ROYALE. 1755.

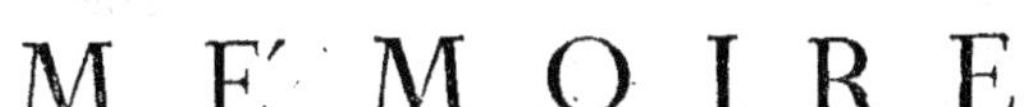

MÉMOIRE

Pour servir d'Instruction aux Commis à la Recette du Prêt & Droit annuel, pour l'année 1757, en exécution de la déclaration du 8 juillet 1749, portant continuation du Droit annuel pendant neuf années, qui ont commencé le premier janvier 1750, & finiront le dernier décembre 1758; de celle du 8 septembre 1752, & arrêt du Conseil du 22 juin 1756.

PREMIÈREMENT.

LES commis à la recette du Prêt & Droit annuel, chacun dans leur généralité, feront l'ouverture de leur bureau le premier novembre 1756, jusques & compris le dernier décembre ensuivant inclusivement; pendant lequel temps ils s'y trouveront assidument tous les jours depuis huit heures du matin jusqu'à midi, & depuis deux heures jusqu'à six du soir.

II.

ILS feront apposer les affiches qui leur auront été envoyées, aux lieux accoûtumés, comme aux portes du Bureau des finances, du Siége présidial, élection, grenier à sel, & autres endroits & places publiques; & en enverront dans toutes les villes de leur généralité, même dans celles où les offices sont à la nomination des Engagistes, afin que tous les officiers soient avertis de l'ouverture du bureau de ladite recette.

III.

ILS recevront au payement du droit annuel seulement, & sans aucun prêt, les officiers qui y auront satisfait pour l'année 1756; & ceux qui sont omissionnaires des sept années d'annuel, dûes en exécution de la déclaration du 8 juillet 1749, ils y seront reçûs en payant lesdites sept années omises & la courante 1757, avec un tiers de prêt seulement, conformément à l'article III du susdit arrêt du 22 juin 1756. A l'égard des officiers des présidiaux, sénéchaussées, bailliages, siéges royaux, prevôtés, jurisdictions royales, inférieures & de police, & autres faisant corps d'icelles, ils les recevront au payement desdits droits, sur le pied de la moitié de leur évaluation, conformément aux arrêts du Conseil des 9 septembre 1749, 24 juin 1750, premier juin 1751, 7 juillet 1752, 20 juin 1753, 24 juin 1754, 3 juin 1755 & 22 juin 1756. Ils ne percevront cependant sur les officiers des présidiaux seulement, ledit droit de prêt, que sur le pied du sixième denier, faisant dix fois l'annuel.

A

I V.

Il ſe trouvera pluſieurs officiers, comme receveurs des conſignations, commiſſaires aux ſaiſies réelles, greffiers, procureurs poſtulans, huiſſiers & ſergens royaux, qui prétendront être du corps des préſidiaux, ou des autres ſiéges royaux reſſortiſſant nuement ès cours dans leſquelles ils ont été reçûs & immatriculés, & ſous ce prétexte ne devoir payer le prêt qu'au ſixième denier; mais nonobſtant ces prétentions, ils les recevront audit droit au cinquième & à l'annuel en entier, attendu qu'ils ne ſont point du corps des officiers deſdits ſiéges, non plus que les ſubſtituts, ſi aucuns y a en iceux, ſujets auxdits droits.

V.

Les officiers des élections, greniers à ſel des autres juriſdictions des gabelles & des maîtriſes particulières des eaux & forêts, qui n'ont point fait en entier le rachat du prêt & annuel de leurs offices, en exécution des édits du mois de février 1745, ou qui n'ont fait aucun payement à compte dudit rachat, ſeront admis, conformément à la déclaration du 8 ſeptembre 1752, au payement du prêt & annuel ſur le pied de l'évaluation entière de leurs offices; ſavoir, ceux qui y ont ſatiſfait pour l'année 1756, en payant un annuel ſeulement & ſans aucun prêt; & ceux qui ſont omiſſionnaires des quatre années dûes en exécution de ladite déclaration, en payant cinq années d'annuel, compris l'année 1757, & un tiers de prêt ſeulement, conformément aux articles IV & VI du ſuſdit arrêt du Conſeil du 22 juin 1756. A l'égard de ceux qui ont fait en entier le rachat deſdits droits, ils ne les recevront point au payement du prêt & annuel.

V I.

Les commis recevront pareillement au payement du prêt & annuel, les pourvûs d'offices de notaires garde-notes & tabellions royaux, de procureurs poſtulans, de premiers huiſſiers, d'huiſſiers-audienciers, & de ſergens des cours, ſiéges & juriſdictions royales, de ſubſtituts des Procureurs du Roi deſdits ſiéges & juriſdictions, ayant faculté de poſtuler, de jurés-priſeurs-vendeurs de biens-meubles, & d'arpenteurs, dont les finances pour l'acquiſition d'iceux, ont été payées depuis la déclaration du 8 ſeptembre 1752; à l'effet de quoi ils ſe feront repréſenter les quittances de finance d'iceux, dans leſquelles il en aura été fait mention; & ceux deſdits officiers qui auront payé l'annuel pour l'année 1756, ils les admettront au payement de l'annuel ſeulement, ſans aucun prêt; & ceux qui ſont omiſſionnaires des années 1753, 1754, 1755 & 1756, ils y ſeront reçûs en payant leſdites années omiſes, & la courante 1757, avec un tiers de prêt ſeulement, conformément aux articles IV & VI du ſuſdit arrêt du Conſeil du 22 juin 1756.

VII.

La plus grande partie des offices de notaires, procureurs, huissiers & sergens, compris en l'article ci-dessus, ne se trouvant pas évalués, les pourvûs d'iceux seront reçûs au payement du prêt & annuel en cas qu'ils ne se trouvent pas nommément évalués; savoir, les notaires & les procureurs dans les bonnes villes, sur le pied de cinq cens trente-trois livres six sols huit deniers d'évaluation chacun, faisant huit livres dix-sept sols neuf deniers d'annuel; de quatre cens livres dans les petites villes, faisant six livres treize sols quatre deniers d'annuel; & pour les notaires dans les bourgs & villages, sur le pied de trois cens livres d'évaluation, faisant cinq livres d'annuel: Et à l'égard des sergens résidens dans les susdits lieux, sur le pied de deux cens soixante-six livres treize sols quatre deniers d'évaluation, faisant quatre livres huit sols dix deniers d'annuel, & au prêt à proportion; à l'exception néanmoins des offices de notaires garde-notes en Normandie, dont les commis percevront lesdits droits sur le pied du tiers de leur finance, qui servira d'évaluation.

VIII.

Ils observeront aussi de ne point admettre au payement du prêt & annuel les pourvûs d'offices de notaires, de procureurs postulans, de premiers huissiers, d'huissiers-audienciers & de sergens des cours & jurisdictions royales, de substituts des Procureurs du Roi desdits siéges & jurisdictions, ayant faculté de postuler, de jurés-vendeurs-priseurs de biens-meubles, & d'arpenteurs royaux, qui ont payé l'hérédité accordée par les déclarations des 3 décembre 1743 & 12 janvier 1745, ou le tiers en sus ordonné par l'arrêt du Conseil du 5 septembre 1751, & lettres patentes du même jour; ni ceux pourvûs avant la déclaration du 8 septembre 1752, qui n'ont pas payé lesdites taxes; les offices de ces derniers ayant été déclarés supprimés au jour de leur décès par arrêt du Conseil du 7 octobre 1752.

IX.

Ils admettront au payement du prêt & annuel les nouveaux pourvûs; savoir, ceux pourvûs d'offices vacans ou sur résignation, au quart denier, dont les résignans n'avoient pas payé lesdits droits, en leur faisant payer un tiers de prêt seulement, & l'annuel des années échûes depuis & compris celle de la date de leur provision; & si ces nouveaux pourvûs l'ont été avant l'année 1752, ils doivent deux tiers de prêt: A l'égard de ceux pourvûs sur résignation au huitième denier, ou sur la nomination des veuves ou héritiers, dont les derniers titulaires avoient payé le prêt & annuel, ils les recevront en leur faisant payer l'annuel des années échûes depuis & compris celle de la date de leur provision, sans aucun prêt: observer aussi que si ces derniers ont été

pourvûs en 1750, ils doivent deux tiers de prêt ; s'ils ont été pourvûs en 1751, ils n'en doivent qu'un ; & s'ils l'ont été depuis, ils n'en doivent point.

X.

LES offices de police & autres créés héréditaires ou en survivance, & rendus depuis casuels par la déclaration du 9 août 1722, n'étant point évalués, ils prendront le tiers de leur finance pour servir d'évaluation, ainsi qu'il est porté par ladite déclaration du 9 août 1722: Et comme ce tiers de leur finance doit être tiré sur la principale & sur les autres payées depuis, tant pour augmentation de finance que pour offices réunis, ils feront représenter aux pourvûs d'iceux leurs titres, à l'effet de tirer au juste le tiers de leur finance.

X I.

A l'égard des offices qui ont été créés sous le titre de domaniaux, de la finance desquels il est difficile aux titulaires de justifier, les commis s'en feront représenter les contrats d'acquisition, ou ceux qui auront été passés par les Commissaires députés pour l'aliénation des domaines de Sa Majesté; le tiers du prix desquels, ainsi que de ceux qui y ont été réunis, leur tiendra lieu d'évaluation, comme il est porté par l'article II de la déclaration du 8 juillet 1749. Et en cas que l'on ne puisse leur justifier d'aucuns titres, ils auront soin d'en dresser des mémoires, & de les adresser au bureau des revenus casuels, pour être statué sur leur évaluation.

X I I.

COMME il y a plusieurs anciens offices non évalués, dont il est impossible de représenter les quittances de finance, les pourvûs d'iceux seront reçûs au payement du prêt & annuel, par proportion de pareils offices qui se trouveront l'être; ou en cas qu'ils aient des quittances d'annuel, sur le pied d'icelles depuis vingt années sans interruption, que les commis se feront représenter, ainsi qu'il est ordonné par l'arrêt du 29 août 1682: ce qui ne se doit entendre que des offices non évalués, car en cas qu'ils le soient, les quittances au dessous de l'évaluation, de quelque temps qu'elles puissent être, ne doivent avoir lieu, à moins qu'il ne soit justifié par un rôle en bonne forme, ou par un arrêt, de la modération de l'évaluation.

X I I I.

ILS recevront pareillement au payement du prêt & droit annuel, ceux qui exercent des offices en vertu de quittances de finance contrôlées, & qui sont dispensés de prendre des provisions par leurs édits de création, ou par des arrêts du Conseil; à l'exception de ceux qui sont dispensés de payer lesdits droits par des arrêts particuliers, conformément à l'article VIII de la déclaration du 8 juillet 1749.

XIV.

Ils observeront de ne point recevoir le prêt & annuel pour les officiers décédés, en cas que leurs veuves, héritiers, ou créanciers les voulussent payer, ou fissent faire des sommations à cet effet, parce qu'il n'y a que les officiers vivans qui puissent être reçûs à payer lesdits droits.

XV.

Les officiers des amirautés de Bretagne, feront reçûs au payement du prêt & droit annuel sur le pied de la moitié de leur finance, qui leur tiendra lieu d'évaluation, conformément à l'arrêt du Conseil du 12 janvier 1692. Ils recevront aussi au payement desdits droits, les substituts des Procureurs du Roi, les procureurs postulans, huissiers & sergens des amirautés de la même province, conformément à l'arrêt du Conseil du 29 avril 1753.

XVI.

Les offices municipaux créés par l'édit du mois d'août 1722, & par plusieurs autres antérieurs, qui ont commencé dès le mois de juillet 1690, ayant été supprimés par plusieurs édits, & entr'autres par celui du mois de juillet 1724, les pourvûs desdits offices qui ont été exceptés de cette suppression dans aucunes provinces du Royaume, même de ceux créés avant l'édit de 1722, qui ont été déclarés subsistans, feront admis au payement de l'annuel d'iceux, sur le pied du soixantième du tiers de leur finance, & du prêt à proportion, en cas qu'ils ne se trouvent point évalués.

XVII.

Ils recevront au payement du droit annuel, sur le pied du soixantième denier du sixième de la finance principale, & sans prêt, les pourvûs d'offices municipaux des villes & communautés du royaume, créés par édit du mois de novembre 1733, dont les finances ont été payées en espèces & effets, ainsi que les anciens officiers municipaux de la province de Languedoc, qui ont payé le supplément de finance ordonné par l'arrêt du 8 février 1735; le tout conformément à l'arrêt du Conseil du 27 septembre 1749.

XVIII.

Les pourvûs d'offices municipaux de la même création du mois de novembre 1733, dont les finances ont été réduites aux deux cinquièmes, & payées en argent sans aucuns effets, depuis le premier janvier 1745, dans les quittances de finance desquels il sera fait mention des deux sols pour livre, feront reçûs au payement du droit annuel sur le pied du soixantième denier du tiers de leur finance principale seulement, sans payer de prêt, conformément à l'arrêt du Conseil du 22 décembre 1744, & à celui du 27 septembre 1749.

XIX.

Les Receveurs des tailles & du taillon de la province de Languedoc, feront reçûs à l'annuel de leurs offices, fur le pied du foixantième denier des deux tiers feulement de leurs anciennes évaluations, & du prêt au cinquième, à proportion, fuivant l'arrêt qui leur a été accordé à cet effet le 28 décembre 1723, confirmé par ceux des 19 août 1732, 3 décembre 1740, & 7 feptembre 1749.

XX.

Les receveurs & contrôleurs des octrois & deniers patrimoniaux, ayant été fupprimés, & rétablis par l'édit du mois de juin 1725, ils recevront les pourvûs d'iceux au payement de l'annuel, fur le pied du foixantième denier du cinquième de leur finance principale, qui doit former leur évaluation, & du prêt à proportion, fuivant l'article XII dudit édit.

XXI.

Ils admettront au payement du prêt feulement, & à moitié fi c'eft office de nature à jouir de ce bénéfice, les officiers des domaines engagés, dont le prêt appartient au Roi, & l'annuel aux engagiftes, lefquels engagiftes feront tenus d'exécuter les articles IX, X & XI de la déclaration du 8 juillet 1749; & en conféquence, lefdits engagiftes ne pourront recevoir à l'annuel que les officiers dépendans de leurs domaines, qui juftifieront avoir payé le prêt au Roi; & en cas que les engagiftes vouluffent exiger le droit annuel fur un pied plus fort que les évaluations faites aux revenus cafuels de Sa Majefté, les commis recevront au payement dudit droit, & à moitié fi c'eft auffi office de nature à jouir de ce bénéfice, les officiers qui juftifieront par un acte en bonne forme du refus fait par l'engagifte de les recevoir fur le pied defdites évaluations.

XXII.

Ils recevront les blancs de quittances des gages des officiers des maréchauffées, pour comptant de leur prêt & annuel, & jufqu'à la concurrence de ce qui peut être dû defdits droits, dont ceux qui les ont payés leur repréfenteront les quittances, & leur feront endoffer lefdits blancs de leurs véritables noms & furnoms; la plûpart de ceux fournis pour les années précédentes, ayant été renvoyés fur les lieux pour être réformés, à caufe qu'ils n'avoient été remplis que du furnom de feigneurie, & non des véritables noms de baptême & furnom de famille.

XXIII.

S'il fe préfente en perfonne, en leur bureau, quelques officiers des autres généralités, pour y payer le prêt & droit annuel, les commis ne feront aucune

difficulté de les y recevoir, en rapportant les pièces néceſſaires pour y être admis, comme les précédentes quittances.

XXIV.

ILS ne recevront point au payement du droit annuel, les officiers des Cours ſupérieures, mentionnés dans l'article XII de la déclaration du 8 juillet 1749, confirmés par icelle dans la ſurvivance à eux accordée par l'édit du mois de décembre 1709, non plus que les officiers des pays d'Artois, Flandre, Haynault & Alſace, à l'égard deſquels il en ſera uſé comme par le paſſé; à l'exception néanmoins des Receveurs généraux des finances, des Commiſſaires & Contrôleurs des guerres, des prevôts, lieutenans & autres officiers de maréchauſſée qui exercent leurs fonctions dans leſdits pays, & qui ont toûjours été aſſujétis au payement du prêt & annuel.

XXV.

ILS n'admettront point non plus au payement du prêt & annuel les Préſidens Tréſoriers de France, Avocats, Procureurs du Roi, Greffiers en chef, & Chevaliers d'honneur des Bureaux des finances; le rachat deſdits droits ayant été ordonné par les édits des mois de décembre 1743 & février 1745, qui accordent la ſurvivance aux pourvûs deſdits offices.

XXVI.

LES commis remettront les quittances à celui qui eſt commis au contrôle, pour les contrôler; & s'il arrive que quelques officiers jugent à propos d'en rapporter quelques-unes, pour y augmenter ou diminuer, ſelon leurs titres & qualités, ou autres raiſons, ils ne les reprendront point en cas qu'elles aient été contrôlées, qu'au préalable elles n'aient été déchargées du contrôle, & qu'il n'ait été fait mention par les commis au contrôle, au bas de l'enregiſtrement d'icelles, de ladite décharge, & de la raiſon pour laquelle elle aura été faite, qui ſera datée & ſignée dudit commis; auquel cas, le commis à la recette pourra expédier une nouvelle quittance ſous les titres requis, la porter de nouveau ſur ſon regiſtre, & rayer l'ampliation de celle qui aura été précédemment expédiée, en faiſant une mention ſommaire en marge, de la raiſon pour laquelle elle aura été rayée & déchargée du contrôle.

XXVII.

S'IL arrive quelque difficulté qui n'aura pas été prévûe, les commis en donneront avis, & cependant ils recevront & chargeront leurs regiſtres d'ampliations; en ſorte que les officiers ne demeurent point en ſuſpens, & ne courent aucun riſque dans leurs offices, ſauf à y être pourvû l'année ſuivante en connoiſſance de cauſe : Et comme quelques officiers leur pourroient faire ſignifier des actes concernant leurs prétentions, ils les recevront ſans y faire

aucune réponse verbale, ni par écrit, & les enverront incessamment au bureau de Paris, pour y être pourvû.

XXVIII.

Les commis donneront avis de l'état de leur recette, tous les huit jours, en attendant les ordres qui leur seront envoyés pour la remise d'icelle.

XXIX.

Ils feront chacun en leur généralité, des bordereaux exacts & bien calculés, du montant de leur recette, lesquels ils présenteront le lendemain de la clôture du bureau, qui sera le premier jour de l'année, avec leurs registres, à Messieurs les Trésoriers de France, pour être par eux lesdits registres arrêtés en la manière accoûtumée, ou à Messieurs les Intendans, dans les lieux où il n'y a point de Bureau des finances.

XXX.

Après que leurs registres auront été arrêtés, ils les enverront à leurs cautions à Paris, & y joindront ceux du contrôle, avec les bordereaux de leurs recette & dépense, pièces justificatives d'icelles, le restant des blancs de quittances de prêt & d'annuel qui n'auront pas servi, ensemble toutes les autres pièces nécessaires pour dresser leurs comptes, afin qu'il puisse être incessamment procédé à la reddition d'iceux; ils enverront aussi un état par ordre alphabétique, de ceux qui auront payé le prêt & annuel.

XXXI.

Les commis auront soin de donner avis à M. Bertin Trésorier des revenus casuels, de la vacance des offices aussi-tôt qu'elle viendra à leur connoissance; savoir, de ceux dont les titulaires sont décédés sans avoir payé le prêt & annuel; de ceux dont les héritiers ou propriétaires n'ont point fait sceller de provisions dans l'espace de trente années à compter du jour du décès des derniers titulaires. L'article IV de la déclaration du 8 juillet 1749 déclare vacans ceux qui sont dans ce dernier cas, comme aussi tous les offices qui sont exercés sans provisions depuis le même temps, sans y être autorisés par leurs édits de création ou par des arrêts particuliers. Ils auront pareillement soin de donner avis de ceux qui auront été condamnés par des jugemens à des peines qui emportent confiscation de leurs offices.

A PARIS, DE L'IMPRIMERIE ROYALE. 1756.

[library stamp]

MÉMOIRE

Pour servir d'Instruction aux Commis à la Recette du Prêt & Droit annuel, pour l'année 1758, en exécution de la déclaration du 8 juillet 1749, portant continuation du Droit annuel pendant neuf années, qui ont commencé le premier janvier 1750, & finiront le dernier décembre 1758; de celle du 8 septembre 1752, & arrêt du Conseil du 12 juin 1757.

PREMIÈREMENT.

LES commis à la recette du Prêt & Droit annuel, chacun dans leur généralité, feront l'ouverture de leur bureau le premier novembre 1757, jusques & compris le dernier décembre ensuivant inclusivement; pendant lequel temps ils s'y trouveront assidûment tous les jours depuis huit heures du matin jusqu'à midi, & depuis deux heures jusqu'à six du soir.

II.

ILS feront apposer les affiches qui leur auront été envoyées, aux lieux accoûtumés, comme aux portes du Bureau des finances, du Siége présidial, élection, grenier à sel, & autres endroits & places publiques; & en enverront dans toutes les villes de leur généralité, même dans celles où les offices sont à la nomination des Engagistes, afin que tous les officiers soient avertis de l'ouverture du bureau de ladite recette.

III.

ILS recevront au payement du droit annuel seulement, & sans aucun prêt, les officiers qui y auront satisfait pour l'année 1757; & ceux qui sont omissionnaires des huit années d'annuel, dûes en exécution de la déclaration du 8 juillet 1749, ils y seront reçûs en payant lesdites huit années omises & la courante 1758, avec un tiers de prêt seulement, conformément à l'article III du susdit arrêt du 12 juin 1757. A l'égard des officiers des présidiaux, sénéchaussées, bailliages, siéges royaux, prevôtés, jurisdictions royales, inférieures & de police, & autres faisant corps d'icelles, ils les recevront au payement desdits droits, sur le pied de la moitié de leur évaluation, conformément aux arrêts du Conseil des 9 septembre 1749, 24 juin 1750, premier juin 1751, 7 juillet 1752, 20 juin 1753, 24 juin 1754, 3 juin 1755, 22 juin 1756 & 12 juin 1757. Ils ne percevront cependant sur les officiers des préfidiaux feulement, ledit droit de prêt, que fur le pied du fixième denier, faifant dix fois l'annuel.

I V.

Il fe trouvera plufieurs officiers, comme receveurs des confignations, commiffaires aux faifies réelles, greffiers, procureurs poftulans, huiffiers & fergens royaux, qui prétendront être du corps des préfidiaux, ou des autres fiéges royaux reffortiffant nuement ès Cours dans lefquelles ils ont été reçûs & immatriculés, & fous ce prétexte ne devoir payer le prêt qu'au fixième denier; mais nonobftant ces prétentions, ils les recevront audit droit au cinquième & à l'annuel en entier, attendu qu'ils ne font point du corps des officiers defdits fiéges, non plus que les fubftituts, fi aucuns y a en iceux, fujets auxdits droits.

V.

Les officiers des élections, greniers à fel des autres jurifdictions des gabelles & des maîtrifes particulières des eaux & forêts, qui n'ont point fait en entier le rachat du prêt & annuel de leurs offices, en exécution des édits du mois de février 1745, ou qui n'ont fait aucun payement à compte dudit rachat, feront admis, conformément à la déclaration du 8 feptembre 1752, au payement du prêt & annuel fur le pied de l'évaluation entière de leurs offices; favoir, ceux qui y ont fatisfait pour l'année 1757, en payant un annuel feulement & fans aucun prêt; & ceux qui font omiffionnaires des cinq années dûes en exécution de ladite déclaration, en payant fix années d'annuel, compris l'année 1758, & un tiers de prêt feulement, conformément aux articles IV & VI du fufdit arrêt du Confeil du 12 juin 1757. A l'égard de ceux qui ont fait en entier le rachat defdits droits, ils ne les recevront point au payement du prêt & annuel.

V I.

Les commis recevront pareillement au payement du prêt & annuel, les pourvûs d'offices de notaires garde-notes & tabellions royaux, de procureurs poftulans, de premiers huiffiers, d'huiffiers-audienciers, & de fergens des cours, fiéges & jurifdictions royales, de fubftituts des Procureurs du Roi defdits fiéges & jurifdictions, ayant faculté de poftuler, de jurés-prifeurs-vendeurs de biens-meubles, & d'arpenteurs, dont les finances pour l'acquifition d'iceux, ont été payées depuis la déclaration du 8 feptembre 1752; à l'effet de quoi ils fe feront repréfenter les quittances de finance d'iceux, dans lefquelles il en aura été fait mention; & ceux defdits officiers qui auront payé l'annuel pour l'année 1757, ils les admettront au payement de l'annuel feulement, fans aucun prêt; & ceux qui font omiffionnaires des années 1753, 1754,

1755, 1756 & 1757, ils y feront reçûs en payant lefdites années omifes, & la courante 1758, avec un tiers de prêt feulement, conformément aux articles IV & VI du fufdit arrêt du Confeil du 12 juin 1757.

V I I.

La plus grande partie des offices de notaires, procureurs, huiffiers & fergens, compris en l'article ci-deffus, ne fe trouvant pas évalués, les pourvûs d'iceux feront reçûs au payement du prêt & annuel en cas qu'ils ne fe trouvent pas nommément évalués ; favoir, les notaires & les procureurs dans les bonnes villes, fur le pied de cinq cens trente-trois livres fix fols huit deniers d'évaluation chacun, faifant huit livres dix-fept fols neuf deniers d'annuel ; de quatre cens livres dans les petites villes, faifant fix livres treize fols quatre deniers d'annuel ; & pour les notaires dans les bourgs & villages, fur le pied de trois cens livres d'évaluation, faifant cinq livres d'annuel : Et à l'égard des fergens réfidens dans les fufdits lieux, fur le pied de deux cens foixante-fix livres treize fols quatre deniers d'évaluation, faifant quatre livres huit fols dix deniers d'annuel, & au prêt à proportion ; à l'exception néanmoins des offices de notaires garde-notes en Normandie, dont les commis percevront lefdits droits fur le pied du tiers de leur finance, qui fervira d'évaluation.

V I I I.

Ils obferveront auffi de ne point admettre au payement du prêt & annuel les pourvûs d'offices de notaires, de procureurs poftulans, de premiers huiffiers, d'huiffiers-audienciers & de fergens des cours & jurifdictions royales, de fubftituts des Procureurs du Roi defdits fiéges & jurifdictions, ayant faculté de poftuler, de jurés-vendeurs-prifeurs de biens-meubles, & d'arpenteurs-royaux, qui ont payé l'hérédité accordée par les déclarations des 3 décembre 1743 & 12 janvier 1745, ou le tiers en fus ordonné par l'arrêt du Confeil du 5 feptembre 1751, & lettres patentes du même jour ; ni ceux pourvûs avant la déclaration du 8 feptembre 1752, qui n'ont pas payé lefdites taxes ; les offices de ces derniers ayant été déclarés fupprimés au jour de leur décès par arrêt du Confeil du 7 octobre 1752.

I X.

Ils admettront au payement du prêt & annuel les nouveaux pourvûs ; favoir, ceux pourvûs d'offices vacans ou fur réfignation, au quart denier, dont les réfignans n'avoient pas payé lefdits droits, en leur faifant payer un tiers de prêt feulement, & l'annuel des années échûes depuis & compris celle de la date de leur provifion : A l'égard de ceux pourvûs fur réfignation au huitième denier, ou fur la nomination des veuves ou héritiers, dont les derniers titulaires avoient payé le prêt & annuel, ils les recevront en leur faifant payer l'annuel des années échûes depuis & compris celle de la date de leur provision, sans aucun prêt : observer aussi que si ces derniers ont été pourvûs en 1750 ou 1751, ils doivent un tiers de prêt ; & s'ils l'ont été depuis, ils n'en doivent point.

X.

Les offices de police & autres créés héréditaires ou en survivance, & rendus depuis casuels par la déclaration du 9 août 1722, n'étant point évalués, ils prendront le tiers de leur finance pour servir d'évaluation, ainsi qu'il est porté par ladite déclaration du 9 août 1722: Et comme ce tiers de leur finance doit être tiré sur la principale & sur les autres payées depuis, tant pour augmentation de finance que pour offices réunis, ils feront représenter aux pourvûs d'iceux leurs titres, à l'effet de tirer au juste le tiers de leur finance.

XI.

A l'égard des offices qui ont été créés sous le titre de domaniaux, de la finance desquels il est difficile aux titulaires de justifier, les commis s'en feront représenter les contrats d'acquisition, ou ceux qui auront été passés par les Commissaires députés pour l'aliénation des domaines de Sa Majesté ; le tiers du prix desquels, ainsi que de ceux qui y ont été réunis, leur tiendra lieu d'évaluation, comme il est porté par l'article II de la déclaration du 8 juillet 1749. Et en cas que l'on ne puisse leur justifier d'aucuns titres, ils auront soin d'en dresser des mémoires, & de les adresser au bureau des revenus casuels, pour être statué sur leur évaluation.

XII.

Comme il y a plusieurs anciens offices non évalués, dont il est impossible de représenter les quittances de finance, les pourvûs d'iceux seront reçûs au payement du prêt & annuel, par proportion de pareils offices qui se trouveront l'être ; ou en cas qu'ils aient des quittances d'annuel, sur le pied d'icelles depuis vingt années sans interruption, que les commis se feront représenter, ainsi qu'il est ordonné par l'arrêt du 29 août 1682 : ce qui ne se doit entendre que des offices non évalués, car en cas qu'ils le soient, les quittances au dessous de l'évaluation, de quelque temps qu'elles puissent être, ne doivent avoir lieu, à moins qu'il ne soit justifié par un rôle en bonne forme, ou par un arrêt, de la modération de l'évaluation.

XIII.

Ils recevront pareillement au payement du prêt & droit annuel, ceux qui exercent des offices en vertu de quittances de finance contrôlées, & qui sont dispensés de prendre des provisions par leurs édits de création, ou par des arrêts du Conseil ; à l'exception de ceux qui sont dispensés de payer lesdits droits par des arrêts particuliers, conformément à l'article VIII de la déclaration du 8 juillet 1749

XIV.

Ils observeront de ne point recevoir le prêt & annuel pour les officiers décédés, en cas que leurs veuves, héritiers, ou créanciers les voulussent payer, ou fissent faire des sommations à cet effet, parce qu'il n'y a que les officiers vivans qui puissent être reçûs à payer lesdits droits.

XV.

Les officiers des amirautés de Bretagne, seront reçûs au payement du prêt & droit annuel sur le pied de la moitié de leur finance, qui leur tiendra lieu d'évaluation, conformément à l'arrêt du Conseil du 12 janvier 1692. Ils recevront aussi au payement desdits droits, les substituts des Procureurs du Roi, les procureurs postulans, huissiers & sergens des amirautés de la même province, conformément à l'arrêt du Conseil du 29 avril 1753.

XVI.

Les offices municipaux créés par l'édit du mois d'août 1722, & par plusieurs autres antérieurs, qui ont commencé dès le mois de juillet 1690, ayant été supprimés par plusieurs édits, & entr'autres par celui du mois de juillet 1724, les pourvûs desdits offices qui ont été exceptés de cette suppression dans aucunes provinces du Royaume, même de ceux créés avant l'édit de 1722, qui ont été déclarés subsistans, seront admis au payement de l'annuel d'iceux, sur le pied du soixantième du tiers de leur finance, & du prêt à proportion, en cas qu'ils ne se trouvent point évalués.

XVII.

Ils recevront au payement du droit annuel, sur le pied du soixantième denier du sixième de la finance principale, & sans prêt, les pourvûs d'offices municipaux des villes & communautés du royaume, créés par édit du mois de novembre 1733, dont les finances ont été payées en espèces & effets, ainsi que les anciens officiers municipaux de la province de Languedoc, qui ont payé le supplément de finance ordonné par l'arrêt du 8 février 1735; le tout conformément à l'arrêt du Conseil du 27 septembre 1749.

XVIII.

Les pourvûs d'offices municipaux de la même création du mois de novembre 1733, dont les finances ont été réduites aux deux cinquièmes, & payées en argent sans aucuns effets, depuis le premier janvier 1745, dans les quittances de finance desquels il sera fait mention des deux sols pour livre, seront reçûs au payement du droit annuel sur le pied du soixantième denier du tiers de leur finance principale seulement, sans payer de prêt, conformément à l'arrêt du Conseil du 22 décembre 1744, & à celui du 27 septembre 1749.

XIX.

LES Receveurs des tailles & du taillon de la province de Languedoc, seront reçûs à l'annuel de leurs offices, sur le pied du soixantième denier des deux tiers seulement de leurs anciennes évaluations, & du prêt au cinquième, à proportion, suivant l'arrêt qui leur a été accordé à cet effet le 28 décembre 1723, confirmé par ceux des 19 août 1732, 3 décembre 1740, & 7 septembre 1749.

XX.

LES receveurs & contrôleurs des octrois & deniers patrimoniaux, ayant été supprimés, & rétablis par l'édit du mois de juin 1725, ils recevront les pourvûs d'iceux au payement de l'annuel, sur le pied du soixantième denier du cinquième de leur finance principale, qui doit former leur évaluation, & du prêt à proportion, suivant l'article XII dudit édit.

XXI.

ILS admettront au payement du prêt seulement, & à moitié si c'est office de nature à jouir de ce bénéfice, les officiers des domaines engagés, dont le prêt appartient au Roi, & l'annuel aux engagistes, lesquels engagistes seront tenus d'exécuter les articles IX, X & XI de la déclaration du 8 juillet 1749; & en conséquence, lesdits engagistes ne pourront recevoir à l'annuel que les officiers dépendans de leurs domaines, qui justifieront avoir payé le prêt au Roi; & en cas que les engagistes voulussent exiger le droit annuel sur un pied plus fort que les évaluations faites aux revenus casuels de Sa Majesté, les commis recevront au payement dudit droit, & à moitié si c'est aussi office de nature à jouir de ce bénéfice, les officiers qui justifieront par un acte en bonne forme du refus fait par l'engagiste de les recevoir sur le pied desdites évaluations.

XXII.

ILS recevront les blancs de quittances des officiers des maréchaussées, pour comptant de leur prêt & annuel, & leur feront endosser lesdits blancs de leurs véritables noms & surnoms; la plupart de ceux fournis pour les années précédentes, ayant été renvoyés sur les lieux pour être réformés, à cause qu'ils n'avoient été remplis que du surnom de seigneurie, & non des véritables noms de baptême & surnom de famille.

XXIII.

S'IL se présente en personne, en leur bureau, quelques officiers des autres généralités, pour y payer le prêt & droit annuel, les commis ne feront aucune

difficulté de les y recevoir, en rapportant les pièces néceſſaires pour y être admis, comme les précédentes quittances.

XXIV.

Ils ne recevront point au payement du droit annuel, les officiers des Cours ſupérieures, mentionnés dans l'article XII de la déclaration du 8 juillet 1749, confirmés par icelle dans la ſurvivance à eux accordée par l'édit du mois de décembre 1709, non plus que les officiers des pays d'Artois, Flandre, Haynault & Alſace, à l'égard deſquels il en ſera uſé comme par le paſſé; à l'exception néanmoins des Receveurs généraux des finances, des Commiſſaires & Contrôleurs des guerres, des prevôts, lieutenans & autres officiers de maréchauſſée qui exercent leurs fonctions dans leſdits pays, & qui ont toûjours été aſſujétis au payement du prêt & annuel.

XXV.

Ils n'admettront point non plus au payement du prêt & annuel les Préſidens Tréſoriers de France, Avocats, Procureurs du Roi, Greffiers en chef, & Chevaliers d'honneur des Bureaux des finances; le rachat deſdits droits ayant été ordonné par les édits des mois de décembre 1743 & février 1745, qui accordent la ſurvivance aux pourvûs deſdits offices.

XXVI.

Les commis remettront les quittances à celui qui eſt commis au contrôle, pour les contrôler; & s'il arrive que quelques officiers jugent à propos d'en rapporter quelques unes, pour y augmenter ou diminuer, ſelon leurs titres & qualités, ou autres raiſons, ils ne les reprendront point en cas qu'elles aient été contrôlées, qu'au préalable elles n'aient été déchargées du contrôle, & qu'il n'ait été fait mention par les commis au contrôle, au bas de l'enregiſtrement d'icelles, de ladite décharge, & de la raiſon pour laquelle elle aura été faite, qui ſera datée & ſignée dudit commis; auquel cas, le commis à la recette pourra expédier une nouvelle quittance ſous les titres requis, la porter de nouveau ſur ſon regiſtre, & rayer l'ampliation de celle qui aura été précédemment expédiée, en faiſant une mention ſommaire en marge, de la raiſon pour laquelle elle aura été rayée & déchargée du contrôle.

XXVII.

S'il arrive quelque difficulté qui n'aura pas été prévûe, les commis en donneront avis, & cependant ils recevront & chargeront leurs regiſtres d'ampliations; en ſorte que les officiers ne demeurent point en ſuſpens, & ne courent aucun riſque dans leurs offices, ſauf à y être pourvû l'année ſuivante en connoiſſance de cauſe: Et comme quelques officiers leur pourroient faire ſignifier des actes concernant leurs prétentions, ils les recevront ſans y faire

aucune réponſe verbale, ni par écrit, & les enverront inceſſamment au bureau de Paris, pour y être pourvû.

XXVIII.

Les commis donneront avis de l'état de leur recette, tous les huit jours, en attendant les ordres qui leur ſeront envoyés pour la remiſe d'icelle.

XXIX.

Ils feront chacun en leur généralité, des bordereaux exacts & bien calculés, du montant de leur recette, leſquels ils préſenteront le lendemain de la clôture du bureau, qui ſera le premier jour de l'année, avec leurs regiſtres, à Meſſieurs les Tréſoriers de France, pour être par eux leſdits regiſtres arrêtés en la manière accoûtumée, ou à Meſſieurs les Intendans, dans les lieux où il n'y a point de Bureau des finances.

XXX.

Après que leurs regiſtres auront été arrêtés, ils les enverront à leurs cautions à Paris, & y joindront ceux du contrôle, avec les bordereaux de leurs recette & dépenſe, pièces juſtificatives d'icelles, le reſtant des blancs de quittances de prêt & d'annuel qui n'auront pas ſervi, enſemble toutes les autres pièces néceſſaires pour dreſſer leurs comptes, afin qu'il puiſſe être inceſſamment procédé à la reddition d'iceux : ils enverront auſſi un état par ordre alphabétique, de ceux qui auront payé le prêt & annuel.

XXXI.

Les commis auront ſoin de donner avis à M. Bertin Tréſorier des revenus caſuels, de la vacance des offices auſſi-tôt qu'elle viendra à leur connoiſſance; ſavoir, de ceux dont les titulaires ſont décédés ſans avoir payé le prêt & annuel; de ceux dont les héritiers ou propriétaires n'ont point fait ſceller de proviſions dans l'eſpace de trente années à compter du jour du décès des derniers titulaires. L'article IV de la déclaration du 8 juillet 1749 déclare vacans ceux qui ſont dans ce dernier cas, comme auſſi tous les offices qui ſont exercés ſans proviſions depuis le même temps, ſans y être autoriſés par leurs édits de création ou par des arrêts particuliers. Ils auront pareillement ſoin de donner avis de ceux qui auront été condamnés par des jugemens à des peines qui emportent confiſcation de leurs offices.

A PARIS, DE L'IMPRIMERIE ROYALE. 1757.

MÉMOIRE

Pour servir d'Instruction aux Commis à la Recette du Prêt & Droit annuel, pour l'année 1759, en exécution de la déclaration du 23 juillet 1758, portant continuation du Droit annuel pendant neuf années, qui commenceront le premier janvier 1759, & finiront le dernier décembre 1767.

PREMIÈREMENT.

LES commis à la recette du Prêt & Droit annuel, chacun dans leur généralité, feront l'ouverture de leur bureau le premier novembre 1758, jusques & compris le dernier décembre ensuivant inclusivement; pendant lequel temps ils s'y trouveront assidûment tous les jours depuis huit heures du matin jusqu'à midi, & depuis deux heures jusqu'à six du soir.

II.

ILS feront apposer les affiches qui leur auront été envoyées, aux lieux accoûtumés, comme aux portes du Bureau des finances, du Siége présidial, élection, grenier à sel, & autres endroits & places publiques; & en enverront dans toutes les villes de leur généralité, même dans celles où les offices sont à la nomination des Engagistes, afin que tous les officiers soient avertis de l'ouverture du bureau de ladite recette, & des dispositions de ladite déclaration du 23 juillet 1758.

III.

ILS recevront au payement du prêt & annuel les officiers qui y sont sujets, en payant par eux un tiers du prêt, sur le pied du cinquième denier de leur évaluation, faisant douze fois l'annuel; & le droit annuel sur le pied du soixantième. A l'égard des officiers des présidiaux, sénéchaussées, bailliages, siéges royaux, prevôtés, jurisdictions royales, inférieures & de police, & autres faisant corps d'icelles, ils les recevront au payement du droit annuel sur le pied de la moitié de leur évaluation, & au prêt à proportion, conformément à l'arrêt du Conseil du   1758. Ils ne percevront cependant sur les officiers des présidiaux seulement, ledit droit de prêt, que sur le pied du sixième denier, faisant dix fois l'annuel.

IV.

IL se trouvera plusieurs officiers, comme receveurs des consignations, commiſſaires aux ſaiſies réelles, greffiers, procureurs poſtulans, huiſſiers & ſergens royaux, qui prétendront être du corps des préſidiaux, ou des autres ſiéges royaux reſſortiſſant nuement ès Cours dans leſquelles ils ont été reçûs & immatriculés, & ſous ce prétexte ne devoir payer le prêt qu'au ſixième denier ; mais nonobſtant ces prétentions, ils les recevront audit droit au cinquième & à l'annuel en entier, attendu qu'ils ne ſont point du corps des officiers deſdits ſiéges, non plus que les ſubſtituts, ſi aucuns y a en iceux, ſujets auxdits droits.

V.

LES officiers des élections, greniers à ſel des autres juriſdictions des gabelles & des maîtriſes particulières des eaux & forêts, qui n'ont point fait en entier le rachat du prêt & annuel de leurs offices, en exécution des édits du mois de février 1745, ou qui n'ont fait aucun payement à compte dudit rachat, ſeront admis, conformément à la déclaration du 8 ſeptembre 1752, au payement du prêt & annuel ſur le pied de l'évaluation entière de leurs offices. A l'égard de ceux qui ont fait en entier le rachat deſdits droits, ils ne les recevront point au payement du prêt & annuel.

V I.

LES commis recevront pareillement au payement du prêt & annuel, les pourvûs d'offices de notaires garde-notes & tabellions royaux, de procureurs poſtulans, de premiers huiſſiers, d'huiſſiers-audienciers, & de ſergens des cours, ſiéges & juriſdictions royales, de ſubſtituts des Procureurs du Roi deſdits ſiéges & juriſdictions, ayant faculté de poſtuler, de jurés-priſeurs-vendeurs de biens-meubles, & d'arpenteurs, dont les finances pour l'acquiſition d'iceux, ont été payées depuis la déclaration du 8 ſeptembre 1752 ; à l'effet de quoi ils ſe feront repréſenter les quittances de finance d'iceux, dans leſquelles il en aura été fait mention.

V I I.

LA plus grande partie des offices de notaires, procureurs, huiſſiers & ſergens, compris en l'article ci-deſſus, ne ſe trouvant pas évalués, les pourvûs d'iceux ſeront reçûs au payement du prêt & annuel en cas qu'ils ne ſe trouvent pas nommément évalués ; ſavoir, les notaires & les procureurs dans les bonnes villes, ſur le pied de cinq cens trente-trois livres ſix ſols huit deniers d'évaluation chacun, faiſant huit livres dix-ſept ſols neuf deniers d'annuel ; de quatre cens livres dans les petites villes, faiſant ſix livres treize ſols quatre deniers d'annuel ; & pour les notaires dans les bourgs & villages, ſur le pied de trois cens livres d'évaluation, faiſant cinq livres d'annuel : Et à l'égard des ſergens réſidens dans les ſuſdits lieux, ſur le pied de deux cens ſoixante-ſix livres treize sols quatre deniers d'évaluation, faisant quatre livres huit sols dix deniers d'annuel, & au prêt à proportion; à l'exception néanmoins des offices de notaires garde-notes en Normandie, dont les commis percevront lesdits droits sur le pied du tiers de leur finance, qui servira d'évaluation.

VIII.

Ils observeront aussi de ne point admettre au payement du prêt & annuel les pourvûs d'offices de notaires, de procureurs postulans, de premiers huissiers, d'huissiers-audienciers & de sergens des cours & jurisdictions royales, de substituts des Procureurs du Roi desdits siéges & jurisdictions, ayant faculté de postuler, de jurés-vendeurs-priseurs de biens-meubles, & d'arpenteurs-royaux, qui ont payé l'hérédité accordée par les déclarations des 3 décembre 1743 & 12 janvier 1745, ou le tiers en sus ordonné par l'arrêt du Conseil du 5 septembre 1751, & lettres patentes du même jour; ni ceux pourvûs avant la déclaration du 8 septembre 1752, qui n'ont pas payé lesdites taxes; les offices de ces derniers ayant été déclarés supprimés au jour de leur décès par la déclaration du 13 octobre 1750, & par les arrêts du Conseil du 19 des mêmes mois & an & du 7 octobre 1752.

IX.

Les nouveaux pourvûs d'offices levés vacans ou sur résignation, au quart denier, dont les deux mois de leurs provisions tomberont en novembre ou décembre prochain, seront tenus, s'ils ne veulent courir aucun risque, de payer un annuel & un tiers de prêt pour l'année 1758, & un annuel & un tiers de prêt pour l'année 1759, pourvû qu'ils soient dans les deux mois de la date de leur provision; & ceux sur résignation au huitième denier, deux annuels & un tiers de prêt seulement; & si lors desdits payemens les deux mois de la date de leur provision étoient expirés, ils ne devront que l'annuel pour 1759 & un tiers de prêt seulement; mais en cas qu'ils viennent à décéder avant le premier janvier 1759, leurs offices seront vacans, faute d'avoir payé dans les deux mois de leur provision pour l'année 1758.

X.

Les offices de police & autres créés héréditaires ou en survivance, & rendus depuis casuels par la déclaration du 9 août 1722, n'étant point évalués, ils prendront le tiers de leur finance pour servir d'évaluation, ainsi qu'il est porté par ladite déclaration du 9 août 1722. Et comme ce tiers de leur finance doit être tiré sur la principale & sur les autres payées depuis, tant pour augmentation de finance que pour offices réunis, ils feront représenter aux pourvûs d'iceux leurs titres, à l'effet de tirer au juste le tiers de leur finance.

X I.

A l'égard des offices qui ont été créés sous le titre de domaniaux, de la finance desquels il est difficile aux titulaires de justifier, les commis s'en feront représenter les contrats d'acquisition, ou ceux qui auront été passés par les Commissaires députés pour l'aliénation des domaines de Sa Majesté; le tiers du prix desquels, ainsi que de ceux qui y ont été réunis, leur tiendra lieu d'évaluation, comme il est porté par l'article II de la déclaration du 23 juillet 1758. Et en cas que l'on ne puisse leur justifier d'aucuns titres, ils auront soin d'en dresser des mémoires, & de les adresser au bureau des revenus casuels, pour être statué sur leur évaluation.

X I I.

Comme il y a plusieurs anciens offices non évalués, dont il est impossible de représenter les quittances de finance, les pourvûs d'iceux seront reçûs au payement du prêt & annuel, par proportion de pareils offices qui se trouveront l'être; ou en cas qu'ils aient des quittances d'annuel, sur le pied d'icelles depuis vingt années sans interruption, que les commis se feront représenter, ainsi qu'il est ordonné par l'arrêt du 29 août 1682: ce qui ne se doit entendre que des offices non évalués, car en cas qu'ils le soient, les quittances au dessous de l'évaluation, de quelque temps qu'elles puissent être, ne doivent avoir lieu, à moins qu'il ne soit justifié par un rôle en bonne forme, ou par un arrêt, de la modération de l'évaluation.

X I I I.

Ils recevront pareillement au payement du prêt & droit annuel, ceux qui exercent des offices en vertu de quittances de finance contrôlées, & qui sont dispensés de prendre des provisions par leurs édits de création, ou par des arrêts du Conseil; à l'exception de ceux qui sont dispensés de payer lesdits droits par des arrêts particuliers, conformément à l'article VIII de la déclaration du 23 juillet 1758.

X I V.

Ils observeront de ne point recevoir le prêt & annuel pour les officiers décédés, en cas que leurs veuves, héritiers, ou créanciers les voulussent payer, ou fissent faire des sommations à cet effet, parce qu'il n'y a que les officiers vivans qui puissent être reçûs à payer lesdits droits.

X V.

Les officiers des amirautés de Bretagne, seront reçûs au payement du prêt & droit annuel sur le pied de la moitié de leur finance, qui leur tiendra lieu d'évaluation, conformément à l'arrêt du Conseil du 12 janvier 1692. Ils recevront aussi au payement desdits droits, les substituts des Procureurs du

Roi, les procureurs postulans, huissiers & sergens des amirautés de la même province, conformément à l'arrêt du Conseil du 29 avril 1753.

XVI.

Les offices municipaux créés par l'édit du mois d'août 1722, & par plusieurs autres antérieurs, qui ont commencé dès le mois de juillet 1690, ayant été supprimés par plusieurs édits, & entr'autres par celui du mois de juillet 1724, les pourvûs desdits offices qui ont été exceptés de cette suppression dans aucunes provinces du Royaume, même de ceux créés avant l'édit de 1722, qui ont été déclarés subsistans, seront admis au payement de l'annuel d'iceux, sur le pied du soixantième du tiers de leur finance, & du prêt à proportion, en cas qu'ils ne se trouvent point évalués.

XVII.

Ils recevront au payement du droit annuel, sur le pied du soixantième denier du sixième de la finance principale, & sans prêt, les pourvûs d'offices, municipaux des villes & communautés du royaume, créés par édit du mois de novembre 1733, dont les finances ont été payées en espèces & effets, ainsi que les anciens officiers municipaux de la province de Languedoc, qui ont payé le supplément de finance ordonné par l'arrêt du 8 février 1735; le tout conformément à l'arrêt du Conseil du 5 septembre 1758.

XVIII.

Les pourvûs d'offices municipaux de la même création du mois de novembre 1733, dont les finances ont été réduites aux deux cinquièmes, & payées en argent sans aucuns effets, depuis le premier janvier 1745, dans les quittances de finance desquels il sera fait mention des deux sols pour livre, seront reçûs au payement du droit annuel sur le pied du soixantième denier du tiers de leur finance principale seulement, sans payer de prêt, conformément à l'arrêt du Conseil du 22 décembre 1744, & à celui du 5 septembre 1758.

XIX.

Les Receveurs des tailles & du taillon de la province de Languedoc, seront reçûs à l'annuel de leurs offices, sur le pied du soixantième denier des deux tiers seulement de leurs anciennes évaluations, & du prêt au cinquième, à proportion, suivant l'arrêt qui leur a été accordé à cet effet le 28 décembre 1723, confirmé par ceux des 19 août 1732, 3 décembre 1740, 7 septembre 1749, & 5 septembre 1758.

XX.

Les receveurs & contrôleurs des octrois & deniers patrimoniaux, ayant été supprimés, & rétablis par l'édit du mois de juin 1725, ils recevront les pourvûs d'iceux au payement de l'annuel, sur le pied du soixantième denier du cinquième de leur finance principale, qui doit former leur évaluation, & du prêt à proportion, suivant l'article XII dudit édit.

XXI.

Ils admettront au payement du prêt seulement, & à moitié si c'est office de nature à jouir de ce bénéfice, les officiers des domaines engagés, dont le prêt appartient au Roi, & l'annuel aux engagistes, lesquels engagistes seront tenus d'exécuter les articles IX, X & XI de la déclaration du 23 juillet 1758; & en conséquence, lesdits engagistes ne pourront recevoir à l'annuel que les officiers dépendans de leurs domaines, qui justifieront avoir payé le prêt au Roi; & en cas que les engagistes voulussent exiger le droit annuel sur un pied plus fort que les évaluations faites aux revenus casuels de Sa Majesté, les commis recevront au payement dudit droit, & à moitié si c'est aussi office de nature à jouir de ce bénéfice, les officiers qui justifieront par un acte en bonne forme du refus fait par l'engagiste de les recevoir sur le pied desdites évaluations.

XXII.

Ils recevront les blancs de quittances des officiers des maréchaussées, pour comptant de leur prêt & annuel, & leur feront endosser lesdits blancs de leurs véritables noms & surnoms; la pluspart de ceux fournis pour les années précédentes, ayant été renvoyés sur les lieux pour être réformés, à cause qu'ils n'avoient été remplis que du surnom de seigneurie, & non des véritables noms de baptême & surnom de famille.

XXIII.

S'il se présente en personne, en leur bureau, quelques officiers des autres généralités, pour y payer le prêt & droit annuel, les commis ne feront aucune difficulté de les y recevoir, en rapportant les pièces nécessaires pour y être admis, comme les précédentes quittances.

XXIV.

Ils ne recevront point au payement du droit annuel, les officiers des Cours supérieures, mentionnés dans l'article XII de la déclaration du 23 juillet 1758, confirmés par icelle dans la survivance à eux accordée par l'édit du mois de décembre 1709, non plus que les officiers des pays d'Artois, Flandre, Haynault & Alsace, à l'égard desquels il en sera usé comme par le passé; à l'exception néanmoins des Receveurs généraux des finances, des Commissaires & Contrôleurs des guerres, des prevôts, lieutenans & autres officiers de maréchaussée qui exercent leurs fonctions dans lesdits pays, & qui ont toûjours été assujétis au payement du prêt & annuel.

XXV.

Ils n'admettront point non plus au payement du prêt & annuel les

Présidens Trésoriers de France, Avocats, Procureurs du Roi, Greffiers en chef, & Chevaliers d'honneur des Bureaux des finances; le rachat desdits droits ayant été ordonné par les édits des mois de décembre 1743 & février 1745, qui accordent la survivance aux pourvûs desdits offices.

XXVI.

Les commis remettront les quittances à celui qui est commis au contrôle, pour les contrôler; & s'il arrive que quelques officiers jugent à propos d'en rapporter quelques-unes, pour y augmenter ou diminuer, selon leurs titres & qualités, ou autres raisons, ils ne les reprendront point en cas qu'elles aient été contrôlées, qu'au préalable elles n'aient été déchargées du contrôle, & qu'il n'ait été fait mention par les commis au contrôle, au bas de l'enregistrement d'icelles, de ladite décharge, & de la raison pour laquelle elle aura été faite, qui sera datée & signée dudit commis; auquel cas, le commis à la recette pourra expédier une nouvelle quittance sous les titres requis, la porter de nouveau sur son registre, & rayer l'ampliation de celle qui aura été précédemment expédiée, en faisant une mention sommaire en marge, de la raison pour laquelle elle aura été rayée & déchargée du contrôle.

XXVII.

S'il arrive quelque difficulté qui n'aura pas été prévûe, les commis en donneront avis, & cependant ils recevront & chargeront leurs registres d'ampliations; en sorte que les officiers ne demeurent point en suspens, & ne courent aucun risque dans leurs offices, sauf à y être pourvû l'année suivante en connoissance de cause : Et comme quelques officiers leur pourroient faire signifier des actes concernant leurs prétentions, ils les recevront sans y faire aucune réponse verbale, ni par écrit, & les enverront incessamment au bureau de Paris, pour y être pourvû.

XXVIII.

Les commis donneront avis de l'état de leur recette, tous les huit jours, en attendant les ordres qui leur seront envoyés pour la remise d'icelle.

XXIX.

Ils feront chacun en leur généralité, des bordereaux exacts & bien calculés, du montant de leur recette, lesquels ils présenteront le lendemain de la clôture du bureau, qui sera le premier jour de l'année, avec leurs registres, à Messieurs les Trésoriers de France, pour être par eux lesdits registres arrêtés en la manière accoûtumée, ou à Messieurs les Intendans, dans les lieux où il n'y a point de Bureau des finances.

XXX.

Après que leurs registres auront été arrêtés, ils les enverront à leurs cautions à Paris, & y joindront ceux du contrôle, avec les bordereaux de leurs recette & dépense, pièces justificatives d'icelles, le restant des blancs de quittances de prêt & d'annuel qui n'auront pas servi, ensemble toutes les autres pièces nécessaires pour dresser leurs comptes, afin qu'il puisse être incessamment procédé à la reddition d'iceux : ils enverront aussi un état par ordre alphabétique, de ceux qui auront payé le prêt & annuel.

XXXI.

Les commis auront soin de donner avis à M. Bertin Trésorier des revenus casuels, de la vacance des offices aussi-tôt qu'elle viendra à leur connoissance; savoir, de ceux dont les titulaires sont décédés sans avoir payé le prêt & annuel; de ceux dont les héritiers ou propriétaires n'ont point fait sceller de provisions dans l'espace de trente années à compter du jour du décès des derniers titulaires. L'article IV de la déclaration du 23 juillet 1758 déclare vacans ceux qui sont dans ce dernier cas, comme aussi tous les offices qui sont exercés sans provisions depuis le même temps, sans y être autorisés par leurs édits de création ou par des arrêts particuliers. Ils auront pareillement soin de donner avis de ceux qui auront été condamnés par des jugemens à des peines qui emportent confiscation de leurs offices, attendu qu'ils sont aussi dans le cas d'être taxés vacans, conformément à l'article VII de ladite déclaration.

A PARIS, DE L'IMPRIMERIE ROYALE. 1758.

BIBLIOTHÈQUE IMPÉRIALE

MÉMOIRE

Pour servir d'Instruction aux Commis à la Recette du Prêt & Droit annuel, pour l'année 1760, en exécution de la déclaration du 23 juillet 1758, portant continuation du Droit annuel pendant neuf années, qui ont commencé le premier janvier 1759, & finiront le dernier décembre 1767, & arrêt du Conseil du 15 juillet 1759.

PREMIÈREMENT.

LES commis à la recette du Prêt & Droit annuel, chacun dans leur généralité, feront l'ouverture de leur bureau le premier novembre 1759, jusques & compris le dernier décembre ensuivant inclusivement; pendant lequel temps ils s'y trouveront assidûment tous les jours depuis huit heures du matin jusqu'à midi, & depuis deux heures jusqu'à six du soir.

II.

ILS feront apposer les affiches qui leur auront été envoyées, aux lieux accoûtumés, comme aux portes du Bureau des finances, du Siége présidial, élection, grenier à sel, & autres endroits & places publiques; & en enverront dans toutes les villes de leur généralité, même dans celles où les offices sont à la nomination des Engagistes, afin que tous les officiers soient avertis de l'ouverture du bureau de ladite recette, & des dispositions dudit arrêt du Conseil du 15 juillet 1759.

III.

ILS recevront au payement du prêt & annuel les officiers qui y sont sujets, en payant par ceux qui ont satisfait pour l'année 1759, un tiers du prêt sur le pied du cinquième denier de leur évaluation, faisant douze fois l'annuel; & le droit annuel sur le pied du soixantième; & par ceux qui sont omissionnaires, deux tiers de prêt & deux années d'annuel. A l'égard des officiers des présidiaux, sénéchaussées, bailliages, siéges royaux, prevôtés, jurisdictions royales, inférieures & de police, & autres faisant corps d'icelles, ils les recevront au payement du droit annuel sur le pied de la moitié de leur évaluation, & au prêt à proportion, conformément aux arrêts du Conseil du 5 septembre 1758 & 15 juillet 1759. Ils ne percevront cependant sur les officiers des présidiaux seulement, ledit droit de prêt, que sur le pied du sixième denier, faisant dix fois l'annuel.

I V.

Il ſe trouvera plusieurs officiers, comme receveurs des conſignations, commiſſaires aux ſaiſies réelles, greffiers, procureurs poſtulans, huiſſiers & ſergens royaux, qui prétendront être du corps des préſidiaux, ou des autres ſiéges royaux reſſortiſſant nuement ès Cours dans leſquelles ils ont été reçûs & immatriculés, & ſous ce prétexte ne devoir payer le prêt qu'au ſixième denier; mais nonobſtant ces prétentions, ils les recevront audit droit au cinquième & à l'annuel en entier, attendu qu'ils ne ſont point du corps des officiers deſdits ſiéges, non plus que les ſubſtituts, ſi aucuns y a en iceux, ſujets auxdits droits.

V.

Les officiers des élections, greniers à ſel des autres juriſdictions des gabelles & des maîtriſes particulières des eaux & forêts, qui n'ont point fait en entier le rachat du prêt & annuel de leurs offices, en exécution des édits du mois de février 1745, ou qui n'ont fait aucun payement à compte dudit rachat, ſeront admis, conformément à la déclaration du 8 ſeptembre 1752, au payement du prêt & annuel ſur le pied de l'évaluation entière de leurs offices. A l'égard de ceux qui ont fait en entier le rachat deſdits droits, ils ne les recevront point au payement du prêt & annuel, conformément à ladite déclaration du 23 juillet 1758.

V I.

Les commis recevront pareillement au payement du prêt & annuel, les pourvûs d'offices de notaires garde-notes & tabellions royaux, de procureurs poſtulans, de premiers huiſſiers, d'huiſſiers-audienciers, & de ſergens des cours, ſiéges & juriſdictions royales, de ſubſtituts des Procureurs du Roi deſdits ſiéges & juriſdictions, ayant faculté de poſtuler, de jurés-priſeurs-vendeurs de biens-meubles, & d'arpenteurs, dont les finances pour l'acquiſition d'iceux, ont été payées depuis la déclaration du 8 ſeptembre 1752; à l'effet de quoi ils ſe feront repréſenter les quittances de finance d'iceux, dans leſquelles il en aura été fait mention.

V I I.

La plus grande partie des offices de notaires, procureurs, huiſſiers & ſergens, compris en l'article ci-deſſus, ne ſe trouvant pas évalués, les pourvûs d'iceux ſeront reçûs au payement du prêt & annuel en cas qu'ils ne ſe trouvent pas nommément évalués; ſavoir, les notaires & les procureurs dans les bonnes villes, ſur le pied de cinq cens trente - trois livres ſix ſols huit deniers d'évaluation chacun, faiſant huit livres dix-ſept ſols neuf deniers d'annuel; de quatre cens livres dans les petites villes, faiſant ſix livres treize ſols quatre deniers d'annuel; & pour les notaires dans les bourgs & villages, fur le pied de trois cens livres d'évaluation, faifant cinq livres d'annuel : Et à l'égard des fergens réfidens dans les fufdits lieux, fur le pied de deux cens foixante-fix livres treize fols quatre deniers d'évaluation, faifant quatre livres huit fols dix deniers d'annuel, & au prêt à proportion; à l'exception néanmoins des offices de notaires garde-notes en Normandie, dont les commis percevront lefdits droits fur le pied du tiers de leur finance, qui fervira d'évaluation.

VIII.

ILS obferveront auffi de ne point admettre au payement du prêt & annuel les pourvûs d'offices de notaires, de procureurs poftulans, de premiers huiffiers, d'huiffiers-audienciers & de fergens des cours & jurifdictions royales, de fubftituts des Procureurs du Roi defdits fiéges & jurifdictions, ayant faculté de poftuler, de jurés-vendeurs-prifeurs de biens-meubles, & d'arpenteurs royaux, qui ont payé l'hérédité accordée par les déclarations des 3 décembre 1743 & 12 janvier 1745, ou le tiers en fus ordonné par l'arrêt du Confeil du 5 feptembre 1751, & lettres patentes du même jour; ni ceux pourvûs avant la déclaration du 8 feptembre 1752, qui n'ont pas payé lefdites taxes; les offices de ces derniers ayant été déclarés fupprimés au jour de leur décès par la déclaration du 13 octobre 1750, & par les arrêts du Confeil du 19 des mêmes mois & an & du 7 octobre 1752.

IX.

SI les nouveaux pourvûs d'offices vacans ou fur réfignation, au quart denier, pendant le courant de la préfente année 1759 n'ont point payé dans les deux mois de la date de leurs provifions le prêt & annuel, ils font dans le cas des omiffionnaires, & doivent deux tiers de prêt & deux annuels; & ceux fur réfignation au huitième denier, deux annuels & un tiers de prêt feulement.

X.

LES offices de police & autres créés héréditaires ou en furvivance, & rendus depuis cafuels par la déclaration du 9 août 1722, n'étant point évalués, ils prendront le tiers de leur finance pour fervir d'évaluation, ainfi qu'il eft porté par ladite déclaration du 9 août 1722: Et comme ce tiers de leur finance doit être tiré fur la principale & fur les autres payées depuis, tant pour augmentation de finance que pour offices réunis, ils feront repréfenter aux pourvûs d'iceux leurs titres, à l'effet de tirer au jufte le tiers de leur finance.

XI.

A l'égard des offices qui ont été créés fous le titre de domaniaux, de la finance defquels il eft difficile aux titulaires de juftifier, les commis s'en feront repréſenter les contrats d'acquiſition, ou ceux qui auront été paſſés par les Commiſſaires députés pour l'aliénation des domaines de Sa Majeſté; le tiers du prix deſquels, ainſi que de ceux qui y ont été réunis, leur tiendra lieu d'évaluation, comme il eſt porté par l'article II de la déclaration du 23 juillet 1758. Et en cas que l'on ne puiſſe leur juſtifier d'aucuns titres, ils auront ſoin d'en dreſſer des mémoires, & de les adreſſer au bureau des revenus caſuels, pour être ſtatué ſur leur évaluation.

XII.

COMME il y a pluſieurs anciens offices non évalués, dont il eſt impoſſible de repréſenter les quittances de finance, les pourvûs d'iceux ſeront reçûs au payement du prêt & annuel, par proportion de pareils offices qui ſe trouveront l'être; ou en cas qu'ils aient des quittances d'annuel, ſur le pied d'icelles depuis vingt années ſans interruption, que les commis ſe feront repréſenter, ainſi qu'il eſt ordonné par l'arrêt du 29 août 1682 : ce qui ne ſe doit entendre que des offices non évalués, car en cas qu'ils le ſoient, les quittances au deſſous de l'évaluation, de quelque temps qu'elles puiſſent être, ne doivent avoir lieu, à moins qu'il ne ſoit juſtifié par un rôle en bonne forme, ou par un arrêt, de la modération de l'évaluation.

XIII.

ILS recevront pareillement au payement du prêt & droit annuel, ceux qui exercent des offices en vertu de quittances de finance contrôlées, & qui ſont diſpenſés de prendre des proviſions par leurs édits de création, ou par des arrêts du Conſeil; à l'exception de ceux qui ſont diſpenſés de payer leſdits droits par des arrêts particuliers, conformément à l'article VIII de la déclaration du 23 juillet 1758.

XIV.

ILS obſerveront de ne point recevoir le prêt & annuel pour les officiers décédés, en cas que leurs veuves, héritiers, ou créanciers les vouluſſent payer, ou fiſſent faire des ſommations à cet effet, parce qu'il n'y a que les officiers vivans qui puiſſent être reçûs à payer leſdits droits.

XV.

LES officiers des amirautés de Bretagne, ſeront reçûs au payement du prêt & droit annuel ſur le pied de la moitié de leur finance, qui leur tiendra lieu d'évaluation, conformément à l'arrêt du Conſeil du 12 janvier 1692. Ils recevront auſſi au payement deſdits droits, les ſubſtituts des Procureurs du Roi, les procureurs poſtulans, huiſſiers & ſergens des amirautés de la même province, conformément à l'arrêt du Conſeil du 29 avril 1753.

X V I.

Les offices municipaux créés par l'édit du mois d'août 1722, & par plusieurs autres antérieurs, qui ont commencé dès le mois de juillet 1690, ayant été supprimés par plusieurs édits, & entr'autres par celui du mois de juillet 1724, les pourvûs desdits offices qui ont été exceptés de cette suppression dans aucunes provinces du Royaume, même de ceux créés avant l'édit de 1722, qui ont été déclarés subsistans, seront admis au payement de l'annuel d'iceux, sur le pied du soixantième du tiers de leur finance, & du prêt à proportion, en cas qu'ils ne se trouvent point évalués.

X V I I.

Ils recevront au payement du droit annuel, sur le pied du soixantième denier du sixième de la finance principale, & sans prêt, les pourvûs d'offices municipaux des villes & communautés du Royaume, créés par édit du mois de novembre 1733, dont les finances ont été payées en espèces & effets, ainsi que les anciens officiers municipaux de la province de Languedoc, qui ont payé le supplément de finance ordonné par l'arrêt du 8 février 1735; le tout conformément à l'arrêt du Conseil du 5 septembre 1758.

X V I I I.

Les pourvûs d'offices municipaux de la même création du mois de novembre 1733, dont les finances ont été réduites aux deux cinquièmes, & payées en argent sans aucuns effets; depuis le premier janvier 1745, dans les quittances de finance desquels il sera fait mention des deux sols pour livre, seront reçûs au payement du droit annuel sur le pied du soixantième denier du tiers de leur finance principale seulement, sans payer de prêt, conformément à l'arrêt du Conseil du 5 septembre 1758.

X I X.

Les Receveurs des tailles & du taillon de la province de Languedoc, seront reçûs à l'annuel de leurs offices, sur le pied du soixantième denier des deux tiers seulement de leurs anciennes évaluations, & du prêt au cinquième, à proportion, suivant l'arrêt qui leur a été accordé à cet effet le 28 décembre 1723, confirmé par ceux des 19 août 1732, 3 décembre 1740, 7 septembre 1749 & 5 septembre 1758.

X X.

Les receveurs & contrôleurs des octrois & deniers patrimoniaux, ayant été supprimés, & rétablis par l'édit du mois de juin 1725, ils recevront les pourvûs d'iceux au payement de l'annuel, sur le pied du soixantième denier du cinquième de leur finance principale, qui doit former leur évaluation, & du prêt à proportion, suivant l'article XII dudit édit.

XXI.

Ils admettront au payement du prêt seulement, & à moitié si c'est office de nature à jouir de ce bénéfice, les officiers des domaines engagés, dont le prêt appartient au Roi, & l'annuel aux engagistes, lesquels engagistes seront tenus d'exécuter les articles IX, X & XI de la déclaration du 23 juillet 1758; & en conséquence, lesdits engagistes ne pourront recevoir à l'annuel que les officiers dépendans de leurs domaines, qui justifieront avoir payé le prêt au Roi; & en cas que les engagistes voulussent exiger le droit annuel sur un pied plus fort que les évaluations faites aux revenus casuels de Sa Majesté, les commis recevront au payement dudit droit, & à moitié si c'est aussi office de nature à jouir de ce bénéfice, les officiers qui justifieront par un acte en bonne forme du refus fait par l'engagiste de les recevoir sur le pied desdites évaluations.

XXII.

Ils recevront les blancs de quittances des officiers des maréchaussées, pour comptant de leur prêt & annuel, & leur feront endosser lesdits blancs de leurs véritables noms & surnoms; la pluspart de ceux fournis pour les années précédentes, ayant été renvoyés sur les lieux pour être réformés, à cause qu'ils n'avoient été remplis que du surnom de seigneurie, & non des véritables noms de baptême & surnom de famille.

XXIII.

S'il se présente en personne, en leur bureau, quelques officiers des autres généralités, pour y payer le prêt & droit annuel, les commis ne feront aucune difficulté de les y recevoir, en rapportant les pièces nécessaires pour y être admis, comme les précédentes quittances.

XXIV.

Ils ne recevront point au payement du droit annuel, les officiers des Cours supérieures, mentionnés dans l'article XII de la déclaration du 23 juillet 1758, confirmés par icelle dans la survivance à eux accordée par l'édit du mois de décembre 1709, non plus que les officiers des pays d'Artois, Flandre, Haynault & Alsace, à l'égard desquels il en sera usé comme par le passé; à l'exception néanmoins des Receveurs généraux des finances, des Commissaires & Contrôleurs des guerres, des prevôts, lieutenans & autres officiers de maréchaussée qui exercent leurs fonctions dans lesdits pays, & qui ont toûjours été assujétis au payement du prêt & annuel.

XXV.

Ils n'admettront point non plus au payement du prêt & annuel les

Préſidens Tréſoriers de France, Avocats, Procureurs du Roi, Greffiers en chef, & Chevaliers d'honneur des Bureaux des finances; le rachat deſdits droits ayant été ordonné par les édits des mois de décembre 1743 & février 1745, qui accordent la ſurvivance aux pourvûs deſdits offices.

XXVI.

Les commis remettront les quittances à celui qui eſt commis au contrôle, pour les contrôler; & s'il arrive que quelques officiers jugent à propos d'en rapporter quelques-unes, pour y augmenter ou diminuer, ſelon leurs titres & qualités, ou autres raiſons, ils ne les reprendront point en cas qu'elles aient été contrôlées, qu'au préalable elles n'aient été déchargées du contrôle, & qu'il n'ait été fait mention par les commis au contrôle, au bas de l'enregiſtrement d'icelles, de ladite décharge, & de la raiſon pour laquelle elle aura été faite, qui ſera datée & ſignée dudit commis; auquel cas, le commis à la recette pourra expédier une nouvelle quittance ſous les titres requis, la porter de nouveau ſur ſon regiſtre, & rayer l'ampliation de celle qui aura été précédemment expédiée, en faiſant une mention ſommaire en marge, de la raiſon pour laquelle elle aura été rayée & déchargée du contrôle.

XXVII.

S'il arrive quelque difficulté qui n'aura pas été prévûe, les commis en donneront avis, & cependant ils recevront & chargeront leurs regiſtres d'ampliations; en ſorte que les officiers ne demeurent point en ſuſpens, & ne courent aucun riſque dans leurs offices, ſauf à y être pourvû l'année ſuivante en connoiſſance de cauſe: Et comme quelques officiers leur pourroient faire ſignifier des actes concernant leurs prétentions, ils les recevront ſans y faire aucune réponſe verbale, ni par écrit, & les enverront inceſſamment au bureau de Paris, pour y être pourvû.

XXVIII.

Les commis donneront avis de l'état de leur recette, tous les huit jours, en attendant les ordres qui leur ſeront envoyés pour la remiſe d'icelle.

XXIX.

Ils feront, chacun en leur généralité, des bordereaux exacts & bien calculés, du montant de leur recette, leſquels ils préſenteront le lendemain de la clôture du bureau, qui ſera le premier jour de l'année, avec leurs regiſtres, à Meſſieurs les Tréſoriers de France, pour être par eux leſdits regiſtres arrêtés en la manière accoûtumée, ou à Meſſieurs les Intendans, dans les lieux où il n'y a point de Bureau des finances.

XXX.

Après que leurs regiſtres auront été arrêtés, ils les enverront à leurs cautions à Paris, & y joindront ceux du contrôle, avec les bordereaux de leurs recette & dépense, pièces justificatives d'icelles, le restant des blancs de quittances de prêt & d'annuel qui n'auront pas servi, ensemble toutes les autres pièces nécessaires pour dresser leurs comptes, afin qu'il puisse être incessamment procédé à la reddition d'iceux : ils enverront aussi un état par ordre alphabétique, de ceux qui auront payé le prêt & annuel.

XXXI.

LES commis auront soin de donner avis à M. Bertin Trésorier des revenus casuels, de la vacance des offices aussi-tôt qu'elle viendra à leur connoissance; savoir, de ceux dont les titulaires sont décédés sans avoir payé le prêt & annuel; de ceux dont les héritiers ou propriétaires n'ont point fait sceller de provisions dans l'espace de trente années à compter du jour du décès des derniers titulaires. L'article IV de la déclaration du 23 juillet 1758 déclare vacans ceux qui sont dans ce dernier cas, comme aussi tous les offices qui sont exercés sans provisions depuis le même temps, sans y être autorisés par leurs édits de création ou par des arrêts particuliers. Ils auront pareillement soin de donner avis de ceux qui auront été condamnés par des jugemens à des peines qui emportent confiscation de leurs offices, attendu qu'ils sont aussi dans le cas d'être taxés vacans, conformément à l'article VII de ladite déclaration.

BIBLIOTHÈQUE IMPÉRIALE IMPR.

A PARIS, DE L'IMPRIMERIE ROYALE. 1759.

MÉMOIRE

Pour servir d'Instruction aux Commis à la Recette du Prêt & Droit annuel, pour l'année 1761, en exécution de la déclaration du 23 juillet 1758, portant continuation du Droit annuel pendant neuf années, qui ont commencé le premier janvier 1759, & finiront le dernier décembre 1767, & arrêt du Conseil du 21 juin 1760.

PREMIÈREMENT.

LES Commis à la recette du Prêt & Droit annuel, chacun dans leur généralité, feront l'ouverture de leur bureau le premier novembre 1759, jusques & compris le dernier décembre ensuivant inclusivement; pendant lequel temps ils s'y trouveront assidûment tous les jours depuis huit heures du matin jusqu'à midi, & depuis deux heures jusqu'à six du soir.

II.

ILS feront apposer les affiches qui leur auront été envoyées, aux lieux accoûtumés, comme aux portes du Bureau des finances, du Siége présidial, élection, grenier à sel, & autres endroits & places publiques; & en enverront dans toutes les villes de leur généralité, même dans celles où les offices sont à la nomination des Engagistes, afin que tous les officiers soient avertis de l'ouverture du bureau de ladite recette, & des dispositions dudit arrêt du Conseil du 21 juin 1760.

III.

ILS recevront au payement du prêt & annuel les officiers qui y sont sujets, en payant par ceux qui ont satisfait pour l'année 1760, un tiers du prêt sur le pied du cinquième denier de leur évaluation, faisant douze fois l'annuel; & le droit annuel sur le pied du soixantième; & par ceux qui sont omissionnaires, tout ce qui sera dû de prêt & d'annuel omis. A l'égard des officiers des présidiaux, sénéchaussées, bailliages, siéges royaux, prevôtés, jurisdictions royales, inférieures & de police, & autres faisant corps d'icelles, ils les recevront au payement du droit annuel sur le pied de la moitié de leur évaluation, & au prêt à proportion, conformément aux arrêts du Conseil du 5 septembre 1758, 15 juillet 1759 & 21 juin 1760. Ils ne percevront cependant sur les officiers des présidiaux seulement, ledit droit de prêt, que sur le pied du sixième denier, faisant dix fois l'annuel.

I V.

Il se trouvera plusieurs officiers, comme receveurs des consignations, commissaires aux saisies réelles, greffiers, procureurs postulans, huissiers & sergens royaux, qui prétendront être du corps des présidiaux, ou des autres siéges royaux ressortissant nuement ès Cours dans lesquelles ils ont été reçûs & immatriculés, & sous ce prétexte ne devoir payer le prêt qu'au sixième denier; mais nonobstant ces prétentions, ils les recevront audit droit au cinquième & à l'annuel en entier, attendu qu'ils ne sont point du corps des officiers desdits siéges, non plus que les substituts, si aucuns y a en iceux, sujets auxdits droits.

V.

Les officiers des élections, greniers à sel des autres jurisdictions des gabelles & des maîtrises particulières des eaux & forêts, qui n'ont point fait en entier le rachat du prêt & annuel de leurs offices, en exécution des édits du mois de février 1745, ou qui n'ont fait aucun payement à compte dudit rachat, seront admis, conformément à la déclaration du 8 septembre 1752, au payement du prêt & annuel sur le pied de l'évaluation entière de leurs offices. A l'égard de ceux qui ont fait en entier le rachat desdits droits, ils ne les recevront point au payement du prêt & annuel, conformément à ladite déclaration du 23 juillet 1758.

V I.

Les commis recevront pareillement au payement du prêt & annuel, les pourvûs d'offices de notaires garde-notes & tabellions royaux, de procureurs postulans, de premiers huissiers, d'huissiers-audienciers, & de sergens des cours, siéges & jurisdictions royales, de substituts des Procureurs du Roi desdits siéges & jurisdictions, ayant faculté de postuler, de jurés-priseurs-vendeurs de biens-meubles, & d'arpenteurs, dont les finances pour l'acquisition d'iceux, ont été payées depuis la déclaration du 8 septembre 1752; à l'effet de quoi ils se feront représenter les quittances de finance d'iceux, dans lesquelles il en aura été fait mention.

V I I.

La plus grande partie des offices de notaires, procureurs, huissiers & sergens, compris en l'article ci-dessus, ne se trouvant pas évalués, les pourvûs d'iceux seront reçûs au payement du prêt & annuel en cas qu'ils ne se trouvent pas nommément évalués; savoir, les notaires & les procureurs dans les bonnes villes, sur le pied de cinq cens trente-trois livres six sols huit deniers d'évaluation chacun, faisant huit livres dix-sept sols neuf deniers d'annuel; de quatre cens livres dans les petites villes, faisant six livres treize sols quatre deniers d'annuel ; & pour les notaires dans les bourgs & villages, ſur le pied de trois cens livres d'évaluation, faiſant cinq livres d'annuel : Et à l'égard des ſergens réſidens dans les ſuſdits lieux, ſur le pied de deux cens ſoixante-ſix livres treize ſols quatre deniers d'évaluation, faiſant quatre livres huit ſols dix deniers d'annuel, & au prêt à proportion ; à l'exception néanmoins des offices de notaires garde-notes en Normandie, dont les commis percevront leſdits droits ſur le pied du tiers de leur finance, qui ſervira d'évaluation.

VIII.

Ils obſerveront auſſi de ne point admettre au payement du prêt & annuel les pourvûs d'offices de notaires, de procureurs poſtulans, de premiers huiſſiers, d'huiſſiers-audienciers & de ſergens des cours & juriſdictions royales, de ſubſtituts des Procureurs du Roi deſdits ſiéges & juriſdictions, ayant faculté de poſtuler, de jurés-vendeurs-priſeurs de biens-meubles, & d'arpenteurs-royaux, qui ont payé l'hérédité accordée par les déclarations des 3 décembre 1743 & 12 janvier 1745, ou le tiers en ſus ordonné par l'arrêt du Conſeil du 5 ſeptembre 1751, & lettres patentes du même jour; ni ceux pourvûs avant la déclaration du 8 ſeptembre 1752, qui n'ont pas payé leſdites taxes; les offices de ces derniers ayant été déclarés ſupprimés au jour de leur décès par la déclaration du 13 octobre 1750, & par les arrêts du Conſeil du 19 des mêmes mois & an & du 7 octobre 1752.

IX.

Si les nouveaux pourvûs d'offices vacans ou ſur réſignation, au quart denier pendant l'année 1759, n'ont point payé dans les deux mois de la date de leurs proviſions, le prêt & annuel, ils doivent trois tiers de prêt & trois annuels; & ceux pourvûs en la préſente année 1760, deux tiers de prêt & deux annuels. A l'égard des nouveaux pourvûs en l'année 1759 ſur réſignation au huitième denier, qui n'ont point auſſi payé dans les deux mois de leurs proviſions l'annuel, ils doivent deux tiers de prêt & trois annuels; & ceux pourvûs en la préſente année 1760, un tiers de prêt & deux annuels.

X.

Les offices de police & autres créés héréditaires ou en ſurvivance, & rendus depuis caſuels par la déclaration du 9 août 1722, n'étant point évalués, ils prendront le tiers de leur finance pour ſervir d'évaluation, ainſi qu'il eſt porté par ladite déclaration du 9 août 1722: Et comme ce tiers de leur finance doit être tiré ſur la principale & ſur les autres payées depuis, tant pour augmentation de finance que pour offices réunis, ils feront repréſenter aux pourvûs d'iceux leurs titres, à l'effet de tirer au juſte le tiers de leur finance.

XI.

A l'égard des offices qui ont été créés sous le titre de domaniaux, de la finance desquels il est difficile aux titulaires de justifier, les commis s'en feront représenter les contrats d'acquisition, ou ceux qui auront été passés par les Commissaires députés pour l'aliénation des domaines de Sa Majesté; le tiers du prix desquels, ainsi que de ceux qui y ont été réunis, leur tiendra lieu d'évaluation, comme il est porté par l'article II de la déclaration du 23 juillet 1758. Et en cas que l'on ne puisse leur justifier d'aucuns titres, ils auront soin d'en dresser des mémoires, & de les adresser au bureau des revenus casuels, pour être statué sur leur évaluation.

XII.

COMME il y a plusieurs anciens offices non évalués, dont il est impossible de représenter les quittances de finance, les pourvûs d'iceux seront reçûs au payement du prêt & annuel, par proportion de pareils offices qui se trouveront l'être; ou en cas qu'ils aient des quittances d'annuel, sur le pied d'icelles depuis vingt années sans interruption, que les commis se feront représenter, ainsi qu'il est ordonné par l'arrêt du 29 août 1682 : ce qui ne se doit entendre que des offices non évalués, car en cas qu'ils le soient, les quittances au dessous de l'évaluation, de quelque temps qu'elles puissent être, ne doivent avoir lieu, à moins qu'il ne soit justifié par un rôle en bonne forme, ou par un arrêt, de la modération de l'évaluation.

XIII.

ILS recevront pareillement au payement du prêt & droit annuel, ceux qui exercent des offices en vertu de quittances de finance contrôlées, & qui sont dispensés de prendre des provisions par leurs édits de création, ou par des arrêts du Conseil; à l'exception de ceux qui sont dispensés de payer lesdits droits par des arrêts particuliers, conformément à l'article VIII de la déclaration du 23 juillet 1758.

XIV.

ILS observeront de ne point recevoir le prêt & annuel pour les officiers décédés, en cas que leurs veuves, héritiers, ou créanciers les voulussent payer, ou fissent faire des sommations à cet effet, parce qu'il n'y a que les officiers vivans qui puissent être reçûs à payer lesdits droits.

XV.

LES officiers des amirautés de Bretagne, seront reçûs au payement du prêt & droit annuel sur le pied de la moitié de leur finance, qui leur tiendra lieu d'évaluation, conformément à l'arrêt du Conseil du 12 janvier 1692. Ils recevront aussi au payement desdits droits, les substituts

des Procureurs du Roi, les procureurs postulans, huissiers & sergens des amirautés de la même province, conformément à l'arrêt du Conseil du 29 avril 1753.

X V I.

Les offices municipaux créés par l'édit du mois d'août 1722, & par plusieurs autres antérieurs, qui ont commencé dès le mois de juillet 1690, ayant été supprimés par plusieurs édits, & entr'autres par celui du mois de juillet 1724, les pourvûs desdits offices qui ont été exceptés de cette suppression dans aucunes provinces du Royaume, même de ceux créés avant l'édit de 1722, qui ont été déclarés subsistans, seront admis au payement de l'annuel d'iceux, sur le pied du soixantième du tiers de leur finance, & du prêt à proportion, en cas qu'ils ne se trouvent point évalués.

X V I I.

Ils recevront au payement du droit annuel, sur le pied du soixantième denier du sixième de la finance principale, & sans prêt, les pourvûs d'offices municipaux des villes & communautés du Royaume, créés par édit du mois de novembre 1733, dont les finances ont été payées en espèces & effets, ainsi que les anciens officiers municipaux de la province de Languedoc, qui ont payé le supplément de finance ordonné par l'arrêt du 8 février 1735; le tout conformément à l'arrêt du Conseil du 5 septembre 1758.

X V I I I.

Les pourvûs d'offices municipaux de la même création du mois de novembre 1733, dont les finances ont été réduites aux deux cinquièmes, & payées en argent sans aucuns effets, depuis le premier janvier 1745, dans les quittances de finance desquels il sera fait mention des deux sols pour livre, seront reçûs au payement du droit annuel sur le pied du soixantième denier du tiers de leur finance principale seulement, sans payer de prêt, conformément à l'arrêt du Conseil du 5 septembre 1758.

X I X.

Les Receveurs des tailles & du taillon de la province de Languedoc, seront reçûs à l'annuel de leurs offices, sur le pied du soixantième denier des deux tiers seulement de leurs anciennes évaluations, & du prêt au cinquième, à proportion, suivant l'arrêt qui leur a été accordé à cet effet le 28 décembre 1723, confirmé par ceux des 19 août 1732, 3 décembre 1740, 7 septembre 1749 & 5 septembre 1758.

X X.

Les receveurs & contrôleurs des octrois & deniers patrimoniaux, ayant été supprimés, & rétablis par l'édit du mois de juin 1725, ils recevront les pourvûs d'iceux au payement de l'annuel, sur le pied du soixantième denier du cinquième de leur finance principale, qui doit former leur évaluation, & du prêt à proportion, suivant l'article XII dudit édit.

XXI.

ILS admettront au payement du prêt seulement, & à moitié si c'est office de nature à jouir de ce bénéfice, les officiers des domaines engagés, dont le prêt appartient au Roi, & l'annuel aux engagistes, lesquels engagistes seront tenus d'exécuter les articles IX, X & XI de la déclaration du 23 juillet 1758; & en conséquence, lesdits engagistes ne pourront recevoir à l'annuel que les officiers dépendans de leurs domaines, qui justifieront avoir payé le prêt au Roi; & en cas que les engagistes voulussent exiger le droit annuel sur un pied plus fort que les évaluations faites aux revenus casuels de Sa Majesté, les commis recevront au payement dudit droit, & à moitié si c'est aussi office de nature à jouir de ce bénéfice, les officiers qui justifieront par un acte en bonne forme du refus fait par l'engagiste de les recevoir sur le pied desdites évaluations.

XXII.

ILS recevront les blancs de quittances des officiers des maréchaussées, pour comptant de leur prêt & annuel, & leur feront endosser lesdits blancs de leurs véritables noms & surnoms; la plupart de ceux fournis pour les années précédentes, ayant été renvoyés sur les lieux pour être réformés, à cause qu'ils n'avoient été remplis que du surnom de seigneurie, & non des véritables noms de baptême & surnom de famille.

XXIII.

S'IL se présente en personne, en leur bureau, quelques officiers des autres généralités, pour y payer le prêt & droit annuel, les commis ne feront aucune difficulté de les y recevoir, en rapportant les pièces nécessaires pour y être admis, comme les précédentes quittances.

XXIV.

ILS ne recevront point au payement du droit annuel, les officiers des Cours supérieures, mentionnés dans l'article XII de la déclaration du 23 juillet 1758, confirmés par icelle dans la survivance à eux accordée par l'édit du mois de décembre 1709, non plus que les officiers des pays d'Artois, Flandre, Haynault & Alsace, à l'égard desquels il en sera usé comme par le passé; à l'exception néanmoins des Receveurs généraux des finances, des Commissaires & Contrôleurs des guerres, des prevôts, lieutenans & autres officiers de maréchaussée qui exercent leurs fonctions dans lesdits pays, & qui ont toûjours été assujétis au payement du prêt & annuel.

XXV.

Ils n'admettront point non plus au payement du prêt & annuel les Préſidens Tréſoriers de France, Avocats, Procureurs du Roi, Greffiers en chef, & Chevaliers d'honneur des Bureaux des finances; le rachat deſdits droits ayant été ordonné par les édits des mois de décembre 1743 & février 1745, qui accordent la ſurvivance aux pourvûs deſdits offices.

XXVI.

Les commis remettront les quittances à celui qui eſt commis au contrôle, pour les contrôler; & s'il arrive que quelques officiers jugent à propos d'en rapporter quelques-unes, pour y augmenter ou diminuer, ſelon leurs titres & qualités, ou autres raiſons, ils ne les reprendront point en cas qu'elles aient été contrôlées, qu'au préalable elles n'aient été déchargées du contrôle, & qu'il n'ait été fait mention par les commis au contrôle, au bas de l'enregiſtrement d'icelles, de ladite décharge, & de la raiſon pour laquelle elle aura été faite, qui ſera datée & ſignée dudit commis; auquel cas, le commis à la recette pourra expédier une nouvelle quittance ſous les titres requis, la porter de nouveau ſur ſon regiſtre, & rayer l'ampliation de celle qui aura été précédemment expédiée, en faiſant une mention ſommaire en marge, de la raiſon pour laquelle elle aura été rayée & déchargée du contrôle.

XXVII.

S'il arrive quelque difficulté qui n'aura pas été prévûe, les commis en donneront avis, & cependant ils recevront & chargeront leurs regiſtres d'ampliations; en ſorte que les officiers ne demeurent point en ſuſpens, & ne courent aucun riſque dans leurs offices, ſauf à y être pourvû l'année ſuivante en connoiſſance de cauſe: Et comme quelques officiers leur pourroient faire ſignifier des actes concernant leurs prétentions, ils les recevront ſans y faire aucune réponſe verbale, ni par écrit, & les enverront inceſſamment au bureau de Paris, pour y être pourvû.

XXVIII.

Les commis donneront avis de l'état de leur recette, tous les huit jours, en attendant les ordres qui leur ſeront envoyés pour la remiſe d'icelle.

XXIX.

Ils feront, chacun en leur généralité, des bordereaux exacts & bien calculés, du montant de leur recette, leſquels ils préſenteront le lendemain de la clôture du bureau, qui ſera le premier jour de l'année, avec leurs regiſtres, à Meſſieurs les Tréſoriers de France, pour être par eux leſdits regiſtres arrêtés en la manière accoûtumée, ou à Meſſieurs les Intendans, dans les lieux où il n'y a point de Bureau des finances.

XXX.

APRÈS que leurs regiſtres auront été arrêtés, ils les enverront à leurs cautions à Paris, & y joindront ceux du contrôle, avec les bordereaux de leurs recette & dépenſe, pièces juſtificatives d'icelles, le reſtant des blancs de quittances de prêt & d'annuel qui n'auront pas ſervi, enſemble toutes les autres pièces néceſſaires pour dreſſer leurs comptes, afin qu'il puiſſe être inceſſamment procédé à la reddition d'iceux : ils enverront auſſi un état par ordre alphabétique, de ceux qui auront payé le prêt & annuel.

XXXI.

LES commis auront ſoin de donner avis à M. Bertin Tréſorier des revenus caſuels, de la vacance des offices auſſi-tôt qu'elle viendra à leur connoiſſance; ſavoir, de ceux dont les titulaires ſont décédés ſans avoir payé le prêt & annuel; de ceux dont les héritiers ou propriétaires n'ont point fait ſceller de proviſions dans l'eſpace de trente années à compter du jour du décès des derniers titulaires. L'article IV de la déclaration du 23 juillet 1758 déclare vacans ceux qui ſont dans ce dernier cas, comme auſſi tous les offices qui ſont exercés ſans proviſions depuis le même temps, ſans y être autoriſés par leurs édits de création ou par des arrêts particuliers. Ils auront pareillement ſoin de donner avis de ceux qui auront été condamnés par des jugemens à des peines qui emportent confiſcation de leurs offices, attendu qu'ils ſont auſſi dans le cas d'être taxés vacans, conformément à l'article VII de ladite déclaration.

BIBLIOTHÈQUE IMPÉRIALE

A PARIS, DE L'IMPRIMERIE ROYALE. 1760.

[library stamp]

MÉMOIRE

Pour servir d'Instruction aux Commis à la Recette du Prêt & Droit annuel, pour l'année 1762, en exécution de la déclaration du 23 juillet 1758, portant continuation du Droit annuel pendant neuf années, qui ont commencé le premier janvier 1759, & finiront le dernier décembre 1767, & arrêt du Conseil du 27 juillet 1761.

PREMIÈREMENT.

LES Commis à la recette du Prêt & Droit annuel, chacun dans leur généralité, feront l'ouverture de leur bureau le premier novembre 1761, jusques & compris le dernier décembre ensuivant inclusivement; pendant lequel temps ils s'y trouveront assidûment tous les jours depuis huit heures du matin jusqu'à midi, & depuis deux heures jusqu'à six du soir.

II.

ILS feront apposer les affiches qui leur auront été envoyées, aux lieux accoûtumés, comme aux portes du Bureau des finances, du Siége présidial, élection, grenier à sel, & autres endroits & places publiques; & en enverront dans toutes les villes de leur généralité, même dans celles où les offices sont à la nomination des Engagistes, afin que tous les officiers soient avertis de l'ouverture du bureau de ladite recette, & des dispositions dudit arrêt du Conseil du 27 juillet 1761.

III.

ILS recevront au payement du droit annuel seulement, & sans aucun prêt, les officiers qui y auront satisfait pour l'année 1761; & ceux qui sont omissionnaires des trois années d'annuel dûes en exécution de la déclaration du 23 juillet 1758, ils y seront reçûs en payant lesdites trois années omises & la courante 1762, avec deux tiers de prêt seulement, conformément à l'article III du susdit arrêt du 27 juillet 1761. A l'égard des officiers des présidiaux, sénéchaussées, bailliages, siéges royaux, prevôtés, jurisdictions royales, inférieures & de police, & autres faisant corps d'icelles, ils les recevront au payement desdits droits sur le pied de la moitié de leur évaluation, conformément aux arrêts du Conseil des 5 septembre 1758, 15 juillet 1759, 21 juin 1760 & 27 juillet 1761.

Ils ne percevront cependant sur les officiers des présidiaux seulement, ledit droit de prêt, que sur le pied du sixième denier, faisant dix fois l'annuel.

I V.

Il se trouvera plusieurs officiers, comme receveurs des consignations, commissaires aux saisies réelles, greffiers, procureurs postulans, huissiers & sergens-royaux, qui prétendront être du corps des présidiaux, ou des autres siéges royaux ressortissant nuement ès Cours dans lesquelles ils ont été reçûs & immatriculés, & sous ce prétexte ne devoir payer le prêt qu'au sixième denier; mais nonobstant ces prétentions, ils les recevront audit droit au cinquième & à l'annuel en entier, attendu qu'ils ne sont point du corps des officiers desdits siéges, non plus que les substituts, si aucuns y a en iceux, sujets auxdits droits.

V.

Les officiers des élections, greniers à sel des autres jurisdictions des gabelles & des maîtrises particulières des eaux & forêts, qui n'ont point fait en entier le rachat du prêt & annuel de leurs offices, en exécution des édits du mois de février 1745, ou qui n'ont fait aucun payement à compte dudit rachat, seront admis, conformément à la déclaration du 8 septembre 1752, au payement du prêt & annuel sur le pied de l'évaluation entière de leurs offices. A l'égard de ceux qui ont fait en entier le rachat desdits droits, ils ne les recevront point au payement du prêt & annuel, conformément à ladite déclaration du 23 juillet 1758.

V I.

Les commis recevront pareillement au payement du prêt & annuel, les pourvûs d'offices de notaires garde-notes & tabellions royaux, de procureurs postulans, de premiers huissiers, d'huissiers-audienciers, & de sergens des cours, siéges & jurisdictions royales, de substituts des Procureurs du Roi desdits siéges & jurisdictions, ayant faculté de postuler, de jurés-priseurs-vendeurs de biens-meubles, & d'arpenteurs, dont les finances pour l'acquisition d'iceux, ont été payées depuis la déclaration du 8 septembre 1752; à l'effet de quoi ils se feront représenter les quittances de finance d'iceux, dans lesquelles il en aura été fait mention.

V I I.

La plus grande partie des offices de notaires, procureurs, huissiers & sergens, compris en l'article ci-dessus, ne se trouvant pas évalués, les pourvûs d'iceux seront reçûs au payement du prêt & annuel en cas qu'ils ne se trouvent pas nommément évalués; savoir, les notaires & les procureurs dans les

bonnes villes, sur le pied de cinq cents trente-trois livres six sols huit deniers d'évaluation chacun, faisant huit livres dix-sept sols neuf deniers d'annuel; de quatre cents livres dans les petites villes, faisant six livres treize sols quatre deniers d'annuel; & pour les notaires dans les bourgs & villages, sur le pied de trois cents livres d'évaluation, faisant cinq livres d'annuel: Et à l'égard des sergens résidens dans les susdits lieux, sur le pied de deux cents soixante-six livres treize sols quatre deniers d'évaluation, faisant quatre livres huit sols dix deniers d'annuel, & au prêt à proportion; à l'exception néanmoins des offices de notaires garde-notes en Normandie, dont les commis percevront lesdits droits sur le pied du tiers de leur finance, qui servira d'évaluation.

V I I I.

Ils observeront aussi de ne point admettre au payement du prêt & annuel les pourvûs d'offices de notaires, de procureurs postulans, de premiers huissiers, d'huissiers-audienciers & de sergens des cours & jurisdictions royales, de substituts des Procureurs du Roi desdits siéges & jurisdictions, ayant faculté de postuler, de jurés-vendeurs-priseurs de biens-meubles, & d'arpenteurs-royaux, qui ont payé l'hérédité accordée par les déclarations des 3 décembre 1743 & 12 janvier 1745, ou le tiers en sus ordonné par l'arrêt du Conseil du 5 septembre 1751, & lettres patentes du même jour; ni ceux pourvûs avant la déclaration du 8 septembre 1752, qui n'ont pas payé lesdites taxes; les offices de ces derniers ayant été déclarés supprimés au jour de leur décès par la déclaration du 13 octobre 1750, & par les arrêts du Conseil du 19 des mêmes mois & an & du 7 octobre 1752.

I X.

Si les nouveaux pourvûs d'offices vacans ou sur résignation, au quart denier pendant l'année 1760, n'ont point payé dans les deux mois de la date de leurs provisions, le prêt & annuel, ils doivent deux tiers de prêt & trois annuels; & ceux pourvûs en l'année 1761, un tiers de prêt & deux annuels. A l'égard des nouveaux pourvûs en l'année 1760 sur résignation au huitième denier, qui n'ont point aussi payé dans les deux mois de leurs provisions l'annuel, ils doivent un tiers de prêt & trois annuels; & ceux pourvûs en la présente année 1761, deux annuels seulement, sans prêt.

X.

Les offices de police & autres créés héréditaires ou en survivance, & rendus depuis casuels par la déclaration du 9 août 1722, n'étant point évalués, ils prendront le tiers de leur finance pour servir d'évaluation, ainsi qu'il est porté par ladite déclaration du 9 août 1722: Et comme ce tiers de leur finance doit être tiré sur la principale & sur les autres payées depuis, tant pour augmentation de finance que pour offices réunis, ils feront représenter aux pourvûs d'iceux leurs titres, à l'effet de tirer au juste le tiers de leur finance.

XI.

A l'égard des offices qui ont été créés sous le titre de domaniaux, de la finance desquels il est difficile aux titulaires de justifier, les commis s'en feront représenter les contrats d'acquisition, ou ceux qui auront été passés par les Commissaires députés pour l'aliénation des domaines de Sa Majesté; le tiers du prix desquels, ainsi que de ceux qui y ont été réunis, leur tiendra lieu d'évaluation, comme il est porté par l'article II de la déclaration du 23 juillet 1758. Et en cas que l'on ne puisse leur justifier d'aucuns titres, ils auront soin d'en dresser des mémoires, & de les adresser au bureau des revenus casuels, pour être statué sur leur évaluation.

XII.

Comme il y a plusieurs anciens offices non évalués, dont il est impossible de représenter les quittances de finance, les pourvûs d'iceux seront reçûs au payement du prêt & annuel, par proportion de pareils offices qui se trouveront l'être; ou en cas qu'ils aient des quittances d'annuel, sur le pied d'icelles depuis vingt années sans interruption, que les commis se feront représenter, ainsi qu'il est ordonné par l'arrêt du 29 août 1682: ce qui ne se doit entendre que des offices non évalués, car en cas qu'ils le soient, les quittances au dessous de l'évaluation, de quelque temps qu'elles puissent être, ne doivent avoir lieu, à moins qu'il ne soit justifié par un rôle en bonne forme, ou par un arrêt, de la modération de l'évaluation.

XIII.

Ils recevront pareillement au payement du prêt & droit annnel, ceux qui exercent des offices en vertu de quittances de finance contrôlées, & qui sont dispensés de prendre des provisions par leurs édits de création, ou par des arrêts du Conseil; à l'exception de ceux qui sont dispensés de payer lesdits droits par des arrêts particuliers, conformément à l'article VIII de la déclaration du 23 juillet 1758.

XIV.

Ils observeront de ne point recevoir le prêt & annuel pour les officiers décédés, en cas que leurs veuves, héritiers, ou créanciers les voulussent payer, ou fissent faire des sommations à cet effet, parce qu'il n'y a que les officiers vivans qui puissent être reçûs à payer lesdits droits.

XV.

Les officiers des amirautés de Bretagne, seront reçûs au payement du prêt & droit annuel ſur le pied de la moitié de leur finance, qui leur tiendra lieu d'évaluation, conformément à l'arrêt du Conſeil du 12 janvier 1692. Ils recevront auſſi au payement deſdits droits, les ſubſtituts des Procureurs du Roi, les procureurs poſtulans, huiſſiers & ſergens des amirautés de la même province, conformément à l'arrêt du Conſeil du 29 avril 1753.

XVI.

Les offices municipaux créés par l'édit du mois d'août 1722, & par pluſieurs autres antérieurs, qui ont commencé dès le mois de juillet 1690, ayant été ſupprimés par pluſieurs édits, & entr'autres par celui du mois de juillet 1724, les pourvûs deſdits offices qui ont été exceptés de cette ſuppreſſion dans aucunes provinces du Royaume, même de ceux créés avant l'édit de 1722, qui ont été déclarés ſubſiſtans, feront admis au payement de l'annuel d'iceux, ſur le pied du ſoixantième du tiers de leur finance, & du prêt à proportion, en cas qu'ils ne ſe trouvent point évalués.

XVII.

Ils recevront au payement du droit annuel, ſur le pied du ſoixantième denier du ſixième de la finance principale, & ſans prêt, les pourvûs d'offices municipaux des villes & communautés du Royaume, créés par édit du mois de novembre 1733, dont les finances ont été payées en eſpèces & effets, ainſi que les anciens officiers municipaux de la province de Languedoc, qui ont payé le ſupplément de finance ordonné par l'arrêt du 8 février 1735; le tout conformément à l'arrêt du Conſeil du 5 ſeptembre 1758.

XVIII.

Les pourvûs d'offices municipaux de la même création du mois de novembre 1733, dont les finances ont été réduites aux deux cinquièmes, & payées en argent ſans aucuns effets, depuis le premier janvier 1745, dans les quittances de finance deſquels il ſera fait mention des deux ſols pour livre, feront reçûs au payement du droit annuel ſur le pied du ſoixantième denier du tiers de leur finance principale ſeulement, ſans payer de prêt, conformément à l'arrêt du Conſeil du 5 ſeptembre 1758.

XIX.

Les Receveurs des tailles & du taillon de la province de Languedoc, feront reçûs à l'annuel de leurs offices, ſur le pied du ſoixantième denier des deux tiers ſeulement de leurs anciennes évaluations, & du prêt au cinquième, à proportion, ſuivant l'arrêt qui leur a été accordé à cet effet le 28 décembre 1723, confirmé par ceux des 19 août 1732, 3 décembre 1740, 7 ſeptembre 1749 & 5 ſeptembre 1758.

X X.

Les receveurs & contrôleurs des octrois & deniers patrimoniaux, ayant été ſupprimés, & rétablis par l'édit du mois de juin 1725, ils recevront les pourvûs d'iceux au payement de l'annuel, ſur le pied du ſoixantième denier du cinquième de leur finance principale, qui doit former leur évaluation, & du prêt à proportion, ſuivant l'article XII dudit édit.

X X I.

Ils admettront au payement du prêt ſeulement, & à moitié ſi c'eſt office de nature à jouir de ce bénéfice, les officiers des domaines engagés, dont le prêt appartient au Roi, & l'annuel aux engagiſtes, leſquels engagiſtes feront tenus d'exécuter les articles IX, X & XI de la déclaration du 23 juillet 1758; & en conſéquence, leſdits engagiſtes ne pourront recevoir à l'annuel que les officiers dépendans de leurs domaines, qui juſtifieront avoir payé le prêt au Roi; & en cas que les engagiſtes vouluſſent exiger le droit annuel ſur un pied plus fort que les évaluations faites aux revenus caſuels de Sa Majeſté, les commis recevront au payement dudit droit, & à moitié ſi c'eſt auſſi office de nature à jouir de ce bénéfice, les officiers qui juſtifieront par un acte en bonne forme du refus fait par l'engagiſte de les recevoir ſur le pied deſdites évaluations.

X X I I.

Ils recevront les blancs de quittances des officiers des maréchauſſées, pour comptant de leur prêt & annuel, & leur feront endoſſer leſdits blancs de leurs véritables noms & ſurnoms; la pluſpart de ceux fournis pour les années précédentes, ayant été renvoyés ſur les lieux pour être réformés, à cauſe qu'ils n'avoient été remplis que du ſurnom de ſeigneurie, & non des véritables noms de baptême & ſurnom de famille.

X X I I I.

S'il ſe préſente en perſonne, en leur bureau, quelques officiers des autres généralités, pour y payer le prêt & droit annuel, les commis ne feront aucune difficulté de les y recevoir, en rapportant les pièces néceſſaires pour y être admis, comme les précédentes quittances.

X X I V.

Ils ne recevront point au payement du droit annuel, les officiers des Cours ſupérieures, mentionnés dans l'article XII de la déclaration du 23 juillet 1758, confirmés par icelle dans la ſurvivance à eux accordée par l'édit du mois de décembre 1709, non plus que les officiers des pays d'Artois, Flandre, Haynault & Alſace, à l'égard deſquels il en ſera uſé comme par

le passé; à l'exception néanmoins des Receveurs généraux des finances, des Commissaires & Contrôleurs des guerres, des prevôts, lieutenans & autres officiers de maréchaussée qui exercent leurs fonctions dans lesdits pays, & qui ont toûjours été assujétis au payement du prêt & annuel.

XXV.

Ils n'admettront point non plus au payement du prêt & annuel les Présidens Trésoriers de France, Avocats, Procureurs du Roi, Greffiers en chef, & Chevaliers d'honneur des Bureaux des finances; le rachat desdits droits ayant été ordonné par les édits des mois de décembre 1743 & février 1745, qui accordent la survivance aux pourvûs desdits offices.

XXVI.

Les commis remettront les quittances à celui qui est commis au contrôle, pour les contrôler; & s'il arrive que quelques officiers jugent à propos d'en rapporter quelques-unes, pour y augmenter ou diminuer, selon leurs titres & qualités, ou autres raisons, ils ne les reprendront point en cas qu'elles aient été contrôlées, qu'au préalable elles n'aient été déchargées du contrôle, & qu'il n'ait été fait mention par les commis au contrôle, au bas de l'enregistrement d'icelles, de ladite décharge, & de la raison pour laquelle elle aura été faite, qui sera datée & signée dudit commis; auquel cas, le commis à la recette pourra expédier une nouvelle quittance sous les titres requis, la porter de nouveau sur son registre, & rayer l'ampliation de celle qui aura été précédemment expédiée, en faisant une mention sommaire en marge, de la raison pour laquelle elle aura été rayée & déchargée du contrôle.

XXVII.

S'il arrive quelque difficulté qui n'aura pas été prévûe, les commis en donneront avis, & cependant ils recevront & chargeront leurs registres d'ampliations; en sorte que les officiers ne demeurent point en suspens, & ne courent aucun risque dans leurs offices, sauf à y être pourvû l'année suivante en connoissance de cause: Et comme quelques officiers leur pourroient faire signifier des actes concernant leurs prétentions, ils les recevront sans y faire aucune réponse verbale, ni par écrit, & les enverront incessamment au bureau de Paris, pour y être pourvû.

XXVIII.

Les commis donneront avis de l'état de leur recette, tous les huit jours, en attendant les ordres qui leur seront envoyés pour la remise d'icelle.

XXIX.

Ils feront, chacun en leur généralité, des bordereaux exacts & bien calculés, du montant de leur recette, lesquels ils présenteront le lendemain

de la clôture du bureau, qui sera le premier jour de l'année, avec leurs registres, à Messieurs les Trésoriers de France, pour être par eux lesdits registres arrêtés en la manière accoûtumée, ou à Messieurs les Intendans, dans les lieux où il n'y a point de Bureau des finances.

X X X.

APRÈS que leurs registres auront été arrêtés, ils les enverront à leurs cautions à Paris, & y joindront ceux du contrôle, avec les bordereaux de leurs recette & dépense, pièces justificatives d'icelles, le restant des blancs de quittances de prêt & d'annuel qui n'auront pas servi, ensemble toutes les autres pièces nécessaires pour dresser leurs comptes, afin qu'il puisse être incessamment procédé à la reddition d'iceux : ils enverront aussi un état par ordre alphabétique, de ceux qui auront payé le prêt & annuel.

X X X I.

LES commis auront soin de donner avis à M. Bertin Trésorier des revenus casuels, de la vacance des offices aussi-tôt qu'elle viendra à leur connoissance; savoir, de ceux dont les titulaires sont décédés sans avoir payé le prêt & annuel; de ceux dont les héritiers ou propriétaires n'ont point fait sceller de provisions dans l'espace de trente années à compter du jour du décès des derniers titulaires. L'article IV de la déclaration du 23 juillet 1758 déclare vacans ceux qui sont dans ce dernier cas, comme aussi tous les offices qui sont exercés sans provisions depuis le même temps, sans y être autorisés par leurs édits de création ou par des arrêts particuliers. Ils auront pareillement soin de donner avis de ceux qui auront été condamnés par des jugemens à des peines qui emportent confiscation de leurs offices, attendu qu'ils sont aussi dans le cas d'être taxés vacans, conformément à l'article VII de ladite déclaration.

BIBLIOTHÈQUE IMPÉRIALE

A PARIS, DE L'IMPRIMERIE ROYALE. 1761.

[stamp]

MÉMOIRE

Pour servir d'Instruction aux Commis à la Recette du Prêt & Droit annuel, pour l'année 1763, en exécution de la déclaration du 23 juillet 1758, portant continuation du Droit annuel pendant neuf années, qui ont commencé le premier janvier 1759, & finiront le dernier décembre 1767, & arrêt du Conseil du 1.er juillet 1762.

PREMIÈREMENT.

LES Commis à la recette du Prêt & Droit annuel, chacun dans leur généralité, feront l'ouverture de leur bureau le premier novembre 1762, jusques & compris le dernier décembre ensuivant inclusivement; pendant lequel temps ils s'y trouveront assidûment tous les jours depuis huit heures du matin jusqu'à midi, & depuis deux heures jusqu'à six du soir.

II.

ILS feront apposer les affiches qui leur auront été envoyées, aux lieux accoûtumés, comme aux portes du Bureau des finances, du Siége présidial, élection, grenier à sel, & autres endroits & places publiques; & en enverront dans toutes les villes de leur généralité, même dans celles où les offices sont à la nomination des Engagistes, afin que tous les officiers soient avertis de l'ouverture du bureau de ladite recette, & des dispositions dudit arrêt du Conseil du 1.er juillet 1762.

III.

ILS recevront au payement du droit annuel seulement, & sans aucun prêt, les officiers qui y auront satisfait pour l'année 1762; & ceux qui sont omissionnaires des quatre années d'annuel dûes en exécution de la déclaration du 23 juillet 1758, ils y seront reçûs en payant lesdites quatre années omises & la courante 1763, avec deux tiers de prêt seulement, conformément à l'article III du susdit arrêt du 1.er juillet 1762. A l'égard des officiers des présidiaux, sénéchaussées, bailliages, siéges royaux, prevôtés, jurisdictions royales, inférieures & de police, & autres faisant corps d'icelles, ils les recevront au payement desdits droits sur le pied de la moitié de leur évaluation, conformément aux arrêts du Conseil des 5 septembre 1758, 15 juillet 1759, 21 juin 1760 & 1.er juillet 1762.

Ils ne percevront cependant ſur les officiers des préſidiaux ſeulement, ledit droit de prêt, que ſur le pied du ſixième denier, faiſant dix fois l'annuel.

I V.

Il ſe trouvera pluſieurs officiers, comme receveurs des conſignations, commiſſaires aux ſaiſies réelles, greffiers, procureurs poſtulans, huiſſiers & ſergens-royaux, qui prétendront être du corps des préſidiaux, ou des autres ſiéges royaux reſſortiſſant nuement ès Cours dans leſquelles ils ont été reçûs & immatriculés, & ſous ce prétexte ne devoir payer le prêt qu'au ſixième denier; mais nonobſtant ces prétentions, ils les recevront audit droit au cinquième & à l'annuel en entier, attendu qu'ils ne ſont point du corps des officiers deſdits ſiéges, non plus que les ſubſtituts, ſi aucuns y a en iceux, ſujets auxdits droits.

V.

Les officiers des élections, greniers à ſel des autres juriſdictions des gabelles & des maîtriſes particulières des eaux & forêts, qui n'ont point fait en entier le rachat du prêt & annuel de leurs offices, en exécution des édits du mois de février 1745, ou qui n'ont fait aucun payement à compte dudit rachat, ſeront admis, conformément à la déclaration du 8 ſeptembre 1752, au payement du prêt & annuel ſur le pied de l'évaluation entière de leurs offices. A l'égard de ceux qui ont fait en entier le rachat deſdits droits, ils ne les recevront point au payement du prêt & annuel, conformément à ladite déclaration du 23 juillet 1758.

V I.

Les commis recevront pareillement au payement du prêt & annuel, les pourvûs d'offices de notaires garde-notes & tabellions royaux, de procureurs poſtulans, de premiers huiſſiers, d'huiſſiers-audienciers, & de ſergens des cours, ſiéges & juriſdictions royales, de ſubſtituts des Procureurs du Roi deſdits ſiéges & juriſdictions, ayant faculté de poſtuler, de jurés-priſeurs-vendeurs de biens-meubles, & d'arpenteurs, dont les finances pour l'acquiſition d'iceux, ont été payées depuis la déclaration du 8 ſeptembre 1752; à l'effet de quoi ils ſe feront repréſenter les quittances de finance d'iceux, dans leſquelles il en aura été fait mention.

V I I.

La plus grande partie des offices de notaires, procureurs, huiſſiers & ſergens, compris en l'article ci-deſſus, ne ſe trouvant pas évalués, les pourvûs d'iceux ſeront reçûs au payement du prêt & annuel en cas qu'ils ne ſe trouvent pas nommément évalués; ſavoir, les notaires & les procureurs dans les

bonnes villes, sur le pied de cinq cents trente-trois livres six sols huit deniers d'évaluation chacun, faisant huit livres dix-sept sols neuf deniers d'annuel; de quatre cents livres dans les petites villes, faisant six livres treize sols quatre deniers d'annuel; & pour les notaires dans les bourgs & villages, sur le pied de trois cents livres d'évaluation, faisant cinq livres d'annuel: Et à l'égard des sergens résidens dans les susdits lieux, sur le pied de deux cents soixante-six livres treize sols quatre deniers d'évaluation, faisant quatre livres huit sols dix deniers d'annuel, & au prêt à proportion; à l'exception néanmoins des offices de notaires garde-notes en Normandie, dont les commis percevront lesdits droits sur le pied du tiers de leur finance, qui servira d'évaluation.

VIII.

Ils observeront aussi de ne point admettre au payement du prêt & annuel les pourvûs d'offices de notaires, de procureurs postulans, de premiers huissiers, d'huissiers-audienciers & de sergens des cours & jurisdictions royales, de substituts des Procureurs du Roi desdits siéges & jurisdictions, ayant faculté de postuler, de jurés-vendeurs-priseurs de biens-meubles, & d'arpenteurs-royaux, qui ont payé l'hérédité accordée par les déclarations des 3 décembre 1743 & 12 janvier 1745, ou le tiers en sus ordonné par l'arrêt du Conseil du 5 septembre 1751, & lettres patentes du même jour; ni ceux pourvûs avant la déclaration du 8 septembre 1752, qui n'ont pas payé lesdites taxes; les offices de ces derniers ayant été déclarés supprimés au jour de leur décès par la déclaration du 13 octobre 1750, & par les arrêts du Conseil du 19 des mêmes mois & an & du 7 octobre 1752.

IX.

Si les nouveaux pourvûs d'offices vacans ou sur résignation, au quart denier pendant l'année 1760, n'ont point payé dans les deux mois de la date de leurs provisions, le prêt & annuel, ils doivent deux tiers de prêt & quatre annuels; & ceux pourvûs en l'année 1761, un tiers de prêt & trois annuels. A l'égard des nouveaux pourvûs en l'année 1760 sur résignation au huitième denier, qui n'ont point aussi payé dans les deux mois de leurs provisions l'annuel, ils doivent un tiers de prêt & quatre annuels; ceux pourvûs en l'année 1761, trois annuels seulement, sans prêt; & ceux pourvûs en la présente année 1762, deux années seulement, sans prêt.

X.

Les offices de police & autres créés héréditaires ou en survivance, & rendus depuis casuels par la déclaration du 9 août 1722, n'étant point évalués, ils prendront le tiers de leur finance pour servir d'évaluation, ainsi qu'il est porté par ladite déclaration du 9 août 1722: Et comme ce tiers de leur finance doit être tiré sur la principale & sur les autres payées depuis, tant pour augmentation de finance que pour offices réunis, ils feront représenter aux pourvûs d'iceux leurs titres, à l'effet de tirer au juste le tiers de leur finance.

X I.

A l'égard des offices qui ont été créés sous le titre de domaniaux, de la finance desquels il est difficile aux titulaires de justifier, les commis s'en feront représenter les contrats d'acquisition, ou ceux qui auront été passés par les Commissaires députés pour l'aliénation des domaines de Sa Majesté; le tiers du prix desquels, ainsi que de ceux qui y ont été réunis, leur tiendra lieu d'évaluation, comme il est porté par l'article II de la déclaration du 23 juillet 1758. Et en cas que l'on ne puisse leur justifier d'aucuns titres, ils auront soin d'en dresser des mémoires, & de les adresser au bureau des revenus casuels, pour être statué sur leur évaluation.

X I I.

COMME il y a plusieurs anciens offices non évalués, dont il est impossible de représenter les quittances de finance, les pourvûs d'iceux seront reçûs au payement du prêt & annuel, par proportion de pareils offices qui se trouveront l'être; ou en cas qu'ils aient des quittances d'annuel, sur le pied d'icelles depuis vingt années sans interruption, que les commis se feront représenter, ainsi qu'il est ordonné par l'arrêt du 29 août 1682: ce qui ne se doit entendre que des offices non évalués, car en cas qu'ils le soient, les quittances au dessous de l'évaluation, de quelque temps qu'elles puissent être, ne doivent avoir lieu, à moins qu'il ne soit justifié par un rôle en bonne forme, ou par un arrêt, de la modération de l'évaluation.

X I I I.

ILS recevront pareillement au payement du prêt & droit annuel, ceux qui exercent des offices en vertu de quittances de finance contrôlées, & qui sont dispensés de prendre des provisions par leurs édits de création, ou par des arrêts du Conseil; à l'exception de ceux qui sont dispensés de payer lesdits droits par des arrêts particuliers, conformément à l'article VIII de la déclaration du 23 juillet 1758.

X I V.

ILS observeront de ne point recevoir le prêt & annuel pour les officiers décédés, en cas que leurs veuves, héritiers, ou créanciers les voulussent payer, ou fissent faire des sommations à cet effet, parce qu'il n'y a que les officiers vivans qui puissent être reçûs à payer lesdits droits.

X V.

Les officiers des amirautés de Bretagne, ſeront reçûs au payement du prêt & droit annuel ſur le pied de la moitié de leur finance, qui leur tiendra lieu d'évaluation, conformément à l'arrêt du Conſeil du 12 janvier 1692. Ils recevront auſſi au payement deſdits droits, les ſubſtituts des Procureurs du Roi, les procureurs poſtulans, huiſſiers & ſergens des amirautés de la même province, conformément à l'arrêt du Conſeil du 29 avril 1753.

X V I.

Les offices municipaux créés par l'édit du mois d'août 1722, & par pluſieurs autres antérieurs, qui ont commencé dès le mois de juillet 1690, ayant été ſupprimés par pluſieurs édits, & entr'autres par celui du mois de juillet 1724, les pourvûs deſdits offices qui ont été exceptés de cette ſuppreſſion dans aucunes provinces du Royaume, même de ceux créés avant l'édit de 1722, qui ont été déclarés ſubſiſtans, ſeront admis au payement de l'annuel d'iceux, ſur le pied du ſoixantième du tiers de leur finance, & du prêt à proportion, en cas qu'ils ne ſe trouvent point évalués.

X V I I.

Ils recevront au payement du droit annuel, ſur le pied du ſoixantième denier du ſixième de la finance principale, & ſans prêt, les pourvûs d'offices municipaux des villes & communautés du Royaume, créés par édit du mois de novembre 1733, dont les finances ont été payées en eſpèces & effets, ainſi que les anciens officiers municipaux de la province de Languedoc, qui ont payé le ſupplément de finance ordonné par l'arrêt du 8 février 1735; le tout conformément à l'arrêt du Conſeil du 5 ſeptembre 1758.

X V I I I.

Les pourvûs d'offices municipaux de la même création du mois de novembre 1733, dont les finances ont été réduites aux deux cinquièmes, & payées en argent ſans aucuns effets, depuis le premier janvier 1745, dans les quittances de finance deſquels il ſera fait mention des deux ſols pour livre, ſeront reçûs au payement du droit annuel ſur le pied du ſoixantième denier du tiers de leur finance principale ſeulement, ſans payer de prêt, conformément à l'arrêt du Conſeil du 5 ſeptembre 1758.

X I X.

Les Receveurs des tailles & du taillon de la province de Languedoc, ſeront reçûs à l'annuel de leurs offices, ſur le pied du ſoixantième denier

des deux tiers ſeulement de leurs anciennes évaluations, & du prêt au cinquième, à proportion, ſuivant l'arrêt qui leur a été accordé à cet effet le 28 décembre 1723, confirmé par ceux des 19 août 1732, 3 décembre 1740, 7 ſeptembre 1749 & 5 ſeptembre 1758.

XX.

Les receveurs & contrôleurs des octrois & deniers patrimoniaux, ayant été ſupprimés, & rétablis par l'édit du mois de juin 1725, ils recevront les pourvûs d'iceux au payement de l'annuel, ſur le pied du ſoixantième denier du cinquième de leur finance principale, qui doit former leur évaluation, & du prêt à proportion, ſuivant l'article XII dudit édit.

XXI.

Ils admettront au payement du prêt ſeulement, & à moitié ſi c'eſt office de nature à jouir de ce bénéfice, les officiers des domaines engagés, dont le prêt appartient au Roi, & l'annuel aux engagiſtes, leſquels engagiſtes ſeront tenus d'exécuter les articles IX, X & XI de la déclaration du 23 juillet 1758; & en conſéquence, leſdits engagiſtes ne pourront recevoir à l'annuel que les officiers dépendans de leurs domaines, qui juſtifieront avoir payé le prêt au Roi; & en cas que les engagiſtes vouluſſent exiger le droit annuel ſur un pied plus fort que les évaluations faites aux revenus caſuels de Sa Majeſté, les commis recevront au payement dudit droit, & à moitié ſi c'eſt auſſi office de nature à jouir de ce bénéfice, les officiers qui juſtifieront par un acte en bonne forme du refus fait par l'engagiſte de les recevoir ſur le pied deſdites évaluations.

XXII.

Ils ne recevront plus les blancs de quittances des officiers des maréchauſſées, pour comptant de leur prêt & annuel; & ils ne les admettront au payement de ces droits, qu'en argent comptant.

XXIII.

S'il ſe préſente en perſonne, en leur bureau, quelques officiers des autres généralités, pour y payer le prêt & droit annuel, les commis ne feront aucune difficulté de les y recevoir, en rapportant les pièces néceſſaires pour y être admis, comme les précédentes quittances.

XXIV.

Ils ne recevront point au payement du droit annuel, les officiers des Cours ſupérieures, mentionnés dans l'article XII de la déclaration du 23 juillet 1758, confirmés par icelle dans la ſurvivance à eux accordée par l'édit du mois de décembre 1709, non plus que les officiers des pays d'Artois, Flandre, Haynault & Alſace, à l'égard deſquels il en ſera uſé comme par

le paſſé; à l'exception néanmoins des Receveurs généraux des finances, des Commiſſaires & Contrôleurs des guerres, des prevôts, lieutenans & autres officiers de maréchauſſée qui exercent leurs fonctions dans leſdits pays, & qui ont toûjours été aſſujétis au payement du prêt & annuel.

X X V.

ILS n'admettront point non plus au payement du prêt & annuel les Préſidens Tréſoriers de France, Avocats, Procureurs du Roi, Greffiers en chef, & Chevaliers d'honneur des Bureaux des finances; le rachat deſdits droits ayant été ordonné par les édits des mois de décembre 1743 & février 1745, qui accordent la ſurvivance aux pourvûs deſdits offices.

X X V I.

LES commis remettront les quittances à celui qui eſt commis au contrôle, pour les contrôler; & s'il arrive que quelques officiers jugent à propos d'en rapporter quelques-unes, pour y augmenter ou diminuer, ſelon leurs titres & qualités, ou autres raiſons, ils ne les reprendront point en cas qu'elles aient été contrôlées, qu'au préalable elles n'aient été déchargées du contrôle, & qu'il n'ait été fait mention par les commis au contrôle, au bas de l'enregiſtrement d'icelles, de ladite décharge, & de la raiſon pour laquelle elle aura été faite, qui ſera datée & ſignée dudit commis; auquel cas, le commis à la recette pourra expédier une nouvelle quittance ſous les titres requis, la porter de nouveau ſur ſon regiſtre, & rayer l'ampliation de celle qui aura été précédemment expédiée, en faiſant une mention ſommaire en marge, de la raiſon pour laquelle elle aura été rayée & déchargée du contrôle.

X X V I I.

S'IL arrive quelque difficulté qui n'aura pas été prévûe, les commis en donneront avis, & cependant ils recevront & chargeront leurs regiſtres d'ampliations; en ſorte que les officiers ne demeurent point en ſuſpens, & ne courent aucun riſque dans leurs offices, ſauf à y être pourvû l'année ſuivante en connoiſſance de cauſe: Et comme quelques officiers leur pourroient faire ſignifier des actes concernant leurs prétentions, ils les recevront ſans y faire aucune réponſe verbale, ni par écrit, & les enverront inceſſamment au bureau de Paris, pour y être pourvû.

X X V I I I.

LES commis donneront avis de l'état de leur recette, tous les huit jours, en attendant les ordres qui leur ſeront envoyés pour la remiſe d'icelle.

X X I X.

ILS feront, chacun en leur généralité, des bordereaux exacts & bien calculés, du montant de leur recette, leſquels ils préſenteront le lendemain

de la clôture du bureau, qui ſera le premier jour de l'année, avec leurs regiſtres, à Meſſieurs les Tréſoriers de France, pour être par eux leſdits regiſtres arrêtés en la manière accoûtumée, ou à Meſſieurs les Intendans, dans les lieux où il n'y a point de Bureau des finances.

XXX.

APRÈS que leurs regiſtres auront été arrêtés, ils les enverront à leurs cautions à Paris, & y joindront ceux du contrôle, avec les bordereaux de leurs recette & dépenſe, pièces juſtificatives d'icelles, le reſtant des blancs de quittances de prêt & d'annuel qui n'auront pas ſervi, enſemble toutes les autres pièces néceſſaires pour dreſſer leurs comptes, afin qu'il puiſſe être inceſſamment procédé à la reddition d'iceux : ils enverront auſſi un état par ordre alphabétique, de ceux qui auront payé le prêt & annuel.

XXXI.

LES commis auront ſoin de donner avis à M. Bertin Tréſorier des revenus caſuels, de la vacance des offices auſſi-tôt qu'elle viendra à leur connoiſſance; ſavoir, de ceux dont les titulaires ſont décédés ſans avoir payé le prêt & annuel; de ceux dont les héritiers ou propriétaires n'ont point fait ſceller de proviſions dans l'eſpace de trente années à compter du jour du décès des derniers titulaires. L'article IV de la déclaration du 23 juillet 1758 déclare vacans ceux qui ſont dans ce dernier cas, comme auſſi tous les offices qui ſont exercés ſans proviſions depuis le même temps, ſans y être autoriſés par leurs édits de création ou par des arrêts particuliers. Ils auront pareillement ſoin de donner avis de ceux qui auront été condamnés par des jugemens à des peines qui emportent confiſcation de leurs offices, attendu qu'ils ſont auſſi dans le cas d'être taxés vacans, conformément à l'article VII de ladite déclaration.

BIBLIOTHÈQUE IMPÉRIALE

A PARIS, DE L'IMPRIMERIE ROYALE. 1762.

MÉMOIRE

Pour servir d'Instruction aux Commis à la Recette du Prêt & Droit annuel, pour l'année 1764, en exécution de la déclaration du 23 juillet 1758, portant continuation du Droit annuel pendant neuf années, qui ont commencé le premier janvier 1759, & finiront le dernier décembre 1767, & arrêt du Conseil du 10 juillet 1763.

PREMIÈREMENT.

LES Commis à la recette du Prêt & Droit annuel, chacun dans leur généralité, feront l'ouverture de leur bureau le premier novembre 1763, jusques & compris le dernier décembre ensuivant inclusivement; pendant lequel temps ils s'y trouveront assidûment tous les jours depuis huit heures du matin jusqu'à midi, & depuis deux heures jusqu'à six du soir.

II.

ILS feront appofer les affiches qui leur auront été envoyées, aux lieux accoutumés, comme aux portes du Bureau des finances, du Siége présidial, élection, grenier à sel, & autres endroits & places publiques; & en enverront dans toutes les villes de leur généralité, même dans celles où les offices sont à la nomination des Engagistes, afin que tous les officiers soient avertis de l'ouverture du bureau de ladite recette, & des dispositions dudit arrêt du Conseil du 10 juillet 1763.

III.

ILS recevront au payement du droit annuel seulement, & sans aucun prêt, les officiers qui y auront satisfait pour l'année 1763; & ceux qui sont omissionnaires des cinq années d'annuel dûes en exécution de la déclaration du 23 juillet 1758, ils y seront reçus en payant lesdites cinq années omises & la courante 1764, avec deux tiers de prêt seulement, conformément à l'article III du susdit arrêt du 10 juillet 1763. A l'égard des officiers des présidiaux, sénéchaussées, bailliages, siéges royaux, prevôtés, jurisdictions royales, inférieures & de police, & autres faisant corps d'icelles, ils les recevront au payement desdits droits sur le pied de la moitié de leur évaluation, conformément aux arrêts du Conseil des 5 septembre 1758, 15 juillet 1759, 21 juin 1760, 1.er juillet 1762 &

10 juillet 1763. Ils ne percevront cependant sur les officiers des présidiaux seulement, ledit droit de prêt, que sur le pied du sixième denier, faisant dix fois l'annuel.

I.V.

Il se trouvera plusieurs officiers, comme receveurs des consignations, commissaires aux saisies réelles, greffiers, procureurs postulans, huissiers & sergens-royaux, qui prétendront être du corps des présidiaux, ou des autres siéges royaux ressortissant nuement ès Cours dans lesquelles ils ont été reçus & immatriculés, & sous ce prétexte ne devoir payer le prêt qu'au sixième denier; mais nonobstant ces prétentions, ils les recevront audit droit au cinquième & à l'annuel en entier, attendu qu'ils ne sont point du corps des officiers desdits siéges, non plus que les substituts, si aucuns y a en iceux, sujets auxdits droits.

V.

Les officiers des élections, greniers à sel des autres jurisdictions des gabelles & des maîtrises particulières des eaux & forêts, qui n'ont point fait en entier le rachat du prêt & annuel de leurs offices, en exécution des édits du mois de février 1745, ou qui n'ont fait aucun payement à compte dudit rachat, seront admis, conformément à la déclaration du 8 septembre 1752, au payement du prêt & annuel sur le pied de l'évaluation entière de leurs offices. A l'égard de ceux qui ont fait en entier le rachat desdits droits, ils ne les recevront point au payement du prêt & annuel, conformément à ladite déclaration du 23 juillet 1758.

V I.

Les commis recevront pareillement au payement du prêt & annuel, les pourvus d'offices de notaires garde-notes & tabellions royaux, de procureurs postulans, de premiers huissiers, d'huissiers-audienciers, & de sergens des cours, siéges & jurisdictions royales, de substituts des Procureurs du Roi desdits siéges & jurisdictions, ayant faculté de postuler, de jurés-priseurs-vendeurs de biens-meubles, & d'arpenteurs, dont les finances pour l'acquisition d'iceux, ont été payées depuis la déclaration du 8 septembre 1752; à l'effet de quoi ils se feront représenter les quittances de finance d'iceux, dans lesquelles il en aura été fait mention.

V I I.

La plus grande partie des offices de notaires, procureurs, huissiers & sergens, compris en l'article ci-dessus, ne se trouvant pas évalués, les pourvus d'iceux seront reçus au payement du prêt & annuel en cas qu'ils ne se trouvent pas nommément évalués; savoir, les notaires & les procureurs dans les

bonnes villes, ſur le pied de cinq cents trente-trois livres ſix ſols huit deniers d'évaluation chacun, faiſant huit livres dix-ſept ſols neuf deniers d'annuel; de quatre cents livres dans les petites villes, faiſant ſix livres treize ſols quatre deniers d'annuel; & pour les notaires dans les bourgs & villages, ſur le pied de trois cents livres d'évaluation, faiſant cinq livres d'annuel: Et à l'égard des ſergens réſidens dans les ſuſdits lieux, ſur le pied de deux cents ſoixante-ſix livres treize ſols quatre deniers d'évaluation, faiſant quatre livres huit ſols dix deniers d'annuel, & au prêt à proportion; à l'exception néanmoins des offices de notaires garde-notes en Normandie, dont les commis percevront leſdits droits ſur le pied du tiers de leur finance, qui ſervira d'évaluation.

VIII.

Ils obſerveront auſſi de ne point admettre au payement du prêt & annuel les pourvus d'offices de notaires, de procureurs poſtulans, de premiers huiſſiers, d'huiſſiers-audienciers & de ſergens des cours & juriſdictions royales, de ſubſtituts des Procureurs du Roi deſdits ſiéges & juriſdictions, ayant faculté de poſtuler, de jurés-vendeurs-priſeurs de biens-meubles, & d'arpenteurs-royaux, qui ont payé l'hérédité accordée par les déclarations des 3 décembre 1743 & 12 janvier 1745, ou le tiers en ſus ordonné par l'arrêt du Conſeil du 5 ſeptembre 1751, & lettres patentes du même jour; ni ceux pourvus avant la déclaration du 8 ſeptembre 1752, qui n'ont pas payé leſdites taxes; les offices de ces derniers ayant été déclarés ſupprimés au jour de leur décès par la déclaration du 13 octobre 1750, & par les arrêts du Conſeil du 19 des mêmes mois & an & du 7 octobre 1752.

IX.

Si les nouveaux pourvus d'offices vacans ou ſur réſignation, au quart denier pendant l'année 1760, n'ont point payé dans les deux mois de la date de leurs proviſions, le prêt & annuel, ils doivent deux tiers de prêt & cinq annuels; & ceux pourvus en l'année 1761, un tiers de prêt & quatre annuels. A l'égard des nouveaux pourvus en l'année 1760 ſur réſignation au huitième denier, qui n'ont point auſſi payé dans les deux mois de leurs proviſions l'annuel, ils doivent un tiers de prêt & cinq annuels; ceux pourvus en l'année 1761, quatre annuels ſeulement, ſans prêt; ceux pourvus en l'année 1762, trois années ſeulement, ſans prêt; & ceux pourvus en la préſente année 1763, deux annuels ſeulement, ſans prêt.

X.

Les offices de police & autres créés héréditaires ou en ſurvivance, & rendus depuis caſuels par la déclaration du 9 août 1722, n'étant point évalués, ils prendront le tiers de leur finance pour ſervir d'évaluation, ainſi qu'il eſt porté par ladite déclaration du 9 août 1722: Et comme ce tiers de leur finance doit être tiré ſur la principale & ſur les autres payées depuis, tant pour augmentation de finance que pour offices réunis, ils feront repréſenter aux pourvus d'iceux leurs titres, à l'effet de tirer au juſte le tiers de leur finance.

X I.

A l'égard des offices qui ont été créés ſous le titre de domaniaux, de la finance deſquels il eſt difficile aux titulaires de juſtifier, les commis s'en feront repréſenter les contrats d'acquiſition, ou ceux qui auront été paſſés par les Commiſſaires députés pour l'aliénation des domaines de Sa Majeſté; le tiers du prix deſquels, ainſi que de ceux qui y ont été réunis, leur tiendra lieu d'évaluation, comme il eſt porté par l'article II de la déclaration du 23 juillet 1758. Et en cas que l'on ne puiſſe leur juſtifier d'aucuns titres, ils auront ſoin d'en dreſſer des mémoires, & de les adreſſer au bureau des revenus caſuels, pour être ſtatué ſur leur évaluation.

X I I.

Comme il y a pluſieurs anciens offices non évalués, dont il eſt impoſſible de repréſenter les quittances de finance, les pourvus d'iceux ſeront reçus au payement du prêt & annuel, par proportion de pareils offices qui ſe trouveront l'être; ou en cas qu'ils aient des quittances d'annuel, ſur le pied d'icelles depuis vingt années ſans interruption, que les commis ſe feront repréſenter, ainſi qu'il eſt ordonné par l'arrêt du 29 août 1682: ce qui ne ſe doit entendre que des offices non évalués, car en cas qu'ils le ſoient, les quittances au deſſous de l'évaluation, de quelque temps qu'elles puiſſent être, ne doivent avoir lieu, à moins qu'il ne ſoit juſtifié par un rôle en bonne forme, ou par un arrêt, de la modération de l'évaluation.

X I I I.

Ils recevront pareillement au payement du prêt & droit annuel, ceux qui exercent des offices en vertu de quittances de finance contrôlées, & qui ſont diſpenſés de prendre des proviſions par leurs édits de création, ou par des arrêts du Conſeil; à l'exception de ceux qui ſont diſpenſés de payer leſdits droits par des arrêts particuliers, conformément à l'article VIII de la déclaration du 23 juillet 1758.

X I V.

Ils obſerveront de ne point recevoir le prêt & annuel pour les officiers décédés, en cas que leurs veuves, héritiers, ou créanciers les vouluſſent payer, ou fiſſent faire des ſommations à cet effet, parce qu'il n'y a que les officiers vivans qui puiſſent être reçus à payer leſdits droits.

XV.

Les officiers des amirautés de Bretagne, seront reçus au payement du prêt & droit annuel sur le pied de la moitié de leur finance, qui leur tiendra lieu d'évaluation, conformément à l'arrêt du Conseil du 12 janvier 1692. Ils recevront aussi au payement desdits droits, les substituts des Procureurs du Roi, les procureurs postulans, huissiers & sergens des amirautés de la même province, conformément à l'arrêt du Conseil du 29 avril 1753.

XVI.

Les offices municipaux créés par l'édit du mois d'août 1722, & par plusieurs autres antérieurs, qui ont commencé dès le mois de juillet 1690, ayant été supprimés par plusieurs édits, & entr'autres par celui du mois de juillet 1724, les pourvus desdits offices qui ont été exceptés de cette suppression dans aucunes provinces du Royaume, même de ceux créés avant l'édit de 1722, qui ont été déclarés subsistans, seront admis au payement de l'annuel d'iceux, sur le pied du soixantième du tiers de leur finance, & du prêt à proportion, en cas qu'ils ne se trouvent point évalués.

XVII.

Ils recevront au payement du droit annuel, sur le pied du soixantième denier du sixième de la finance principale, & sans prêt, les pourvus d'offices municipaux des villes & communautés du Royaume, créés par édit du mois de novembre 1733, dont les finances ont été payées en espèces & effets, ainsi que les anciens officiers municipaux de la province de Languedoc, qui ont payé le supplément de finance ordonné par l'arrêt du 8 février 1735; le tout conformément à l'arrêt du Conseil du 5 septembre 1758.

XVIII.

Les pourvus d'offices municipaux de la même création du mois de novembre 1733, dont les finances ont été réduites aux deux cinquièmes, & payées en argent sans aucuns effets, depuis le premier janvier 1745, dans les quittances de finance desquels il sera fait mention des deux sols pour livre, seront reçus au payement du droit annuel sur le pied du soixantième denier du tiers de leur finance principale seulement, sans payer de prêt, conformément à l'arrêt du Conseil du 5 septembre 1758.

XIX.

Les Receveurs des tailles & du taillon de la province de Languedoc, seront reçus à l'annuel de leurs offices, sur le pied du soixantième denier

des deux tiers ſeulement de leurs anciennes évaluations, & du prêt au cinquième, à proportion, ſuivant l'arrêt qui leur a été accordé à cet effet le 28 décembre 1723, confirmé par ceux des 19 août 1732, 3 décembre 1740, 7 ſeptembre 1749 & 5 ſeptembre 1758.

XX.

Les receveurs & contrôleurs des octrois & deniers patrimoniaux, ayant été ſupprimés, & rétablis par l'édit du mois de juin 1725, ils recevront les pourvus d'iceux au payement de l'annuel, ſur le pied du ſoixantième denier du cinquième de leur finance principale, qui doit former leur évaluation, & du prêt à proportion, ſuivant l'article XII dudit édit.

XXI.

Ils admettront au payement du prêt ſeulement, & à moitié ſi c'eſt office de nature à jouir de ce bénéfice, les officiers des domaines engagés, dont le prêt appartient au Roi, & l'annuel aux engagiſtes, leſquels engagiſtes ſeront tenus d'exécuter les articles IX, X & XI de la déclaration du 23 juillet 1758; & en conſéquence, leſdits engagiſtes ne pourront recevoir à l'annuel que les officiers dépendans de leurs domaines, qui juſtifieront avoir payé le prêt au Roi; & en cas que les engagiſtes vouluſſent exiger le droit annuel ſur un pied plus fort que les évaluations faites aux revenus caſuels de Sa Majeſté, les commis recevront au payement dudit droit, & à moitié ſi c'eſt auſſi office de nature à jouir de ce bénéfice, les officiers qui juſtifieront par un acte en bonne forme du refus fait par l'engagiſte de les recevoir ſur le pied deſdites évaluations.

XXII.

Ils ne recevront plus les blancs de quittances des officiers des maréchauſſées, pour comptant de leur prêt & annuel; & ils ne les admettront au payement de ces droits, qu'en argent comptant.

XXIII.

S'il ſe préſente en perſonne, en leur bureau, quelques officiers des autres généralités, pour y payer le prêt & droit annuel, les commis ne feront aucune difficulté de les y recevoir, en rapportant les pièces néceſſaires pour y être admis, comme les précédentes quittances.

XXIV.

Ils ne recevront point au payement du droit annuel, les officiers des Cours ſupérieures, mentionnés dans l'article XII de la déclaration du 23 juillet 1758, confirmés par icelle dans la ſurvivance à eux accordée par l'édit du mois de décembre 1709, non plus que les officiers des pays d'Artois, Flandre, Haynault & Alſace, à l'égard deſquels il en ſera uſé comme par

le passé; à l'exception néanmoins des Receveurs généraux des finances, des Commissaires & Contrôleurs des guerres, des prevôts, lieutenans & autres officiers de maréchaussée qui exercent leurs fonctions dans lesdits pays, & qui ont toujours été assujétis au payement du prêt & annuel.

XXV.

Ils n'admettront point non plus au payement du prêt & annuel les Présidens Trésoriers de France, Avocats, Procureurs du Roi, Greffiers en chef, & Chevaliers d'honneur des Bureaux des finances; le rachat desdits droits ayant été ordonné par les édits des mois de décembre 1743 & février 1745, qui accordent la survivance aux pourvus desdits offices.

XXVI.

Les commis remettront les quittances à celui qui est commis au contrôle, pour les contrôler; & s'il arrive que quelques officiers jugent à propos d'en rapporter quelques-unes, pour y augmenter ou diminuer, selon leurs titres & qualités, ou autres raisons, ils ne les reprendront point en cas qu'elles aient été contrôlées, qu'au préalable elles n'aient été déchargées du contrôle, & qu'il n'ait été fait mention par les commis au contrôle, au bas de l'enregistrement d'icelles, de ladite décharge, & de la raison pour laquelle elle aura été faite, qui sera datée & signée dudit commis; auquel cas, le commis à la recette pourra expédier une nouvelle quittance sous les titres requis, la porter de nouveau sur son registre, & rayer l'ampliation de celle qui aura été précédemment expédiée, en faisant une mention sommaire en marge, de la raison pour laquelle elle aura été rayée & déchargée du contrôle.

XXVII.

S'il arrive quelque difficulté qui n'aura pas été prévue, les commis en donneront avis, & cependant ils recevront & chargeront leurs registres d'ampliations; en sorte que les officiers ne demeurent point en suspens, & ne courent aucun risque dans leurs offices, sauf à y être pourvu l'année suivante en connoissance de cause: Et comme quelques officiers leur pourroient faire signifier des actes concernant leurs prétentions, ils les recevront sans y faire aucune réponse verbale, ni par écrit, & les enverront incessamment au bureau de Paris, pour y être pourvu.

XXVIII.

Les commis donneront avis de l'état de leur recette, tous les huit jours, en attendant les ordres qui leur seront envoyés pour la remise d'icelle.

XXIX.

Ils feront, chacun en leur généralité, des bordereaux exacts & bien calculés, du montant de leur recette, lesquels ils présenteront le lendemain

de la clôture du bureau, qui sera le premier jour de l'année, avec leurs registres, à Messieurs les Trésoriers de France, pour être par eux lesdits registres arrêtés en la manière accoutumée, ou à Messieurs les Intendans, dans les lieux où il n'y a point de Bureau des finances.

XXX.

Après que leurs registres auront été arrêtés, ils les enverront à leurs cautions à Paris, & y joindront ceux du contrôle, avec les bordereaux de leurs recette & dépense, pièces justificatives d'icelles, le restant des blancs de quittances de prêt & d'annuel qui n'auront pas servi, ensemble toutes les autres pièces nécessaires pour dresser leurs comptes, afin qu'il puisse être incessamment procédé à la reddition d'iceux : ils enverront aussi un état par ordre alphabétique, de ceux qui auront payé le prêt & annuel.

XXXI.

Les commis auront soin de donner avis à M. Bertin Trésorier des revenus casuels, de la vacance des offices aussi-tôt qu'elle viendra à leur connoissance; savoir, de ceux dont les titulaires sont décédés sans avoir payé le prêt & annuel; de ceux dont les héritiers ou propriétaires n'ont point fait sceller de provisions dans l'espace de trente années à compter du jour du décès des derniers titulaires. L'article IV de la déclaration du 23 juillet 1758 déclare vacans ceux qui sont dans ce dernier cas, comme aussi tous les offices qui sont exercés sans provisions depuis le même temps, sans y être autorisés par leurs édits de création ou par des arrêts particuliers. Ils auront pareillement soin de donner avis de ceux qui auront été condamnés par des jugemens à des peines qui emportent confiscation de leurs offices, attendu qu'ils sont aussi dans le cas d'être taxés vacans, conformément à l'article VII de ladite déclaration.

BIBLIOTHÈQUE IMPÉRIALE

A PARIS, DE L'IMPRIMERIE ROYALE. 1763.

MÉMOIRE

Pour servir d'Instruction aux Commis à la Recette du Prêt & Droit annuel, pour l'année 1765, en exécution de la déclaration du 23 juillet 1758, portant continuation du Droit annuel pendant neuf années, qui ont commencé le premier janvier 1759, & finiront le dernier décembre 1767, & arrêt du Conseil du 11 juin 1764.

PREMIÈREMENT.

LES Commis à la recette du Prêt & Droit annuel, chacun dans leur généralité, feront l'ouverture de leur bureau le premier novembre 1764, jusques & compris le dernier décembre ensuivant inclusivement; pendant lequel temps ils s'y trouveront assidûment tous les jours depuis huit heures du matin jusqu'à midi, & depuis deux heures jusqu'à six du soir.

II.

ILS feront apposer les affiches qui leur auront été envoyées, aux lieux accoutumés, comme aux portes du Bureau des finances, du Siége présidial, élection, grenier à sel, & autres endroits & places publiques; & en enverront dans toutes les villes de leur généralité, même dans celles où les offices sont à la nomination des Engagistes, afin que tous les officiers soient avertis de l'ouverture du bureau de ladite recette, & des dispositions dudit arrêt du Conseil du 11 juin 1764.

III.

ILS recevront au payement du droit annuel seulement, & sans aucun prêt, les officiers qui y auront satisfait pour l'année 1764; & ceux qui sont omissionnaires des six années d'annuel dûes en exécution de la déclaration du 23 juillet 1758, ils y seront reçus en payant lesdites six années omises & la courante 1765, avec un tiers de prêt seulement, conformément à l'article III du susdit arrêt du 11 juin 1764. A l'égard des officiers des présidiaux, sénéchaussées, bailliages, siéges royaux, prevôtés, juridictions royales, inférieures & de police, & autres faisant corps d'icelles, ils les recevront au payement desdits droits sur le pied de la moitié de leur évaluation, conformément aux arrêts du Conseil des 5 septembre 1758, 15 juillet 1759, 21 juin 1760, 1.er juillet 1762,

10 juillet 1763 & 11 juin 1764. Ils ne percevront cependant sur les officiers des présidiaux seulement, ledit droit de prêt, que sur le pied du sixième denier, faisant dix fois l'annuel.

I V.

Il se trouvera plusieurs officiers, comme receveurs des consignations, commissaires aux saisies réelles, greffiers, procureurs postulans, huissiers & sergens-royaux, qui prétendront être du corps des présidiaux, ou des autres siéges royaux ressortissant nuement ès Cours dans lesquelles ils ont été reçus & immatriculés, & sous ce prétexte ne devoir payer le prêt qu'au sixième denier ; mais nonobstant ces prétentions, ils les recevront audit droit au cinquième & à l'annuel en entier, attendu qu'ils ne sont point du corps des officiers desdits siéges, non plus que les substituts, si aucuns y a en iceux, sujets auxdits droits.

V.

Les officiers des élections, greniers à sel des autres juridictions des gabelles & des maîtrises particulières des eaux & forêts, qui n'ont point fait en entier le rachat du prêt & annuel de leurs offices, en exécution des édits du mois de février 1745, ou qui n'ont fait aucun payement à compte dudit rachat, seront admis, conformément à la déclaration du 8 septembre 1752, au payement du prêt & annuel sur le pied de l'évaluation entière de leurs offices. A l'égard de ceux qui ont fait en entier le rachat desdits droits, ils ne les recevront point au payement du prêt & annuel, conformément à ladite déclaration du 23 juillet 1758.

V I.

Les commis recevront pareillement au payement du prêt & annuel, les pourvus d'offices de notaires garde-notes & tabellions royaux, de procureurs postulans, de premiers huissiers, d'huissiers-audienciers, & de sergens des cours, siéges & juridictions royales, de substituts des Procureurs du Roi desdits siéges & juridictions, ayant faculté de postuler, de jurés-priseurs-vendeurs de biens-meubles, & d'arpenteurs, dont les finances pour l'acquisition d'iceux, ont été payées depuis la déclaration du 8 septembre 1752 ; à l'effet de quoi ils se feront représenter les quittances de finance d'iceux, dans lesquelles il en aura été fait mention.

V I I.

La plus grande partie des offices de notaires, procureurs, huissiers & sergens, compris en l'article ci-dessus, ne se trouvant pas évalués, les pourvus d'iceux seront reçus au payement du prêt & annuel en cas qu'ils ne se trouvent pas nommément évalués ; savoir, les notaires & les procureurs dans les

bonnes villes, ſur le pied de cinq cents trente-trois livres ſix ſols huit deniers d'évaluation chacun, faiſant huit livres dix-ſept ſols neuf deniers d'annuel; de quatre cents livres dans les petites villes, faiſant ſix livres treize ſols quatre deniers d'annuel; & pour les notaires dans les bourgs & villages, ſur le pied de trois cents livres d'évaluation, faiſant cinq livres d'annuel: Et à l'égard des ſergens réſidens dans les ſuſdits lieux, ſur le pied de deux cents ſoixante-ſix livres treize ſols quatre deniers d'évaluation, faiſant quatre livres huit ſols dix deniers d'annuel, & au prêt à proportion; à l'exception néanmoins des offices de notaires garde-notes en Normandie, dont les commis percevront leſdits droits ſur le pied du tiers de leur finance, qui ſervira d'évaluation.

VIII.

Ils obſerveront auſſi de ne point admettre au payement du prêt & annuel les pourvus d'offices de notaires, de procureurs poſtulans, de premiers huiſſiers, d'huiſſiers-audienciers & de ſergens des cours & juridictions royales, de ſubſtituts des Procureurs du Roi deſdits ſiéges & juridictions, ayant faculté de poſtuler, de jurés-vendeurs-priſeurs de biens-meubles, & d'arpenteurs-royaux, qui ont payé l'hérédité accordée par les déclarations des 3 décembre 1743 & 12 janvier 1745, ou le tiers en ſus ordonné par l'arrêt du Conſeil du 5 ſeptembre 1751, & lettres patentes du même jour; ni ceux pourvus avant la déclaration du 8 ſeptembre 1752, qui n'ont pas payé leſdites taxes; les offices de ces derniers ayant été déclarés ſupprimés au jour de leur décès par la déclaration du 13 octobre 1750, & par les arrêts du Conſeil du 19 des mêmes mois & an & du 7 octobre 1752.

IX.

Les nouveaux pourvus d'offices vacans ou ſur réſignation, au quart denier, depuis la déclaration du 23 juillet 1758, qui n'ont point payé le prêt & annuel dans les deux mois de leurs proviſions, doivent un tiers de prêt, & l'annuel des années depuis & compriſe celle de la date de leurs proviſions; ceux pourvus en l'année 1760 ſur réſignation au huitième denier, qui n'ont point payé le prêt & annuel depuis, doivent un tiers de prêt & ſix annuels; & ceux pourvus en 1761 & depuis, ils ne doivent que l'annuel depuis & compris celle de la date de leurs proviſions, ſans prêt.

X.

Les offices de police & autres créés héréditaires ou en ſurvivance, & rendus depuis caſuels par la déclaration du 9 août 1722, n'étant point évalués, ils prendront le tiers de leur finance pour ſervir d'évaluation; ainſi qu'il eſt porté par ladite déclaration du 9 août 1722: Et comme ce tiers de leur finance doit être tiré sur la principale & sur les autres payées depuis, tant pour augmentation de finance que pour offices réunis, ils feront représenter aux pourvus d'iceux leurs titres, à l'effet de tirer au juste le tiers de leur finance.

X I.

A l'égard des offices qui ont été créés sous le titre de domaniaux, de la finance desquels il est difficile aux titulaires de justifier, les commis s'en feront représenter les contrats d'acquisition, ou ceux qui auront été passés par les Commissaires députés pour l'aliénation des domaines de Sa Majesté; le tiers du prix desquels, ainsi que de ceux qui y ont été réunis, leur tiendra lieu d'évaluation, comme il est porté par l'article II de la déclaration du 23 juillet 1758. Et en cas que l'on ne puisse leur justifier d'aucuns titres, ils auront soin d'en dresser des mémoires, & de les adresser au bureau des revenus casuels, pour être statué sur leur évaluation.

X I I.

COMME il y a plusieurs anciens offices non évalués, dont il est impossible de représenter les quittances de finance, les pourvus d'iceux seront reçus au payement du prêt & annuel, par proportion de pareils offices qui se trouveront l'être; ou en cas qu'ils aient des quittances d'annuel, sur le pied d'icelles depuis vingt années sans interruption, que les commis se feront représenter, ainsi qu'il est ordonné par l'arrêt du 29 août 1682: ce qui ne se doit entendre que des offices non évalués, car en cas qu'ils le soient, les quittances au-dessous de l'évaluation, de quelque temps qu'elles puissent être, ne doivent avoir lieu, à moins qu'il ne soit justifié par un rôle en bonne forme, ou par un arrêt, de la modération de l'évaluation.

X I I I.

ILS recevront pareillement au payement du prêt & droit annuel, ceux qui exercent des offices en vertu de quittances de finance contrôlées, & qui sont dispensés de prendre des provisions par leurs édits de création, ou par des arrêts du Conseil; à l'exception de ceux qui sont dispensés de payer lesdits droits par des arrêts particuliers, conformément à l'article VIII de la déclaration du 23 juillet 1758.

X I V.

ILS observeront de ne point recevoir le prêt & annuel pour les officiers décédés, en cas que leurs veuves, héritiers ou créanciers les voulussent payer, ou fissent faire des sommations à cet effet, parce qu'il n'y a que les officiers vivans qui puissent être reçus à payer lesdits droits.

X V.

LES officiers des amirautés de Bretagne, feront reçus au payement du prêt & droit annuel fur le pied de la moitié de leur finance, qui leur tiendra lieu d'évaluation; conformément à l'arrêt du Confeil du 12 janvier 1692. Ils recevront auffi au payement defdits droits, les fubftituts des Procureurs du Roi, les procureurs poftulans, huiffiers & fergens des amirautés de la même province, conformément à l'arrêt du Confeil du 29 avril 1753.

X V I.

LES offices municipaux créés par l'édit du mois d'août 1722, & par plufieurs autres antérieurs, qui ont commencé dès le mois de juillet 1690, ayant été fupprimés par plufieurs édits, & entr'autres par celui du mois de juillet 1724, les pourvus defdits offices qui ont été exceptés de cette fuppreffion dans aucunes provinces du Royaume, même de ceux créés avant l'édit de 1722, qui ont été déclarés fubfiftans, feront admis au payement de l'annuel d'iceux, fur le pied du foixantième du tiers de leur finance, & du prêt à proportion, en cas qu'ils ne fe trouvent point évalués.

X V I I.

ILS recevront au payement du droit annuel, fur le pied du foixantième denier du fixième de la finance principale, & fans prêt, les pourvus d'offices municipaux des villes & communautés du Royaume, créés par édit du mois de novembre 1733, dont les finances ont été payées en efpèces & effets, ainfi que les anciens officiers municipaux de la province de Languedoc, qui ont payé le fupplément de finance ordonné par l'arrêt du 8 février 1735; le tout conformément à l'arrêt du Confeil du 5 feptembre 1758.

X V I I I.

LES pourvus d'offices municipaux de la même création du mois de novembre 1733, dont les finances ont été réduites aux deux cinquièmes, & payées en argent fans aucuns effets, depuis le premier janvier 1745, dans les quittances de finance defquels il fera fait mention des deux fols pour livre, feront reçus au payement du droit annuel fur le pied du foixantième denier du tiers de leur finance principale feulement, fans payer de prêt, conformément à l'arrêt du Confeil du 5 feptembre 1758.

X I X.

LES Receveurs des tailles & du taillon de la province de Languedoc, feront reçus à l'annuel de leurs offices, fur le pied du foixantième denier

des deux tiers ſeulement de leurs anciennes évaluations, & du prêt au cinquième, à proportion, ſuivant l'arrêt qui leur a été accordé à cet effet le 28 décembre 1723, confirmé par ceux des 19 août 1732, 3 décembre 1740, 7 ſeptembre 1749 & 5 ſeptembre 1758.

X X.

Les receveurs & contrôleurs des octrois & deniers patrimoniaux, ayant été ſupprimés, & rétablis par l'édit du mois de juin 1725, ils recevront les pourvus d'iceux au payement de l'annuel, ſur le pied du ſoixantième denier du cinquième de leur finance principale, qui doit former leur évaluation, & du prêt à proportion, ſuivant l'article XII dudit édit.

X X I.

Ils admettront au payement du prêt ſeulement, & à moitié ſi c'eſt office de nature à jouir de ce bénéfice, les officiers des domaines engagés, dont le prêt appartient au Roi, & l'annuel aux engagiſtes, leſquels engagiſtes ſeront tenus d'exécuter les articles IX, X & XI de la déclaration du 23 juillet 1758; & en conſéquence, leſdits engagiſtes ne pourront recevoir à l'annuel que les officiers dépendans de leurs domaines, qui juſtifieront avoir payé le prêt au Roi; & en cas que les engagiſtes vouluſſent exiger le droit annuel ſur un pied plus fort que les évaluations faites aux revenus caſuels de Sa Majeſté, les commis recevront au payement dudit droit, & à moitié ſi c'eſt auſſi office de nature à jouir de ce bénéfice, les officiers qui juſtifieront par un acte en bonne forme du refus fait par l'engagiſte de les recevoir ſur le pied deſdites évaluations.

X X I I.

Ils ne recevront plus les blancs de quittances des officiers des maréchauſſées, pour comptant de leur prêt & annuel; & ils ne les admettront au payement de ces droits, qu'en argent comptant.

X X I I I.

S'il ſe préſente en perſonne, en leur bureau, quelques officiers des autres généralités, pour y payer le prêt & droit annuel, les commis ne feront aucune difficulté de les y recevoir, en rapportant les pièces néceſſaires pour y être admis, comme les précédentes quittances.

X X I V.

Ils ne recevront point au payement du droit annuel, les officiers des Cours ſupérieures, mentionnés dans l'article XII de la déclaration du 23 juillet 1758, confirmés par icelle dans la ſurvivance à eux accordée par l'édit du mois de décembre 1709, non plus que les officiers des pays d'Artois, Flandre, Haynault & Alſace, à l'égard deſquels il en ſera uſé comme par

le passé; à l'exception néanmoins des Receveurs généraux des finances, des Commissaires & Contrôleurs des guerres, des prevôts, lieutenans & autres officiers de maréchaussée qui exercent leurs fonctions dans lesdits pays, & qui ont toujours été assujettis au payement du prêt & annuel.

X X V.

Ils n'admettront point non plus au payement du prêt & annuel les Présidens Trésoriers de France, Avocats, Procureurs du Roi, Greffiers en chef, & Chevaliers d'honneur des Bureaux des finances; le rachat desdits droits ayant été ordonné par les édits des mois de décembre 1743 & février 1745, qui accordent la survivance aux pourvus desdits offices.

X X V I.

Les commis remettront les quittances à celui qui est commis au contrôle, pour les contrôler; & s'il arrive que quelques officiers jugent à propos d'en rapporter quelques-unes, pour y augmenter ou diminuer, selon leurs titres & qualités, ou autres raisons, ils ne les reprendront point en cas qu'elles aient été contrôlées, qu'au préalable elles n'aient été déchargées du contrôle, & qu'il n'ait été fait mention par les commis au contrôle, au bas de l'enregistrement d'icelles, de ladite décharge, & de la raison pour laquelle elle aura été faite, qui sera datée & signée dudit commis; auquel cas, le commis à la recette pourra expédier une nouvelle quittance sous les titres requis, la porter de nouveau sur son registre, & rayer l'ampliation de celle qui aura été précédemment expédiée, en faisant une mention sommaire en marge, de la raison pour laquelle elle aura été rayée & déchargée du contrôle.

X X V I I.

S'il arrive quelque difficulté qui n'aura pas été prévue, les commis en donneront avis, & cependant ils recevront & chargeront leurs registres d'ampliations; en sorte que les officiers ne demeurent point en suspens, & ne courent aucun risque dans leurs offices, sauf à y être pourvu l'année suivante en connoissance de cause: Et comme quelques officiers leur pourroient faire signifier des actes concernant leurs prétentions, ils les recevront sans y faire aucune réponse verbale, ni par écrit, & les enverront incessamment au bureau de Paris, pour y être pourvu.

X X V I I I.

Les commis donneront avis de l'état de leur recette, tous les huit jours, en attendant les ordres qui leur seront envoyés pour la remise d'icelle.

X X I X.

Ils feront, chacun en leur généralité, des bordereaux exacts & bien calculés, du montant de leur recette, lesquels ils présenteront le lendemain

de la clôture du bureau, qui sera le premier jour de l'année, avec leurs registres, à Messieurs les Trésoriers de France, pour être par eux lesdits registres arrêtés en la manière accoutumée, ou à Messieurs les Intendans, dans les lieux où il n'y a point de Bureau des finances.

XXX.

APRÈS que leurs registres auront été arrêtés, ils les enverront à leurs cautions à Paris, & y joindront ceux du contrôle, avec les bordereaux de leurs recette & dépense, pièces justificatives d'icelles, le restant des blancs de quittances de prêt & d'annuel qui n'auront pas servi, ensemble toutes les autres pièces nécessaires pour dresser leurs comptes, afin qu'il puisse être incessamment procédé à la reddition d'iceux : ils enverront aussi un état par ordre alphabétique, de ceux qui auront payé le prêt & annuel.

XXXI.

LES commis auront soin de donner avis à M. Bertin Trésorier des revenus casuels, de la vacance des offices aussi-tôt qu'elle viendra à leur connoissance; savoir, de ceux dont les titulaires sont décédés sans avoir payé le prêt & annuel; de ceux dont les héritiers ou propriétaires n'ont point fait sceller de provisions dans l'espace de trente années à compter du jour du décès des derniers titulaires. L'article IV de la déclaration du 23 juillet 1758 déclare vacans ceux qui sont dans ce dernier cas, comme aussi tous les offices qui sont exercés sans provisions depuis le même temps, sans y être autorisés par leurs édits de création ou par des arrêts particuliers. Ils auront pareillement soin de donner avis de ceux qui auront été condamnés par des jugemens à des peines qui emportent confiscation de leurs offices, attendu qu'ils sont aussi dans le cas d'être taxés vacans, conformément à l'article VII de ladite déclaration.

BIBLIOTHÈQUE NATIONALE

A PARIS, DE L'IMPRIMERIE ROYALE. 1764.

MÉMOIRE

BIBLIOTHÈQUE IMPÉRIALE

Pour servir d'Instruction aux Commis à la Recette du Prêt & Droit annuel, pour l'année 1766, en exécution de la déclaration du 23 juillet 1758, portant continuation du Droit annuel pendant neuf années, qui ont commencé le premier janvier 1759, & finiront le dernier décembre 1767, & arrêt du Conseil du 5 juillet 1765.

PREMIÈREMENT.

LES Commis à la recette du Prêt & Droit annuel, chacun dans leur généralité, feront l'ouverture de leur bureau le premier Novembre 1765, jusques & compris le dernier Décembre ensuivant inclusivement; pendant lequel temps ils s'y trouveront assidûment tous les jours depuis huit heures du matin jusqu'à midi, & depuis deux heures jusqu'à six du soir.

II.

ILS feront apposer les affiches qui leur auront été envoyées, aux lieux accoutumés, comme aux portes du Bureau des finances, du Siége présidial, élection, grenier à sel, & autres endroits & places publiques; & en enverront dans toutes les villes de leur généralité, même dans celles où les offices sont à la nomination des Engagistes, afin que tous les officiers soient avertis de l'ouverture du bureau de ladite recette, & des dispositions dudit arrêt du Conseil du 5 juillet 1765.

III.

ILS recevront au payement du droit annuel seulement, & sans aucun prêt, les officiers qui y auront satisfait pour l'année 1765; & ceux qui sont omissionnaires des sept années d'annuel dûes en exécution de la déclaration du 23 juillet 1758, ils y seront reçus en payant lesdites sept années omises & la courante 1766, avec un tiers de prêt seulement, conformément à l'article III du susdit arrêt du 5 juillet 1765. A l'égard des officiers des présidiaux, sénéchaussées, bailliages, siéges royaux, prevôtés, juridictions royales, inférieures & de police, & autres faisant corps d'icelles, ils les recevront au payement desdits droits sur le pied de la moitié de leur évaluation, conformément aux arrêts du Conseil des 5 septembre 1758, 15 juillet 1759, 21 juin 1760, 1.er juillet 1762, 10 juillet 1763, 11 juin 1764 & 5 juillet 1765. Ils ne percevront cependant sur les officiers des présidiaux seulement, ledit droit de prêt, que sur le pied du sixième denier, faisant dix fois l'annuel.

I V.

Il se trouvera plusieurs officiers, comme receveurs des consignations, commissaires aux saisies réelles, greffiers, procureurs postulans, huissiers & sergens-royaux, qui prétendront être du corps des présidiaux, ou des autres siéges royaux ressortissant nuement ès Cours dans lesquelles ils ont été reçus & immatriculés, & sous ce prétexte ne devoir payer le prêt qu'au sixième denier; mais nonobstant ces prétentions, ils les recevront audit droit au cinquième & à l'annuel en entier, attendu qu'ils ne sont point du corps des officiers desdits siéges, non plus que les substituts, si aucuns y a en iceux, sujets auxdits droits.

V.

Les officiers des élections, greniers à sel des autres juridictions des gabelles & des maîtrises particulières des eaux & forêts, qui n'ont point fait en entier le rachat du prêt & annuel de leurs offices, en exécution des édits du mois de février 1745, ou qui n'ont fait aucun payement à compte dudit rachat, seront admis, conformément à la déclaration du 8 septembre 1752, au payement du prêt & annuel sur le pied de l'évaluation entière de leurs offices. A l'égard de ceux qui ont fait en entier le rachat desdits droits, ils ne les recevront point au payement du prêt & annuel, conformément à ladite déclaration du 23 juillet 1758.

V I.

Les commis recevront pareillement au payement du prêt & annuel, les pourvus d'offices de notaires garde-notes & tabellions royaux, de procureurs postulans, de premiers huissiers, d'huissiers-audienciers, & de sergens des cours, siéges & juridictions royales, de substituts des Procureurs du Roi desdits siéges & juridictions, ayant faculté de postuler, de jurés-priseurs-vendeurs de biens-meubles, & d'arpenteurs, dont les finances pour l'acquisition d'iceux, ont été payées depuis la déclaration du 8 septembre 1752; à l'effet de quoi ils se feront représenter les quittances de finance d'iceux, dans lesquelles il en aura été fait mention.

VII.

La plus grande partie des offices de notaires, procureurs, huiffiers & fergens, compris en l'article ci-deffus, ne fe trouvant pas évalués, les pourvus d'iceux feront reçus au payement du prêt & annuel en cas qu'ils ne fe trouvent pas nommément évalués; favoir, les notaires & les procureurs dans les bonnes villes, fur le pied de cinq cents trente-trois livres fix fols huit deniers d'évaluation chacun, faifant huit livres dix-fept fols neuf deniers d'annuel; de quatre cents livres dans les petites villes, faifant fix livres treize fols quatre deniers d'annuel; & pour les notaires dans les bourgs & villages, fur le pied de trois cents livres d'évaluation, faifant cinq livres d'annuel: Et à l'égard des fergens réfidens dans les fufdits lieux, fur le pied de deux cents foixante-fix livres treize fols quatre deniers d'évaluation, faifant quatre livres huit fols dix deniers d'annuel, & au prêt à proportion; à l'exception néanmoins des offices de notaires garde-notes en Normandie, dont les commis percevront lefdits droits fur le pied du tiers de leur finance, qui fervira d'évaluation.

VIII.

Ils obferveront auffi de ne point admettre au payement du prêt & annuel les pourvus d'offices de notaires, de procureurs poftulans, de premiers huiffiers, d'huiffiers-audienciers & de fergens des cours & juridictions royales, de fubftituts des Procureurs du Roi defdits fiéges & juridictions, ayant faculté de poftuler, de jurés-vendeurs-prifeurs de biens-meubles, & d'arpenteurs-royaux, qui ont payé l'hérédité accordée par les déclarations des 3 décembre 1743 & 12 janvier 1745, ou le tiers en fus ordonné par l'arrêt du Confeil du 5 feptembre 1751, & lettres patentes du même jour; ni ceux pourvus avant la déclaration du 8 feptembre 1752, qui n'ont pas payé lefdites taxes; les offices de ces derniers ayant été déclarés fupprimés au jour de leur décès par la déclaration du 13 octobre 1750, & par les arrêts du Confeil du 19 des mêmes mois & an & du 7 octobre 1752.

IX.

Les nouveaux pourvus d'offices vacans ou fur réfignation au quart denier, depuis la déclaration du 23 juillet 1758, qui n'ont point payé le prêt & annuel dans les deux mois de leurs provifions, doivent un tiers de prêt, & l'annuel des années depuis & comprife celle de la date de leurs provifions; ceux pourvus en l'année 1760 fur réfignation au huitième denier, qui n'ont point payé le prêt & annuel depuis, doivent un tiers de prêt & fix annuels; & ceux pourvus en 1761 & depuis, ils ne doivent que l'annuel depuis & compris celle de la date de leurs provisions, sans prêt.

X.

Les offices de police & autres créés héréditaires ou en survivance, & rendus depuis casuels par la déclaration du 9 août 1722, n'étant point évalués, ils prendront le tiers de leur finance pour servir d'évaluation, ainsi qu'il est porté par ladite déclaration du 9 août 1722: Et comme ce tiers de leur finance doit être tiré sur la principale & sur les autres payées depuis, tant pour augmentation de finance que pour offices réunis, ils feront représenter aux pourvus d'iceux leurs titres, à l'effet de tirer au juste le tiers de leur finance.

XI.

A l'égard des offices qui ont été créés sous le titre de domaniaux, de la finance desquels il est difficile aux titulaires de justifier, les commis s'en feront représenter les contrats d'acquisition, ou ceux qui auront été passés par les Commissaires députés pour l'aliénation des domaines de Sa Majesté, le tiers du prix desquels, ainsi que de ceux qui y ont été réunis, leur tiendra lieu d'évaluation, comme il est porté par l'article II de la déclaration du 23 juillet 1758. Et en cas que l'on ne puisse leur justifier d'aucuns titres, ils auront soin d'en dresser des mémoires, & de les adresser au bureau des revenus casuels, pour être statué sur leur évaluation.

XII.

Comme il y a plusieurs anciens offices non évalués, dont il est impossible de représenter les quittances de finance, les pourvus d'iceux seront reçus au payement du prêt & annuel, par proportion de pareils offices qui se trouveront l'être; ou en cas qu'ils aient des quittances d'annuel, sur le pied d'icelles depuis vingt années sans interruption, que les commis se feront représenter, ainsi qu'il est ordonné par l'arrêt du 29 août 1682: ce qui ne se doit entendre que des offices non évalués, car en cas qu'ils le soient, les quittances au-dessous de l'évaluation, de quelque temps qu'elles puissent être, ne doivent avoir lieu, à moins qu'il ne soit justifié par un rôle en bonne forme, ou par un arrêt, de la modération de l'évaluation.

XIII.

Ils recevront pareillement au payement du prêt & droit annuel, ceux qui exercent des offices en vertu de quittances de finance contrôlées, & qui sont dispensés de prendre des provisions par leurs édits de création,

ou par des arrêts du Conſeil; à l'exception de ceux qui ſont diſpenſés de payer leſdits droits par des arrêts particuliers, conformément à l'article VIII de la déclaration du 23 juillet 1758.

X I V.

Ils obſerveront de ne point recevoir le prêt & annuel pour les officiers décédés, en cas que leurs veuves, héritiers ou créanciers les vouluſſent payer, ou fiſſent faire des ſommations à cet effet, parce qu'il n'y a que les officiers vivans qui puiſſent être reçus à payer leſdits droits.

X V.

Les officiers des amirautés de Bretagne, ſeront reçus au payement du prêt & droit annuel ſur le pied de la moitié de leur finance, qui leur tiendra lieu d'évaluation, conformément à l'arrêt du Conſeil du 12 janvier 1692. Ils recevront auſſi au payement deſdits droits, les ſubſtituts des Procureurs du Roi, les procureurs poſtulans, huiſſiers & ſergens des amirautés de la même province, conformément à l'arrêt du Conſeil du 29 avril 1753.

X V I.

Les Receveurs des tailles & du taillon de la province de Languedoc, ſeront reçus à l'annuel de leurs offices, ſur le pied du ſoixantième denier des deux tiers ſeulement de leurs anciennes évaluations, & du prêt au cinquième, à proportion, ſuivant l'arrêt qui leur a été accordé à cet effet le 28 décembre 1723, confirmé par ceux des 19 août 1732, 3 décembre 1740, 7 ſeptembre 1749 & 5 ſeptembre 1758.

X V I I.

Les receveurs & contrôleurs des octrois & deniers patrimoniaux, ayant été ſupprimés, & rétablis par l'édit du mois de juin 1725, ils recevront les pourvus d'iceux au payement de l'annuel, ſur le pied du ſoixantième denier du cinquième de leur finance principale, qui doit former leur évaluation, & du prêt à proportion, ſuivant l'article XII dudit édit.

X V I I I.

Ils admettront au payement du prêt ſeulement, & à moitié ſi c'eſt office de nature à jouir de ce bénéfice, les officiers des domaines engagés, dont le prêt appartient au Roi, & l'annuel aux engagiſtes, leſquels engagiſtes ſeront tenus d'exécuter les articles IX, X & XI de la déclaration du 23 juillet 1758;

& en conséquence, lesdits engagistes ne pourront recevoir à l'annuel que les officiers dépendans de leurs domaines, qui justifieront avoir payé le prêt au Roi; & en cas que les engagistes voulussent exiger le droit annuel sur un pied plus fort que les évaluations faites aux revenus casuels de Sa Majesté, les commis recevront au payement dudit droit, & à moitié si c'est aussi office de nature à jouir de ce bénéfice, les officiers qui justifieront par un acte en bonne forme du refus fait par l'engagiste de les recevoir sur le pied desdites évaluations.

X I X.

ILS ne recevront plus les blancs de quittances des officiers des maréchaussées, pour comptant de leur prêt & annuel; & ils ne les admettront au payement de ces droits, qu'en argent comptant.

X X.

S'IL se présente en personne, en leur bureau, quelques officiers des autres généralités, pour y payer le prêt & droit annuel, les commis ne feront aucune difficulté de les y recevoir, en rapportant les pièces nécessaires pour y être admis, comme les précédentes quittances.

X X I.

ILS ne recevront point au payement du droit annuel, les officiers des Cours supérieures, mentionnés dans l'article XII de la déclaration du 23 juillet 1758, confirmés par icelle dans la survivance à eux accordée par l'édit du mois de décembre 1709, non plus que les officiers des pays d'Artois, Flandre, Haynault & Alsace, à l'égard desquels il en sera usé comme par le passé; à l'exception néanmoins des Receveurs généraux des finances, des Commissaires & Contrôleurs des guerres, des prevôts, lieutenans & autres officiers de maréchaussée qui exercent leurs fonctions dans lesdits pays, & qui ont toujours été assujettis au payement du prêt & annuel.

X X I I.

ILS n'admettront point non plus au payement du prêt & annuel les Présidens Trésoriers de France, Avocats, Procureurs du Roi, Greffiers en chef, & Chevaliers d'honneur des Bureaux des finances; le rachat desdits droits ayant été ordonné par les édits des mois de décembre 1743 & février 1745, qui accordent la survivance aux pourvus desdits offices.

X X I I I.

LES commis remettront les quittances à celui qui est commis au contrôle, pour les contrôler; & s'il arrive que quelques officiers jugent à propos d'en

rapporter quelques-unes, pour y augmenter ou diminuer, ſelon leurs titres & qualités, ou autres raiſons, ils ne les reprendront point en cas qu'elles aient été contrôlées, qu'au préalable elles n'aient été déchargées du contrôle, & qu'il n'ait été fait mention par les commis au contrôle, au bas de l'enregiſtrement d'icelles, de ladite décharge, & de la raiſon pour laquelle elle aura été faite, qui ſera datée & ſignée dudit commis; auquel cas, le commis à la recette pourra expédier une nouvelle quittance ſous les titres requis, la porter de nouveau ſur ſon regiſtre, & rayer l'ampliation de celle qui aura été précédemment expédiée, en faiſant une mention ſommaire en marge, de la raiſon pour laquelle elle aura été rayée & déchargée du contrôle.

XXIV.

S'IL arrive quelque difficulté qui n'aura pas été prévue, les commis en donneront avis, & cependant ils recevront & chargeront leurs regiſtres d'ampliations; en ſorte que les officiers ne demeurent point en ſuſpens, & ne courent aucun riſque dans leurs offices, ſauf à y être pourvu l'année ſuivante en connoiſſance de cauſe: Et comme quelques officiers leur pourroient faire ſignifier des actes concernant leurs prétentions, ils les recevront ſans y faire aucune réponſe verbale, ni par écrit, & les enverront inceſſamment au bureau de Paris, pour y être pourvu.

XXV.

LES commis donneront avis de l'état de leur recette, tous les huit jours, en attendant les ordres qui leur ſeront envoyés pour la remiſe d'icelle.

XXVI.

ILS feront, chacun en leur généralité, des bordereaux exacts & bien calculés, du montant de leur recette, leſquels ils préſenteront le lendemain de la clôture du bureau, qui ſera le premier jour de l'année, avec leurs regiſtres, à Meſſieurs les Tréſoriers de France, pour être par eux leſdits regiſtres arrêtés en la manière accoutumée, ou à Meſſieurs les Intendans, dans les lieux où il n'y a point de Bureau des finances.

XXVII.

APRÈS que leurs regiſtres auront été arrêtés, ils les enverront à leurs cautions à Paris, & y joindront ceux du contrôle, avec les bordereaux de leurs recette & dépenſe, pièces juſtificatives d'icelles, le reſtant des blancs de quittances de prêt & d'annuel qui n'auront pas ſervi, enſemble toutes les autres pièces néceſſaires pour dreſſer leurs comptes, afin qu'il

puiſſe être inceſſamment procédé à la reddition d'iceux : ils enverront auſſi un état par ordre alphabétique, de ceux qui auront payé le prêt & annuel.

XXVIII.

Les commis auront ſoin de donner avis à M. Bertin Tréſorier des revenus caſuels, de la vacance des offices auſſi-tôt qu'elle viendra à leur connoiſſance; ſavoir, de ceux dont les titulaires ſont décédés ſans avoir payé le prêt & annuel; de ceux dont les héritiers ou propriétaires n'ont point fait ſceller de proviſions dans l'eſpace de trente années à compter du jour du décès des derniers titulaires. L'article IV de la déclaration du 23 juillet 1758 déclare vacans ceux qui ſont dans ce dernier cas, comme auſſi tous les offices qui ſont exercés ſans proviſions depuis le même temps, ſans y être autoriſés par leurs édits de création ou par des arrêts particuliers. Ils auront pareillement ſoin de donner avis de ceux qui auront été condamnés par des jugemens à des peines qui emportent confiſcation de leurs offices, attendu qu'ils ſont auſſi dans le cas d'être taxés vacans, conformément à l'article VII de ladite déclaration.

A PARIS, DE L'IMPRIMERIE ROYALE. 1765.

MÉMOIRE

Pour servir d'Instruction aux Commis à la Recette du Prêt & Droit annuel, pour l'année 1767, en exécution de la déclaration du 23 juillet 1758, portant continuation du Droit annuel pendant neuf années, qui ont commencé le premier janvier 1759, & finiront le dernier décembre 1767, & arrêt du Conseil du 7 juillet 1766.

PREMIÈREMENT.

LES Commis à la recette du Prêt & Droit annuel, chacun dans leur généralité, feront l'ouverture de leur bureau le premier Novembre 1765, jusques & compris le dernier Décembre ensuivant inclusivement; pendant lequel temps ils s'y trouveront assidûment tous les jours depuis huit heures du matin jusqu'à midi, & depuis deux heures jusqu'à six du soir.

II.

ILS feront apposer les affiches qui leur auront été envoyées, aux lieux accoutumés, comme aux portes du Bureau des finances, du Siége présidial, élection, grenier à sel, & autres endroits & places publiques; & en enverront dans toutes les villes de leur généralité, même dans celles où les offices sont à la nomination des Engagistes, afin que tous les officiers soient avertis de l'ouverture du bureau de ladite recette, & des dispositions dudit arrêt du Conseil du 7 juillet 1766.

III.

ILS recevront au payement du droit annuel seulement, & sans aucun prêt, les officiers qui y auront satisfait pour l'année 1766; & ceux qui sont omissionnaires des huit années d'annuel dûes en exécution de la déclaration du 23 juillet 1758, ils y seront reçus en payant lesdites huit années omises & la courante 1767, avec un tiers de prêt seulement, conformément à l'article III du susdit arrêt du 7 juillet 1766. A l'égard des officiers des présidiaux, sénéchaussées, bailliages, siéges royaux, prevôtés, juridictions royales, inférieures & de police, & autres faisant corps d'icelles, ils les recevront au payement desdits droits sur le pied de la moitié de leur évaluation, conformément aux arrêts du Conseil des 5 septembre 1758, 15 juillet 1759, 21 juin 1760, 1.er juillet 1762, 10 juillet 1763, 11 juin 1764, 5 juillet 1765 & 7 juillet 1766. Ils ne percevront cependant sur les officiers des présidiaux seulement, ledit droit de prêt, que sur le pied du sixième denier, faisant dix fois l'annuel.

IV.

IL se trouvera plusieurs officiers, comme receveurs des consignations, commissaires aux saisies réelles, greffiers, procureurs postulans, huissiers & sergens-royaux, qui prétendront être du corps des présidiaux, ou des autres siéges royaux ressortissant nuement ès Cours dans lesquelles ils ont été reçus & immatriculés, & sous ce prétexte ne devoir payer le prêt qu'au sixième denier; mais nonobstant ces prétentions, ils les recevront audit droit au cinquième & à l'annuel en entier, attendu qu'ils ne sont point du corps des officiers desdits siéges, non plus que les substituts, si aucuns y a en iceux, sujets auxdits droits.

V.

LES officiers des élections, greniers à sel des autres juridictions des gabelles & des maîtrises particulières des eaux & forêts, qui n'ont point fait en entier le rachat du prêt & annuel de leurs offices, en exécution des édits du mois de février 1745, seront admis, conformément à la déclaration du 8 septembre 1752, au payement du prêt & annuel sur le pied de l'évaluation entière de leurs offices. A l'égard de ceux qui ont fait en entier le rachat desdits droits, ils ne les recevront point au payement du prêt & annuel, conformément à ladite déclaration du 23 juillet 1758.

VI.

LES commis recevront pareillement au payement du prêt & annuel, les pourvus d'offices de notaires garde-notes & tabellions royaux, de procureurs postulans, de premiers huissiers, d'huissiers-audienciers, & de sergens des cours, siéges & juridictions royales, de substituts des Procureurs du Roi desdits siéges & juridictions, ayant faculté de postuler, de jurés-priseurs-vendeurs de biens-meubles, & d'arpenteurs, dont les finances pour l'acquisition d'iceux, ont été payées depuis la déclaration du 8 septembre 1752; à l'effet de quoi ils se feront représenter les quittances de finance d'iceux, dans lesquelles il en aura été fait mention.

VII.

La plus grande partie des offices de notaires, procureurs, huissiers & sergens, compris en l'article ci-dessus, ne se trouvant pas évalués, les pourvus d'iceux seront reçus au payement du prêt & annuel en cas qu'ils ne se trouvent pas nommément évalués ; savoir, les notaires & les procureurs dans les bonnes villes, sur le pied de cinq cents trente-trois livres six sols huit deniers d'évaluation chacun, faisant huit livres dix-sept sols neuf deniers d'annuel ; de quatre cents livres dans les petites villes, faisant six livres treize sols quatre deniers d'annuel ; & pour les notaires dans les bourgs & villages, sur le pied de trois cents livres d'évaluation, faisant cinq livres d'annuel : Et à l'égard des sergens résidens dans les susdits lieux, sur le pied de deux cents soixante-six livres treize sols quatre deniers d'évaluation, faisant quatre livres huit sols dix deniers d'annuel, & au prêt à proportion ; à l'exception néanmoins des offices de notaires garde-notes en Normandie, dont les commis percevront lesdits droits sur le pied du tiers de leur finance, qui servira d'évaluation.

VIII.

Ils observeront aussi de ne point admettre au payement du prêt & annuel les pourvus d'offices de notaires, de procureurs postulans, de premiers huissiers, d'huissiers-audienciers & de sergens des cours & juridictions royales, de substituts des Procureurs du Roi desdits siéges & juridictions, ayant faculté de postuler, de jurés-vendeurs-priseurs de biens-meubles, & d'arpenteurs-royaux, qui ont payé l'hérédité accordée par les déclarations des 3 décembre 1743 & 12 janvier 1745, ou le tiers en sus ordonné par l'arrêt du Conseil du 5 septembre 1751, & lettres patentes du même jour ; ni ceux pourvus avant la déclaration du 8 septembre 1752, qui n'ont pas payé lesdites taxes ; les offices de ces derniers ayant été déclarés supprimés au jour de leur décès par la déclaration du 13 octobre 1750, & par les arrêts du Conseil du 19 des mêmes mois & an & du 7 octobre 1752.

IX.

Les nouveaux pourvus d'offices vacans ou sur résignation au quart denier, depuis la déclaration du 23 juillet 1758, qui n'ont point payé le prêt & annuel dans les deux mois de leurs provisions, doivent un tiers de prêt, & l'annuel des années depuis & comprise celle de la date de leurs provisions ; ceux pourvus en l'année 1760 sur résignation au huitième denier, qui n'ont point payé le prêt & annuel depuis, doivent aussi un tiers de prêt & huit annuels ; & ceux pourvus en 1761 & depuis, ils ne doivent que l'annuel depuis & compris celle de la date de leurs provisions, sans prêt.

X.

Les offices de police & autres créés héréditaires ou en survivance, & rendus depuis casuels par la déclaration du 9 août 1722, n'étant point évalués, ils prendront le tiers de leur finance pour servir d'évaluation, ainsi qu'il est porté par ladite déclaration du 9 août 1722: Et comme ce tiers de leur finance doit être tiré sur la principale & sur les autres payées depuis, tant pour augmentation de finance que pour offices réunis, ils feront représenter aux pourvus d'iceux leurs titres, à l'effet de tirer au juste le tiers de leur finance.

X I.

A l'égard des offices qui ont été créés sous le titre de domaniaux, de la finance desquels il est difficile aux titulaires de justifier, les commis s'en feront représenter les contrats d'acquisition, ou ceux qui auront été passés par les Commissaires députés pour l'aliénation des domaines de Sa Majesté; le tiers du prix desquels, ainsi que de ceux qui y ont été réunis, leur tiendra lieu d'évaluation, comme il est porté par l'article II de la déclaration du 23 juillet 1758. Et en cas que l'on ne puisse leur justifier d'aucuns titres, ils auront soin d'en dresser des mémoires, & de les adresser au bureau des revenus casuels, pour être statué sur leur évaluation.

X I I.

Comme il y a plusieurs anciens offices non évalués, dont il est impossible de représenter les quittances de finance, les pourvus d'iceux seront reçus au payement du prêt & annuel, par proportion de pareils offices qui se trouveront l'être; ou en cas qu'ils aient des quittances d'annuel, sur le pied d'icelles depuis vingt années sans interruption, que les commis se feront représenter, ainsi qu'il est ordonné par l'arrêt du 29 août 1682: ce qui ne se doit entendre que des offices non évalués, car en cas qu'ils le soient, les quittances au-dessous de l'évaluation, de quelque temps qu'elles puissent être, ne doivent avoir lieu, à moins qu'il ne soit justifié par un rôle en bonne forme, ou par un arrêt, de la modération de l'évaluation.

X I I I.

Ils recevront pareillement au payement du prêt & droit annuel, ceux qui exercent des offices en vertu de quittances de finance contrôlées, & qui sont dispensés de prendre des provisions par leurs édits de création,

ou par des arrêts du Conseil; à l'exception de ceux qui sont dispensés de payer lesdits droits par des arrêts particuliers, conformément à l'article VIII de la déclaration du 23 juillet 1758.

X I V.

Ils observeront de ne point recevoir le prêt & annuel pour les officiers décédés, en cas que leurs veuves, héritiers ou créanciers les voulussent payer, ou fissent faire des sommations à cet effet, parce qu'il n'y a que les officiers vivans qui puissent être reçus à payer lesdits droits.

X V.

Les officiers des amirautés de Bretagne, seront reçus au payement du prêt & droit annuel sur le pied de la moitié de leur finance, qui leur tiendra lieu d'évaluation, conformément à l'arrêt du Conseil du 12 janvier 1692. Ils recevront aussi au payement desdits droits, les substituts des Procureurs du Roi, les procureurs postulans, huissiers & sergens des amirautés de la même province, conformément à l'arrêt du Conseil du 29 avril 1753.

X V I.

Les Receveurs des tailles & du taillon de la province de Languedoc, seront reçus à l'annuel de leurs offices, sur le pied du soixantième denier des deux tiers seulement de leurs anciennes évaluations, & du prêt au cinquième, à proportion, suivant l'arrêt qui leur a été accordé à cet effet le 28 décembre 1723, confirmé par ceux des 19 août 1732, 3 décembre 1740, 7 septembre 1749 & 5 septembre 1758.

X V I I.

Les receveurs & contrôleurs des octrois & deniers patrimoniaux, ayant été supprimés, & rétablis par l'édit du mois de juin 1725, ils recevront les pourvus d'iceux au payement de l'annuel, sur le pied du soixantième denier du cinquième de leur finance principale, qui doit former leur évaluation, & du prêt à proportion, suivant l'article XII dudit édit.

X V I I I.

Ils admettront au payement du prêt seulement, & à moitié si c'est office de nature à jouir de ce bénéfice, les officiers des domaines engagés, dont le prêt appartient au Roi, & l'annuel aux engagistes, lesquels engagistes seront tenus d'exécuter les articles IX, X & XI de la déclaration du 23 juillet 1758;

& en conséquence, lesdits engagistes ne pourront recevoir à l'annuel que les officiers dépendans de leurs domaines, qui justifieront avoir payé le prêt au Roi; & en cas que les engagistes voulussent exiger le droit annuel sur un pied plus fort que les évaluations faites aux revenus casuels de Sa Majesté, les commis recevront au payement dudit droit, & à moitié si c'est aussi office de nature à jouir de ce bénéfice, les officiers qui justifieront par un acte en bonne forme du refus fait par l'engagiste de les recevoir sur le pied desdites évaluations.

XIX.

ILS ne recevront plus les blancs de quittances des officiers des maréchaussées, pour comptant de leur prêt & annuel; & ils ne les admettront au payement de ces droits, qu'en argent comptant.

XX.

S'IL se présente en personne, en leur bureau, quelques officiers des autres généralités, pour y payer le prêt & droit annuel, les commis ne feront aucune difficulté de les y recevoir, en rapportant les pièces nécessaires pour y être admis, comme les précédentes quittances.

XXI.

ILS ne recevront point au payement du droit annuel, les officiers des Cours supérieures, mentionnés dans l'article XII de la déclaration du 23 juillet 1758, confirmés par icelle dans la survivance à eux accordée par l'édit du mois de décembre 1709, non plus que les officiers des pays d'Artois, Flandre, Haynault & Alsace, à l'égard desquels il en sera usé comme par le passé; à l'exception néanmoins des Receveurs généraux des finances, des Commissaires & Contrôleurs des guerres, des prevôts, lieutenans & autres officiers de maréchaussée qui exercent leurs fonctions dans lesdits pays, & qui ont toujours été assujettis au payement du prêt & annuel.

XXII.

ILS n'admettront point non plus au payement du prêt & annuel les Présidens Trésoriers de France, Avocats, Procureurs du Roi, Greffiers en chef, & Chevaliers d'honneur des Bureaux des finances; le rachat desdits droits ayant été ordonné par les édits des mois de décembre 1743 & février 1745, qui accordent la survivance aux pourvus desdits offices.

XXIII.

LES commis remettront les quittances à celui qui est commis au contrôle, pour les contrôler; & s'il arrive que quelques officiers jugent à propos d'en

rapporter quelques unes, pour y augmenter ou diminuer, selon leurs titres & qualités, ou autres raisons, ils ne les reprendront point en cas qu'elles aient été contrôlées, qu'au préalable elles n'aient été déchargées du contrôle, & qu'il n'ait été fait mention par les commis au contrôle, au bas de l'enregistrement d'icelles, de ladite décharge, & de la raison pour laquelle elle aura été faite, qui sera datée & signée dudit commis; auquel cas, le commis à la recette pourra expédier une nouvelle quittance sous les titres requis, la porter de nouveau sur son registre, & rayer l'ampliation de celle qui aura été précédemment expédiée, en faisant une mention sommaire en marge, de la raison pour laquelle elle aura été rayée & déchargée du contrôle.

XXIV.

S'IL arrive quelque difficulté qui n'aura pas été prévue, les commis en donneront avis, & cependant ils recevront & chargeront leurs registres d'ampliations; en sorte que les officiers ne demeurent point en suspens, & ne courent aucun risque dans leurs offices, sauf à y être pourvu l'année suivante en connoissance de cause: Et comme quelques officiers leur pourroient faire signifier des actes concernant leurs prétentions, ils les recevront sans y faire aucune réponse verbale, ni par écrit, & les enverront incessamment au bureau de Paris, pour y être pourvu.

XXV.

LES commis donneront avis de l'état de leur recette, tous les huit jours, en attendant les ordres qui leur seront envoyés pour la remise d'icelle.

XXVI.

ILS feront, chacun en leur généralité, des bordereaux exacts & bien calculés, du montant de leur recette, lesquels ils présenteront le lendemain de la clôture du bureau, qui sera le premier jour de l'année, avec leurs registres, à Messieurs les Trésoriers de France, pour être par eux lesdits registres arrêtés en la manière accoutumée, ou à Messieurs les Intendans, dans les lieux où il n'y a point de Bureau des finances.

XXVII.

APRÈS que leurs registres auront été arrêtés, ils les enverront à leurs cautions à Paris, & y joindront ceux du contrôle, avec les bordereaux de leurs recette & dépense, pièces justificatives d'icelles, le restant des blancs de quittances de prêt & d'annuel qui n'auront pas servi, ensemble toutes les autres pièces nécessaires pour dresser leurs comptes, afin qu'il

puiſſe être inceſſamment procédé à la reddition d'iceux : ils enverront auſſi un état par ordre alphabétique, de ceux qui auront payé le prêt & annuel.

XXVIII.

LES commis auront ſoin de donner avis à M. Bertin Tréſorier des revenus caſuels, de la vacance des offices au profit du Roi, auſſi-tôt qu'elle viendra à leur connoiſſance; ſavoir, de ceux dont les titulaires ſont décédés ſans avoir payé le prêt & annuel; de ceux dont les héritiers ou propriétaires n'ont point fait ſceller de proviſions dans l'eſpace de trente années à compter du jour du décès des derniers titulaires. L'article IV de la déclaration du 23 juillet 1758, déclare vacans ceux qui ſont dans ce dernier cas, comme auſſi tous les offices qui ſont exercés ſans proviſions depuis le même temps, ſans y être autoriſés par leurs édits de création ou par des arrêts particuliers. Ils auront pareillement ſoin de donner avis de ceux qui auront été condamnés par des jugemens à des peines qui emportent confiſcation de leurs offices, attendu qu'ils ſont auſſi dans le cas d'être taxés vacans, conformément à l'article VII de ladite déclaration.

BIBLIOTHEQUE IMPERIALE

A PARIS, DE L'IMPRIMERIE ROYALE. 1766.

[library stamp]

MÉMOIRE

Pour servir d'Instruction aux Commis à la Recette du Prêt & Droit annuel, pour l'année 1768, en exécution de la déclaration du 23 juillet 1767, portant continuation du Droit annuel pendant neuf années, qui commenceront le premier Janvier 1768, & finiront le dernier Décembre 1776.

PREMIÈREMENT.

LES Commis à la recette du Prêt & Droit annuel, chacun dans leur généralité, feront l'ouverture de leur bureau le premier Novembre 1767, jusques & compris le dernier Décembre ensuivant inclusivement; pendant lequel temps ils s'y trouveront assidûment tous les jours depuis huit heures du matin jusqu'à midi, & depuis deux heures jusqu'à six du soir.

II.

ILS feront apposer les affiches qui leur auront été envoyées, aux lieux accoutumés, comme aux portes du Bureau des finances, du Siége présidial, élection, grenier à sel, & autres endroits & places publiques; & en enverront dans toutes les villes de leur généralité, même dans celles où les offices sont à la nomination des Engagistes, afin que tous les officiers soient avertis de l'ouverture du bureau de ladite recette, & des dispositions de ladite déclaration du 23 juillet 1767.

III.

ILS recevront au payement du prêt & annuel les officiers qui y sont sujets, en payant par eux un tiers du prêt, sur le pied du cinquième denier de leur évaluation, faisant douze fois l'annuel; & le droit annuel sur le pied du soixantième. A l'égard des officiers des présidiaux, sénéchaussées, bailliages, siéges royaux, prevôtés, juridictions royales, inférieures & de police, & autres faisant corps d'icelles, ils les recevront au payement du droit annuel sur le pied de la moitié de leur évaluation, & au prêt à proportion, conformément à l'arrêt du Conseil du 1.er septembre 1767. Ils ne percevront cependant sur les officiers des présidiaux seulement, ledit droit de prêt, que sur le pied du sixième denier, faisant dix fois l'annuel.

I V.

Il se trouvera plusieurs officiers, comme receveurs des consignations, commissaires aux saisies réelles, greffiers, procureurs postulans, huissiers & sergens-royaux, qui prétendront être du corps des présidiaux, ou des autres siéges royaux ressortissant nuement ès Cours dans lesquelles ils ont été reçus & immatriculés, & sous ce prétexte ne devoir payer le prêt qu'au sixième denier; mais nonobstant ces prétentions, ils les recevront audit droit au cinquième & à l'annuel en entier, attendu qu'ils ne sont point du corps des officiers desdits siéges, non plus que les substituts, si aucuns y a en iceux, sujets auxdits droits.

V.

Les officiers des élections, greniers à sel des autres juridictions des gabelles & des maîtrises particulières des eaux & forêts, qui n'ont point fait en entier le rachat du prêt & annuel de leurs offices, en exécution des édits du mois de février 1745, ou qui n'ont fait aucun payement à compte dudit rachat, seront admis, conformément à la déclaration du 8 septembre 1752, au payement du prêt & annuel sur le pied de l'évaluation entière de leurs offices. A l'égard de ceux qui ont fait en entier le rachat desdits droits, ils ne les recevront point au payement du prêt & annuel.

V I.

Les commis recevront pareillement au payement du prêt & annuel, les pourvus d'offices de notaires garde-notes & tabellions royaux, de procureurs postulans, de premiers huissiers, d'huissiers-audienciers, & de sergens des cours, siéges & juridictions royales, de substituts des Procureurs du Roi desdits siéges & juridictions, ayant faculté de postuler, de jurés-priseurs-vendeurs de biens-meubles, & d'arpenteurs, dont les finances pour l'acquisition d'iceux, ont été payées depuis la déclaration du 8 septembre 1752; à l'effet de quoi ils se feront représenter les quittances de finance d'iceux, dans lesquelles il en aura été fait mention.

V I I.

La plus grande partie des offices de notaires, procureurs, huissiers & sergens, compris en l'article ci-dessus, ne se trouvant pas évalués, les pourvus d'iceux seront reçus au payement du prêt & annuel en cas qu'ils ne se trouvent pas nommément évalués; savoir, les notaires & les procureurs dans les bonnes villes, sur le pied de cinq cents trente-trois livres six sous huit deniers d'évaluation chacun, faisant huit livres dix-sept sous neuf deniers d'annuel; de quatre cents livres dans les petites villes, faisant six livres treize sous quatre deniers d'annuel; & pour les notaires dans les bourgs & villages, sur le pied de trois cents livres d'évaluation, faisant cinq livres d'annuel: Et à l'égard des sergens résidens dans les susdits lieux, sur le pied de deux cents soixante-six livres treize sous quatre deniers d'évaluation, faisant quatre livres huit sous dix deniers d'annuel, & au prêt à proportion; à l'exception néanmoins des offices de notaires garde-notes en Normandie, dont les commis percevront lesdits droits sur le pied du tiers de leur finance, qui servira d'évaluation.

VIII.

ILS observeront aussi de ne point admettre au payement du prêt & annuel les pourvus d'offices de notaires, de procureurs postulans, de premiers huissiers, d'huissiers-audienciers & de sergens des cours & juridictions royales, de substituts des Procureurs du Roi desdits siéges & juridictions, ayant faculté de postuler, de jurés-vendeurs-priseurs de biens-meubles, & d'arpenteurs-royaux, qui ont payé l'hérédité accordée par les déclarations des 3 décembre 1743 & 12 janvier 1745, ou le tiers en sus ordonné par l'arrêt du Conseil du 5 septembre 1751, & lettres patentes du même jour; ni ceux pourvus avant la déclaration du 8 septembre 1752, qui n'ont pas payé lesdites taxes; les offices de ces derniers ayant été déclarés supprimés au jour de leur décès par la déclaration du 13 octobre 1750, & par les arrêts du Conseil du 19 des mêmes mois & an & du 7 octobre 1752.

IX.

LES nouveaux pourvus d'offices levés vacans ou sur résignation au quart denier, dont les deux mois de leurs provisions tomberont en novembre ou décembre prochain, seront tenus, s'ils ne veulent courir aucun risque, de payer un annuel & un tiers de prêt pour l'année 1767, & un annuel & un tiers de prêt pour l'année 1768, pourvu qu'ils soient dans les deux mois de la date de leur provision; & ceux sur résignation au huitième denier, deux annuels & un tiers de prêt seulement; & si lors desdits payemens les deux mois de la date de leur provision étoient expirés, ils ne devront que l'annuel pour 1768 & un tiers de prêt seulement; mais en cas qu'ils viennent à décéder avant le premier janvier 1768, leurs offices seront vacans, faute d'avoir payé dans les deux mois de leur provision pour l'année 1767.

X.

Les offices de police & autres créés héréditaires ou en survivance, & rendus depuis casuels par la déclaration du 9 août 1722, n'étant point évalués, ils prendront le tiers de leur finance pour servir d'évaluation, ainsi qu'il est porté par ladite déclaration du 9 août 1722: Et comme ce tiers de leur finance doit être tiré sur la principale & sur les autres payées depuis, tant pour augmentation de finance que pour offices réunis, ils feront représenter aux pourvus d'iceux leurs titres, à l'effet de tirer au juste le tiers de leur finance.

X I.

A l'égard des offices qui ont été créés sous le titre de domaniaux, de la finance desquels il est difficile aux titulaires de justifier, les commis s'en feront représenter les contrats d'acquisition, ou ceux qui auront été passés par les Commissaires députés pour l'aliénation des domaines de Sa Majesté; le tiers du prix desquels, ainsi que de ceux qui y ont été réunis, leur tiendra lieu d'évaluation, comme il est porté par l'article II de la déclaration du 23 juillet 1767. Et en cas que l'on ne puisse leur justifier d'aucuns titres, ils auront soin d'en dresser des mémoires, & de les adresser au bureau des revenus casuels, pour être statué sur leur évaluation.

X I I.

Comme il y a plusieurs anciens offices non évalués, dont il est impossible de représenter les quittances de finance, les pourvus d'iceux seront reçus au payement du prêt & annuel, par proportion de pareils offices qui se trouveront l'être; ou en cas qu'ils aient des quittances d'annuel, sur le pied d'icelles depuis vingt années sans interruption, que les commis se feront représenter, ainsi qu'il est ordonné par l'arrêt du 29 août 1682 : ce qui ne se doit entendre que des offices non évalués, car en cas qu'ils le soient, les quittances au-dessous de l'évaluation, de quelque temps qu'elles puissent être, ne doivent avoir lieu, à moins qu'il ne soit justifié par un rôle en bonne forme, ou par un arrêt, de la modération de l'évaluation.

X I I I.

Ils recevront pareillement au payement du prêt & droit annuel, ceux qui exercent des offices en vertu de quittances de finance contrôlées, & qui sont dispensés de prendre des provisions par leurs édits de création,

ou par des arrêts du Conseil ; à l'exception de ceux qui sont dispensés de payer lesdits droits par des arrêts particuliers, conformément à l'article VIII de la déclaration du 23 juillet 1767.

XIV.

ILS observeront de ne point recevoir le prêt & annuel pour les officiers décédés, en cas que leurs veuves, héritiers ou créanciers les voulussent payer, ou fissent faire des sommations à cet effet, parce qu'il n'y a que les officiers vivans qui puissent être reçus à payer lesdits droits.

XV.

LES officiers des amirautés de Bretagne, seront reçus au payement du prêt & droit annuel sur le pied de la moitié de leur finance, qui leur tiendra lieu d'évaluation, conformément à l'arrêt du Conseil du 12 janvier 1692. Ils recevront aussi au payement desdits droits, les substituts des Procureurs du Roi, les procureurs postulans, huissiers & sergens des amirautés de la même province, conformément à l'arrêt du Conseil du 29 avril 1753.

XVI.

LES Receveurs des tailles & du taillon y réuni par édit du mois de mai 1758, de la province de Languedoc, seront reçus à l'annuel de leurs offices, sur le pied du soixantième denier des deux tiers seulement de leurs anciennes évaluations, & du prêt au cinquième, à proportion, suivant l'arrêt qui leur a été accordé à cet effet le 28 décembre 1723, confirmé par ceux des 19 août 1732, 3 décembre 1740, 7 septembre 1749, 5 septembre 1758 & 1.er septembre 1767.

XVII.

ILS admettront au payement du prêt seulement, & à moitié si c'est office de nature à jouir de ce bénéfice, les officiers des domaines engagés, dont le prêt appartient au Roi, & l'annuel aux engagistes, lesquels engagistes seront tenus d'exécuter les articles IX, X & XI de la déclaration du 23 juillet 1767; & en conséquence, lesdits engagistes ne pourront recevoir à l'annuel que les officiers dépendans de leurs domaines, qui justifieront avoir payé le prêt au Roi ; & en cas que les engagistes voulussent exiger le droit annuel sur un pied plus fort que les évaluations faites aux revenus casuels de Sa Majesté, les commis recevront au payement dudit droit, & à moitié si c'est aussi office de nature à jouir de ce bénéfice, les officiers qui justifieront par un acte en bonne forme du refus fait par l'engagiste de les recevoir sur le pied desdites évaluations.

XVIII.

ILS recevront les blancs de quittances des officiers des maréchaussées, pour comptant de leur prêt & annuel, & leur feront endosser lesdits blancs de leurs véritables noms & surnoms; la plusspart de ceux fournis pour les années précédentes, ayant été renvoyés sur les lieux pour être réformés, à cause qu'ils n'avoient été remplis que du surnom de seigneurie, & non des véritables noms de baptême & surnom de famille.

XIX.

S'IL se présente en personne, en leur bureau, quelques officiers des autres généralités, pour y payer le prêt & droit annuel, les commis ne feront aucune difficulté de les y recevoir, en rapportant les pièces nécessaires pour y être admis, comme les précédentes quittances.

XX.

ILS ne recevront point au payement du droit annuel, les officiers des Cours supérieures, mentionnés dans l'article XII de la déclaration du 23 juillet 1767, confirmés par icelle dans la survivance à eux accordée par l'édit du mois de décembre 1709, non plus que les officiers des pays d'Artois, Flandre, Haynault & Alsace, à l'égard desquels il en sera usé comme par le passé; à l'exception néanmoins des Receveurs généraux des finances, des Commissaires & Contrôleurs des guerres, des prevôts, lieutenans & autres officiers de maréchaussée qui exercent leurs fonctions dans lesdits pays, & qui ont toujours été assujettis au payement du prêt & annuel.

XXI.

ILS n'admettront point non plus au payement du prêt & annuel les Présidens Trésoriers de France, Avocats, Procureurs du Roi, Greffiers en chef, & Chevaliers d'honneur des Bureaux des finances; le rachat desdits droits ayant été ordonné par les édits des mois de décembre 1743 & février 1745, qui accordent la survivance aux pourvus desdits offices.

XXII.

LES commis remettront les quittances à celui qui est commis au contrôle, pour les contrôler; & s'il arrive que quelques officiers jugent à propos d'en

rapporter quelques-unes, pour y augmenter ou diminuer, selon leurs titres & qualités, ou autres raisons, ils ne les reprendront point en cas qu'elles aient été contrôlées, qu'au préalable elles n'aient été déchargées du contrôle, & qu'il n'ait été fait mention par les commis au contrôle, au bas de l'enregistrement d'icelles, de ladite décharge, & de la raison pour laquelle elle aura été faite, qui sera datée & signée dudit commis; auquel cas, le commis à la recette pourra expédier une nouvelle quittance sous les titres requis, la porter de nouveau sur son registre, & rayer l'ampliation de celle qui aura été précédemment expédiée, en faisant une mention sommaire en marge, de la raison pour laquelle elle aura été rayée & déchargée du contrôle.

XXIII.

S'IL arrive quelque difficulté qui n'aura pas été prévue, les commis en donneront avis, & cependant ils recevront & chargeront leurs registres d'ampliations; en sorte que les officiers ne demeurent point en suspens, & ne courent aucun risque dans leurs offices, sauf à y être pourvu l'année suivante en connoissance de cause: Et comme quelques officiers leur pourroient faire signifier des actes concernant leurs prétentions, ils les recevront sans y faire aucune réponse verbale, ni par écrit, & les enverront incessamment au bureau de Paris, pour y être pourvu.

XXIV.

LES commis donneront avis de l'état de leur recette, tous les huit jours, en attendant les ordres qui leur seront envoyés pour la remise d'icelle.

XXV.

ILS feront, chacun en leur généralité, des bordereaux exacts & bien calculés, du montant de leur recette, lesquels ils présenteront le lendemain de la clôture du bureau, qui sera le premier jour de l'année, avec leurs registres, à Messieurs les Trésoriers de France, pour être par eux lesdits registres arrêtés en la manière accoutumée, ou à Messieurs les Intendans, dans les lieux où il n'y a point de Bureau des finances.

XXVI.

APRÈS que leurs registres auront été arrêtés, ils les enverront à leurs cautions à Paris, & y joindront ceux du contrôle, avec les bordereaux de leurs recette & dépense, pièces justificatives d'icelles, le restant des blancs de quittances de prêt & d'annuel qui n'auront pas servi, ensemble toutes les autres pièces nécessaires pour dresser leurs comptes, afin qu'il

puiſſe être inceſſamment procédé à la reddition d'iceux : ils enverront auſſi un état par ordre alphabétique, de ceux qui auront payé le prêt & annuel.

XXVII.

Les commis auront ſoin de donner avis à M. Bertin, Tréſorier des revenus caſuels, de la vacance des offices, auſſi-tôt qu'elle viendra à leur connoiſſance; ſavoir, de ceux dont les titulaires ſont décédés ſans avoir payé le prêt & annuel; de ceux dont les héritiers ou propriétaires n'ont point fait ſceller de proviſions dans l'eſpace de trente années à compter du jour du décès des derniers titulaires. L'article IV de la déclaration du 23 juillet 1767, déclare vacans ceux qui ſont dans ce dernier cas, comme auſſi tous les offices qui ſont exercés ſans proviſions depuis le même temps, ſans y être autoriſés par leurs édits de création ou par des arrêts particuliers. Ils auront pareillement ſoin de donner avis de ceux qui auront été condamnés par des jugemens à des peines qui emportent confiſcation de leurs offices, attendu qu'ils ſont auſſi dans le cas d'être taxés vacans, conformément à l'article VII de ladite déclaration.

BIBLIOTHÈQUE IMPÉRIALE

A PARIS, DE L'IMPRIMERIE ROYALE. 1767.

MÉMOIRE

Pour servir d'Instruction aux Commis à la Recette du Prêt & Droit annuel, pour l'année 1769, en exécution de la déclaration du 23 juillet 1767, portant continuation du Droit annuel pendant neuf années, qui ont commencé le premier Janvier 1768, & finiront le dernier Décembre 1776, & arrêt du Conseil du 21 Juillet 1768.

BIBLIOTHÈQUE IMPÉRIALE

PREMIÈREMENT.

LES Commis à la recette du Prêt & Droit annuel, chacun dans leur généralité, feront l'ouverture de leur bureau le premier Novembre 1768, jusques & compris le dernier Décembre ensuivant inclusivement; pendant lequel temps ils s'y trouveront assidûment tous les jours depuis huit heures du matin jusqu'à midi, & depuis deux heures jusqu'à six du soir.

II.

ILS feront apposer les affiches qui leur auront été envoyées, aux lieux accoutumés, comme aux portes du Bureau des finances, du Siége présidial, élection, grenier à sel, & autres endroits & places publiques; & en enverront dans toutes les villes de leur généralité, même dans celles où les offices sont à la nomination des Engagistes, afin que tous les officiers soient avertis de l'ouverture du bureau de ladite recette, & des dispositions dudit arrêt du Conseil du 21 juillet 1768.

III.

ILS recevront au payement du prêt & annuel les officiers qui y sont sujets, en payant par ceux qui ont satisfait pour l'année 1768, un tiers du prêt, sur le pied du cinquième denier de leur évaluation, faisant douze fois l'annuel; & le droit annuel sur le pied du soixantième; & par ceux qui sont omissionnaires, deux tiers de prêt & deux années d'annuel. A l'égard des officiers des présidiaux, sénéchaussées, bailliages, siéges royaux, prevôtés, juridictions royales, inférieures & de police, & autres faisant corps d'icelles, ils les recevront au payement du droit annuel sur le pied de la moitié de leur évaluation, & au prêt à proportion, conformément aux arrêts du Conseil des 1.er septembre 1767 & 21 juillet 1768. Ils ne percevront cependant ſur les officiers des préſidiaux ſeulement, ledit droit de prêt, que ſur le pied du ſixième denier, faiſant dix fois l'annuel.

I V.

Il ſe trouvera pluſieurs officiers, comme receveurs des conſignations, commiſſaires aux ſaiſies réelles, greffiers, procureurs poſtulans, huiſſiers & ſergens-royaux, qui prétendront être du corps des préſidiaux, ou des autres ſiéges royaux reſſortiſſant nuement ès Cours dans leſquelles ils ont été reçus & immatriculés, & ſous ce prétexte ne devoir payer le prêt qu'au ſixième denier; mais nonobſtant ces prétentions, ils les recevront audit droit au cinquième & à l'annuel en entier, attendu qu'ils ne ſont point du corps des officiers deſdits ſiéges, non plus que les ſubſtituts, ſi aucuns y a en iceux, ſujets auxdits droits.

V.

Les officiers des élections, greniers à ſel des autres juridictions des gabelles & des maîtriſes particulières des eaux & forêts, qui n'ont point fait en entier le rachat du prêt & annuel de leurs offices, en exécution des édits du mois de février 1745, ou qui n'ont fait aucun payement à compte dudit rachat, ſeront admis, conformément à la déclaration du 8 ſeptembre 1752, au payement du prêt & annuel ſur le pied de l'évaluation entière de leurs offices. A l'égard de ceux qui ont fait en entier le rachat deſdits droits, ils ne les recevront point au payement du prêt & annuel, conformément à ladite déclaration du 23 juillet 1767.

V I.

Les commis recevront pareillement au payement du prêt & annuel, les pourvus d'offices de notaires garde-notes & tabellions royaux, de procureurs poſtulans, de premiers huiſſiers, d'huiſſiers-audienciers, & de ſergens des cours, ſiéges & juridictions royales, de ſubſtituts des Procureurs du Roi deſdits ſiéges & juridictions, ayant faculté de poſtuler, de jurés-priſeurs-vendeurs de biens-meubles, & d'arpenteurs, dont les finances pour l'acquiſition d'iceux, ont été payées depuis la déclaration du 8 ſeptembre 1752; à l'effet de quoi ils ſe feront repréſenter les quittances de finance d'iceux, dans leſquelles il en aura été fait mention.

V I I.

La plus grande partie des offices de notaires, procureurs, huiſſiers & ſergens, compris en l'article ci-deſſus, ne ſe trouvant pas évalués, les pourvus d'iceux ſeront reçus au payement du prêt & annuel en cas qu'ils ne ſe trouvent pas nommément évalués; ſavoir, les notaires & les procureurs dans les bonnes villes, ſur le pied de cinq cents trente-trois livres ſix ſous huit deniers d'évaluation chacun, faiſant huit livres dix-ſept ſous neuf deniers d'annuel; de quatre cents livres dans les petites villes, faiſant ſix livres treize ſous quatre deniers d'annuel; & pour les notaires dans les bourgs & villages, ſur le pied de trois cents livres d'évaluation, faiſant cinq livres d'annuel: Et à l'égard des ſergens réſidens dans les ſuſdits lieux, ſur le pied de deux cents ſoixante-ſix livres treize ſous quatre deniers d'évaluation, faiſant quatre livres huit ſous dix deniers d'annuel, & au prêt à proportion; à l'exception néanmoins des offices de notaires garde-notes en Normandie, dont les commis percevront leſdits droits ſur le pied du tiers de leur finance, qui ſervira d'évaluation.

VIII.

Ils obſerveront auſſi de ne point admettre au payement du prêt & annuel les pourvus d'offices de notaires, de procureurs poſtulans, de premiers huiſſiers, d'huiſſiers-audienciers & de ſergens des cours & juridictions royales, de ſubſtituts des Procureurs du Roi deſdits ſiéges & juridictions, ayant faculté de poſtuler, de jurés-vendeurs-priſeurs de biens-meubles, & d'arpenteurs-royaux, qui ont payé l'hérédité accordée par les déclarations des 3 décembre 1743 & 12 janvier 1745, ou le tiers en ſus ordonné par l'arrêt du Conſeil du 5 ſeptembre 1751, & lettres patentes du même jour; ni ceux pourvus avant la déclaration du 8 ſeptembre 1752, qui n'ont pas payé leſdites taxes; les offices de ces derniers ayant été déclarés ſupprimés au jour de leur décès par la déclaration du 13 octobre 1750, & par les arrêts du Conſeil du 19 des mêmes mois & an & du 7 octobre 1752.

IX.

Si les nouveaux pourvus d'offices vacans ou ſur réſignation au quart denier, pendant le courant de la préſente année 1768, n'ont point payé dans les deux mois de la date de leurs proviſions le prêt & annuel, ils ſont dans le cas des omiſſionnaires, & doivent deux tiers de prêt & deux annuels; & ceux ſur réſignation au huitième denier, deux annuels & un tiers de prêt ſeulement.

X.

Les offices de police & autres créés héréditaires ou en ſurvivance, & rendus depuis caſuels par la déclaration du 9 août 1722, n'étant point évalués, ils prendront le tiers de leur finance pour ſervir d'évaluation, ainſi qu'il eſt porté par ladite déclaration du 9 août 1722: Et comme ce tiers de leur finance doit être tiré ſur la principale & ſur les autres payées depuis, tant pour augmentation de finance que pour offices réunis, ils feront repréſenter aux pourvus d'iceux leurs titres, à l'effet de tirer au juſte le tiers de leur finance.

XI.

A l'égard des offices qui ont été créés sous le titre de domaniaux, de la finance desquels il est difficile aux titulaires de justifier, les commis s'en feront représenter les contrats d'acquisition, ou ceux qui auront été passés par les Commissaires députés pour l'aliénation des domaines de Sa Majesté; le tiers du prix desquels, ainsi que de ceux qui y ont été réunis, leur tiendra lieu d'évaluation, comme il est porté par l'article II de la déclaration du 23 juillet 1767. Et en cas que l'on ne puisse leur justifier d'aucuns titres, ils auront soin d'en dresser des mémoires, & de les adresser au bureau des revenus casuels, pour être statué sur leur évaluation.

XII.

Comme il y a plusieurs anciens offices non évalués, dont il est impossible de représenter les quittances de finance, les pourvus d'iceux seront reçus au payement du prêt & annuel, par proportion de pareils offices qui se trouveront l'être; ou en cas qu'ils aient des quittances d'annuel, sur le pied d'icelles depuis vingt années sans interruption, que les commis se feront représenter, ainsi qu'il est ordonné par l'arrêt du 29 août 1682 : ce qui ne se doit entendre que des offices non évalués, car en cas qu'ils le soient, les quittances au-dessous de l'évaluation, de quelque temps qu'elles puissent être, ne doivent avoir lieu, à moins qu'il ne soit justifié par un rôle en bonne forme, ou par un arrêt, de la modération de l'évaluation.

XIII.

Ils recevront pareillement au payement du prêt & droit annuel, ceux qui exercent des offices en vertu de quittances de finance contrôlées, & qui sont dispensés de prendre des provisions par leurs édits de création, ou par des arrêts du Conseil; à l'exception de ceux qui sont dispensés de payer lesdits droits par des arrêts particuliers, conformément à l'article VIII de la déclaration du 23 juillet 1767.

XIV.

Ils observeront de ne point recevoir le prêt & annuel pour les officiers décédés, en cas que leurs veuves, héritiers ou créanciers les voulussent payer, ou fissent faire des sommations à cet effet, parce qu'il n'y a que les officiers vivans qui puissent être reçus à payer lesdits droits.

XV.

Les officiers des amirautés de Bretagne, seront reçus au payement du prêt & droit annuel sur le pied de la moitié de leur finance, qui leur tiendra lieu d'évaluation, conformément à l'arrêt du Conseil du 12 janvier 1692. Ils recevront aussi au payement desdits droits, les substituts

des Procureurs du Roi, les procureurs postulans, huissiers & sergens des amirautés de la même province, conformément à l'arrêt du Conseil du 29 avril 1753.

XVI.

Les Receveurs des tailles & du taillon y réuni par édit du mois de mai 1758, de la province de Languedoc, seront reçus à l'annuel de leurs offices, sur le pied du soixantième denier des deux tiers seulement de leurs anciennes évaluations, & du prêt au cinquième, à proportion, suivant l'arrêt qui leur a été accordé à cet effet le 28 décembre 1723, confirmé par ceux des 19 août 1732, 3 décembre 1740, 7 septembre 1749, 5 septembre 1758 & 1.er septembre 1767.

XVII.

Ils admettront au payement du prêt seulement, & à moitié si c'est office de nature à jouir de ce bénéfice, les officiers des domaines engagés, dont le prêt appartient au Roi, & l'annuel aux engagistes, lesquels engagistes seront tenus d'exécuter les articles IX, X & XI de la déclaration du 23 juillet 1767; & en conséquence, lesdits engagistes ne pourront recevoir à l'annuel que les officiers dépendans de leurs domaines, qui justifieront avoir payé le prêt au Roi; & en cas que les engagistes voulussent exiger le droit annuel sur un pied plus fort que les évaluations faites aux revenus casuels de Sa Majesté, les commis recevront au payement dudit droit, & à moitié si c'est aussi office de nature à jouir de ce bénéfice, les officiers qui justifieront par un acte en bonne forme du refus fait par l'engagiste de les recevoir sur le pied desdites évaluations.

XVIII.

S'il se présente en personne, en leur bureau, quelques officiers des autres généralités, pour y payer le prêt & droit annuel, les commis ne feront aucune difficulté de les y recevoir, en rapportant les pièces nécessaires pour y être admis, comme les précédentes quittances.

XIX.

Ils ne recevront point au payement du droit annuel, les officiers des Cours supérieures, mentionnés dans l'article XII de la déclaration du 23 juillet 1767, confirmés par icelle dans la survivance à eux accordée par l'édit du mois de décembre 1709, non plus que les officiers des pays d'Artois, Flandre, Haynault & Alsace, à l'égard desquels il en sera usé comme par le passé, à l'exception néanmoins des Receveurs généraux des finances, des Contrôleurs des guerres & autres officiers qui exercent leurs fonctions dans lesdits pays, & qui ont toujours été assujettis au payement du prêt & annuel.

X X.

Ils n'admettront point non plus au payement du prêt & annuel les Présidens Trésoriers de France, Avocats, Procureurs du Roi, Greffiers en chef, & Chevaliers d'honneur des Bureaux des finances; le rachat desdits droits ayant été ordonné par les édits des mois de décembre 1743 & février 1745, qui accordent la survivance aux pourvus desdits offices.

X X I.

Les commis remettront les quittances à celui qui est commis au contrôle, pour les contrôler; & s'il arrive que quelques officiers jugent à propos d'en rapporter quelques-unes, pour y augmenter ou diminuer, selon leurs titres & qualités, ou autres raisons, ils ne les reprendront point en cas qu'elles aient été contrôlées, qu'au préalable elles n'aient été déchargées du contrôle, & qu'il n'ait été fait mention par les commis au contrôle, au bas de l'enregistrement d'icelles, de ladite décharge, & de la raison pour laquelle elle aura été faite, qui sera datée & signée dudit commis; auquel cas, le commis à la recette pourra expédier une nouvelle quittance sous les titres requis, la porter de nouveau sur son registre, & rayer l'ampliation de celle qui aura été précédemment expédiée, en faisant une mention sommaire en marge, de la raison pour laquelle elle aura été rayée & déchargée du contrôle.

X X I I.

S'il arrive quelque difficulté qui n'aura pas été prévue, les commis en donneront avis, & cependant ils recevront & chargeront leurs registres d'ampliations; en sorte que les officiers ne demeurent point en suspens, & ne courent aucun risque dans leurs offices, sauf à y être pourvu l'année suivante en connoissance de cause: Et comme quelques officiers leur pourroient faire signifier des actes concernant leurs prétentions, ils les recevront sans y faire aucune réponse verbale, ni par écrit, & les enverront incessamment au bureau de Paris, pour y être pourvu.

X X I I I.

Les commis donneront avis de l'état de leur recette, tous les huit jours, en attendant les ordres qui leur seront envoyés pour la remise d'icelle.

X X I V.

Ils feront, chacun en leur généralité, des bordereaux exacts & bien calculés, du montant de leur recette, lesquels ils présenteront le lendemain de la clôture du bureau, qui sera le premier jour de l'année, avec leurs registres, à Messieurs les Trésoriers de France, pour être par eux lesdits registres arrêtés en la manière accoutumée, ou à Messieurs les Intendans, dans les lieux où il n'y a point de Bureau des finances.

XXV.

Après que leurs regiſtres auront été arrêtés, ils les enverront à leurs cautions à Paris, & y joindront ceux du contrôle, avec les bordereaux de leurs recette & dépenſe, pièces juſtificatives d'icelles; le reſtant des blancs de quittances de prêt & d'annuel qui n'auront pas ſervi, enſemble toutes les autres pièces néceſſaires pour dreſſer leurs comptes, afin qu'il puiſſe être inceſſamment procédé à la reddition d'iceux : ils enverront auſſi un état par ordre alphabétique, de ceux qui auront payé le prêt & annuel.

XXVI.

Les commis auront ſoin de donner avis à M. Bertin, Tréſorier des revenus caſuels, de la vacance des offices, auſſi-tôt qu'elle viendra à leur connoiſſance; ſavoir, de ceux dont les titulaires ſont décédés ſans avoir payé le prêt & annuel; de ceux dont les héritiers ou propriétaires n'ont point fait ſceller de proviſions dans l'eſpace de trente années à compter du jour du décès des derniers titulaires. L'article IV de la déclaration du 23 juillet 1767, déclare vacans ceux qui ſont dans ce dernier cas, comme auſſi tous les offices qui ſont exercés ſans proviſions depuis le même temps, ſans y être autoriſés par leurs édits de création ou par des arrêts particuliers. Ils auront pareillement ſoin de donner avis de ceux qui auront été condamnés par des jugemens à des peines qui emportent confiſcation de leurs offices, attendu qu'ils ſont auſſi dans le cas d'être taxés vacans, conformément à l'article VII de ladite déclaration.

BIBLIOTHÈQUE IMPÉRIALE IMPR.

A PARIS, DE L'IMPRIMERIE ROYALE. 1768.

BIBLIOTHÈQUE NATIONALE

MÉMOIRE

Pour servir d'Instruction aux Commis à la Recette du Prêt & Droit annuel, pour l'année 1770, en exécution de la déclaration du 23 juillet 1767, portant continuation du Droit annuel pendant neuf années, qui ont commencé le premier Janvier 1768, & finiront le dernier Décembre 1776, & arrêt du Conseil du 28 Juin 1769.

PREMIÈREMENT.

LES Commis à la recette du Prêt & Droit annuel, chacun dans leur généralité, feront l'ouverture de leur bureau le premier Novembre 1769, jusques & compris le dernier Décembre ensuivant inclusivement; pendant lequel temps ils s'y trouveront assidûment tous les jours depuis huit heures du matin jusqu'à midi, & depuis deux heures jusqu'à six du soir.

II.

ILS feront apposer les affiches qui leur auront été envoyées, aux lieux accoutumés, comme aux portes du Bureau des finances, du Siége présidial, élection, grenier à sel, & autres endroits & places publiques; & en enverront dans toutes les villes de leur généralité, même dans celles où les offices sont à la nomination des Engagistes, afin que tous les officiers soient avertis de l'ouverture du bureau de ladite recette, & des dispositions dudit arrêt du Conseil du 28 juin 1769.

III.

ILS recevront au payement du prêt & annuel les officiers qui y sont sujets, en payant par ceux qui ont satisfait pour l'année 1769, un tiers du prêt, sur le pied du cinquième denier de leur évaluation, faisant douze fois l'annuel; & le droit annuel sur le pied du soixantième; & par ceux qui sont omissionnaires, ce qui sera dû de prêt & d'annuel. A l'égard des officiers des présidiaux, sénéchaussées, bailliages, siéges royaux, prevôtés, juridictions royales, inférieures & de police, & autres faisant corps d'icelles, ils les recevront au payement du droit annuel sur le pied de la moitié de leur évaluation, & au prêt à proportion, conformément aux arrêts du Conseil des 1.er septembre 1767, 21 juillet 1768 & 28 juin 1769. Ils ne percevront cependant sur les officiers des présidiaux seulement, ledit droit de prêt, que sur le pied du sixième denier, faisant dix fois l'annuel.

I V.

Il se trouvera plusieurs officiers, comme receveurs des consignations, commissaires aux saisies réelles, greffiers, procureurs postulans, huissiers & sergens-royaux, qui prétendront être du corps des présidiaux, ou des autres siéges royaux ressortissant nuement ès Cours dans lesquelles ils ont été reçus & immatriculés, & sous ce prétexte ne devoir payer le prêt qu'au sixième denier; mais nonobstant ces prétentions, ils les recevront audit droit au cinquième & à l'annuel en entier, attendu qu'ils ne sont point du corps des officiers desdits siéges, non plus que les substituts, si aucuns y a en iceux, sujets auxdits droits.

V.

Les officiers des élections, greniers à sel des autres juridictions des gabelles & des maîtrises particulières des eaux & forêts, qui n'ont point fait en entier le rachat du prêt & annuel de leurs offices, en exécution des édits du mois de février 1745, ou qui n'ont fait aucun payement à compte dudit rachat, seront admis, conformément à la déclaration du 8 septembre 1752, au payement du prêt & annuel sur le pied de l'évaluation entière de leurs offices. A l'égard de ceux qui ont fait en entier le rachat desdits droits, ils ne les recevront point au payement du prêt & annuel, conformément à ladite déclaration du 23 juillet 1767.

V I.

Les commis recevront pareillement au payement du prêt & annuel, les pourvus d'offices de notaires garde-notes & tabellions royaux, de procureurs postulans, de premiers huissiers, d'huissiers-audienciers, & de sergens des cours, siéges & juridictions royales, de substituts des Procureurs du Roi desdits siéges & juridictions, ayant faculté de postuler, de jurés-priseurs-vendeurs de biens-meubles, & d'arpenteurs, dont les finances pour l'acquisition d'iceux, ont été payées depuis la déclaration du 8 septembre 1752; à l'effet de quoi ils se feront représenter les quittances de finance d'iceux, dans lesquelles il en aura été fait mention.

V I I.

La plus grande partie des offices de notaires, procureurs, huissiers & sergens, compris en l'article ci-dessus, ne se trouvant pas évalués, les pourvus d'iceux seront reçus au payement du prêt & annuel en cas qu'ils ne se trouvent pas nommément évalués; savoir, les notaires & les procureurs dans les bonnes villes, sur le pied de cinq cents trente-trois livres six sous huit deniers d'évaluation chacun, faisant huit livres dix-sept sous neuf deniers d'annuel; de quatre cents livres dans les petites villes, faisant six livres treize sous quatre deniers d'annuel; & pour les notaires dans les bourgs & villages, sur le pied de trois cents livres d'évaluation, faisant cinq livres d'annuel: Et à l'égard des sergens résidens dans les susdits lieux, sur le pied de deux cents soixante-six livres treize sous quatre deniers d'évaluation, faisant quatre livres huit sous dix deniers d'annuel, & au prêt à proportion; à l'exception néanmoins des offices de notaires garde-notes en Normandie, dont les commis percevront lesdits droits sur le pied du tiers de leur finance, qui servira d'évaluation.

VIII.

Ils observeront aussi de ne point admettre au payement du prêt & annuel les pourvus d'offices de notaires, de procureurs postulans, de premiers huissiers, d'huissiers-audienciers & de sergens des cours & juridictions royales, de substituts des Procureurs du Roi desdits siéges & juridictions, ayant faculté de postuler, de jurés-vendeurs-priseurs de biens-meubles, & d'arpenteurs-royaux, qui ont payé l'hérédité accordée par les déclarations des 3 décembre 1743 & 12 janvier 1745, ou le tiers en sus ordonné par l'arrêt du Conseil du 5 septembre 1751, & lettres patentes du même jour; ni ceux pourvus avant la déclaration du 8 septembre 1752, qui n'ont pas payé lesdites taxes; les offices de ces derniers ayant été déclarés supprimés au jour de leur décès par la déclaration du 13 octobre 1750, & par les arrêts du Conseil du 19 des mêmes mois & an & du 7 octobre 1752.

IX.

Si les nouveaux pourvus d'offices vacans ou sur résignation au quart denier, pendant le courant de l'année 1768, n'ont point payé dans les deux mois de la date de leurs provisions le prêt & annuel, ils sont dans le cas des omissionnaires, & doivent trois tiers de prêt & trois annuels; & ceux sur résignation au huitième denier, trois annuels & deux tiers de prêt seulement.

X.

Les offices de police & autres créés héréditaires ou en survivance, & rendus depuis casuels par la déclaration du 9 août 1722, n'étant point évalués, ils prendront le tiers de leur finance pour servir d'évaluation, ainsi qu'il est porté par ladite déclaration du 9 août 1722: Et comme ce tiers de leur finance doit être tiré sur la principale & sur les autres payées depuis, tant pour augmentation de finance que pour offices réunis, ils feront représenter aux pourvus d'iceux leurs titres, à l'effet de tirer au juste le tiers de leur finance.

X I.

A l'égard des offices qui ont été créés sous le titre de domaniaux, de la finance desquels il est difficile aux titulaires de justifier, les commis s'en feront représenter les contrats d'acquisition, ou ceux qui auront été passés par les Commissaires députés pour l'aliénation des domaines de Sa Majesté; le tiers du prix desquels, ainsi que de ceux qui y ont été réunis, leur tiendra lieu d'évaluation, comme il est porté par l'article II de la déclaration du 23 juillet 1767. Et en cas que l'on ne puisse leur justifier d'aucuns titres, ils auront soin d'en dresser des mémoires, & de les adresser au bureau des revenus casuels, pour être statué sur leur évaluation.

X I I.

COMME il y a plusieurs anciens offices non évalués, dont il est impossible de représenter les quittances de finance, les pourvus d'iceux seront reçus au payement du prêt & annuel, par proportion de pareils offices qui se trouveront l'être; ou en cas qu'ils aient des quittances d'annuel, sur le pied d'icelles depuis vingt années sans interruption, que les commis se feront représenter, ainsi qu'il est ordonné par l'arrêt du 29 août 1682: ce qui ne se doit entendre que des offices non évalués, car en cas qu'ils le soient, les quittances au-dessous de l'évaluation, de quelque temps qu'elles puissent être, ne doivent avoir lieu, à moins qu'il ne soit justifié par un rôle en bonne forme, ou par un arrêt, de la modération de l'évaluation.

X I I I.

ILS recevront pareillement au payement du prêt & droit annuel, ceux qui exercent des offices en vertu de quittances de finance contrôlées, & qui sont dispensés de prendre des provisions par leurs édits de création, ou par des arrêts du Conseil; à l'exception de ceux qui sont dispensés de payer lesdits droits par des arrêts particuliers, conformément à l'article VIII de la déclaration du 23 juillet 1767.

X I V.

ILS observeront de ne point recevoir le prêt & annuel pour les officiers décédés, en cas que leurs veuves, héritiers ou créanciers les voulussent payer, ou fissent faire des sommations à cet effet, parce qu'il n'y a que les officiers vivans qui puissent être reçus à payer lesdits droits.

X V.

LES officiers des amirautés de Bretagne, seront reçus au payement du prêt & droit annuel sur le pied de la moitié de leur finance, qui leur tiendra lieu d'évaluation, conformément à l'arrêt du Conseil du 12 janvier 1692. Ils recevront aussi au payement desdits droits, les substituts

des Procureurs du Roi, les procureurs poſtulans, huiſſiers & ſergens des amirautés de la même province, conformément à l'arrêt du Conſeil du 29 avril 1753.

XVI.

Les Receveurs des tailles & du taillon y réuni par édit du mois de mai 1758, de la province de Languedoc, ſeront reçus à l'annuel de leurs offices, ſur le pied du ſoixantième denier des deux tiers ſeulement de leurs anciennes évaluations, & du prêt au cinquième, à proportion, ſuivant l'arrêt qui leur a été accordé à cet effet le 28 décembre 1723, confirmé par ceux des 19 août 1732, 3 décembre 1740, 7 ſeptembre 1749, 5 ſeptembre 1758 & 1.er ſeptembre 1767.

XVII.

Ils admettront au payement du prêt ſeulement, & à moitié ſi c'eſt office de nature à jouir de ce bénéfice, les officiers des domaines engagés, dont le prêt appartient au Roi, & l'annuel aux engagiſtes, leſquels engagiſtes ſeront tenus d'exécuter les articles IX, X & XI de la déclaration du 23 juillet 1767; & en conſéquence, leſdits engagiſtes ne pourront recevoir à l'annuel que les officiers dépendans de leurs domaines, qui juſtifieront avoir payé le prêt au Roi; & en cas que les engagiſtes vouluſſent exiger le droit annuel ſur un pied plus fort que les évaluations faites aux revenus caſuels de Sa Majeſté, les commis recevront au payement dudit droit, & à moitié ſi c'eſt auſſi office de nature à jouir de ce bénéfice, les officiers qui juſtifieront par un acte en bonne forme du refus fait par l'engagiſte de les recevoir ſur le pied deſdites évaluations.

XVIII.

S'il ſe préſente en perſonne, en leur bureau, quelques officiers des autres généralités, pour y payer le prêt & droit annuel, les commis ne feront aucune difficulté de les y recevoir, en rapportant les pièces néceſſaires pour y être admis, comme les précédentes quittances.

XIX.

Ils ne recevront point au payement du droit annuel, les officiers des Cours ſupérieures, mentionnés dans l'article XII de la déclaration du 23 juillet 1767, confirmés par icelle dans la ſurvivance à eux accordée par l'édit du mois de décembre 1709, non plus que les officiers des pays d'Artois, Flandre, Haynault & Alſace, à l'égard deſquels il en ſera uſé comme par le paſſé; à l'exception néanmoins des Receveurs généraux des finances, des Contrôleurs des guerres & autres officiers qui exercent leurs fonctions dans leſdits pays, & qui ont toujours été aſſujettis au payement du prêt & annuel.

XX.

Ils n'admettront point non plus au payement du prêt & annuel les Présidens Trésoriers de France, Avocats, Procureurs du Roi, Greffiers en chef, & Chevaliers d'honneur des Bureaux des finances; le rachat desdits droits ayant été ordonné par les édits des mois de décembre 1743 & février 1745, qui accordent la survivance aux pourvus desdits offices.

XXI.

Les commis remettront les quittances à celui qui est commis au contrôle, pour les contrôler; & s'il arrive que quelques officiers jugent à propos d'en rapporter quelques-unes, pour y augmenter ou diminuer, selon leurs titres & qualités, ou autres raisons, ils ne les reprendront point en cas qu'elles aient été contrôlées, qu'au préalable elles n'aient été déchargées du contrôle, & qu'il n'ait été fait mention par les commis au contrôle, au bas de l'enregistrement d'icelles, de ladite décharge, & de la raison pour laquelle elle aura été faite, qui sera datée & signée dudit commis; auquel cas, le commis à la recette pourra expédier une nouvelle quittance sous les titres requis, la porter de nouveau sur son registre, & rayer l'ampliation de celle qui aura été précédemment expédiée, en faisant une mention sommaire en marge, de la raison pour laquelle elle aura été rayée & déchargée du contrôle.

XXII.

S'il arrive quelque difficulté qui n'aura pas été prévue, les commis en donneront avis, & cependant ils recevront & chargeront leurs registres d'ampliations; en sorte que les officiers ne demeurent point en suspens, & ne courent aucun risque dans leurs offices, sauf à y être pourvu l'année suivante en connoissance de cause: Et comme quelques officiers leur pourroient faire signifier des actes concernant leurs prétentions, ils les recevront sans y faire aucune réponse verbale, ni par écrit, & les enverront incessamment au bureau de Paris, pour y être pourvu.

XXIII.

Les commis donneront avis de l'état de leur recette, tous les huit jours, en attendant les ordres qui leur seront envoyés pour la remise d'icelle.

XXIV.

Ils feront, chacun en leur généralité, des bordereaux exacts & bien calculés, du montant de leur recette, lesquels ils présenteront le lendemain de la clôture du bureau, qui sera le premier jour de l'année, avec leurs registres, à Messieurs les Trésoriers de France, pour être par eux lesdits registres arrêtés en la manière accoutumée, ou à Messieurs les Intendans, dans les lieux où il n'y a point de Bureau des finances.

XXV.

Après que leurs regiſtres auront été arrêtés, ils les enverront à leurs cautions à Paris, & y joindront ceux du contrôle, avec les bordereaux de leurs recette & dépenſe, pièces juſtificatives d'icelles, le reſtant des blancs de quittances de prêt & d'annuel qui n'auront pas ſervi, enſemble toutes les autres pièces néceſſaires pour dreſſer leurs comptes, afin qu'il puiſſe être inceſſamment procédé à la reddition d'iceux : ils enverront auſſi un état par ordre alphabétique, de ceux qui auront payé le prêt & annuel.

XXVI.

Les commis auront ſoin de donner avis à M. Bertin, Tréſorier des revenus caſuels, de la vacance des offices; auſſi-tôt qu'elle viendra à leur connoiſſance; ſavoir, de ceux dont les titulaires ſont décédés ſans avoir payé le prêt & annuel; de ceux dont les héritiers ou propriétaires n'ont point fait ſceller de proviſions dans l'eſpace de trente années à compter du jour du décès des derniers titulaires. L'article IV de la déclaration du 23 juillet 1767, déclare vacans ceux qui ſont dans ce dernier cas, comme auſſi tous les offices qui ſont exercés ſans proviſions depuis le même temps, ſans y être autoriſés par leurs édits de création ou par des arrêts particuliers. Ils auront pareillement ſoin de donner avis de ceux qui auront été condamnés par des jugemens à des peines qui emportent confiſcation de leurs offices, attendu qu'ils ſont auſſi dans le cas d'être taxés vacans, conformément à l'article VII de ladite déclaration.

A PARIS, DE L'IMPRIMERIE ROYALE. 1769.

[library stamp]

MÉMOIRE

Pour servir d'Instruction aux Commis à la Recette du Prêt & Droit annuel, pour l'année 1771, en exécution de la Déclaration du 23 juillet 1767, portant continuation du Droit annuel pendant neuf années, qui ont commencé le premier Janvier 1768, & finiront le dernier Décembre 1776, & arrêt du Conseil du 2 Juillet 1770.

PREMIÈREMENT.

LES Commis à la recette du Prêt & Droit annuel, chacun dans leur généralité, feront l'ouverture de leur bureau le premier Novembre 1770, jusques & compris le dernier Décembre ensuivant inclusivement; pendant lequel temps ils s'y trouveront assidûment tous les jours depuis huit heures du matin jusqu'à midi, & depuis deux heures jusqu'à six du soir.

II.

ILS feront apposer les affiches qui leur auront été envoyées, aux lieux accoutumés, comme aux portes du Bureau des finances, du Siége présidial, élection, grenier à sel, & autres endroits & places publiques; & en enverront dans toutes les villes de leur généralité, même dans celles où les offices sont à la nomination des Engagistes, afin que tous les officiers soient avertis de l'ouverture du bureau de ladite recette, & des dispositions dudit arrêt du Conseil du 2 juillet 1770.

III.

ILS recevront au payement du droit annuel seulement, & sans aucun prêt, les officiers qui y auront satisfait pour l'année 1770, & ceux qui sont omissionnaires des trois années d'annuel dûes en exécution de la Déclaration du 23 juillet 1767, ils y seront reçus en payant lesdites trois années omises & la courante 1771, avec deux tiers de prêt seulement, conformément à l'article III du susdit arrêt du 2 juillet 1770. A l'égard des officiers des présidiaux, sénéchaussées, bailliages, siéges royaux, prevôtés, jurisdictions royales, inférieures & de police, & autres faisant corps d'icelles, ils les recevront au payement desdits droits sur le pied de la moitié de leur evaluation, conformément aux arrêts du Conseil des 1.er septembre 1767, 21 juillet 1768, 28 juin 1769 & 2 juillet 1770. Ils ne percevront cependant sur les officiers des présidiaux seulement, ledit droit de prêt, que sur le pied du sixième denier, faisant dix fois l'annuel.

I V.

Il se trouvera plusieurs officiers, comme receveurs des consignations, commissaires aux saisies réelles, greffiers, procureurs postulans, huissiers & sergens-royaux, qui prétendront être du corps des présidiaux, ou des autres siéges royaux ressortissant nuement ès Cours dans lesquelles ils ont été reçus & immatriculés, & sous ce prétexte ne devoir payer le prêt qu'au sixième denier ; mais nonobstant ces prétentions, ils les recevront audit droit au cinquième & à l'annuel en entier, attendu qu'ils ne sont point du corps des officiers desdits siéges, non plus que les substituts, si aucuns y a en iceux, sujets auxdits droits.

V.

Les officiers des élections, greniers à sel des autres juridictions des gabelles & des maîtrises particulières des eaux & forêts, qui n'ont point fait en entier le rachat du prêt & annuel de leurs offices, en exécution des édits du mois de février 1745, ou qui n'ont fait aucun payement à compte dudit rachat, seront admis, conformément à la Déclaration du 8 septembre 1752, au payement du prêt & annuel sur le pied de l'évaluation entière de leurs offices. A l'égard de ceux qui ont fait en entier le rachat desdits droits, ils ne les recevront point au payement du prêt & annuel, conformément à ladite Déclaration du 23 juillet 1767.

V I.

Les commis recevront pareillement au payement du prêt & annuel, les pourvus d'offices de notaires garde-notes & tabellions royaux, de procureurs postulans, de premiers huissiers, d'huissiers-audienciers, & de sergens des cours, siéges & juridictions royales, de substituts des Procureurs du Roi desdits siéges & juridictions, ayant faculté de postuler, de jurés-priseurs-vendeurs de biens-meubles, & d'arpenteurs, dont les finances pour l'acquisition d'iceux, ont été payées depuis la Déclaration du 8 septembre 1752 ; à l'effet de quoi ils se feront représenter les quittances de finance d'iceux, dans lesquelles il en aura été fait mention.

V I I.

La plus grande partie des offices de notaires, procureurs, huissiers & sergens, compris en l'article ci-dessus, ne se trouvant pas évalués, les pourvus d'iceux seront reçus au payement du prêt & annuel en cas qu'ils ne se trouvent pas nommément évalués ; savoir, les notaires & les procureurs dans les bonnes villes, ſur le pied de cinq cents trente-trois livres ſix ſous huit deniers d'évaluation chacun, faiſant huit livres dix-ſept ſous neuf deniers d'annuel; de quatre cents livres dans les petites villes, faiſant ſix livres treize ſous quatre deniers d'annuel; & pour les notaires dans les bourgs & villages, ſur le pied de trois cents livres d'évaluation, faiſant cinq livres d'annuel: Et à l'égard des ſergens réſidens dans les ſuſdits lieux, ſur le pied de deux cents ſoixante-ſix livres treize ſous quatre deniers d'évaluation, faiſant quatre livres huit ſous dix deniers d'annuel, & au prêt à proportion; à l'exception néanmoins des offices de notaires garde-notes en Normandie, dont les commis percevront leſdits droits ſur le pied du tiers de leur finance, qui ſervira d'évaluation.

VIII.

Ils obſerveront auſſi de ne point admettre au payement du prêt & annuel les pourvus d'offices de notaires, de procureurs poſtulans, de premiers huiſſiers, d'huiſſiers-audienciers & de ſergens des cours & juridictions royales, de ſubſtituts des Procureurs du Roi deſdits ſiéges & juridictions, ayant faculté de poſtuler, de jurés-vendeurs-priſeurs de biens-meubles, & d'arpenteurs-royaux, qui ont payé l'hérédité accordée par les Déclarations des 3 décembre 1743 & 12 janvier 1745, ou le tiers en ſus ordonné par l'arrêt du Conſeil du 5 ſeptembre 1751 & lettres patentes du même jour; ni ceux pourvus avant la Déclaration du 8 ſeptembre 1752, qui n'ont pas payé leſdites taxes; les offices de ces derniers ayant été déclarés ſupprimés au jour de leur décès par la Déclaration du 13 octobre 1750, & par les arrêts du Conſeil du 19 des mêmes mois & an, & du 7 octobre 1752.

IX.

Si les nouveaux pourvus d'offices vacans ou ſur réſignation au quart denier, pendant l'année 1769, n'ont point payé dans les deux mois de la date de leurs proviſions le prêt & annuel, ils doivent deux tiers de prêt & trois annuels; & ceux pourvus en l'année 1770, un tiers de prêt & deux annuels. A l'égard des nouveaux pourvus en l'année 1769, ſur réſignation au huitième denier, qui n'ont point auſſi payé dans les deux mois de leurs proviſions, l'annuel, ils doivent un tiers de prêt & trois annuels; & ceux pourvus en la préſente année 1770, deux annuels ſeulement ſans prêt.

X.

Les offices de police & autres créés héréditaires ou en ſurvivance, & rendus depuis caſuels par la Déclaration du 9 août 1722, n'étant point évalués, ils prendront le tiers de leur finance pour ſervir d'évaluation, ainſi qu'il eſt porté par ladite Déclaration du 9 août 1722: Et comme ce tiers de leur finance doit être tiré ſur la principale & ſur les autres payées depuis, tant pour augmentation de finance que pour offices réunis, ils feront repréſenter aux pourvus d'iceux leurs titres, à l'effet de tirer au juſte le tiers de leur finance.

X I.

A l'égard des offices qui ont été créés ſous le titre de domaniaux, de la finance deſquels il eſt difficile aux titulaires de juſtifier, les commis s'en feront repréſenter les contrats d'acquiſition, ou ceux qui auront été paſſés par les Commiſſaires députés pour l'aliénation des domaines de Sa Majeſté; le tiers du prix deſquels, ainſi que de ceux qui y ont été réunis, leur tiendra lieu d'évaluation, comme il eſt porté par l'article II de la Déclaration du 23 juillet 1767. Et en cas que l'on ne puiſſe leur juſtifier d'aucuns titres, ils auront ſoin d'en dreſſer des mémoires, & de les adreſſer au bureau des revenus caſuels, pour être ſtatué ſur leur évaluation.

X I I.

COMME il y a pluſieurs anciens offices non évalués, dont il eſt impoſſible de repréſenter les quittances de finance, les pourvus d'iceux ſeront reçus au payement du prêt & annuel, par proportion de pareils offices qui ſe trouveront l'être; ou en cas qu'ils aient des quittances d'annuel, ſur le pied d'icelles depuis vingt années ſans interruption, que les commis ſe feront repréſenter, ainſi qu'il eſt ordonné par l'arrêt du 29 août 1682: ce qui ne ſe doit entendre que des offices non évalués, car en cas qu'ils le ſoient, les quittances au-deſſous de l'évaluation, de quelque temps qu'elles puiſſent être, ne doivent avoir lieu, à moins qu'il ne ſoit juſtifié par un rôle en bonne forme, ou par un arrêt, de la modération de l'évaluation.

X I I I.

ILS recevront pareillement au payement du prêt & droit annuel, ceux qui exercent des offices en vertu de quittances de finance contrôlées, & qui ſont diſpenſés de prendre des proviſions par leurs édits de création, ou par des arrêts du Conſeil; à l'exception de ceux qui ſont diſpenſés de payer leſdits droits par des arrêts particuliers, conformément à l'article VIII de la Déclaration du 23 juillet 1767.

X I V.

ILS obſerveront de ne point recevoir le prêt & annuel pour les officiers décédés, en cas que leurs veuves, héritiers ou créanciers les vouluſſent payer, ou fiſſent faire des ſommations à cet effet, parce qu'il n'y a que les officiers vivans qui puiſſent être reçus à payer leſdits droits.

X V.

LES officiers des amirautés de Bretagne, ſeront reçus au payement du prêt & droit annuel ſur le pied de la moitié de leur finance, qui leur tiendra lieu d'évaluation, conformément à l'arrêt du Conſeil du 12 janvier 1692. Ils recevront auſſi au payement deſdits droits, les ſubſtituts des Procureurs du Roi, les Procureurs poſtulans, huiſſiers & ſergens des amirautés de la même province, conformément à l'arrêt du Conſeil du 29 avril 1753.

XVI.

LES Receveurs des tailles & du taillon y réuni par édit du mois de mai 1758, de la province de Languedoc, ſeront reçus à l'annuel de leurs offices, ſur le pied du ſoixantième denier des deux tiers ſeulement de leurs anciennes évaluations, & du prêt au cinquième, à proportion, ſuivant l'arrêt qui leur a été accordé à cet effet le 28 décembre 1723, confirmé par ceux des 19 août 1732, 3 décembre 1740, 7 ſeptembre 1749, 5 ſeptembre 1758 & 1.er ſeptembre 1767.

XVII.

ILS admettront au payement du prêt ſeulement, & à moitié ſi c'eſt office de nature à jouir de ce bénéfice, les officiers des domaines engagés, dont le prêt appartient au Roi, & l'annuel aux engagiſtes, leſquels engagiſtes ſeront tenus d'exécuter les articles IX, X & XI de la Déclaration du 23 juillet 1767; & en conſéquence, leſdits engagiſtes ne pourront recevoir à l'annuel que les officiers dépendans de leurs domaines, qui juſtifieront avoir payé le prêt au Roi; & en cas que les engagiſtes vouluſſent exiger le droit annuel ſur un pied plus fort que les évaluations faites aux revenus caſuels de Sa Majeſté, les commis recevront au payement dudit droit, & à moitié ſi c'eſt auſſi office de nature à jouir de ce bénéfice, les officiers qui juſtifieront par un acte en bonne forme du refus fait par l'engagiſte de les recevoir ſur le pied deſdites évaluations.

XVIII.

S'IL ſe préſente en perſonne, en leur bureau, quelques officiers des autres généralités, pour y payer le prêt & droit annuel, les commis ne feront aucune difficulté de les y recevoir, en rapportant les pièces néceſſaires pour y être admis, comme les précédentes quittances.

XIX.

ILS ne recevront point au payement du droit annuel, les officiers des Cours ſupérieures, mentionnés dans l'article XII de la Déclaration du 23 juillet 1767, confirmés par icelle dans la ſurvivance à eux accordée par l'édit du mois de décembre 1709, non plus que les officiers des pays d'Artois, Flandre, Haynault & Alſace, à l'égard deſquels il en ſera uſé comme par le paſſé; à l'exception néanmoins des Receveurs généraux des finances, des Contrôleurs des guerres & autres officiers qui exercent leurs fonctions dans lesdits pays, & qui ont toujours été assujettis au payement du prêt & annuel.

XX.

Ils n'admettront point non plus au payement du prêt & annuel les Présidens Trésoriers de France, Avocats, Procureurs du Roi, Greffiers en chef, & Chevaliers d'honneur des Bureaux des finances ; le rachat desdits droits ayant été ordonné par les édits des mois de décembre 1743 & février 1745, qui accordent la survivance aux pourvus desdits offices.

XXI.

Les commis remettront les quittances à celui qui est commis au contrôle, pour les contrôler ; & s'il arrive que quelques officiers jugent à propos d'en rapporter quelques-unes, pour y augmenter ou diminuer, selon leurs titres & qualités, ou autres raisons, ils ne les reprendront point en cas qu'elles aient été contrôlées, qu'au préalable elles n'aient été déchargées du contrôle, & qu'il n'ait été fait mention par les commis au contrôle, au bas de l'enregistrement d'icelles, de ladite décharge, & de la raison pour laquelle elle aura été faite, qui sera datée & signée dudit commis ; auquel cas, le commis à la recette pourra expédier une nouvelle quittance sous les titres requis, la porter de nouveau sur son registre, & rayer l'ampliation de celle qui aura été précédemment expédiée, en faisant une mention sommaire en marge, de la raison pour laquelle elle aura été rayée & déchargée du contrôle.

XXII.

S'il arrive quelque difficulté qui n'aura pas été prévue, les commis en donneront avis, & cependant ils recevront & chargeront leurs registres d'ampliations ; en sorte que les officiers ne demeurent point en suspens, & ne courent aucun risque dans leurs offices, sauf à y être pourvu l'année suivante en connoissance de cause : Et comme quelques officiers leur pourroient faire signifier des actes concernant leurs prétentions, ils les recevront sans y faire aucune réponse verbale, ni par écrit, & les enverront incessamment au bureau de Paris, pour y être pourvu.

XXIII.

Les commis donneront avis de l'état de leur recette, tous les huit jours, en attendant les ordres qui leur seront envoyés pour la remise d'icelle.

XXIV.

Ils feront, chacun en leur généralité, des bordereaux exacts & bien calculés, du montant de leur recette, lesquels ils présenteront le lendemain de la clôture du bureau, qui sera le premier jour de l'année, avec leurs registres, à Messieurs les Trésoriers de France, pour être par eux lesdits registres arrêtés en la manière accoutumée, ou à Messieurs les Intendans, dans les lieux où il n'y a point de Bureau des finances.

XXV.

APRÈS que leurs registres auront été arrêtés, ils les enverront à leurs cautions à Paris, & y joindront ceux du contrôle, avec les bordereaux de leurs recette & dépense, pièces justificatives d'icelles, le restant des blancs de quittances de prêt & d'annuel qui n'auront pas servi, ensemble toutes les autres pièces nécessaires pour dresser leurs comptes, afin qu'il puisse être incessamment procédé à la reddition d'iceux : ils enverront aussi un état par ordre alphabétique, de ceux qui auront payé le prêt & annuel.

XXVI.

LES commis auront soin de donner avis à M. Bertin, Trésorier des revenus casuels, de la vacance des offices, aussi-tôt qu'elle viendra à leur connoissance; savoir, de ceux dont les titulaires sont décédés sans avoir payé le prêt & annuel; de ceux dont les héritiers ou propriétaires n'ont point fait sceller de provisions dans l'espace de trente années à compter du jour du décès des derniers titulaires. L'article IV de la Déclaration du 23 juillet 1767, déclare vacans ceux qui sont dans ce dernier cas; comme aussi tous les offices qui sont exercés sans provisions depuis le même temps, sans y être autorisés par leurs édits de création ou par des arrêts particuliers. Ils auront pareillement soin de donner avis de ceux qui auront été condamnés par des jugemens à des peines qui emportent confiscation de leurs offices, attendu qu'ils sont aussi dans le cas d'être taxés vacans, conformément à l'article VII de ladite Déclaration.

BIBLIOTHÈQUE IMPÉRIALE

A PARIS, DE L'IMPRIMERIE ROYALE. 1770.

MÉMOIRE

Pour ſervir d'Inſtruction aux Commis à la Recette du Prêt & Droit annuel, pour l'année 1772, en exécution de la Déclaration du 23 juillet 1767 & de celle du 2 juillet 1770, concernant les Offices de la Lorraine, & de l'arrêt du Conſeil & Lettres patentes du 10 juin 1771.

PREMIÈREMENT.

LES Commis à la recette du Prêt & Annuel, chacun dans leur généralité, feront l'ouverture de leur bureau le 1.er Novembre 1771, juſques & compris le dernier Décembre enſuivant, incluſivement; pendant lequel temps ils s'y trouveront aſſidûment tous les jours depuis huit heures du matin juſqu'à midi, & depuis deux heures juſqu'à ſix du ſoir.

II.

ILS feront appoſer les affiches qui leur auront été envoyées, aux lieux accoutumés, comme aux portes du Bureau des finances, Bailliages & Siéges préſidiaux, élections, greniers à ſel, & autres endroits & places publiques; & en enverront dans toutes les villes de leur généralité, même dans celles où les offices étoient avant l'Édit du mois de février 1771, à la nomination des Engagiſtes ou Échangiſtes, ou autres qui prétendoient être en droit d'y nommer, afin que tous les officiers ſoient avertis de l'ouverture du bureau de ladite recette, & des diſpoſitions dudit arrêt du Conſeil du 10 juin 1771.

III.

ILS recevront au payement du droit annuel ſeulement, & ſans aucun prêt, les officiers qui, conformément à la Déclaration du 23 juillet 1767 & à l'arrêt du Conſeil rendu en conſéquence le 2 juillet 1770, y auront ſatisfait pour l'année 1771; & ceux qui ſont omiſſionnaires des quatre années d'annuel dûes en exécution de ladite Déclaration, y ſeront reçus en payant leſdites quatre années omiſes, & la courante 1772, avec deux tiers de prêt ſeulement, conformément à l'article III de l'arrêt du Conſeil du 10 juin 1771. A l'égard des officiers des préſidiaux, bailliages, ſénéchauſſées, ſiéges royaux, prevôtés, juridictions royales, inférieures & de police, & autres faiſant corps d'icelles, ils les recevront au payement deſdits droits ſur le pied de la moitié de leur évaluation, conformément aux arrêts du Conseil des 1.er septembre 1767, 21 juillet 1768, 28 juin 1769, 2 juillet 1770 & 10 juin 1771. Ils ne percevront cependant sur les officiers des présidiaux seulement, ledit droit de prêt, que sur le pied du sixième denier, faisant dix fois l'annuel.

I V.

Il se trouvera plusieurs officiers, comme receveurs des consignations, commissaires aux saisies réelles, greffiers, procureurs postulans, huissiers & sergens-royaux, qui prétendront être du corps des présidiaux, ou des autres siéges royaux ressortissant nuement ès Cours dans lesquelles ils ont été reçus & immatriculés, & sous ce prétexte ne devoir payer le prêt qu'au sixième denier; mais nonobstant ces prétentions, ils les recevront audit droit au cinquième & à l'annuel en entier, attendu qu'ils ne sont point du corps des officiers desdits siéges, non plus que les substituts, si aucuns y a en iceux, sujets auxdits droits.

V.

Ils recevront au payement de l'annuel pour l'année 1772, tous les pourvus d'offices créés à survivance, ou auxquelles elle a été attribuée depuis leur création, lesquels seront tenus de payer ledit droit sur le pied de leur ancienne évaluation, sans aucun prêt, en ayant été dispensés par l'article IV dudit arrêt du Conseil du 10 juin 1771.

V I.

Ils ne recevront point au payement de l'annuel, les officiers des Cours supérieures, mentionnés dans l'article XX de l'Édit du mois de février 1771, & confirmés par icelui dans la survivance, conformément à la Déclaration du 9 août 1722.

V I I.

Ils ne recevront point non plus au payement de l'annuel, les officiers dépendans de l'apanage de M. le Comte de Provence & de celui de M. le Duc d'Orléans, de ceux des Amirautés étant à la nomination du Grand-Amiral, & de ceux des Chancelleries, à l'égard desquels il en sera usé comme par le passé, conformément aux articles XXIV & XXV de l'Édit du mois de février 1771, & à l'article V dudit arrêt du Conseil du 10 juin audit an.

V I I I.

Ils admettront au payement de l'annuel pour l'année 1772, & sans aucun prêt, les pourvus des offices des pays d'Artois, Flandre, Haynault & Alsace, sur le pied du soixantième denier du quart de leur finance, conformément à l'article VI dudit arrêt du Conseil du 10 juin 1771.

I X.

Ils admettront pareillement au payement de l'annuel pour l'année 1772, & à moitié si c'est office de nature à jouir de ce bénéfice, les officiers dépendans des domaines engagés, qui ont été pourvus de leurs offices sur la nomination ou présentation des Engagistes, Échangistes ou autres qui prétendoient être en droit ou possession d'y nommer: Et ceux desdits officiers qui étoient sujets au prêt envers Sa Majesté, & qui sont omissionnaires des trois tiers de prêt, seront admis à payer l'annuel de 1772, en payant deux tiers de prêt seulement, conformément aux articles III & V dudit arrêt du Conseil du 10 juin 1771.

X.

Les Présidens-Trésoriers de France, Avocats, Procureurs du Roi, Greffiers en chef & Chevaliers d'honneur des Bureaux des finances, qui ont fait le rachat de l'annuel, en vertu des Édits des mois de décembre 1743 & février 1745, seront admis, conformément à l'article VII de l'arrêt du Conseil du 10 juin 1771, au payement de l'annuel, & sans prêt, pour l'année 1772, sur le pied de leur ancienne évaluation, comme ils le payoient avant ledit rachat.

X I.

Tous les officiers des élections, greniers à sel & autres juridictions des gabelles, ainsi que de ceux des maîtrises particulières des eaux & forêts, qui ont fait aussi le rachat du prêt & annuel de leurs offices, en exécution dudit Édit du mois de février 1745, seront pareillement admis au payement de l'annuel d'iceux, & sans prêt pour l'année 1772, sur le pied de l'évaluation entière de leurs offices. Et ceux desdits officiers qui ne se trouveront point évalués, les Commis les admettront au payement dudit droit, sur le pied du soixantième denier du tiers de leur finance principale, tant desdits offices que de ceux y réunis.

X I I.

Tous les pourvus d'offices de notaires gardes-notes & tabellions royaux, de procureurs postulans, de premiers huissiers, d'huissiers-audienciers, & de sergens de toutes les cours, siéges & juridictions royales, de substituts des Procureurs du Roi desdits siéges & juridictions, ayant faculté de postuler, de jurés-priseurs-vendeurs de biens-meubles, & d'arpenteurs, créés héréditaires depuis la Déclaration du 9 août 1722, ou qui ont payé l'hérédité en exécution des Déclarations des 3 décembre 1743 & 12 janvier 1745, ou le tiers en sus ordonné par l'arrêt du Conseil du 5 septembre 1751, & Lettres patentes du même jour, seront pareillement admis au payement de l'annuel pour l'année 1772, sur le pied de l'évaluation entière de leurs offices, sans payer aucun prêt: Et ceux desdits officiers qui ne se trouveront point évalués, les commis les admettront au payement dudit droit, sur le pied du soixantième denier du tiers de leur finance principale, tant desdits offices que de ceux y réunis. A l'égard de ceux pourvus desdits offices avant la Déclaration du 13 octobre 1750, qui n'ont pas payé lesdites taxes, les commis ne les recevront point au payement de l'annuel, les offices de ces derniers ayant été déclarés supprimés par ladite Déclaration & par les arrêts du Conseil des 19 des mêmes mois & an, & 7 octobre 1752.

XIII.

TOUS les pourvus d'offices créés héréditaires, avant ou depuis la Déclaration du 9 août 1722, sous quelque dénomination qu'ils puissent être, ou auxquels l'hérédité a été depuis accordée, seront admis au payement de l'annuel de leurs offices, sans prêt, pour l'année 1772, sur le pied de leur évaluation entière; & ceux desdits officiers qui ne se trouveront point évalués, les commis les admettront au payement de ce droit, sur le pied du soixantième denier du tiers de leur finance principale, tant desdits offices que de ceux y réunis.

XIV.

LES pourvus des offices de finance, ceux de judicature, & ceux des maîtrises particulières des eaux & forêts des duchés de Lorraine & de Bar, continueront d'être admis au payement du prêt & annuel pour l'année 1772, aux mêmes clauses & conditions portées par la Déclaration du 2 juillet 1770, concernant lesdits offices. A l'égard de ceux pourvus d'offices de Receveurs & Contrôleurs généraux des domaines & bois, de ceux de Receveurs particuliers des bois, auxquels l'hérédité a été accordée par la Déclaration du 25 avril 1750: ceux de notaires & tabellions, procureurs postulans & huissiers des bailliages & prevôtés, créés héréditaires par l'Édit du mois de juin 1751, ainsi que de ceux créés pour la police & dans les hôtels-de-ville, auxquels l'hérédité a été accordée, les commis les recevront au payement de l'annuel seulement, & sans prêt pour l'année 1772, sur le pied du soixantième denier du tiers de leur finance, conformément à l'article VIII dudit arrêt du Conseil du 10 juin 1771.

XV.

LES commis recevront pareillement au payement du prêt & annuel les pourvus d'offices de notaires, gardes-notes & tabellions royaux, de procureurs postulans, de premiers huissiers; d'huissiers-audienciers & de sergens des cours, siéges & juridictions royales, de substituts des Procureurs du Roi desdits siéges & juridictions, ayant faculté de postuler, de jurés-vendeurs-priseurs de biens-meubles, & d'arpenteurs, dont les finances, pour l'acquisition d'iceux, ont été payées depuis la Déclaration du 8 septembre 1752; à l'effet de quoi ils se feront représenter les quittances de finance d'iceux, dans lesquelles il en aura été fait mention.

XVI.

La plus grande partie des offices de notaires, procureurs, huissiers & sergens, compris en l'article ci-dessus, ne se trouvant pas évalués, les pourvus d'iceux seront reçus au payement du prêt & annuel en cas qu'ils ne se trouvent pas nommément évalués; savoir, les notaires & les procureurs dans les bonnes villes, sur le pied de cinq cents trente-trois livres six sous huit deniers d'évaluation chacun, faisant huit livres dix-sept sous neuf deniers d'annuel; de quatre cents livres dans les petites villes, faisant six livres treize sous quatre deniers d'annuel; & pour les notaires dans les bourgs & villages, sur le pied de trois cents livres d'évaluation, faisant cinq livres d'annuel: Et à l'égard des sergens résidens dans les susdits lieux, sur le pied de deux cents soixante-six livres treize sous quatre deniers d'évaluation, faisant quatre livres huit sous dix deniers d'annuel, & au prêt à proportion; à l'exception néanmoins des offices de notaires gardes-notes en Normandie, dont les commis percevront lesdits droits sur le pied du tiers de leur finance, qui servira d'évaluation.

XVII.

Si les nouveaux pourvus d'offices vacans ou sur résignation au quart-denier, pendant l'année 1769, n'ont point payé dans les deux mois de la date de leurs provisions le prêt & annuel, ils doivent deux tiers de prêt & quatre annuels; & ceux pourvus en l'année 1770, un tiers de prêt & trois annuels. A l'égard des nouveaux pourvus en l'année 1769, sur résignation au huitième denier, qui n'ont point aussi payé dans les deux mois de leurs provisions, l'annuel, ils doivent un tiers de prêt & trois annuels; & ceux pourvus en la présente année 1771, deux annuels seulement sans prêt.

XVIII.

Les offices de police & autres créés héréditaires ou en survivance, & rendus depuis casuels par la Déclaration du 9 août 1722, n'étant point évalués, ils prendront le tiers de leur finance pour servir d'évaluation, ainsi qu'il est porté par ladite Déclaration du 9 août 1722: Et comme ce tiers de leur finance doit être tiré sur la principale & sur les autres payées depuis, tant pour augmentation de finance que pour offices réunis, ils feront repréfenter aux pourvûs d'içeux leurs titres, à l'effet de tirer au jufte le tiers de leur finance.

X I X.

A l'égard des offices qui ont été créés fous le titre de domaniaux, de la finance defquels il eft difficile aux titulaires de juftifier, les commis s'en feront repréfenter les contrats d'acquifition, ou ceux qui auront été paffés par les Commiffaires députés pour l'aliénation des domaines de Sa Majefté; le tiers du prix defquels, ainfi que de ceux qui y ont été réunis, leur tiendra lieu d'évaluation, comme il eft porté par l'article II de la Déclaration du 23 juillet 1767. Et en cas que l'on ne puiffe leur juftifier d'aucuns titres, ils auront foin d'en dreffer des mémoires, & de les adreffer au bureau des revenus cafuels, pour être ftatué fur leur évaluation.

X X.

COMME il y a plufieurs anciens offices non évalués, dont il eft impoffible de repréfenter les quittances de finance, les pourvus d'iceux feront reçus au payement du prêt & annuel, par proportion de pareils offices qui fe trouveront l'être; ou en cas qu'ils aient des quittances d'annuel, fur le pied d'icelles depuis vingt années fans interruption, que les commis fe feront repréfenter, ainfi qu'il eft ordonné par l'arrêt du 29 août 1682 : ce qui ne fe doit entendre que des offices non évalués, car en cas qu'ils le foient, les quittances au-deffous de l'évaluation, de quelque temps qu'elles puiffent être, ne doivent avoir lieu, à moins qu'il ne foit juftifié par un rôle en bonne forme, ou par un arrêt, de la modération de l'évaluation.

X X I.

ILS recevront pareillement au payement du prêt & droit annuel, ceux qui exercent des offices en vertu de quittances de finance contrôlées, & qui font difpenfés de prendre des provifions par leurs édits de création, ou par des arrêts du Confeil.

X X I I.

ILS obferveront de ne point recevoir le prêt & annuel pour les officiers décédés, en cas que leurs veuves, héritiers ou créanciers les vouluffent payer, ou fiffent faire des fommations à cet effet, parce qu'il n'y a que les officiers vivans qui puiffent être reçus à payer lefdits droits.

X X I I I.

LES officiers des amirautés de Bretagne, feront reçus au payement du prêt & droit annuel fur le pied de la moitié de leur finance, qui leur tiendra lieu d'évaluation, conformément à l'arrêt du Confeil du 12 janvier 1692. Ils recevront auffi au payement defdits droits, les fubftituts

des Procureurs du Roi, les Procureurs postulans, huissiers & sergens des amirautés de la même province, conformément à l'arrêt du Conseil du 29 avril 1753.

XXIV.

Les Receveurs des tailles & du taillon y réuni par édit du mois de mai 1758, de la province de Languedoc, seront reçus à l'annuel de leurs offices, sur le pied du soixantième denier des deux tiers seulement de leurs anciennes évaluations, & du prêt au cinquième, à proportion, suivant l'arrêt qui leur a été accordé à cet effet le 28 décembre 1723, confirmé par ceux des 19 août 1732, 3 décembre 1740, 7 septembre 1749, 5 septembre 1758 & 1.er septembre 1767.

XXV.

S'il se présente en personne, en leur bureau, quelques officiers des autres généralités, pour y payer le prêt & droit annuel, les commis ne feront aucune difficulté de les y recevoir, en rapportant les pièces nécessaires pour y être admis, comme les précédentes quittances.

XXVI.

Les commis remettront les quittances à celui qui est commis au contrôle, pour les contrôler; & s'il arrive que quelques officiers jugent à propos d'en rapporter quelques-unes, pour y augmenter ou diminuer, selon leurs titres & qualités, ou autres raisons, ils ne les reprendront point en cas qu'elles aient été contrôlées, qu'au préalable elles n'aient été déchargées du contrôle, & qu'il n'ait été fait mention par les commis au contrôle, au bas de l'enregistrement d'icelles, de ladite décharge, & de la raison pour laquelle elle aura été faite, qui sera datée & signée dudit commis; auquel cas, le commis à la recette pourra expédier une nouvelle quittance sous les titres requis, la porter de nouveau sur son registre, & rayer l'ampliation de celle qui aura été précédemment expédiée, en faisant une mention sommaire en marge, de la raison pour laquelle elle aura été rayée & déchargée du contrôle.

XXVII.

S'il arrive quelque difficulté qui n'aura pas été prévue, les commis en donneront avis, & cependant ils recevront & chargeront leurs registres d'ampliations; en sorte que les officiers ne demeurent point en suspens, & ne courent aucun risque dans leurs offices, sauf à y être pourvu l'année suivante en connoissance de cause: Et comme quelques officiers leur pourroient faire signifier des actes concernant leurs prétentions, ils les recevront sans y faire aucune réponse verbale, ni par écrit, & les envérront incessamment au bureau de Paris, pour y être pourvu.

XXVIII.

Les commis donneront avis de l'état de leur recette, tous les huit jours, en attendant les ordres qui leur seront envoyés pour la remise d'icelle.

XXIX.

Ils feront, chacun en leur généralité, des bordereaux exacts & bien calculés, du montant de leur recette, lesquels ils présenteront le lendemain de la clôture du bureau, qui sera le premier jour de l'année, avec leurs registres, à Messieurs les Trésoriers de France, pour être par eux lesdits registres arrêtés en la manière accoutumée, ou à Messieurs les Intendans, dans les lieux où il n'y a point de Bureau des finances.

XXX.

Après que leurs registres auront été arrêtés, ils les enverront à leurs cautions à Paris, & y joindront ceux du contrôle, avec les bordereaux de leurs recette & dépense, pièces justificatives d'icelles, le restant des blancs de quittances de prêt & d'annuel qui n'auront pas servi, ensemble toutes les autres pièces nécessaires pour dresser leurs comptes, afin qu'il puisse être incessamment procédé à la reddition d'iceux : ils enverront aussi un état par ordre alphabétique, de ceux qui auront payé le prêt & annuel.

XXXI.

Les commis auront soin de donner avis à M. Bertin, Trésorier des revenus casuels, de la vacance des offices, aussi-tôt qu'elle viendra à leur connoissance; savoir, de ceux dont les titulaires sont décédés sans avoir payé le prêt & annuel; de ceux dont les héritiers ou propriétaires n'ont point fait sceller de provisions dans l'espace de trente années à compter du jour du décès des derniers titulaires. L'article IV de la Déclaration du 23 juillet 1767, déclare vacans ceux qui sont dans ce dernier cas; comme aussi tous les offices qui sont exercés sans provisions depuis le même temps, sans y être autorisés par leurs édits de création ou par des arrêts particuliers. Ils auront pareillement soin de donner avis de ceux qui auront été condamnés par des jugemens à des peines qui emportent confiscation de leurs offices, attendu qu'ils sont aussi dans le cas d'être taxés vacans, conformément à l'article VII de ladite Déclaration.

A PARIS, DE L'IMPRIMERIE ROYALE. 1771.

BIBLIOTHEQUE NATIONALE DE FRANCE
3 7531 03968378 5

www.ingramcontent.com/pod-product-compliance
Lightning Source LLC
Chambersburg PA
CBHW061110220326
41599CB00024B/3989
9782013744690